注册会计师全国统一考试辅导教材

公司战略与风险管理

注册会计师考试教研组 主编

图书在版编目（CIP）数据

公司战略与风险管理 / 注册会计师考试教研组主编. --上海：立信会计出版社, 2021.9（2022.3重印）
注册会计师全国统一考试辅导教材
ISBN 978-7-5429-6919-4

Ⅰ. ①公… Ⅱ. ①注… Ⅲ. ①公司–企业管理–资格考试–自学参考资料 ②公司–风险管理–资格考试–自学参考资料 Ⅳ. ①F276.6

中国版本图书馆CIP数据核字（2021）第181100号

策划编辑　方士华　孙　勇
责任编辑　孙　勇

公司战略与风险管理
Gongsizhanlüeyufengxianguanli

出版发行　立信会计出版社
地　　址　上海市中山西路2230号　　邮政编码　200235
电　　话　（021）64411389　　传　　真　（021）64411325
网　　址　www.lixinaph.com　　电子邮箱　lixinaph2019@126.com
网上书店　http://lixin.jd.com　　http://lxkjcbs.tmall.com
经　　销　各地新华书店

印　　刷　成都华好印务有限责任公司
开　　本　787毫米 × 1092毫米　1/16
印　　张　17.75
字　　数　420千字
版　　次　2021年9月 第1版
印　　次　2022年3月 第2次
书　　号　ISBN 978-7-5429-6919-4/F
定　　价　59.00元

目 录 CONTENTS

第一章　战略与战略管理

本章概述

本章主要介绍了公司战略的基本概念和公司战略管理，包括公司战略的定义、公司的使命与目标、公司战略的层次、战略管理的内涵、战略管理的特征、战略管理过程、战略创新管理、战略管理中的权力与利益相关者等，属于比较基础的章节，考试题型一般为客观题和综合题。本章的内容难度较简单，要求考生熟练掌握基本概念和思路，为以后各章节的学习奠定基础。

第一节　公司战略的基本概念

无论是东方还是西方，战略一词均来源于军事，后来越来越多的人认为军事战略对企业管理有重要的借鉴作用，于是，将军事战略的原理应用到商业竞争中，形成了人们熟知的战略管理，简称战略（Strategy）。

一、公司战略的定义

（一）公司战略的传统概念

迈克尔·波特（Michael E. Porter）在《什么是战略》一文中对战略的定义可以称之为公司战略的传统定义。他提出，战略是公司为之奋斗的终点与公司为达到它们而寻求的途径的结合物，既包括终点也包括寻求的途径。战略的传统概念强调公司战略的计划性、全局性和长期性。

（二）公司战略的现代概念

亨利·明茨伯格（Henry Mintsberg）提出，以计划为基点将企业战略视为理性计划的产物是不正确的，许多成功的企业战略是在事先无计划的情况下产生的。他认为战略是"一系列或整套的决策或行动方式"，这套方式既包括刻意安排的（计划性）战略，也包括临时出现的（非计划性）战略。现代概念认为战略不包括终点，只包括为达到终点而寻求的途径。现代概念强调公司战略的应变性、竞争性和风险性。

【提示】（1）事实上，大部分公司的战略既不是完全深思熟虑的事先计划（常规战略），也不是纯粹的突发应变（应急战略），而是二者的组合体。因此，公司既需要有一个正确的战略定位，事先作出缜密的战略计划，又必须顺应内外部环境变化，不拘泥于原有的战略计划，即时地、有意识地、主动地进行战略调整。

（2）战略的应变性是从产业或市场的层次上来看的。战略的应变性强调公司应该采用何种措施来适应所处的内外部环境，战略的应变性认为，战略是帮助公司确定其在市场中的位置，并据此正确地配置资源，从而形成公司可持续性的竞争优势。战略是协调公司内部资源与外部环境的力量。

【例1】（多选·2018）甲公司是一家手机游戏软件开发商。该公司为实现预定的战略目标，借助大数据分析工具，及时根据市场需求的变化调整产品开发和经营计划，成效显著。下列各项中，对甲公司上述做法表述正确的有（　）。

A.甲公司的战略是理性计划的产物

B.甲公司的战略是在其内外环境的变化中不断规划和再规划的结果

C.甲公司采取主动态势预测未来

D.甲公司的战略是事先的计划和突发应变的组合

【答案】BCD

【解析】明茨伯格提出，以计划为基点将企业战略视为理性计划的产物是不正确的，选项A不当选；一个实际的战略是管理者在公司内外各种情况不断暴露的过程中不断规划和再规划的结果，选项B当选；在当今瞬息万变的环境里，公司战略意味着企业要采取主动态势预测未来，选项C当选；公司大部分战略是事先的计划和突发应变的组合，选项D当选。

二、公司的使命与目标

（一）公司的使命

公司的使命，是指企业组织的根本性质与存在理由，说明公司目的、公司宗旨和经营哲学。

（1）公司目的是企业组织的根本性质和存在理由的直接体现，即公司为什么会成立，反映出企业生存目的的定位。企业组织按成立的目的可以分为两类，营利组织与非营利组织。营利组织的首要目的是为其所有者带来经济价值，如降低成本以其增加企业利润；次要目的是履行社会责任。非营利组织的首要目的是提高社会福利、促进政治和社会变革，如红十字会。

（2）彼得·德鲁克（Peter F. Drucker）在《管理使命、责任、实务》一书提出，公司的业务是什么，也就等同于公司的宗旨是什么。公司宗旨阐述了公司长期的战略意向，说明公司现在和未来所从事的经营业务范围，包括企业的产品或服务、顾客、市场和技术等。公司宗旨反映企业对经营范围的定位。

（3）经营哲学是企业在经营活动中确定的价值观、基本信念和行为准则的总和，是企业文化的高度概括，反映出企业文化的定位。经营哲学同样也影响着公司的经营范围和经营效果。例如，阿里巴巴的经营哲学“客户第一、团队合作、拥抱辩护、诚信、激情、敬业”。公司宗旨和经营哲学之间的区别在于公司宗旨强调的是某种具体的内容，而经营哲学是一个较为抽象的概念。

【案例1】公司宗旨说明公司现在和未来所从事的经营业务范围。A公司是国内一家手机生产企业，公司的初期宗旨是“生产性价比最高的手机”，后期宗旨转变为“打造手机生态圈”。十几年来，A公司通过业务改组，成功将自己从一个只是以生产手机为主的公司转型为一个集手机软件、智能硬件、手机系统、手机智能家电为一体的互联网公司。

【案例2】宝洁的公司宗旨是“为现在和未来的世世代代，提供优质超值的品牌产品和服务，在全世界更多的地方，更全面的，亲近和美化更多消费者的生活。作为回报，我们将会获得领先的市场销售地位、不断增长的利润和价值，从而令我们的员工、股东以及我们生活和工作所处的社会共同繁荣。”说明了宝洁现在和未来的经营业务范围是提供产品和服务，公司目的是盈利。

（二）公司的目标

公司目标是公司使命的具体化，旨在分析企业经营活动的发展方向和目标，从而实现企业使命。

之所以要建立目标体系，就是为了将公司的业务使命转换为明确具体的可以测度的业绩目标。从公司全局角度出发，需要建立两种类型的业绩标准，即财务业绩标准和战略业绩标准。管理层只有同时建立财务目标体系和战略目标体系才能从中获取良好的财务业绩和战略业绩。

财务管理目标和战略目标都应该从短期目标和长期目标两个维度体现出来。目标体系的建立需要所有管理者的参与（包括基层员工）。

财务目标体系与战略目标体系具体指标如表1-1所示。

表1-1　财务目标体系与战略目标体系指标

体系	指标
财务目标体系（定量指标）	市场占有率、收益增长率、投资回报率、资产负债率、股利增长率、股价、现金流以及公司的信任度等
战略目标体系（定性指标）	提高公司竞争力，在研究开发能力、生产制造能力、市场营销能力、人事组织能力等各方面提升压倒竞争对手，使公司整体成本低于竞争对手的成本，提高公司在客户中的声誉，在市场上建立更强大的立足点，建立技术上的领导地位、更好的服务、更高的产品质量，以抓住诱人的成长机会

三、公司战略的层次

公司战略一般分为三个层次：总体战略、业务单位战略和职能战略。

（1）总体战略又称公司层战略，即根据企业的目标，选择企业可以竞争的经营范围，合理配置企业经营所必需的资源，使各项经营业务相互配合，对企业未来发展方向作出的长期性和总体性战略。公司战略常常涉及整个企业的财务结构和组织结构方面的问题。在大中型企业里，特别是经营多项业务的企业里，总体战略是企业最高层次的战略。

（2）业务单位战略又称竞争战略，属于公司的二级战略，涉及各业务单位的主管以及辅助人员。业务单位战略要针对不断变化的外部环境，在各自的经营领域中有效竞争，合理分配和使用资源以取得竞争优势。若公司只涉及单一业务，总体战略和业务单位战略通常不做区分，直接合二为一；若公司经营业务多元化，才将总体战略和业务单位战略进行区分。

（3）职能战略又称职能层战略，是指企业内部各职能部门制定的战略，如营销战略、财务战略、生产战略、研发战略等。职能战略中制定的职能活动主要包括如何更好地配置企业内部资源，为各级战略服务，提高组织效率。协同作用在职能战略中起到至关重要的作用。单个职能部门在各活动之间能进行协调并保持一致性。例如，无论是采购业务活动、还是销售业务活动，财务部门都能在这些活动中协调、处理好财务信息。

【例2】（单选·2015）下列各项中，属于多元化公司总体战略核心要素的是（　）。

A.明确企业的竞争战略

B.选择企业可以竞争的经营领域

C.协调每个职能中各种活动之间的关系

D.协调不同职能与业务流程之间的关系

【答案】B

【解析】题目首先强调多元化公司，表明战略可以分为三个层次（如果是单一业务企业，战略层次仅分为两个，总体战略与业务单位战略合二为一）。总体战略是企业最高层次的战略，它需要根据企业的目标，选择企业可以竞争的经营领域，合理配置企业经营所必需的资源，使各项经营业务相互支持、相互协调，选项B当选；选项A属于业务单位战略的核心要素，选项C、D属于职能战略的核心要素，选项A、C、D不当选。

第二节　公司战略管理

一、战略管理的内涵

安索夫认为，战略管理是指将企业的日常业务决策同长期计划决策相结合而形成的一系列经营管理业务。

美国学者斯坦纳则认为战略管理是根据企业外部环境和内部条件确定企业目标，保证目标的正确落实并使企业使命最终得以实现的一个动态过程。

不同的学者对战略管理的理解不同，通常来讲企业战略管理是一种动态管理过程，在此过程中，通过科学地分析企业的内外部环境与条件，制定战略决策，评估、选择并实施战略方案，从而实现企业的使命和战略目标，控制企业的战略绩效。

二、战略管理的特征

（一）综合性管理

战略管理是一项涉及企业所有管理部门、业务单位及所有相关因素的全程管理活动，管理过程中各阶段、各部门需要相互协调、相互支持、相互补充。战略管理的对象不仅包括研究开发、生产、人力资源、财务、市场营销等具体职能，还包括统领各项职能战略的竞争战略和公司层战略，需将公司作为一个整体来处理。战略管理为企业的发展指明基本方向和前进道路，是各项管理活动的精髓。

（二）高层次管理

战略管理的核心是对企业现在及未来的整体经营活动进行规划和管理，关系到企业长远生存发展，即企业不仅追求眼前财富的积累，更需要着眼企业长期健康稳定的发展和长久的竞争力。与企业的日常管理和职能管理不同的是，企业的最高管理层的战略决策不容忽视，所以战略管理必须由企业的高层领导来推动和实施。

（三）动态性管理

企业的战略目标和发展方向很大程度上取决于内外部环境的变化，所以企业战略管理需依据企业的内外部条件和因素制定并实施战略决策和方案，以实现战略目标。由于企业内外部条件和因素总是不断变化的，故企业战略管理活动具有动态性，需及时、适当地调整或变更以适应企业内外部各种条件和因素的变化。

【例3】（多选）下列各项中，属于战略管理特征的有（ ）。

A.战略管理是企业的一种动态性管理

B.战略管理是企业的综合性管理

C.战略管理由企业职能部门经理来推动和实施

D.战略管理是企业的高层次管理

【答案】ABD

【解析】战略管理的特征包括：①综合性；②高层次；③动态性，选项A、B、D当选；由于战略管理具有高层次管理的特征，故应由企业的高层领导来推动和实施，选项C不当选。

三、战略管理过程

战略管理不是一次性的工作，而是一个循环往复的过程，其中包含三个关键要素，即战略分析、战略选择和战略实施。

（一）战略分析

战略分析阶段明确了“企业目前处于什么位置”，是战略管理流程的起点，其主要目的是了解、评价影响企业发展的关键因素，为战略选择做好铺垫。战略分析主要从内部环境和外部环境两个方面进行分析。

1.外部环境分析

通过外部环境分析可以了解企业所处的经营环境发生了哪些变化，这些变化会给企业造成什么影响。具体来说，外部环境分析包括宏观环境和竞争环境等方面的分析。

2.内部环境分析

内部环境分析可以了解企业所处的相对地位，具有哪些资源以及战略能力。具体来说，内部环境分析包括资源与能力、价值链、业务组合等方面的分析。

（二）战略选择

战略选择阶段明确了“企业向何处发展”。通常从可选择的战略类型和战略选择过程两个方面来考虑企业战略选择的问题。

1.可选择的战略类型

(1)总体战略，也称为公司层战略，主要包括：发展战略、稳定战略和收缩战略。

(2)业务单位战略，也称为竞争战略，主要包括：基本竞争战略、中小企业的竞争战略和蓝海战略。

(3)职能战略，也称为职能层战略，主要包括：市场营销战略、生产运营战略、研究与开发战略、人力资源战略、财务战略、采购战略等。

【例4】(多选)下列各项中，属于公司层面战略的有（　）。

A.稳定战略　B.差异化战略　C.发展战略　D.收缩战略

【答案】ACD

【解析】公司层面的战略包括：发展战略、稳定战略和收缩战略。选项B属于业务单位战略，选项A、C、D当选。

2.战略选择过程

战略选择过程包含以下三个组成部分：

(1)战略选择方案的制订。由于管理人员的层次不同，其介入战略分析、选择工作的程度也不同，战略形成的方法可以分为以下三种：①自上而下的方法。这种战略形成的方法比较集中。在制定战略时，企业高层管理人员对下属部门先制定企业的总体战略，再由下属各部门结合自身的实际情况将总体战略具体化，以形成系统的战略方案。②自下而上的方法。这种战略形成的方法比较民主。在制定战略时，先是要求各部门积极提交战略方案，再由企业最高管理层对各部门提交的战略方案进行协调、平衡及必要的修改后加以确认。③上下结合的方法。这种战略形成的方法既集中又民主。在制定战略时，企业最高管理层和下属各部门的管理人员一同参与，通过从上而下、从下而上的沟通和磋商，制定出适合企业的战略。

【例5】(单选)甲公司在制定战略选择方案时，先由企业总部的高层管理人员制定企业的总体战略，然后由下属各部门根据自身的实际情况将企业的总体战略具体化。甲公司制定战略选择方案使用的方法是（　）。

A.上下结合的方法　B.自上而下的方法

C.自下而上的方法　D.横向管理的方法

【答案】B

【解析】制定战略选择方案中的自上而下的方法：先由企业总部的高层管理人员制定企业的总体战略，然后由下属各部门根据自身的实际情况将企业的总体战略具体化，形成系统的战略方案，选项B当选。

(2)评估战略备选方案。通常使用的有以下三个标准：①适宜性标准。评估战略要考虑选择的战略是否能帮助企业实现其目标。具体来说，考虑该战略能否让企业的优势发挥出来，进而削弱企业劣势带来的影响；是否能让企业把握住机会，进而将威胁削弱到最低程度。②可接受性标准。评估战略要考虑企业的利益相关者能否接受该战略。在企业的经营中，符合各方利益相关者的统一的、最佳的标准并不存在，战略的选择很大程度上受利益相关者不同的期望和价值观所影响。③可行性标准。评估战略要考虑企业是否有相对应的资源和能力实施该战略，该战略最终要落实到战略收益、风险和可行性分析的财务指标上。

【例6】（单选）甲公司评估战略备选方案时，主要考虑选择的战略是否发挥了企业优势，克服了劣势，是否利用了机会，将威胁减弱到最低程度，是否有助于企业实现目标。甲公司评估战略备选方案使用的标准是（　）。

A.适宜性标准　　B.可接受性标准　　C.可行性标准　　D.外部性标准

【答案】A

【解析】适宜性标准，考虑选择的战略是否发挥了企业的优势，克服了劣势，是否利用了机会，将威胁削弱到最低程度，是否有助于企业实现目标，选项A当选。

（3）选择战略。选择战略是最终的战略决策，也就是确定最终准备实施的战略。如何选择可以参考以下三种方法：①将企业目标作为战略选择的依据。②提交上级管理部门审批。③聘请有经验的外部专家进行战略选择，提供客观的意见。

（三）战略实施

战略实施就是将战略转化为行动并取得成果，依据企业选择的战略类型，需要做好如下工作：

（1）调整和完善企业的组织结构，使之适合公司战略的定位。

（2）推进企业文化的建设，使企业文化成为实现公司战略目标的驱动力和重要支撑，以及调动企业员工积极性促进战略实施的保证。

（3）运用财务和非财务手段、方法，监督战略实施进程，及时发现和纠正偏差，确保战略实施达到预定的目标，或者对战略做出适当修改，以利于企业绩效的持续提升。

（4）采用先进技术尤其是数字化技术，构建新型企业组织，转变经营模式，支持企业数字化转型和数字化战略的实施。

（5）协调好企业战略、组织结构、文化建设和技术创新与变革诸方面的关系。

四、战略创新管理

（一）战略创新的定义

企业战略创新，是指企业根据所处的内外部环境已经或预测会发生的变化，结合环境、战略、组织三者之间的动态协调性原则，并涉及企业组织各要素的同步支持性变化，对新的创意进行搜索、选择、实施、获取，进而获得可持续竞争优势的系统性过程。

（二）创新的重要性

（1）创新有利于企业确保自身生存发展，适应不断变化的外部环境，是企业经营中至关重要的能力。外部环境的剧烈变化给企业带来了新的机会和挑战，企业只有具备了创新能力，才能在各种动态变化中迅速做出反应，以确保企业健康且平稳地生存和发展。

（2）企业要获得持续竞争优势，创新是最主要的来源。在当今的竞争格局中，能够利用其知识、技能和经验开发出新产品、新服务和新工艺流程的企业更有竞争优势。

（3）企业要维持竞争优势，持续不断的创新是根本保障。从创新中获得的优势会随着其他企业的竞相模仿而逐渐消失。原创企业只有不断地创新，才能维持企业在市场上不被超越的竞争优势。模仿创新的企业也只有增强自主创新的能力，才能在市场竞争中超越竞争对手，从而获得竞争优势。

（三）战略创新的类型

1.产品创新

产品创新，是指组织提供的产品和服务的变化。例如，向市场推出一款新设计的轿车，为容易发生事故的婴儿提供新的保险种类等。

2.流程创新

流程创新，是指产品和服务的生产和交付方式的变化。例如，生产汽车及家庭娱乐系统的制造方法和设备的变化，保险业务办公手续和任务排序的变化。

3.定位创新

定位创新，是指产品和服务进入市场的环境的变化。例如，英国一个历史悠久的产品名为“Lucozade”，最初的定位是帮助儿童发育和病人康复的一款葡萄糖饮品，后来，产品定位转向日渐增长的健康市场，将它作为一款提高运动效能的饮品重新推出。

4.范式创新

范式创新，是指影响组织业务的潜在思维模式的变化。例如，最初作为一家天然气管理承包商的安然公司（Enron），其显赫的市场地位正是意识到水电等公共事业方面范式创新的潜力。在取消管制的大背景下，安然公司在全球范围建立了能源和其他公共服务事业的网络分布系统，并使其逐渐商品化，可以像糖或可可等商品一样进行期货交易了。

【提示】以上四种创新类型界限不太清晰，经常交织在一起。

（四）探索战略创新的不同方面

企业在战略创新决策之前，需要考虑创新各个不同方面的特点。这些特点在战略决策中，可能影响企业的创新时机和创新领域。

1.创新的新颖程度——渐进性or突破性

创新的新颖程度是创新管理的关键问题。渐进性创新的变化过程是持续的、稳步前进的，它能使企业保持平稳、正常运转。渐进性创新只影响企业整个体系中的某些部分，通常发生在某些时点。而突破性创新影响企业整个体系，是全面性的变化过程。总的来说，渐进性创新向突破性创新的演进过程，就是从细微的，逐步地提高到改变了人们的思维和使用方式的本质性的变化。

2.创新的基础产品和产品家族

通过借助“基础产品”或“产品家族”，可以使持续的创新达到理想的效果。要想运用这种方法为创新提供一定范围的延展空间，可以依托一个稳健的基础平台或一个可以扩展的产品家族。

3.创新的层面——组件层面or架构层面

认识创新机会的重要视角还有创新的层面。创新的层面有组件层面和架构层面两方面，在现有的创新中，有些创新改变的是组件层面，而有些创新改变的是整个系统架构。亨德森和克拉克认为，创新要处理的是构成体系的大量知识，而非单一的市场和技术。成功的创新要求管理者不仅能够掌握和使用关于组件的知识，也要掌握如何将这些组件组合在一起的架构的知识，即组件的融合。

4.时机——创新生命周期

随着时间的推移，创新的机会也会发生改变。在新的行业，创新往往围绕新产品和服务的概念延展；在更为成熟的行业，创新趋向于关注流程定位，寻找成本更低、更快捷的产品销售和服务的方法，或者找到并占有新的细分市场。

创新生命周期各阶段的主要元素如表1–2所示。

表1–2 创新生命周期各阶段的主要元素

创新特征	流变阶段	过渡阶段	成熟阶段
竞争重点	功能性的产品性能	产品差异化	降低成本
创新的驱动因素	关于客户需求的信息，技术投入	通过扩展内部的技术能力来创造机会	降低成本、提高质量等方面的压力
创新的主要类型	产品的经常性的主要变化	随着生产规模扩大，要求出现重大流程创新	渐进性的产品和流程创新
产品线	多样性，通常包括定制的设计	包括至少一种稳定或主导设计	大多数是无差异的标准产品
生产流程	灵活但低效，目标带有实验性，而且经常变化	变得越来越严格和明确	高效，通常形成资本集约化并且相对严格

（五）战略创新的情境

1.建立创新型组织

企业成功实现战略创新的关键情境之一是营造和保持创新型组织环境。创新型组织由以下七个方面的要素组成：

（1）共同使命、领导力和创新的意愿。创新通常是具有风险和高成本的，并且具有一定的破坏性，但其本质是变革和进步。要改变观念重新调整组织力量，让全体员工对组织目标达成高度共识并忠诚于组织目标，需要对企业新的使命作出清晰的表述。要想成功创新，高级管理层的参与、作出承诺、付出热情和对创新的积极支持十分重要。由于大部分创新具有不确定性，这就要求高管层勇于承担风险。同时创新可能不会很快获得回报，这就要求高管层对重大项目进行长期而非追求短期回报的承诺。高管层的领导力不仅关注投资收益，还要更多地关注对未来市场的渗透和增长或战略收益等其他因素，以此来处理股东对于短期收益的要求与长期技术开发计划难以协调的问题，进而获得一个更加灵活的生产系统。

（2）合适的组织结构。组织任务性质会对组织机构产生影响。一个企业的组织结构越灵活，说明该企业的任务越非程序化和不确定。环境越不确定、越复杂，就越需要采用灵活的结构和流程。“有机的”组织一般适合快速变革的环境，“机械的”组织更加适合稳定的环境。从选择合适的组织结构角度来说，创新管理的关键在于匹配——在“有机的”和“机械的”模式之间找到恰当的平衡，在特定的环境中采取最合适的结构形式，使创新成为可能并强化创新行为。

（3）关键个体。在企业创新活动中关键人物对项目的结果产生重要影响，可以发挥多方面的作用。关键个体可作为关键技术知识的来源、组织发起者、技术把关人员以及包括项目经理、“商业创新者”等内在其他角色。

（4）全员参与创新。大量企业创新的经验显示，全员创新能使企业的绩效日益提高。全员创新过程一般经历以下几个阶段：阶段一是“无意识的全员创新”阶段，在这一阶段全员创新并非刻意追求的，没有得到认可、支持，甚至没有被意识到；阶段二开始正式尝试组织动员全员创新，通过建立起一种正式程序，结构化和系统化地发现和解决问题，并培训和鼓励员工来使用它；阶段三结合了全员创新习惯与组织战略目标，使得各种团队和个体的改进活动能够与组织战略目标保持一致；阶段四引入了一种新的要素来帮助员工主动试验和创新，这种新的要素是对个体和小组的“授权”；阶段五达到全员创新的最高阶段，组织中的每个人都充分参与试验和改进过程，分享知识，积极创建学习型组织。

（5）有效的团队合作。实验证明，相对于个体而言，小组能够更加顺畅地生成想法和更加灵活地找到解决问题的办法。团队已经逐渐成为一种跨越组织内部界限的机制，为形成一种分散而敏捷的经营结构提供了强大的支持机制。通常，团队会经历形成、震荡、规范化和执行四个发展阶段。

（6）创造性的氛围。即使用积极的方法来获得创造性的想法，得到相关激励系统的支持，培育创新文化，营造激励创新的环境氛围。创造性的氛围包括信任和开放性、挑战和参与、组织松弛度、冲突和争论、风险承担、自由等。

（7）跨越边界。对来自外部的刺激保持开放是成功的创新型组织的一贯特征，开发一种外部导向意识，并使这意识贯穿于组织的各个层面十分重要，其体现为强化对组织内部和外部多方位顾客的联系和协同。外部导向不仅局限于组织内外部的顾客导向，还包括广泛的网络。

2.制定创新的战略

蒂德和贝赞特提出如下关于公司战略与创新之间关系的核心观点：

（1）企业特定的知识，包括探索知识的能力，是企业在竞争中取得成功的本质特征。

（2）公司战略的本质特征应该是一种创新战略，其目的就是积累这种企业特定的知识。

（3）一种创新战略必须能够应对外部复杂的千变万化的环境。

（4）内部结构和过程必须与可能的冲突性需求保持平衡：①在技术领域、业务职能和产品部门中识别并开发专业知识。②通过对技术领域、业务职能和产品部门进行整合来探索专门知识。

（六）创新管理的主要过程

创新管理一般经历“搜索——选择——实施——获取”四个阶段。

（1）搜索阶段——如何找到创新的机会。主要涉及搜索环境中有关潜在变革的信号。这些信号包含新技术的产生、局部市场新需求的显现、政府政策的变化、竞争者行为的变化和这几种信号相互作用的结果。

（2）选择阶段——要做什么以及为什么。主要涉及对不同的机会和市场做出选择。根据公司已有的技术领域和能力对不同的机会和市场作出符合公司整体商业战略的选择就非常有必要。

(3) 实施阶段——如何实现创新。主要涉及将潜在的想法变成现实，逐渐汇集各种知识并产生创新的过程。从最初的概念中寻找问题和解决问题的方法，通过创新逐渐形成相关知识，然后用这些知识以某种形式进入目标环境，之后再运用更多的相关知识来巩固本次的创新。

(4) 获取阶段——如何获得利益。主要涉及从创新中获取一些价值。企业可以通过获得商业上的成功、扩大市场占有率、降低成本或者作为社会创新改变世界来获得价值。

五、战略管理中的权力与利益相关者

(一) 企业主要的利益相关者

站在企业角度，可以将其主要利益相关者分为内部利益相关者和外部利益相关者。

1.内部利益相关者及其利益期望

1) 向企业投资的利益相关者

向企业投资的利益相关者主要是股东和机构投资者。股东投入资本、其他投资者投入机器设备、厂房、生产材料以及其他资源等，这些投入可以统称为生产要素。企业通过经营获得利润，而投资者则根据其投入资本的份额获得相应比例的投资收益，称之为股息或红利。因此，投资者利益期望在于利润最大化。

2) 经理阶层

经理阶层，主要指的是企业经营管理中的中高层负责人。企业希望他们凭借自身的管理能力，将各种生产要素进行合理配置或整合，通过企业运作来创造财富，追求利润最大化。但事实往往并非如此，由于现代企业制度中经营权和所有权进行了分离，在信息不对称的便利之下，经营者将追求有利于自身的目标。例如，个人地位、企业规模以及职位津贴等，但企业增长最终落脚于销售额的增长。因此，经理对企业的期望是销售额最大化。

3) 企业员工

企业员工是属于执行工作和完成任务的群体，在企业中扮演着重要的角色。根据不同的职位和不同的层次，员工的期望有所不同，但最主要的期望还是追求个人收入和职位稳定。

2.外部利益相关者及其利益期望

1) 政府

政府是各项基础设施的提供者，也是市场维护和监督者。企业需要在一个有保障的法制环境下生产运行，就必须有政府的存在。而政府对企业的期望有很多，包括经济增长、税收增加、就业率提高等，其中最直接最根本的还是对企业税收的期望。

2) 购买者和供应者

购买者和供应者相当于企业供应链的上下游企业或个人。上游供应商为企业提供生产要素，是企业生产经营活动的前提条件；而下游经销商和消费者则是产品的购买或使用者，产品的价值便是在此阶段实现的。因此，购买者和供应者的期望则是希望在各自阶段获得更多的价值。

3) 债权人

债权人实际上与投资者相类似，都是为企业提供资金。但债权人并没有份额收益，而是收回本金和获得固定利息作为收益。因此，债权人期望的是企业具有健康的现金流和较高的偿债能力。

4）社会公众

企业存在于经济社会当中，同样也处于社会大众之间，企业的行为随时受到社会大众的监督，尤其是上市公司。社会公众青睐于具有社会责任感的企业，这样的企业拥有良好的企业形象，与社会公众保持着良好的关系。例如，上市公司的股民们很看重公司的整体形象。因此，对于社会公众，其对企业的期望则是具有一定社会责任感，如做公益、环保以及爱国事业等。

（二）企业利益相关者的利益矛盾与均衡

1.投资者与经理人员的利益矛盾与均衡

二者之间的矛盾也可理解为是经营权与所有权之间的矛盾，这在管理学界已经有了不少的研究，以下三点具有一定代表性：

1）鲍莫尔（Baumol W.J.）——“销售最大化”模型

该模型强调的是销售人员对销售额的追求，因为销售量与经理人员的薪酬存在正相关。当经理人认为自己的报酬和职业地位更多地取决于销售额而非利润时，他会放弃企业利润最大化目标而追求销售最大化目标。此时，企业的行为目标是在不低于某一投资回报率的基础上，力争销售收入最大化。

2）马里斯（Marris R.L.）——增长模型

这是一种力求达到均衡的模型。企业的经营者出于对个人利益的追求，会不断扩大企业规模。与此同时，为了保护股东们自身利益，这种发展将受到一定程度的限制。即达到一个适度水平，在维护双方利益的同时，企业产出也达到了最大化。

3）威廉姆森（Williamson O.E.）——管理权限理论

该理论强调的是企业经理人的个人动机，其观点主要是经理人能够明确区分其个人利益和企业层面的决策，追求自身利益最大化，即自身权力和地位提升。这些主要体现在三个方面：雇员开支（雇用人员的数量和质量）、酬金开支（支出账目、高质量办公服务等）和可支配的投资开支（超越严格经济动机，反映管理者权力和偏好的投资）。

经理人通过自身的信息优势，尤其是具有一定规模或带有垄断性质的企业，化解来自广大股东们要求的利润最大化压力。

2.企业员工与企业（股东或经理）的利益矛盾与均衡

列昂惕夫（Leontief W.）模型很好地描述了两者之间的矛盾关系：员工追求高收入与工作稳定，通过工会来实现，而企业（股东或经理）追求利润最大化，也决定着企业的就业水平，在最佳的就业水平下达到利润最大化。于是在二者的讨价还价当中，逐渐演变出一条均衡线，而双方的实力大小则决定了均衡点所处的位置。

3.企业利益与社会效益的矛盾与均衡

社会效益指的是最大限度地利用有限的资源满足社会上人们日益增长的物质文化需求，这里我们将主体归为企业外部利益相关者。社会效益总是与社会责任感相关，一般包括以下三个方面：

(1) 保证企业利益相关者的基本利益要求。维护利益相关者合法权益是企业分内之事，企业应该做到与利益相关者之间的正常往来和关系处理。例如，按时履行缴纳税金义务、按时偿还债权人债务以及准确及时披露企业信息，为外部利益相关者提供信息参考等。

(2) 保护自然环境。不只是个人要保护环境，企业同样需要做好保护环境的榜样。特别是重污染型企业，要做到处理好污水、制定安全保护政策以及珍惜资源等。

(3) 赞助和支持社会公益事业。企业做慈善活动能够极大提高其在社会公众中的地位和声誉，同样也是企业主动承担社会责任，回报社会的表现。

当然，以上的企业行为需要花费一定的成本，与利润最大化目标背道而驰。这就需要企业做出选择，针对“商业伦理”问题进行抉择，立足于社会甚至于国家层面进行思考。

(三) 权力与战略过程

权力一词存在于多个领域，其概念各不相同。基于对企业的研究，在此进行简单阐述：权力是各利益相关者能够通过某种行为或语言对主体有所影响的能力。权力与职权也有所区别，权力与职权的具体区别如表1–3所示。

表1–3 权力与职权的区别

项目	权力	职权
影响力	多个方面	沿着企业的管理层次方向自上而下
接受程度	不一定能够接受	一般能够被下属接受
来源	各个方面	包含在企业指定的职位或功能之内
可描述性	很难识别和标榜	在企业的组织结构图上很容易确定

1.企业利益相关者的权力来源

1) 对资源的控制与交换的权力

资源是权力获得的前提。正因为利益相关者们拥有着各种企业所需的资源，才能够与企业换取相应的权力，这些权力也是维护自身利益的保护工具。例如，企业投资者投入资本，为企业带来运行资金，投资者也同样获得了一种收益权力，或者通过“用手投票”和“用脚投票”来影响企业行为，保护自身利益。

2) 在管理层次中的地位

企业各管理层的权力根据职位高低各不相同，这是职位赋予的一种权力，称为职权。而职权也属于权力的一种，它更强调一种规范性的、强制性权力。

管理权力一般有三种权力基础：法定权、奖励权和强制权。法定权由其职位决定，可以行使相应的奖励或惩罚权力；而奖励权则是对下属的一种激励，在某种程度上能够使下属更愿意服从；强制权是一种不健康的上下级关系，出于敌对势力中所产生的行为一般很难有正向效果。

3) 个人的素质和影响

个人素质和影响是一种无形的权力来源。约翰·科特（Kotter J.）提出，一位成功的管理者需要建立起一些独有的权力，如榜样权和专家权。这些是比职权保持更加持久的权力，其中，专家权是通过自身的特殊知识积累所形成的一种自然崇拜；而榜样权则是通过自身行为或性格、亦或是个人品格或形象，在潜移默化之中影响了他人所带来的一种权力。

4）参与或影响企业的战略决策与实施过程

参与决策的人具备相应的权力，能有影响决策的人也拥有一定的权力。权力不一定是有明显的上下级关系，或许彼此同级别或同层次的人，相互之间拥有着不同的权力，只是因为所涉及的领域不同，所参与的决策不一致。

5）利益相关者集中或联合的程度

尽管一个人的力量微不足道，但一群人的力量是难以想象的，这就是所谓的“团结就是力量”。某些利益相关者可能并不能对企业的决策有所影响，但众多利益相关者共同伸张权力时，这将是无穷的力量。例如，上市公司的众多股民们，在触及到利益时，也会选择群体行动。

【例7】（单选·2021）乙公司是一家政府控制的垄断企业，面临着不变的竞争环境和不变的产品需求。因而，生产中的关键环节是保持机器的运行和避免在生产中突然出现故障。而企业中维修工人处理故障、保证机器运行的技术和经验是通过口头培养工程师的传统进行，而不是通过标准的图纸。若干年后，这些机器的原有资料不见了，这些维修工人和工程师由此获得了相对于管理层和操作工人更大的权力。根据以上信息可以判断，这些维修工人和工程师获得权力的来源是（　）。

A.参与或影响企业的战略决策与实施过程　　B.在管理层次中的地位

C.对资源的控制与交换的权力　　D.个人的素质和影响

【答案】C

【解析】企业利益相关者的权力来源包括：对资源的控制与交换的权力；在管理层次中的地位；个人的素质和影响；参与或影响企业的战略决策与实施过程；利益相关者集中或联合的程度。这些维修工人和工程师获得权力是因为他们掌握了处理故障、保证机器运行的技术和经验，因此选项C当选。

【例8】（单选·2018）截至2015年秋，U国甲航空公司与M航空公司合并已有5年，但甲公司和M公司机舱服务员的劳工合约仍未统一。为此，原甲公司与M公司的机舱服务员在临近圣诞节期间，发起抗议行动，有效推动了该项问题的解决。本案例中原甲公司与M公司机舱服务员的权力来源于（　）。

A.在管理层次中的地位　　B.个人的素质和影响

C.参与或影响企业战略决策与实施过程　　D.利益相关者集中或联合的程度

【答案】D

【解析】“原甲公司与M公司的机舱服务员在临近圣诞节期间，发起抗议行动，有效推动了该项问题的解决”属于利益相关者集中或联合的程度，选项D当选。

2.在战略决策与实施过程中的权力运用

权力在战略决策及实施过程中扮演着重要角色，在不同情境下有不同的表现形式，其存在的方式也具有各自的特点。以下列举了五种权力在战略实施过程中的类型，它们分别从合作性和坚定性两方面，描述了企业的相关利益者在整体战略实施过程中的行为特点。

五种权力类型的具体分布情况如图1-1所示。

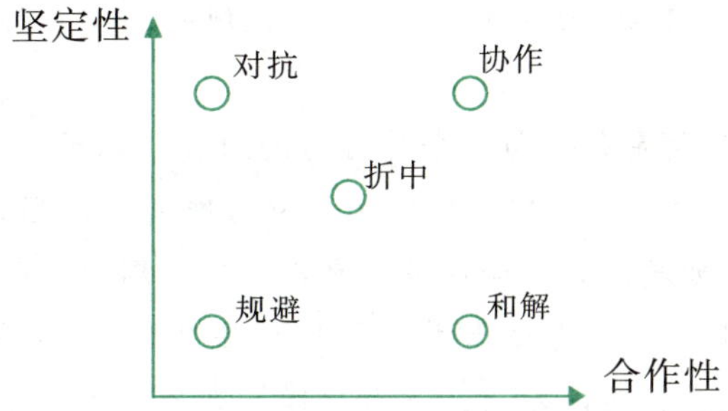

图1-1 对待矛盾与冲突的行为模式

1）对抗

对抗，是指坚决不合作的坚定行为。往往是在利益相关者之间发生不可化解的冲突时出现，该行为旨在以自己的权利捍卫自身利益，让对方难以反抗，必须听从要求。例如，工人通过工会获取休假权力，在企业压榨员工时进行坚决对抗。

2）和解

和解，是指态度不坚定的合作行为，与对抗恰恰相反。当双方发生矛盾或冲突时，其中一方将会以和平方式主动让步，这种情况或许会让某一方利益有所损失，但却是一种最友好的解决方式，不会对其他方面带来太大的影响。例如，企业管理层在面对运营过程中的失误事件时，需要主动配合相关部门进行检查，并及时做出整改方案，以缓解社会大众对企业的呼声。

3）协作

协作，是指以坚定态度保持合作的行为。这种模式的目的是在保护双方的利益，以求达到双赢的效果。例如，企业与其供应商进行信息共享的做法，既为供应商供给材料提供参考，也方便了企业进行即时生产，有利于降低存货带来的相关成本费用。

4）折中

折中，是指持中等程度的坚定和合作态度的行为。该类型主要出现在双方势力相当、且无法采取和解方式调节的情况，一般需要双方都要做出一定的让步，约定一个可接受的协议条款，大多数情况下由官方部门进行监督执行。例如，在实施国际化战略过程中，跨国企业会因为外国政府的市场保护而受到各种限制，此时双方提出各种合作方案，再进行讨价还价，最终制定出一个双方可接受的协议。

5）规避

规避，是指态度既不坚定也不进行合作的行为。根据不同的时点，可以分为主动和被动两种。主动，是指在预期会发生无法解决的冲突时，提前采取措施进行躲避；而被动，是指冲突已经发生，需要立即撤出或退出。例如，在当地爆发战争时，跨国企业需要及时撤回，规避战争带来的危害。

【例9】（单选·2020）国内大型制冷设备制造商西奥公司拟在欧洲N国建立生产基地并雇佣当地操作员工。当得知N国劳动者工资水平高且经常在工会支持下提出增加福利的要求后，西奥公司修改了投资和建设方案，所需操作员工全部由机器人代替。西奥公司在战略决策与实施过程中的行为方式是（　）。

A.对抗　　B.折中　　C.规避　　D.协作

【答案】C

【解析】规避模式是不坚定行为与不合作行为的组合。以时机选择的早晚来区分，这种模式可分为两种情况：一种是当预期将要发生矛盾与冲突时，通过调整来躲避冲突；另一种情况是当矛盾与冲突实际发生时主动或被动撤出。在本题中，西奥公司“当得知N国劳动者工资水平高且经常在工会支持下提出增加福利的要求后”，决定通过调整方案来躲避冲突，“西奥公司修改了投资和建设方案，所需操作员工全部由机器人代替”，选项C当选。

【例10】（单选·2020）国内电子消费产品制造商天奇公司发现其开发的新产品被其供应商大洋公司冒名仿造并销售，遂向对方提出抗议并准备诉诸法律，大洋公司随后表示立即停止侵权行为并向天奇公司赔付2亿元人民币。天奇公司处理与大洋公司的利益矛盾所采取的行为模式是（　）。

A.和解　　B.规避　　C.对抗　　D.折中

【答案】C

【解析】企业利益相关者运用对抗模式处理矛盾与冲突时，目的在于使对方彻底就范，根本不考虑对方的要求，并坚信已有能力实现所追求的目标，表明天奇公司处理与大洋公司的利益矛盾所采取的行为模式是对抗，选项C当选。

案例分析

案例一：公司战略的现代特点

G公司的战略演进

G公司是发达国家U国一家以电子设备和电器产品制造为主的多元化经营公司。G公司由许多内部子业务集团构成，业务集团经营不同的产品和业务。在创立后的100多年中，G公司全面推行全球化战略，其业务在全球范围内得以迅速扩张，在全球130个国家拥有30多万名员工。

在20世纪50年代初，G公司完全采用“分权业务部”管理，整个公司一共分为20个事业部。每个事业部各自独立经营，单独核算成本和利润。到1963年，公司销售处于停滞时期，组织机构被合并为5大业务集团、25个子业务集团和110个业务部门。而到了1967年以后，G公司的业务量激增，公司领导层认为现有的组织架构已经不能适应公司的发展，于是将5个业务集团增加到10个，25个子业务集团翻倍至50个，同时将110个业务部门扩充到170个。

20世纪60年代末，G公司遇到了市场上另外一家电器公司的激烈竞争，公司财政出现赤字，面临危机。20世纪70年代初，公司领导层在企业管理体制上采取了一种新的战略措施，即设立“战略业务单位”。“战略业务单位”是公司内部独立于所有业务集团的组织，可以在业务集团内针对某些产品线和服务进行单独的有针对性的管理，以便公司将人力、物力等各种资源集中利用。由于采取了该方式，短短几年时间公司在销售额和利润额方面都有了巨大的增长。

直至今天，每当面临新的挑战或业务转型时，G公司就会实施新一轮的业务流程变革或组织架构的调整。因此，100多年来，G公司经历了多次大规模的并购和业务拆分整合，并在几次全球金融危机下成功生存下来。

要求：简要分析G公司战略演进体现的特点。

【分析】

在本案例中，G公司战略演进体现了现代概念的应变性、竞争性和风险性的特点：

“每当面临新的挑战或业务转型时，G公司就会实施新一轮的业务流程变革或组织架构的调整。因此，100多年来，G公司经历了多次大规模的并购和业务拆分整合，并在几次全球金融危机下成功生存下来”。

案例二：公司宗旨

科通公司宗旨的变化

资料一：

2010年4月，由6名工程师、2名设计师组成的联合团队创建的科通公司正式成立。公司成立之初，公司CEO与股东们有了一个想法，要做一款设计好、品质好、价格便宜的智能手机。

2010年的手机市场，还是国际品牌的天下，功能机仍是主体，智能手机的价格至少在3000~4000元。虽然也有一些国产品牌手机，但大多数是低质低价的山寨机。

首先，为了开发物美价廉的智能手机，科通公司首先运用互联网工具，让用户参与到手机硬件的设计、研发之中，通过用户的反馈意见，了解市场的最新需求。而此前其他公司的研发模式都是封闭的，动辄一两年，开发者以为做到了最好，但其实未必是用户喜欢的，而且一两年时间过去，市场很可能已经变化。其次，坚持做顶级配置，真材实料，高性能，高体验，强调超用户预期的最强性价比。再次，以品牌和口碑积累粉丝，靠口口相传，节省大量广告费用。最后，开创了官网直销预定购买的发售方式，不必通过中间商，产品可以直接送到消费者手上，省去了实体店铺的各种费用和中间的渠道费用。

2011年8月16日，科通公司发布了第一款“为发烧而生”的科通手机。这款号称顶级配置的手机定价只有1999元。几乎是同配置手机价格的一半。科通手机2012年实现销售量719万部。2014年第二季度，科通手机占据国内智能手机市场的第一名，科通公司也成为全球第三大手机厂商。

短短5年时间，科通公司的估值增长180倍，高达460亿美元。科通公司成为国内乃至全球成长最迅猛的企业，一度是全国估值最高的初创企业。CEO总结科通公司成功的秘诀是“用互联网思维做消费电子，这是科通在过去5年取得成绩的理论基础”。在CEO看来，“互联网思维”体现在两个关键点上：一是用户体验，利用互联网接近用户，了解他们的感受和需求；二是效率，利用互联网技术提高企业的运行效率，使优质的产品以高性价比的形式出现，做到感动人心、价格厚道。

科通公司的成功模式成为各行各业观摩学习的范本，大量企业开始对标科通，声称要用科通模式颠覆自己所在行业。“做XX行业的科通”，成为众多企业的口号。

资料二：

然而，在2015年，迅猛增长的科通公司遇到了前所未有的危机。一方面，销量越来越大就意味着要与数百个零部件供应商建立良好高效的合作协同关系，不能有丝毫闪失。而科通公司的供货不足、发货缓慢被指为“饥饿营销”，开始颇受质疑，另一方面，竞争对手越来越多、越来越强大。H公司推出的互联网手机品牌R手机成为科通手机强劲的对手。O公司和V公司也借助强大的线下渠道开始崛起。芯片供应商G公司的一脚急刹车成为导火线。在经历了5年的超高速增长后，2015年下半年，科通公司放缓了飞速前进的脚步。由于市场日趋饱和，整个智能手机行业的增速下滑，虽然科通手机2015年7000万部的销量依然是国内出货量最高的手机，但CEO在年初喊出的8000万部销量的目标没能实现。

科通手机销量下滑的趋势并没有止住。2016年，科通手机首次跌出全球出货量前五；在国内市场，科通手机也从第一跌到了第五，季度出货量跌幅一度超过40%，全年出货量暴跌36%。而这一年，以线下渠道为主的O公司和V公司成为手机行业的新星，其手机出货量不仅增幅超过100%，而且双双超过科通公司进入全球前五、国内前三。

因为增速放缓，一直被追捧的科通模式在这一年开始遭遇前所未有的质疑。科通公司似乎自己也乱了节奏，在渠道、品牌和产品等方面都出现了不少问题。

科通公司认识到迅猛发展的背后需要夯实的基础，亟待主动减速、积极补课。2016年，科通公司内部开始进行架构和模式多维调整：

（1）CEO亲自负责科通手机供应链管理。前供应链负责人转任首席科学家，负责手机前沿技术研究。这意味着科通公司从组织架构上加大对供应链的管理力度。

（2）开启“新零售”战略。所谓新零售就是指通过线上线下互动融合的运营方式，将电商的经验和优势发挥到实体零售中。让消费者既能享用线下看得见摸得着的良好体验，又能获取电商一样的低价格。截至2018年3月10日，全国范围内已有330个实体店科通之家，覆盖186座城市。

（3）早年一直坚持口碑营销从未请过代言人的科通公司在2016年开始改变策略，先后邀请几位明星作为代言人，赢得不少新老客户。

2017年科通公司开始重新恢复高速增长。2017年第二季度，科通手机的出货量环比增长70%，达2316万部，开创了科通手机季度出货量的新纪录。2017年第四季度，在其他全球前五名的智能手机厂商出货量全部负增长的情况下，科通手机出货量增长96.9%。

资料三：

2014年，CEO开始意识到“智能硬件”和“万物互联（IoT）”可能是比智能手机更大的发展机遇。于是，科通公司开启了科通生态链计划，运用科通公司已经积累的大量资金，准备在5年内投资100家创业公司，在这些公司复制科通模式。

科通公司抽出20名工程师，让他们从产品的角度看待拟投资的创业公司，通过与创业公司团队的沟通，了解这家公司的未来走向。科通生态链团队不仅做投资，而且是一个孵化器，从ID、外观、结构、硬件、软件、云服务、供应链、采购、品牌等诸多方面给予创业公司全方位的支持。这些创业公司有一大半是科通生态链团队从零开始孵化的。但是，科通公司并没有控股任何一家科通生态链公司，所有的公司都是独立的。这样有利于在统一的价值观和目标下，生态链公司各自发挥技术创新优势，同时降低科通公司整体内部协调成本，规避经营风险。

科通生态链公司的投资主要围绕以下5大方向：①手机周边，如手机的耳机、移动电源、蓝牙音箱；②智能可穿戴设备，如科通手环、智能手表；③传统白电的智能化，如净水器、净化器；④极客酷玩类产品，如平衡车、3D打印机；⑤生活方式类，如科通插线板。

2016年，科通生态链公司宣布使用全新的麦家品牌，除了手机、电视、路由器等继续使用科通品牌，科通生态链公司的其他产品都将成为“麦家”成员。2016年，科通生态链公司的总营业收入超过了150亿元。至2018年5月，科通公司已经投资了90多家生态链公司，涉足上百个行业。在移动电源、空气净化器、可穿戴设备、平衡车等许多新兴产品领域，麦家的多个产品已做到全球数量第一。科通生态链公司也出现多个独角兽（指那些估值达10亿美元以上的初创企业）。

由于科通品牌给人们高性价比的印象已经根深蒂固，因而不少人认为科通生态链公司的产品无法赢利。但实际上，科通生态链公司已经有多家实现盈利。这是因为科通公司利用其规模经济带来的全球资源优势帮助这些生态链企业提高效率。科通公司运用其全球供应链优势能够让生态链上的小公司瞬间拥有几百亿供应链提供的能力。

科通公司还建成了全球最大消费类IoT平台，连接超过1亿台智能设备。通过这种独特的战略联盟模式，科通公司投资和带动了更多志同道合的创业者，围绕手机业务构建起手机配件、智能、生活消费产品三层产品矩阵；科通公司也从一家手机公司过渡到一个涵盖众多消费电子产品、软硬件和内容全覆盖的互联网企业。2018年4月，科通公司成功上市。

要求：简要分析科通公司从初创时期到上市之前公司宗旨的变化。

【分析】

公司宗旨阐述了公司长期的战略意向，说明公司现在和未来所从事的经营业务范围，反映企业对经营范围的定位。

初创时期：“要做一款设计好、品质好、价格便宜的智能手机”“开发物美价廉的智能手机”。

2014年：科通开始意识到“智能硬件”和“万物互联（IoT）”可能是比智能手机更大的发展机遇。于是，科通公司开启了科通生态链计划。

2018年上市之前：“涵盖众多消费电子产品、软硬件和内容全覆盖的互联网企业”。

案例三：战略创新

VD公司的战略创新

VD公司诞生于2013年年底，当时已有15年儿童英语培训工作经历的方雯决定创办一家在线英语教育服务公司，以解决线下英语师资良莠不齐、同质化、教学内容陈旧、价格和时间成本高等问题。借助互联网的手段，专注于为4~12岁少年儿童提供“一对一”的在线英语教育服务，采用碎片化的、性价比高的、与纯北美外教老师进行渗透式学习交流方式，因材施教，给每个孩子带来个性化的学习体验，这是VD公司的基本业务模式。

VD公司在教学设计上摒弃了传统教学模式，迎合儿童特点，将英语教学与影视、娱乐相结合，寓教于乐，激发小学员们的兴趣，也让教和学成为师生情感交流的平台。VD公司选择自主研发教材而非原版引进，为中国小朋友量身定制最适合他们的教材。VD公司一直坚持研发高品质产品，形成了各个单元课件，其后又通过不断对产品的打磨，构建了包括教学大纲、教学内容课件、课前课后的练习、教师教案以及教师培训等整套线上的教研体系。

线下教育对于北美本土的教师来说，要放弃当地生活或者拖家带口来到中国，困难是非常大的。线上模式则使这一困境得以根本改变。北美现有符合VD公司招募条件的教师总数接近1000万人，通过在线方式，VD公司可以筛选出最优秀的1%。通过招募成为VD外教后，VD平台通过一系列在线教学交流分享，帮助每一位老师成为线上“专家”。

VD平台帮助小学员从几万名老师中匹配、推荐、自主选择老师。这在传统的线下培训中是不可能的。同时，根据儿童教育规律，让孩子与五名左右的老师学习和交流，以达到提升认知度和理解力的最好效果。

自2013年成立起，引领线上教育的VD公司一直在快速壮大。由于VD公司近乎极致的规划设计与极其周密的运作，使竞争对手难以复制和超越。

要求：简要分析VD公司创新类型。

【分析】

在本案例中，VD公司创新类型表现为产品创新和流程创新。

(1) 产品创新。“借助互联网的手段，专注于为4~12岁少年儿童提供‘一对一’的在线英语教育服务，采用碎片化的、性价比高的、与纯北美外教老师进行渗透式学习交流方式，因材施教，给每个孩子带来个性化的学习体验”“VD公司在教学设计上摒弃了传统教学模式，迎合儿童特点，将英语教学与影视、娱乐相结合，寓教于乐，激发小学员们的兴趣，也让教和学成为师生情感交流的平台。VD公司选择自主研发教材而非原版引进，为中国小朋友量身定制最适合他们的教材”。

(2) 流程创新。“VD平台帮助小学员从几万名老师中匹配、推荐、自主选择老师。这在传统的线下培训中是不可能的。同时，根据儿童教育规律，让孩子与五名左右的老师学习和交流，以达到提升认知度和理解力的最好效果”“线下教育对于北美本土的教师来说，要放弃当地生活或者拖家带口来到中国，困难是非常大的。线上模式则使这一困境得以根本改变。北美现有符合VD公司招募条件的教师总数接近1000万人，通过在线方式，VD公司可以筛选出最优秀的1%。通过招募成为VD外教后，VD平台通过一系列在线教学交流分享，帮助每一位老师成为线上‘专家’”。

案例四：在战略决策与实施过程中的权力运用

1.对抗

甲公司为一家专营化妆品销售的企业，在取得某外商产品的独家经销权后发现，该外商将部分产品又批发给另一家化妆品经销。于是向该外商提出抗议并威胁将提起法律诉讼，对方当即表示将杜绝同类事情发生并向甲公司做出赔偿，最终甲公司接受了对方的意见。据此，请说明甲公司对待矛盾与冲突的行为方式是什么？

【分析】在本案例中，双方发生冲突时，甲公司向该外商提出抗议并威胁将提起法律诉讼，最终使对方彻底就范，体现了甲公司坚定不合作的行为，甲公司对待矛盾与冲突的这种行为方式则是对抗。一般而言，对抗的结果能够得到对方的接受。

2.折中

2019年，大型冶金企业金通公司为获得稳定的原料来源，向某稀土开采企业提出以20亿元人民币并购该企业的要求，但遭到了后者拒绝。后来双方经多次谈判，最终达成以部分股权互换的方式结为战略联盟的协议。根据案例，请说明金通公司在战略决策与实施过程中的行为模式是什么。

【分析】根据该冲突的解决结果可以判断，金通公司在战略决策与实施过程中的行为模式属于折中。折中表现为中等程度的坚定性+中等程度的合作性行为；根据“后来双方经多次谈判，最终达成以部分股权互换的方式结为战略联盟的协议”的行为，确定为折中。

知识梳理

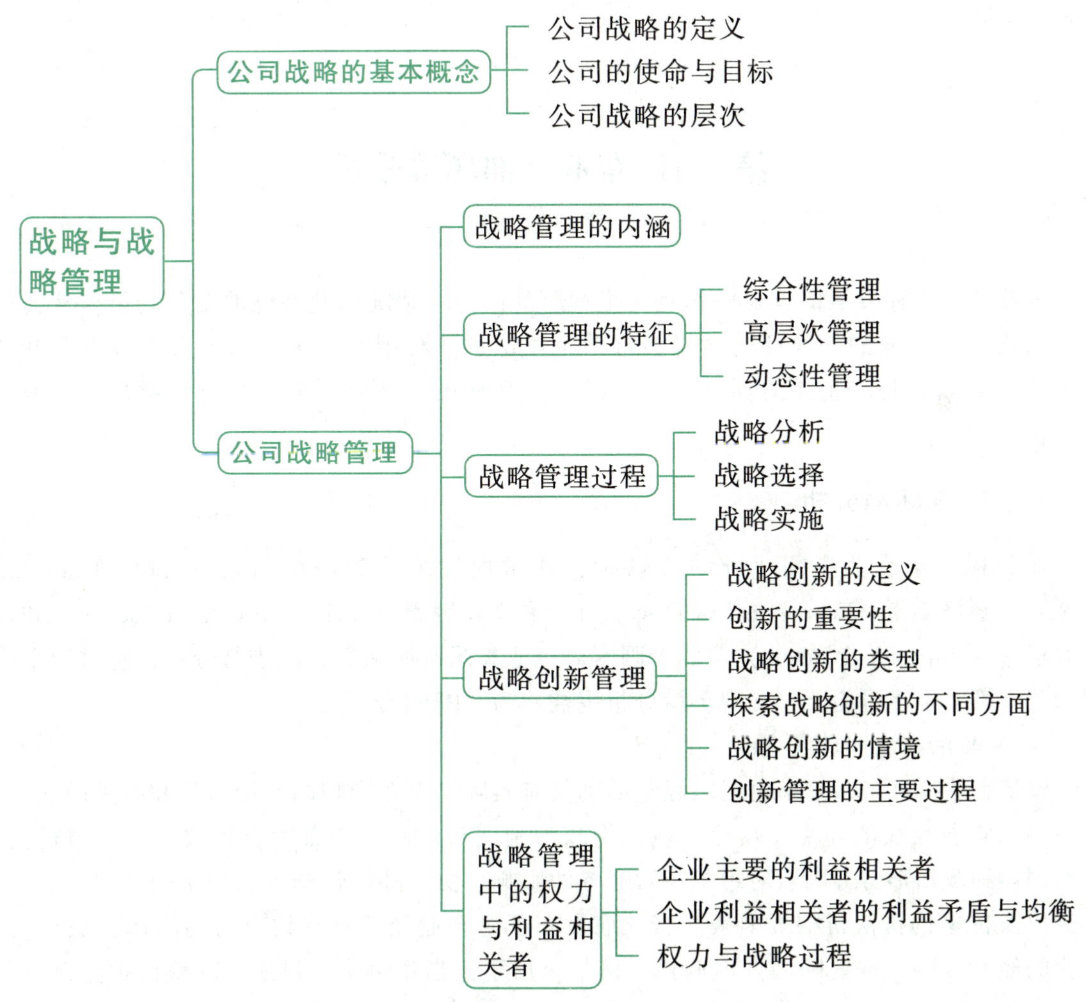

第二章　战略分析

本章概述

本章主要介绍了战略分析的企业外部环境分析、企业内部环境分析及SWOT分析。企业内外部环境分析中，包括宏观环境分析、产业环境分析、竞争环境分析、资源与能力分析、价值链分析以及业务组合分析等内容，本章属于重要章节。本章考试题型为客观题、简答题和综合题。本章内容难度适中，要求考生熟练掌握理解相关内容，形成清晰的脉络，做到灵活应用。

第一节　企业外部环境分析

企业谋求生存发展的首要问题是要把握所处的环境情况以及环境的变化趋势，从公司战略角度分析企业的外部环境，能够帮助企业识别并利用发展机会强大自身或者避开环境可能带来的威胁。企业的外部环境可以从宏观环境、产业环境、竞争环境几个层面进行分析。

一、宏观环境分析

在分析一个企业集团所处的背景时，通常通过政治和法律因素（Political and law factors）、经济因素（Economical factors）、社会和文化因素（Social and cultural factors）和技术因素（Technological factors）这四个因素对企业集团所面临的状况进行分析，将这四个因素的英文第一个字母组合，宏观环境分析也被称为“PEST分析”。

（一）政治和法律环境（P）

政治和法律环境，是指对组织经营活动具有实际与潜在影响的政治力量和有关的法律、法规等因素所形成的环境。政治环境，指政治制度与体制、颁布的方针政策、权力机构、政治团体和政治形势等因素对组织经营业务的影响。法律环境包括国家制定的法律、法规、法令以及国家的执法机构等因素。当政府发布了对企业经营具有约束力的法律、法规时，企业的经营战略也需要随之做出调整。例如，反不正当竞争法、税法、环境保护法以及外贸法规等。处于竞争中的企业可以通过稳定的法治环境来获取自己的正当权益，得以长期稳定地发展。但是，同一个政策或法规，可能会给不同企业带来不同的机会或者制约。

1.政治环境分析

政治环境分析一般包括以下四个方面：

（1）各政治利益集团对企业活动产生的影响。这种影响包含以下两方面：一是这些集团通过议员或代表来影响政府的决策，从而对企业活动产生影响；二是这些集团通过法律、传播媒介等方式对企业施加影响。

（2）政府对组织发展及其作用所持的态度和推行的基本政策，以及这些政策的连续性和稳定性。上述基本政策包含产业政策、税收政策、进出口限制等。

（3）政府行为对企业的影响。政府行为包括政府如何拥有国家土地、自然资源（森林、矿山、土地等）及其储备，这些政府行为会影响某些企业的战略。

（4）企业所在国家和地区的政局稳定状况。

2.法律环境分析

法律是政府管理企业的一种手段。政府主要通过制定法律法规来间接影响企业的活动，以达到以下目的：

（1）保护公众权益，避免公众权益受到不合理企业行为的损害。

（2）保护员工，对员工保护的法规涉及员工招聘、辞退的法律，对员工工作条件进行控制的健康与安全方面的法规。

（3）保护消费者，对消费者保护的法规涉及商品包装、商标、食品健康、广告及其他方面的法规。

（4）保护企业，反对不正当竞争。

（二）经济环境（E）

经济环境主要包括宏观和微观两个方面的内容。宏观经济环境，主要指一个国家的人口数量及其增长趋势，国民收入、国民生产总值及其变化情况以及通过这些指标能够反映的国民经济发展水平和发展速度。微观经济环境，主要指企业所在地区或所服务地区的消费者的收入情况、消费偏好、储蓄情况、就业程度等因素。经济要素，是指一个国家的经济制度、经济结构、产业布局、资源状况、经济发展水平以及未来的经济走势等。由于企业是处于宏观大环境中的微观个体，经济环境决定和影响其自身战略的制定。经济全球化还带来了国家之间经济上的相互依赖，企业在各种战略的决策过程中还需要关注、监测、预测和评估本国以外其他国家的经济状况。与政治法律环境相比，经济环境对企业生产经营具有更直接、更具体的影响。

1.社会经济结构

社会经济结构，是指与生产发展一定阶段相适应的生产关系的总和，其内容就是生产关系，表现为一定社会的经济制度，其中占统治地位的生产关系决定社会经济结构的性质。社会经济结构一般包括产业结构、分配结构、交换结构、消费结构和技术结构等。

2.经济发展水平与状况

经济发展水平，是指一个国家经济发展的规模、速度和所达到的水平，通常用国内生产总值（GDP）、人均GDP和经济增长速度等来衡量经济发展水平。经济发展状况的影响因素包括商品和服务需求的总体变化、税收水平、通货膨胀率、贸易差额和汇率、失业率、利率、信贷投放以及政府补助等。

3.经济体制

经济体制，是指在一定区域内（通常为一个国家）制定并执行经济决策的各种机制的总和，是国家经济组织的形式。现有的经济体制有市场经济体制、计划经济体制等。经济体制通过一定的管理手段和方法来调控或影响社会经济流动的范围、内容和方式等，并且规定了国家与企业、企业与企业、企业与各经济部门之间的关系。

4.宏观经济政策

宏观经济政策，是指国家或政府有意识有计划地运用一定的政策工具，调节控制宏观经济的运行，以达到一定的政策目标。它是实现国家经济发展目标的战略和策略，如综合性的全国发展战略和产业政策、国民收入分配政策、价格政策、物资流通政策等都属于宏观经济政策。

5.其他经济条件

对企业的发展而言，其他经济条件及其发展趋势同样重要，如工资水平、供应商及竞争对手的价格变化等经济因素，可能会对行业内竞争的激烈程度产生影响，也可能会延长产品生命周期以及改变产品生产模式等。

（三）社会和文化环境（S）

社会文化环境包括一个国家或地区的居民教育程度和文化水平、宗教信仰、风俗习惯、审美观点、价值观念等。构成社会环境的要素包括人口规模、年龄结构、种族结构、收入分布、消费结构和水平、人口流动性、离婚率、妇女生育率等。其中人口规模直接影响着一个国家或地区市场的容量，年龄结构则决定消费品的种类及推广方式。

社会和文化环境因素主要包括人口因素、社会流动性、消费心理、生活方式改变、文化传统和价值观等。

1.人口因素

人口因素是社会物质生活条件之一，它在社会发展中占有重要的地位，在企业的战略制定过程中也具有重大影响，最佳的人口因素可以促进社会的发展，反之，则会阻碍社会的发展。企业所在地居民的地理分布及密度、年龄、教育水平、国籍等属于人口因素。例如，社会生产总规模直接受人口总数的影响；企业的厂址选择受人口的地理分布影响；社会的需求结构受人口的性别比例和年龄结构的影响，进而影响企业生产结构和社会供给结构等。

2.社会流动性

社会流动性，是指个人或群体社会地位的变化，即一个社会成员或社会群体从一个社会阶级或阶层转到另一个社会阶级或阶层，从一种社会地位转向另一种社会地位，从一种职业转向另一种职业的过程。社会流动性对企业的人力资源、企业竞争性、产品定位等有一定的影响。

3.消费心理

消费心理是消费者消费心理和购买心理的总称。消费者购买商品的一般心理过程包括对商品的认识过程，情绪和情感过程以及意志过程。消费者购买行为的心理类型包括习惯型、理智型、选择型、冲动型、想象型。消费者购买过程的心理动机可分为求实、求廉、求名、求新、求美和求阔好胜的心理动机。影响消费者购买心理的主要因素有：商品本身的因素、宣传的影响因素、消费服务因素以及外部环境的影响等因素。研究消费者心理，对于充分利用市场营销组合手段、引导消费、扩大销售、提高效益具有重要意义。

4.生活方式变化

随着社会经济发展、科学技术的不断进步和对外交流程度的不断增强，人们的生活方式也发生了巨大的变化。人们生活方式的各种变化使得人们的消费观念和习惯等也发生着变化，而这些变化将会给企业带来新的机遇与挑战。

5.文化传统

文化传统是一种社会习惯，是一个国家或地区在较长历史时期内形成的，是影响经济活动的重要因素。不同的国家之间有文化的差异，不同的民族之间同样有差异，如藏族的生活方式和藏传佛教的宗教色彩联系紧密，牛是藏族的吉祥动物，在西藏地区的越野车辆市场中日本丰田越野车占据着绝对的市场份额，原因是其标识形似牛头，因此广受藏族人民的欢迎。可见文化传统对于战略的影响有时是巨大的。

6.价值观

每一个社会都有其核心价值观，它们常常具有高度的持续性，这些价值观和文化传统是历史的沉淀，通过家族繁衍和社会教育而传播延续，因此具有相当的稳定性。每一种文化都是由许多亚文化组成的，它们由共同语言、共同价值观念体系及共同生活经验或生活环境的群体所构成，不同的群体有不同的社会态度、爱好和行为，从而表现出不同的市场需求和不同的消费行为。

(四) 技术环境 (T)

技术环境包括引起革命性变化的发明，企业生产有关的新技术、新工艺、新材料的出现和发展趋势、应用前景以及国家科技体制、科技政策、科技水平和科技发展趋势等。在过去的半个世纪里，最迅速的变化发生在技术领域，像微软、惠普、通用电气等高新技术公司的崛起改变着世界和人类的生活方式。同样，技术领先的医院、大学等非营利性组织，也比没有采用先进技术的同类组织具有更强的竞争力。技术环境对企业的影响具有两面性，所以企业对于新技术的预判十分重要，并且要求企业能够在战略管理上作出正确的战略决策，从而获得独有的竞争优势。

【例1】(单选·2019) 2012年政府颁布了《生活饮用水卫生标准》，然而，由于相关设施和技术等方面的原因，国内一些地区的自来水水质短期内还不能达到标准。同时，近年随着国内经济迅速发展，国民追求健康和高品质生活的愿望不断提高。通过对上述情况的分析，华道公司于2013年从国外引进自来水滤水壶项目，获得成功。本案例中，华道公司外部环境分析所采用的主要方法是（　）。

A.产品生命周期分析　B.五种竞争力分析　C.PEST分析　D.钻石模型分析

【答案】C

【解析】“2012年政府颁布了《生活饮用水卫生标准》”，属于政治和法律因素；“由于相关设施和技术等方面的原因，国内一些地区的自来水水质短期内还不能达到标准”，属于技术因素；“近年随着国内经济迅速发展”，属于经济因素；“国民追求健康和高品质生活的愿望不断提高”，属于社会和文化因素。综上，华道公司外部环境分析所采用的主要方法是PEST分析，选项C当选。

二、产业环境分析

波特在《竞争战略》一书中指出：“形成竞争战略的实质就是将一个公司与其环境建立联系。尽管相关环境的范围广阔，包括社会的因素，也包括经济的因素，但公司环境的最关键部分就是公司投入竞争的一个或几个产业。”波特采用了一种关于产业的常用定义：“一个产业是由一群生产相似替代品的公司组成的。”

（一）产品生命周期

1.产品生命周期的划分

产品生命周期，是指产品从准备进入市场开始到被淘汰退出市场为止的全部运动过程，是由需求与技术的生产周期所决定。产品生命周期是产品或商品在市场运动中的经济寿命，即在市场流通过程中，由于消费者的**需求变化**以及影响市场的其他因素所造成的商品由盛转衰的周期。产品生命周期主要是由消费者的消费方式、消费水平、消费结构和消费心理的变化所决定。产品生命周期通常根据**产业销售额增长率曲线**的拐点划分，一般分为导入期、成长期、成熟期和衰退期四个阶段。

1）导入期

新产品投入市场，便进入导入期。此时，顾客对产品还不了解，只有少数追求新奇、高收入的顾客可能购买，**销售量很低**，竞争对手也相对较少。为了扩展销路，需要大量的促销费用，对产品进行宣传。在这一阶段，由于技术方面的原因，产品不能大批量生产，生产成本较高，**产品质量**也有待**提高**。由于产品的特殊性，其价格弹性较小，可以采取**高价格**政策，但由于销量小导致销售额增长缓慢，企业净利润较低。导入期的企业规模较小，**经营风险非常高**，其主要战略目标是**扩大市场份额**，增加市场占有率。

2）成长期

成长期顾客对产品已经熟悉，大量的新顾客开始购买，消费者对质量要求不高，市场逐步扩大。由于市场扩大，产品大批量生产，生产**成本相对降低**，企业的**销售额迅速上升**，**利润**也迅速**增长**，此时产品**价格最高**，单位产品净利润也最高。竞争者看到有利可图，纷纷进入市场参与竞争，使得市场**竞争加剧**，宣传费用升高。此阶段的**经营风险**有所**下降**，但仍然维持在较高水平。成长期的战略目标是要通过市场营销**争取最大市场份额**，并坚持到成熟期的到来。

3）成熟期

市场需求趋向**饱和**，潜在的顾客已经很少，主要依靠老顾客重复购买，销售额增长缓慢，竞争者之间出现**价格竞争**，产品逐步**标准化**，标志着产品进入了成熟期。在这一阶段，竞争逐渐加剧，竞争者之间开始打价格战，使得**产品售价降低**。此阶段的企业主要通过**提高效率**、**降低成本**来实现**巩固市场份额**的同时**提高投资报酬率**的战略目标。因此，成熟期的经营风险进一步降低，达到中等水平。

4）衰退期

随着科学技术的发展，新产品或新的替代品出现，使顾客的消费习惯发生改变，追求较高的性价比，从而使原来产品的销售额和利润额迅速下降，于是产品又进入了衰退期。衰退期的客户对性价比要求很高且各企业的产品差别小，因此价格差异也会缩小。衰退期的产能严重过剩，有些竞争者开始退出市场，具有销售渠道的企业更容易生存下来。处于衰退期的企业以防御作为首要战略目标，尽量控制成本，以维持正的现金流，如果不能获得低成本的优势，就尽量采用退出战略。进入衰退期后，经营风险最低。

2.产品生命周期理论的不足

(1) 产品生命周期各阶段的起止点划分标准不易确认。产业不同阶段持续的时间也不尽相同，且通常不易确定一个产业所处的生命周期。

(2) 并非所有的产品生命周期曲线都是标准的“S”形，还有很多特殊的产品生命周期曲线。例如，有些产业没有成熟期，直接从成长期进入衰退期等。

(3) 无法确定产品生命周期曲线到底适合单一产品项目层次还是一个产品集合层次。

(4) 该曲线只考虑销售和时间的关系，未涉及成本及价格等其他影响销售的变数。

(5) 易造成“营销近视症”，认为产品已到衰退期而过早将仍有市场价值的好产品剔除出了产品线。

(6) 产品衰退并不表示无法再生。如通过合适的改进策略，公司可能再创产品新的生命周期。

【例2】（单选·2020）宝灵公司是一家牙膏生产企业。目前牙膏行业的销售额达到前所未有的规模，各个企业生产的不同品牌的牙膏在质量和功效等方面差别不大，价格竞争十分激烈。在上述情况下，宝灵公司的战略重点应是（ ）。

A.扩大市场份额　　B.在巩固市场份额的同时提高投资报酬率

C.提高投资报酬率　　D.争取最大市场份额

【答案】B

【解析】根据题干信息可以判断出牙膏行业目前处于成熟期，成熟期的战略重点是在巩固市场份额的同时提高投资报酬率，选项B当选。

【例3】（单选·2019）专为商业零售企业提供管理咨询服务的智信公司于2015年预测中国的实体百货零售业已进入衰退期。该公司作出上述预测的依据应是（ ）。

A.实体百货零售业投资额增长率曲线的拐点

B.实体百货零售业利润额增长率曲线的拐点

C.实体百货零售业工资额增长率曲线的拐点

D.实体百货零售业销售额增长率曲线的拐点

【答案】D

【解析】产品生命周期各阶段是以产业销售额增长率曲线的拐点划分，选项D当选。

(二) 产业五种竞争力

波特认为，在每一个产业中都存在五种基本竞争力量，即潜在进入者、替代品、购买者、供应者与现有竞争者间的抗衡。这五种力量共同决定了产业竞争的强度以及产业的利润率。

1.五种竞争力分析

1）潜在进入者的进入威胁

潜在进入者在给行业带来新生产能力、新资源的同时，也会和市场中现有企业争夺资源，这就有可能会与现有企业发生原材料与市场份额的竞争。随着潜在进入者的进入，减少了市场集中度，引起了企业之间的价格战，最终导致行业中现有企业盈利水平降低，严重的话还有可能危及这些企业的生存。竞争性进入威胁的严重程度取决于两方面的因素，这就是进入新领域的障碍（即结构性障碍）大小与预期现有企业对于进入者的反应情况(即行为性障碍)。

（1）结构性障碍。一般情况下，企业在进入一个行业时会碰到许多结构性障碍，它是一种客观存在的进入障碍。波特指出存在七种主要障碍，分别为规模经济、产品差异、资金需求、转换成本、分销渠道、其他优势及政府政策，具体如下：

①规模经济。规模经济，是指当企业逐渐扩大规模时，企业的边际利润随之递增。从成本的角度看，也就是企业在生产经营过程中，在单位变动成本不变的情况下，产量越高单位产品对于固定成本的分摊越少，从而达到降低单位成本的目的。规模较大，新进入者必须加大投入通过较大的生产规模进入，这样可能会存在诸多风险，遭到竞争报复；规模较小，新进入者又无法降低成本，使自己处于成本劣势，从而构成进入障碍。

规模经济所造成的进入障碍以微波炉制造商格兰仕最为明显。格兰仕全球最大的生产规模极大地降低了其生产成本，使格兰仕微波炉有足够的价格空间，从而使得新进入者无法与其进行抗衡，纷纷退出竞争。

②产品差异。产品是企业生存之根本，而只有差异化的产品才可能在激烈的市场竞争中存活下来。事实上，企业只有为消费者提供个性化的产品或服务，展现产品或服务的特性，才能够有机会赢得顾客，优先于其他企业向消费者提供产品或服务。新进入者会花费大量的广告和宣传投入来消除消费者对于市场原有产品的忠诚，或者用更低的价格与现有企业抗衡，这就会减少企业的利润。

③资金需求。在新的行业，竞争意味着需要大量的投资。除了设备和厂房设施，库存、市场营销活动和企业的其他重要职能，都需要大量的资本。因此，即使新的行业有很好的发展前景，新进企业也可能无法负担大量的资本投入，从而构成了进入障碍。

④转换成本。转换成本，是指由于顾客转向新供应商所引起的一次性成本。例如，购买新的辅助设备就属于转换成本。有时转换成本很低。例如，消费者从中式快餐改吃西式快餐，几乎没有转换成本。有时转换成本较高。例如，制造商生产更新或生产更有创意的产品，会给产品的最终消费者带来极高的转换成本，VCD被DVD所替代，随身听被MP3所代替等，消费者实现这种转换所需的成本很高。新进入者要想进入就必须提供更好的产品和服务，或者给予消费者更加低廉的价格。一般情况下，当前各方之间的关系越稳固，转移到其他供应商的成本就越高。从而构成了进入障碍。

⑤分销渠道。产品进入市场后，必须通过良好而有效的分销渠道实现销售。企业一旦

与分销商建立起经销关系，就会悉心培育市场，为新进入者的进入制造转换成本。分销渠道对于新进入者来说可能是一个很大的进入障碍。尤其在快速消费品行业，商场超市的货架空间有限，企业必须说服经销商经营自己的产品，否则就会被替代产品占领市场。能够吸引经销商做出上述决策的方法就是增加分销商的利润空间或者投放更多的广告宣传。这些无疑都会减少厂商的利润，从而构成了进入障碍。

⑥政府政策。政府可以通过授权或特许经营对进入特定行业进行控制。例如，在烟草制造、酒类生产、烟酒零售、银行业务、证券交易等行业，政府的决定和法规都限制了企业的进入。这就为在位企业造就了强有力的进入障碍。

而贝恩将结构性障碍分为规模经济、现有企业对关键资源的控制和现有企业的市场优势。现有企业对关键资源的控制是指对关键资源及其使用方法的控制与累计。关键资源包括资金、专利技术、原材料供应、学习曲线、分销渠道等。现有企业的市场优势体现在产品品牌上和政府政策上。产品品牌是产品差异化的结果，政府政策则限制了企业的进入。

【提示】“学习曲线”（又称“经验曲线”），是指由于经验和专有技术的积累，某一产品的单位成本随其累积生产量的增加而下降。我们要区分由于学习曲线所产生的学习经济和由于规模而产生的规模经济。学习经济下产品单位成本的减少是由于累积经验导致的。即使在规模经济很小时，学习经济也可以是很大的。例如，在计算机软件开发等复杂的劳动密集型产业中。同样地，学习经济很小，规模经济也可能是很大的。例如，在铝罐制造等简单的资本密集型生产中。

（2）行为性障碍，又称作战略性障碍。准备进入者可能遇到的现有在位者的反击称为行为性障碍。行为性障碍主要表现为限制进入定价和进入对方领域两类。限制进入定价往往是在位的大企业报复进入者的一个重要武器，特别是在那些技术优势正在削弱、而投资正在增加的市场上，即通过低价来告诉进入者自己是低成本的，进入将是无利可图的。进入对方领域是寡头垄断市场上常见的一种报复行为，其目的在于抵消进入者首先采取行动可能带来的优势，避免对方的行动给自己带来的风险。

【例4】（单选·2020）山野公司是国际著名的户外运动服装设计和生产商。该公司的产品广受消费者喜爱，被誉为户外运动服装行业的第一品牌。不少企业试图进入该行业并挑战山野公司的市场地位，但都未获成功。山野公司为潜在进入者设置的结构性障碍是（　）。

A.规模经济　　B.现有企业的市场优势

C.学习曲线　　D.现有企业对关键资源的控制

【答案】B

【解析】“该公司的产品广受消费者喜爱，被誉为户外运动服装行业的第一品牌”属于品牌优势，而品牌优势是市场优势的表现，选项B当选。

【例5】（单选·2019）龙苑公司是一家制作泥塑工艺品的家族企业。该公司成立100多年来，经过世代相传积累了丰富的泥塑工艺品制作经验和精湛技艺，产品远销国内外。目前一些企业试图进入泥塑工艺品制作领域。根据上述信息，龙苑公司给潜在进入者设置的进入障碍是（　）。

A.资金需求　　B.学习曲线　　C.行为性障碍　　D.分销渠道

【答案】B

【解析】“经过世代相传积累了丰富的泥塑工艺品制作经验和精湛技艺，产品远销国内外”体现的是学习曲线，选项B当选。

2）替代品的替代威胁

替代品，是指那些能够实现同种功能的其他产品，分为直接产品替代和间接产品替代两类。

(1) 直接产品替代，是指某一种产品直接被另一种产品所取代。例如，传呼机被手机替代。

(2) 间接产品替代，是指具有相同功能和作用的产品被另外一些产品非直接地取代，通过不同的途径实现相同的目标。例如，短信被微信替代。

替代品的威胁包括以下三个方面：

(1) 替代品在价格上的竞争力。若在功能方面新产品能够完全替代老产品，且新产品的价格优势明显优于老产品（即性价比高），那么替代品的竞争力强于老产品，对老产品具有很强的威胁。

(2) 替代品质量和性能的满意度。若顾客对替代品的质量和性能满意度很高，顾客愿意去使用替代品，那么替代品对老产品会产生很大的威胁。

(3) 客户转向替代品的难易程度。替代品就是不使用原来的产品而使用替代产品，客户使用替代品的难易程度决定了替代品对于老产品威胁大小的程度。例如，中式快餐被洋快餐替代了一部分，是因为客户选择洋快餐的转换成本很低。

但是，替代品的替代威胁并不是指新产品完全取代老产品，老产品从此再无市场。实际很多情况下会出现新产品和老产品长期共存，各自拥有各自的细分市场和客户群体。例如，汽车、火车、飞机、轮船长期共存。

3）供应者、购买者讨价还价的能力

供应者、购买者讨价还价的能力是从产业价值链的角度、从获取原材料开始到最终产品的分配和销售的过程来分析替代品的替代威胁。按照波特的逻辑，每个企业都处在产业链中的某一环节，一个企业要赢得和维持竞争优势不仅取决于其内部价值链，还取决于在一个更大的价值系统（即产业价值链）中，一个企业的价值链同其供应商、销售商以及顾客价值链之间的联接。企业在产业价值链中既是供应者也是购买者，而购买者和供应者讨价还价围绕的中心是产品的功能和成本。对于购买者来说，希望购买到功能好且成本低的产品；而对于供应商来说，则希望提供的产品生产成本低而卖价高。所以，影响购买者和供应者讨价还价能力主要有以下几个方面的因素：

(1) 买方（或卖方）的集中程度或业务量的大小。具体如下：①购买者集中度高、业务量大——议价能力强。当购买者的购买力集中且业务量比较大时，该交易对于供应商来说利润空间较大，则该购买者的讨价还价的能力就相对较强。②供应者集中度高——议价能力强。供应者集中度高意味着卖方高度集中，资源集中在少数企业，且买方较多，因此供应者的讨价还价能力相对较强。

(2) 产品差异化程度与资产专用性程度。具体如下：①当供应者的产品具有差异化的特征，不能被替代品轻易替代，那么该产品的竞争力强，供应者讨价还价的能力就会增强。

如果供应者的产品是标准化产品，有很多的替代产品，这种情况下，供应者的竞争较大，购买者的讨价还价能力则会增强。②供应者资产专用化程度高——议价能力强。若供应商提供的产品是高度专用化的，则其产品的替代风险较低，顾客与供应商提供的产品紧紧联系在一起。这种情况下，供应者的讨价还价能力较强。

（3）纵向一体化程度。具体如下：①如果购买者实行了部分一体化或存在后向一体化（向自身上游企业发展）的现实威胁，在讨价还价中就处于能迫使对方让步的有利地位——购买者议价能力强；②当供应者表现出前向一体化（向自身下游企业发展）的现实威胁，也会提高其讨价还价能力——供应者议价能力强。

（4）信息掌握的程度。具体如下：①当购买者充分了解需求、实际市场价格以及供应者的成本等方面信息时，购买者将处于更为有利的位置，这也增加了讨价还价的能力；②如果供应者充分地掌握了购买者的有关信息，了解购买者的转换成本（即从一个供应商转换到另一个供应商的成本），并在购买者盈利水平还能承受的情况下，拒绝给予提供更优惠的供货条件，则增加了供应者讨价还价的能力。

【例6】（多选·2019）巨能公司是多家手机制造企业的电池供应商。根据波特的五种竞争力分析理论，下列各项关于巨能公司与其客户讨价还价能力的说法中，正确的有（ ）。

A.巨能公司能够进行前向一体化时，其讨价还价能力强

B.巨能公司提供的电池差异化程度越高，其讨价还价能力越强

C.巨能公司的客户购买量越大，巨能公司讨价还价能力越强

D.巨能公司掌握的客户的转换成本信息越多，其讨价还价能力强

【答案】ABD

【解析】购买者的购买量越大，供应商的讨价还价能力越弱，选项C不当选，选项A、B、D当选。

【例7】（单选·2017）2007—2013年，S公司在作为P公司最大的元器件和闪存供应商的同时，推出了系列智能手机和平板电脑，成为P公司在智能手机和平板电脑市场主要的竞争对手。P公司很想摆脱对S公司的依赖，但由于S公司在生产关键零部件方面的能力显著强于其他公司，因而在短期内P公司仍然离不开S公司。这一案例中，影响S公司对P公司讨价还价能力的主要因素是（ ）。

A.业务量

B.产品差异化程度与资产专用性程度

C.纵向一体化程度

D.信息掌握程度

【答案】B

【解析】当供应者的产品存在着差异化，因而替代品不能与供应者所销售的产品相竞争时，供应者讨价还价的能力就会增强。S公司在生产关键零件方面的能力显著强于其他公司短期内P公司仍然离不开S公司，其原因是S公司的产品差异化程度与资产专用性程度高，选项B当选。

4）产业内现有企业的竞争

产业内现有企业的竞争，是指一个产业内的各个企业为提高其市场占有率而进行的竞争。竞争的变现形式有价格竞争、广告战、产品引进以及增加对消费者的服务等。

在下列几种情况下，产业内现有企业的竞争可能是很激烈的：

（1）产业中存在过剩的生产能力。

（2）产业进入障碍低而退出障碍高。

（3）所有的商品在顾客看来都是同质的。

（4）产业内的竞争对手众多或势均力敌。

（5）产业发展缓慢。

【例8】（多选·2018）近年来，国内洗涤品生产企业面临日益沉重的竞争压力：①国外著名洗涤品公司加快进入中国市场的步伐；②原材料及用工成本不断上涨；③国内洗涤品生产企业众多，产品差异较小，消费者选择余地大；④新型洗涤品层出不穷，产品生命周期缩短，原有洗涤品不断遭到淘汰。从产业五种竞争力角度考察，国内洗涤品生产企业面临的竞争压力有（　）。

A.产业内现有企业的竞争　　B.购买者讨价还价

C.供应者讨价还价　　D.潜在进入者的进入威胁

【答案】ABCD

【解析】“国内洗涤品生产企业众多”，体现了现有企业的竞争，选项A当选；“产品差异较小，消费者选择余地大”，体现了消费者的议价能力强，选项B当选；“原材料及用工成本不断上涨”，体现了供应者的议价能力强，选项C当选；“国外著名洗涤品公司加快进入中国市场的步伐”，体现了潜在进入者的进入威胁，选项D当选。

【例9】（多选·2017）近年来，国内调味品企业面临着激烈的竞争压力：其一，海外调味品企业不断通过收购国内品牌或在国内直接建厂进入国内市场；其二，原料成本、用工成本不断上涨，同时由于国内企业众多，产品差异小，利润微薄；其三，天然营养的综合型调味品层出不穷，对传统调味品形成部分替代。从五种竞争力角度考察，国内调味品生产企业面临的竞争压力有（　）。

A.产业内现有企业的竞争　　B.潜在进入者的进入威胁

C.供应者讨价还价　　D.购买者讨价还价

【答案】ABCD

【解析】“海外调味品企业不断通过收购国内品牌或在国内直接建厂进入国内市场”体现的是潜在进入者的进入威胁大，选项B当选；“原料成本、用工成本不断上涨”体现了供应者讨价还价能力强，选项C当选；“同时由于国内企业众多，产品差异小”体现了产业内现有企业的竞争激烈和购买者讨价还价能力强，选项A、D当选。

2.对付五种竞争力的战略

（1）公司需要认清自己在行业中所处的行业地位，选择适当的战略取得成本优势或差异化优势来增强自身在行业中的竞争优势。

（2）公司可以选择一个产业中五种竞争力影响相对较少的细分市场作为主要攻占的市场，在该细分市场中公司的竞争力比在其他细分市场强。这就是波特提出的“集中战略”。

（3）公司必须努力去改变这五种竞争力的现状。例如，公司通过与供应者或购买者建立长期战略联盟，来增加自身讨价还价的能力；公司通过设置进入障碍或进入竞争对手的领域来减少替代者的威胁等。

3.五种竞争力模型的局限性

（1）该分析模型基本是静态的。事实上企业竞争环境始终处于变化之中，变化是不确定的，变化速度要比模型显示的更为快速。如果经分析后的战略应用于已经变化的外部环境之中，对企业而言会带来很大的风险。

（2）该分析模型可以确定行业的盈利能力，但对于非营利机构则无法使用该分析模型，因为非营利机构的组织目标和营利机构的组织目标是不同的。

（3）该分析模型是基于一定的假设，即在某种环境分析结构下企业如何制定战略来处理分析的情况，这个假设过于理性。

（4）该分析模型假设战略制定者全面了解行业信息，但这在现实中却是很难实现的。对任何企业而言，掌握整个行业信息是不可能也是不必要的。

（5）该分析模型低估了企业与供应商、客户或分销商、合资企业之间为了消除相互之间的威胁、减少相互间的竞争，从而建立长期合作关系、形成战略联盟的可能性。现实中可以看到许多建立长期稳定客户关系的商业模式，有时对双方而言，共赢可能比你死我活的竞争更有益处。

（6）该模型对产业竞争力的构成要素考虑不够全面。根据企业经营全球化的特点，哈佛商学院教授亚非在波特教授研究的基础上提出第六个要素——互动互补作用力，进一步丰富了五种竞争力理论框架。

互动互补作用力，是指在任何一个产业内，产品或服务业务都存在一定程度的互补互动（指互相配合一起使用）。互补品是两种或多种常常被联系在一起的产品，两种或多种产品互相配合，才能共同满足消费者的同一种需要。通常情况下，互补品之间会存在一种共生关系。例如，汽车、汽油、保险、维修、道路、停车等。互补品不但涉及企业竞争范围的广度问题，还涉及在特定的产业中企业如何展开竞争的问题。大多数产业都在一定程度上受到互补产品的影响，互补品战略也影响着这些产业的竞争格局。企业通过各种分析和研究识别出具有战略意义的互补互动品，并制定和采取适当的战略，使企业获得重要的竞争优势。

【例10】（单选·2016）哈佛商学院教授大卫·亚非在波特教授五种竞争力研究基础上，提出了影响产业利润的第六个要素。下列各项中，体现该要素作用的是（　）。

A.某火力发电企业并购了一家煤矿，降低了原材料成本

B.某地区交通条件的改善促进了该地区房地产业的发展

C.某牛奶供应商控制了全市的销售管道，使其他牛奶供应商在该市难以立足

D.两家大型超市通过降低销售价格，争夺消费者

【答案】B

【解析】哈佛商学院教授大卫·亚非在波特教授研究的基础上，根据企业全球化经营的特点，提出了第六个要素，即互动互补作用力。亚非认为，任何一个产业内部都存在不同程度的互补互动（指互相配合一起使用）的产品或服务业务。例如，对于房地产业来说，交通家具、电器、学校、汽车、物业管理、银行贷款、有关保险、社区、家庭服务等会对

住房建设产生影响，进而影响到整个房地产业的结构。选项B当选。

（三）成功关键因素分析

成功关键因素（KSF），是指影响行业中企业在市场上盈利能力的主要因素。例如，产品性能、竞争力、能力、市场表现等。从性质上说，行业成功关键因素是所有企业为了在竞争和财务上成功所必须具备的能力或条件。同时，成功关键因素也会因行业而不同，因产品生命周期的不同而不同，随驱动力和竞争情况而改变。成功关键因素分析就是通过分析找出使得企业成功的关键因素，然后倾尽全力来搞好这些关键因素来取得竞争优势并获得成功。

（1）确定行业成功的关键因素需要考虑以下三个问题：①顾客应根据什么选择各个竞争的产品；②企业为了竞争成功必须具备哪些资源和竞争能力；③企业如何才能获得持续的竞争优势。

（2）常见行业成功关键因素的类型如下：①一般管理能力类行业成功关键因素，包括有利的公司形象、声誉、总成本很低、便利的设施选址、礼貌的员工、能够获得财务资本、专利保护；②技能类行业成功关键因素，包括技术工人、质量管理诀窍、设计专家、在具体技术上的专有技能、开发出创造性的产品和取得创造性的产品改进、快速商业化能力、组织能力、卓越的信息系统、快速的市场反应、电子商务能力、较多的经验和诀窍等；③销售类行业成功关键因素，包括技术支持、顾客服务、准确的定单处理、产品线和可供选择的产品很宽、商品推销技巧、有吸引力的款式、包装、顾客保修和保险、精明的广告等；④分销类行业成功关键因素，包括强大的批发网、特约经销商网络、公司控制的零售点、拥有自己的分销渠道和网点、低分销成本、快速配送等；⑤制造类行业成功关键因素，包括低成本生产效率（获得规模经济、取得经验曲线效应）、固定资产最高能力利用率、有技能且娴熟的劳工、低成本的产品设计、低成本的厂址、灵活的生产系列产品满足顾客的要求；⑥技术类行业成功关键因素，包括科研专家、工艺创新能力、产品创新能力、在既定技术上的转化能力、网络经营能力。

（3）不同产业的成功关键因素各不相同，即使是处于同一产业中的不同企业，其成功关键因素也可能不同。例如，在电商零售业中，淘宝侧重于构建平台和大型电商零售各类产品；而京东侧重于物流以及自营电子产品。

（4）随着产品生命周期的不同，每一个生命周期中的关键因素也不尽相同。在产品不同的生命周期中，产品的成功关键因素可以从市场、生产经营、财力、人事、研究开发这几个角度进行分析，具体来说：①在导入期，进行广告宣传、提高生产效率、利用金融杠杆、让员工适应新生产和市场、掌握技术秘诀等是成功关键因素；②在成长期，建立商标信誉、改进产品质量、资源聚集、发展生产技术能力、提高产品质量及功能是成功关键因素；③在成熟期，保护现有市场、加强和客户的联系、控制及降低成本、提高生产效率是成功关键因素；④在衰退期，选择市场区域、缩减生产能力、提高管理控制系统的效率、面向新增长领域是成功关键因素。

我们首先要判断出产品所处的生命周期，再结合该生命周期的特点和适宜该生命周期的战略目标和战略实现路径，从而分析出该生命周期的成功关键因素。

【例11】（单选·2017）近年来，国内智能家电产业的产品销量节节攀升，竞争者不断涌入。各厂家的产品虽然在技术和性能方面有较大差异，但均可被消费者接受。产品由于供不应求，价格高昂。在产品寿命周期的这个阶段从市场角度看，国内智能家电产业的成功关键因素应当是（　）。

A.建立商标信誉，开拓新销售渠道　　B.保护现有市场，渗入别人的市场

C.选择区域市场，改善企业形象　　D.广告宣传，开辟销售渠道

【答案】A

【解析】“国内智能家电产业的产品销量节节攀升，竞争者不断涌入；各厂家的产品虽然在技术和性能方面有较大差异，但均可被消费者接受；产品由于供不应求，价格高昂。”这些特征说明智能家电产业处于成长期，从市场角度看，应该建立商标信誉，开拓新销售渠道，选项A当选。

三、竞争环境分析

竞争环境是企业生存和发展的外部环境，对企业的发展至关重要。竞争环境的变化不断产生威胁，也不断产生机会。竞争环境分析比产业环境分析范围更小、重心更加明确，是在了解了一个产业的大环境后，将重点聚焦于一个企业来分析与企业直接竞争的其他企业的现状、战略、未来目标等情况，是产业环境的一个补充。竞争环境分析主要包括从个别企业视角去观察分析竞争对手的实力和从产业竞争结构视角去观察分析企业所面对的竞争格局两个方面。

（一）竞争对手分析

企业在确立了重要的竞争对手以后，就需要对竞争对手做出尽可能深入、详细的分析，揭示出每个竞争对手的未来目标、假设、现行战略和能力，并判断其行动的基本轮廓，特别是竞争对手对行业变化，以及当受到竞争对手威胁时可能做出的反应。

1.竞争对手的未来目标

对竞争对手未来目标的分析可以预测竞争对手对其目前的市场地位以及财务状况是否满意，由此判断竞争对手未来的发展方向，可能会采取的战略以及对外部事件会采取什么样的反应，使企业冒最低的风险来实现战略目标，同时不威胁到竞争对手在市场中的位置。

分析竞争对手战略目标可以考虑的因素有：竞争对手的财务目标、对于风险的态度、价值观、组织结构、会计系统、控制与激励系统、领导阶层、各种政府或社会限制等。

在多元化的大型集团公司中母公司很有可能对其子公司或下属单位有所限制或要求，而这种限制和要求对于我们分析及预测它的发展方向和目标非常重要，因此竞争对手未来目标分析还需要考虑以下因素：①母公司总体目标与经营情况；②母公司对子公司及其业务的态度；③母公司招聘、激励、约束子公司经理人员的方法。

2.竞争对手的假设

每个企业所确立的战略目标，其根本是基于他们的假设之上的。竞争对手的假设分析的目的是剖析竞争对手对其自身的定位和评价以及其所在产业及产业内其他企业的评价和看法。了解竞争对手的假设能帮助我们正确判断竞争对手的战略意图，也能帮助战略管理

层制定更有针对性的战略。假设可以分为以下两类：

（1）竞争对手对自己的假设。每个企业都对自己的情形有所假设，这些假设会指导它的行动方式和对事物的反应。例如，有些企业认为自己在功能和质量上高人一筹，有些企业则认为自己在成本和价格上具有优势。当一个产业中出现了一个降价者，那么自视为低成本的生产者可能会同样以降低的方式来回击降价者。

（2）竞争对手对产业及产业中其他公司的假设。竞争对手关于其他公司情形的假设可能正确也可能不正确，这很可能会影响到公司制定的战略方向的正确性。例如，诺基亚曾经红火一时，最后现在却杳无音信，其中一个主要原因就是当年诺基亚对智能手机市场的评估出现了战略性的错误。

实际上，对战略假设，无论是对竞争对手，还是对自己，都应该要仔细核验，这可以帮助管理者识别出所处环境的偏见和盲点，以避免作出一些错误的战略决策。

3.竞争对手的现行战略

对竞争对手现行战略的分析，目的在于提示竞争对手正在做什么、能够做什么。通过对竞争对手现行战略的分析，可以帮助公司了解竞争对手目前是如何竞争的，以及如果将来内外部环境发生了变化，竞争对手将会采取何种策略。

4.竞争对手的能力

我们分析研究了竞争对手的目标与战略，但要想目标和战略对于公司有意义，前提是公司有能力去实现其目标。我们可以将自己的能力与竞争对手的能力作比较，如果自身能力比较强，可以不用担心与竞争对手发生正面冲突；如果竞争对手能力较强，我们可以选择避免正面冲突，选择自己更具有优势的领域深耕。

我们可以从以下几个方面来分析竞争对手的能力：

（1）核心能力，是指竞争对手最强的地方，其获得目前的市场地位和财务状况的核心能力。

（2）成长能力，是指竞争对手在各方面发展壮大的能力。例如，人员、技能和生产能力等。

（3）快速反应能力，是指竞争对手对其他公司的行动迅速作出反应的能力。

（4）适应变化的能力，是指竞争对手对外部环境变化的适应能力。

（5）持久力，是指竞争对手在面对资金链断裂的危机时，能坚持多久的能力。

【例12】（单选·2017）2010年，R国汽车制造商G公司预计随着绿色环保理念的普及和政府相关产业政策的推出，R国的新能源汽车产业将迎来一个巨大的发展机遇；其本国竞争对手汽车制造商S公司，将凭借雄厚的资金实力和强大的科研能力，把投资和研发的重点转向新能源汽车领域。G公司对S公司的上述分析属于（　）。

A.财务能力分析　　B.成长能力分析

C.适应变化能力分析　　D.快速反应能力分析

【答案】C

【解析】随着绿色环保理念的普及和政府相关产业政策推出，G公司预计本国竞争对手S公司将凭借雄厚的资金实力和强大的科研能力，把投资和研发重点转向新能源汽车领域。

体现了S公司对外部环境变化的反应能力，即适应变化的能力，选项C当选。

(二) 产业内的战略群组

战略群组，是指一个产业内执行同样或类似战略并具有类似战略特征的一组企业。在一个产业中，如果所有的企业都执行着基本相同的战略，则该产业中只有一个战略群组。如果每个企业都奉行着与众不同的战略，则该产业中有多少企业便有多少战略群组。当然，在正常情况下，一个产业中仅有几个战略群组，它们采用着性质完全不同的战略。每个战略群组内的企业数目不等，但战略雷同。

1.战略群组的特征

同一战略群组内的企业会有相似或相同的战略要素，包括品牌、技术领先程度、研究开发能力、产品质量标准、定价策略、企业的规模、分销渠道的选择以及客户服务等。

为了识别战略群组，必须选择这些战略要素的2~3项。选择划分产业内战略群组的特征要避免选择同一产业中所有公司都有相同的特征。

2.战略群组分析

通过战略群组分析，企业可以了解到，本企业的战略地位以及公司战略的变化对其他企业而言可能引起的竞争影响。战略群组特点如下：

(1) 有助于了解各战略群组之间的“移动障碍”。移动障碍，是指战略群组间转换的障碍。

(2) 有助于很好地了解战略群组间的竞争状况，了解某一群体与其他群组间的不同，主动地发现近、远处的竞争者。

(3) 有助于了解战略群组内企业竞争的主要着眼点。企业通过战略群组分析可以了解与其在同一战略群组的其他企业的实力，从而更加了解自身的优势，以选择最适合本企业的竞争战略和战略发展方向。

(4) 市场变化或战略机会可以通过利用战略群组图进行预测。《蓝海战略》一书中认为过去的战略思维立足于当前已存在的产业和市场，采取常规的竞争方式与同产业中的企业展开针锋相对的竞争，是一种“红海战略”，而“蓝海战略”是指不局限于现有产业边界，而是极力打破这样的边界条件，通过提供创新产品和服务，开辟并占领新的市场空间的战略。

【例13】(单选·2019) 七彩公司以“文化娱乐性”和“观光游览性”为两维坐标，将旅游业分为不同的战略群组，并将“文化娱乐性高、观光游览性低”的文艺演出与“文化娱乐性低、观光游览性高”的实景旅游两类功能结合起来，率先创建了“人物山水”旅游项目，它将震撼的文艺演出置于秀丽山水之中，让观众在观赏歌舞演出的同时将身心融于自然。七彩公司采用战略群组分析的主要思路是（ ）。

A.了解战略群组间的竞争状况

B.了解战略群组间的“移动障碍”

C.预测市场变化或发现战略机会

D.了解战略群组内企业竞争的主要着眼点

【答案】C

【解析】“率先创建了人物山水旅游项目，它将震撼的文艺演出置于秀丽山水之中，让观众在观赏歌舞演出的同时将身心融于自然”体现的是预测市场变化或发现战略机会。选项C当选。

【例14】（多选·2017）国内卫浴产品企业可分为两类：第一类是知名的国际品牌企业，其产品实现了功能性和外观时尚性的完美结合，但研发和投资成本都很大，产品价格高；第二类是国内老品牌企业，其产品的功能性和外观性都与国际品牌产品有较大差距，价格也显著低于国际品牌产品。有专家建议，在激烈的竞争中第二类企业应当增强售后服务功能以提升竞争力，因为国内各类企业都没有对该功能给予应有的重视。依据战略群组分析理论，下列各项中，对专家建议理解正确的有（　）。

A.了解战略群组内企业竞争的主要着眼点　　B.了解各战略群组之间的移动障碍

C.运用战略群组分析发现战略机会　　D.了解战略群组间的竞争状况

【答案】ABCD

【解析】“知名的国际品牌企业，其产品实现了功能性和外观时尚性的完美结合，但研发和投资成本都很大，产品价格高；国内老品牌企业，其产品的功能性和外观性都与国际品牌产品有较大差距，价格也显著低于国际品牌产品”是基于对战略群组间的竞争状况、各战略群组之间的移动障碍、战略群组内企业竞争的主要着眼点的了解，选项A、B、D当选；“有专家建议，在激烈的竞争中第二类企业应当增强售后服务功能以提升竞争力，因为国内各类企业都没有对该功能给予应有的重视”，是分析发现战略机会的体现，选项C当选。

第二节　企业内部环境分析

企业内部环境，是指企业内部的物质、文化环境的总和，包括企业资源、企业能力、企业文化、产业资源配置（钻石模型）等因素，也称企业内部条件。企业内部环境分析是在企业外部环境分析之后对企业另一个方面的分析。企业内部环境同企业外部环境相比，具有更重要的意义，与企业的竞争优势和市场地位息息相关。

一、资源与能力分析

（一）企业资源分析

企业资源的内容涵盖面非常广泛，是指企业所拥有、控制或可以利用的、能够帮助实现企业目标的各种生产要素的集合。企业资源分析即是对企业所拥有的资源进行识别和评价的过程。通过企业资源分析可以确定企业的优势和劣势，同时会影响企业战略目标的制定和实施。企业资源优劣与其竞争优势密切相关。

1.企业资源的主要类型

企业资源主要分为三种：有形资源、无形资源和人力资源。

1）有形资源

有形资源，是指用货币直接计量且唯一的，在资产负债表中体现的可见的资源，主要包括物质资源和财务资源。

（1）物质资源包括土地、厂房、生产设备、原材料等。

（2）财务资源包括可以用于投资或生产的资金，如应收账款、有价证券等。

2）无形资源

无形资源，是指植根于组织历史，伴随组织的成长而积累起来的，以独特的方式存在，并且不易被竞争对手了解和模仿的资产。这类资产的外在特点是无形的——看不见摸不着，但其存在是可以意会和感知的。企业中的管理者和员工所掌握的知识与技能、相互之间的信任程度、交往方式、思想观念、创新能力、领导风格、管理制度、产品或服务的声誉等都可归于无形资源一类。

无形资源是没有实物形态的，无法用货币精确度量，一般难以被竞争对手了解、购买、模仿或替代。因此，企业核心竞争力的来源之一为无形资源。

3）人力资源

人力资源是一种特殊而重要的资源，是指一定时期内组织中的人所拥有的，能够被企业所用的，且对组织价值创造起贡献作用的教育、能力、技能、经验、体力等的总称。在新经济时代，人力资源在企业资源中扮演着重要的角色，有效开发和利用人力资源有利于企业的发展。

【例15】（多选·2017）天翔航空公司于2016年年初率先布局航空互联网，现在该公司已有50多架飞机完成改造和机组培训，为乘客提供了稳定的互联网接入服务，并由此赢得了明显的竞争优势。天翔航空公司的竞争优势来源于其拥有的（　）。

A.文化资源　　B.人力资源　　C.技术资源　　D.物质资源

【答案】BCD

【解析】现在该公司已有50多架飞机完成改造和机组培训，属于天翔航空公司的物质资源和人力资源，为乘客提供了稳定的互联网接入服务属于技术资源，选项B、C、D当选。

2.决定企业竞争优势的企业资源判断标准

企业拥有各种资源，但不是所有资源对企业都有同样的价值，我们需要判断出能使企业获得竞争优势的资源。其主要的判断标准如下：

（1）资源的稀缺性。资源的稀缺性，是指竞争对手难以获得或很少拥有的资源。如果企业拥有这种稀缺性资源，而竞争对手无法获取该种资源，则企业就比竞争对手更具有竞争优势。

（2）资源的不可模仿性。资源的不可模仿性，是指企业所持有的，竞争对手难以模仿或者不能轻易获得的资源，如营销体制、管理体制、企业文化、独特的地理位置等。资源的不可模仿性具有以下四种形式：①物理上独特的资源。有些资源的不可模仿性是物质本身的特性所决定的。例如，每一套商品房具有独一无二的特点；②具有路径依赖性的资源。通俗易懂的讲，路径依赖性就是该种资源的形成需要一定的时间积累才能拥有。例如，某以生物药品研发为主营业务的公司多年来不断完善科研管理体制建设，为科研人才的创造性活动提供了坚实的基础，使公司在激烈的市场竞争中获得明显优势；③具有因果含糊性的资源。具有因果含糊性，是指该资源的形成是由于独特的历史条件，形成的原因也无法具体说明，其他企业难以开发、复制或模仿。例如，每个公司的企业文化的形成都有其独特的条件和背景；④具有经济制约性的资源。经济制约性，是指竞争对手能够模仿或者复制企业所拥有的资源，但是由于市场空间的限制无法同时支撑两个竞争者同时盈利，企业的竞争对手即使有很强的竞争力，也只能放弃竞争。这种资源就是具有经济制约性的资源。

(3) 资源的不可替代性。资源的不可替代性，是指竞争对手无法通过其他资源来替代它，在为客户提供服务的过程中没有其他的资源可以替代。例如，稻城亚丁景区全世界就只有一个，无法被其他的景点所替代，其具有它独特的吸引力。

(4) 资源的持久性。资源的持久性，是指那些能够给企业带来长久的竞争优势的资源，而不是那些只能使企业获得短期利益的资源。

【例16】(单选·2020) 广记公司是一家卤制品生产企业。该公司凭借其长期积累形成的原料配制秘方和生产工艺诀窍等资源生产的多种卤制品，深受消费者喜爱，近年国内市场占有率一直位居第一。在下列资源不可模仿性的形式中，广记公司的上述资源是（　）。

A.物理上独特的资源　　B.具有因果含糊性的资源

C.具有经济制约性的资源　　D.具有路径依赖性的资源

【答案】D

【解析】具有路径依赖性的资源是指那些必须经过长期的积累才能获得的资源。“凭借其长期积累形成的原料配制秘方和生产工艺诀窍等资源生产的多种卤制品”属于具有路径依赖性的资源，选项D当选。

【例17】(多选·2019) 研发和生产家用滤水壶的汇康公司秉承“使员工幸福，让顾客满意”的理念，建立并持续实施了一套以顾客需求为导向、充分调动员工积极性的管理体制，使该公司的技术发明专利数量、盈利率和顾客满意率长期稳居行业前列，显示出难以模仿的竞争优势。汇康公司的资源不可模仿性主要表现有（　）。

A.物理上独特的资源　　B.具有路径依赖性的资源

C.具有因果含糊性的资源　　D.具有经济制约性的资源

【答案】ABC

【解析】“‘使员工幸福，让顾客满意’的理念”属于公司文化，是具有因果含糊性的资源，选项C当选；“建立并持续实施了一套以顾客需求为导向、充分调动员工积极性的管理体制”属于路径依赖性的资源，选项B当选；“该公司的技术发明专利数量……长期稳居行业前列”属于物理上独特的资源，选项A当选。

(二) 企业能力分析

企业能力，是指企业配置资源，发挥其生产和竞争作用的能力。企业能力是企业各种资源有机组合的结果，它由企业有形资源、无形资源和人力资源的整合形成。企业能力的组成主要包括研发能力、生产管理能力、营销能力、财务能力和组织管理能力等。

1.研发能力

研发能力，是指企业能否在掌握现有科学技术知识的基础上，把握市场需求，找到问题，确定选题，并组织人力物力，去解决问题的能力。它是创新资源投入积累的结果，可以从研发计划、研发组织、研发过程和研发效果几个方面来衡量企业的研发能力。

2.生产管理能力

生产管理能力，是指企业建立所必需的生产设施和员工队伍，将新产品投入大规模的生产，包括建立必要的质量保障体系和原料采购体系的能力。生产过程、生产能力、库存管理、人力资源管理和质量管理这五个方面都属于生产管理能力。

3.营销能力

营销能力，是一种市场竞争力能力，是企业将自己的产品或服务在市场上进行推广的能力。营销能力包括产品竞争能力、销售活动能力和市场决策能力。

(1) 产品竞争能力。产品竞争能力，是指企业的产品或服务在市场地位、收益性及成长性等方面和竞争对手相比的优劣势。可通过市场占有率、利润率、销售增长率等指标来衡量。

(2) 销售活动能力。销售活动能力，是指企业销售部门组织结构以及销售部门制定的销售计划、销售渠道和销售绩效完成率等综合能力。销售绩效可以用销售计划完成率和销售活动效率两个指标来评估。销售渠道，是指销售的方式，例如，是直接销售还是间接销售等。

(3) 市场决策能力。市场决策能力主要是对领导层能力的分析，领导层对于市场走向、战略目标等进行决策的能力，往往市场决策的正确与否关系到整个企业的生存。

4.财务能力

财务能力，是指企业筹集资金的能力及企业使用和管理其筹集来的资金的能力。企业筹集资金的方式有很多种，其选择何种方式、耗用多大成本、资金到手速度均能反映企业筹集资金的能力，并且可以用资产负债率、流动比率、已获利息倍数等指标来衡量。企业将所筹集的资金用在哪里能使企业获得收益以及获得收益的大小和速度，可以用投资报酬率、销售利润率和资产周转率等指标来衡量。

5.组织管理能力

组织管理能力，是指为了有效地实现目标，灵活地运用各种方法，把各种力量合理地组织和有效地协调起来的能力，与组织实现其组织目标的效率和途径相关的能力。它可以通过职能结构、岗位责任、集权和分析的情况等方面来分析。

(三) 企业的核心能力

企业核心能力的产生代表了一种企业发展的观点，即企业的发展由自身所拥有的与众不同的资源决定，企业需要围绕这些资源构建自己的能力体系，以实现自己的竞争优势。

1.核心能力的概念

核心能力，是指企业的竞争优势形成的最有力的核心要素。企业的核心能力，一般表现为优秀技能、技术诀窍和技能组合。对于企业来说，不同发展阶段的核心竞争力也是不同的。

2.核心能力的辨别

以下三个关键性测试可用于辨别企业能力是否属于核心能力：

(1) 它对顾客是否有价值。任何一个产品或者服务，只有被顾客所认可、满足顾客的需求之后才具有价值，因此企业的核心能力首先要考虑对顾客是否有价值。

(2) 它与企业竞争对手相比是否有优势。例如，和竞争对手相比在人力资源、生产制造、产品质量、研究开发和企业文化等方面是否有优势。

(3) 它是否很难被模仿或复制。核心能力必须是企业所特有的，并且是竞争对手一时无法拥有或者难以超越的优势。

企业的核心能力实际上是非常复杂和微妙的，有时三个关键性测试是无法识别出来的，还需要用其他识别方法，包括功能分析、资源分析以及过程系统分析。

(1) 功能分析。功能分析识别出的核心能力是具有特定功能的。

(2) 资源分析。资源分析是对企业所拥有的资源进行分析，其中分析实物资源比较容易。

(3) 过程系统分析。对企业过程和系统进行分析，能够根据过程和系统中涉及的多种功能判断企业的经营状况和核心能力。

3.核心能力的评价

(1) 评价的基础与方法包括：①企业的自我评价。企业通过收集绩效趋势、经营状况等内部信息来分析判断其与竞争对手相比的优劣势；②产业内部比较。产业专家会收集一个产业内的市场份额、成本结构、关键成本以及顾客满意度等信息，企业可以从这些信息中判断出自己的核心能力；③基准分析。基准分析是企业把自己与标杆企业相比，进而评价企业的核心能力；④成本驱动力和作业成本法。与传统的成本会计方法相比，作业成本法能提供更有用的信息；⑤收集竞争对手的信息。企业收集竞争对手的各种信息和动态，对竞争对手进行分析，有助于企业明确自己的优势和劣势。

(2) 基准分析概述。基准分析，是企业之间进行比较，从而提出改进方法，以弥补自身不足的一种重要方法，是一种评价自身企业和研究其他组织的手段。具体如下：①基准对象。基准对象，一般来说是指能够衡量业绩的活动。占用较多资金的活动、能显著改善与顾客关系的活动、能最终影响企业结果的活动等领域企业可以重点关注；②基准类型。基准类型的不同由基准对象的不同决定，主要包括**内部基准**、**竞争性基准**、**一般基准**、**过程或活动基准**和**顾客基准**五种基准类型。第一，内部基准，即标杆为**企业内部**各部门或业务单位的企业。内部基准主要适用于大型企业，由于是企业内部的比较，不涉及商业秘密等敏感信息，比较的信息容易获得。但是，内部比较信息狭隘，企业容易困在自己的世界里。第二，竞争性基准，即标杆为产业的**直接竞争对手的企业**。直接竞争对手的信息对于企业制定策略和市场定位更加具有意义，其信息与企业自身具有高度相关性和可比性。但是，竞争对手的相关信息不易取得。第三，一般基准，即标杆是**同一产业具有相同业务**但**不在一个市场上竞争**的企业。第四，过程或活动基准，即标杆是**不同产业**但拥有**相同或相似核心活动、流程**的企业。这类基准能帮助企业找到自己做得最突出的方面。第五，顾客基准，即以**顾客的预期**为基准进行比较。这类基准能够帮助企业更好地满足客户的需求。

【例18】(多选·2020) 经营连锁超市的茂林公司为了改善内部管理，开展了顾客满意度调查，组织相关管理人员走访学习了某著名连锁餐饮集团管理下属分店的经验，并瞄准本行业标杆企业制定了整改方案。茂林公司进行基准分析所采用的基准类型有（　）。

A.内部基准　　B.一般基准　　C.竞争性基准　　D.顾客基准

【答案】CD

【解析】“瞄准本行业标杆企业制定了整改方案”属于竞争性基准，选项C当选；“经营连锁超市的茂林公司为了改善内部管理，开展了顾客满意度调查”属于顾客基准，选项D当选。

【例19】（多选·2019）多年成功经营的丰盛纺织集团收购了某国一家濒临破产的纺织厂，并组织该厂管理人员到集团旗下国内某著名纺织厂调研、学习，收效良好。丰盛集团所收购的纺织厂基准分析的类型涉及的有（　）。

A.一般基准　　B.顾客基准　　C.竞争性基准　　D.内部基准

【答案】AD

【解析】“多年成功经营的丰盛纺织集团收购了某国一家濒临破产的纺织厂”说明二者虽是相同业务，但是不存在竞争关系，属于一般基准，选项A当选；“并组织该厂管理人员到集团旗下国内某著名纺织厂调研、学习，收效良好”属于内部基准，选项D当选。

4.企业核心能力与成功关键因素

（1）企业核心能力与成功关键因素的区别在于成功关键因素不是针对某个个别公司，而应被看作是产业和市场层次的特征。拥有成功关键因素是获得竞争优势的必要条件，而不是充分条件。

（2）企业核心能力与成功关键因素的共同点在于它们都是公司盈利能力的指示器，二者在特定的环境中不易区分。例如，一个成功关键因素既可能是某产业所有企业要成功都必须具备的，也可能是特定公司所具备的独特能力。

（四）产业资源配置分析框架——钻石模型

1990年波特在《国家竞争优势》一书中，试图对能够加强国家在产业中的竞争优势的国家特征进行分析。他识别出了以下国家竞争优势的四个决定因素：

（1）生产要素。包括人力资源、天然资源、知识资源、资本资源和基础设施。

（2）需求条件。主要是本国市场的需求。

（3）相关与支持性产业。这些产业和相关上游产业是否有国际竞争力。

（4）企业战略、企业结构和竞争对手的表现。

1.生产要素

（1）波特将生产要素划分为初级生产要素和高级生产要素，具体如表2-1所示。

表2-1　生产要素

分类	初级生产要素	高级生产要素
内容	天然资源、气候、地理位置、非技术工人、资金等	现代通信、信息、交通等基础设施，受过高等教育的人力、研究机构等
重要性	重要性越来越低	对获得竞争优势具有不容置疑的重要性
取得途径	通过全球的市场网络获得	很难从外部获得，必须自己来投资创造

（2）从另一个角度，生产要素分为一般生产要素和专业生产要素。具体如下：①一般生产要素包括土地、物资资本等；②专业生产要素包括高级专业人才、专业研究机构、专用的软、硬件设施等。

(3) 生产要素对竞争优势的影响。具体如下：①建立起产业强大而又持久的优势，就必须发展高级生产要素和专业生产要素，同时，竞争优势的质量也由这两类生产要素的可获得性与精致程度决定；②如果国家把竞争优势建立在初级与一般生产要素的基础上，它通常是不稳定的；③一个国家的竞争优势其实可以从不利的生产要素中形成；④仅仅依赖初级生产要素是无法获得全球竞争力的。

2.需求条件

需求条件，是指本市场对该项产业所提供产品或服务的需求数量和客户成熟度。国内需求市场是产业发展的动力。波特认为全球性的竞争并没有减少国内市场的重要性，内行而挑剔的客户会激发出该国企业的竞争优势。此外，就预期性需求而言，如果本地顾客的需求领先于其他国家，也可以成为本地企业的一种优势。

3.相关与支持性产业

相关和支持性产业与优势产业是一种休戚与共的关系（“产业集群”现象），单独的一个企业或者单独的一个产业很难保持竞争优势。本国供应商是产业创新和升级过程中重要的组成部分，有竞争力的本国产业也通常会带动相关产业的竞争力。

4.企业战略、企业结构和同业竞争

政府设定的发展目标、企业自身目标、个人事业目标、民族荣誉与使命感等会影响企业战略、企业结构。波特指出，推进企业走向国际化竞争的动力可能来自国际需求的拉力，也可能来自本地竞争者的压力或市场的推力，这种动力是十分重要的。国内市场强有力的竞争对手作为创造与持续产业竞争优势的最大关联因素。当地若有很强的竞争对手，也会刺激企业不断地进行自我提升与改进。

【例20】（多选·2020）卓力公司是一家汽车玻璃生产企业，拟在S国投资建立汽车玻璃生产基地，并对S国的相关环境进行了分析。卓力公司所做的下列分析中，符合钻石模型四要素分析要求的有（　）。

A.S国的汽车玻璃业发展落后，仅有一家本国汽车玻璃生产企业，其他国家的汽车玻璃生产企业尚未进入

B.S国政府鼓励并支持该国汽车玻璃业的发展

C.S国的汽车制造业处于成长期

D.S国的土地租金和电力价格长期处于较低水平

【答案】ACD

【解析】钻石模型的四个要素包括生产要素，需求条件，相关与支持性产业，企业战略、企业结构和竞争对手的表现。选项A属于同业竞争，选项C属于需求条件（汽车制造业处于成长期，说明市场需求旺盛），选项D属于生产要素，选项A、C、D当选。

【例21】（单选·2018）甲公司是C国著名的生产和经营电动汽车的厂商，2017年，公司制定了国际化战略，拟到某发展中国家N国投资建厂。为此，甲公司委托专业机构对N国的现有条件进行了认真详细的分析。根据波特的钻石模型理论，下列分析中不属于钻石模型四要素的是（　）。

A.N国电动汽车零部件市场比较落后，供应商管理水平较低

B.N国电动汽车市场刚刚兴起，市场需求增长较快

C.N国政府为了保护本国汽车产业，对甲公司的进入设定了限制条件

D.N国劳动力价格相对C国较低，工人技术水平和文化素质不高

【答案】C

【解析】钻石模型四要素包括：①生产要素；②需求条件；③相关与支持性产业；④企业战略、企业结构和同业竞争对手的表现。选项A属于相关与支持性产业，选项B属于需求条件，选项D属于生产要素，选项C当选。

二、价值链分析

波特在《竞争优势》一书中引入了“价值链”的概念。波特认为，企业每项生产经营活动都是其创造价值的经济活动。那么，企业所有的互不相同但又相互关联的生产经营活动，便构成了创造价值的一个动态过程，即价值链。

波特认为价值链分析法，是一种寻求确定企业竞争优势的工具。企业有许多资源、能力和竞争优势，如果把企业作为一个整体来考虑，又无法识别这些竞争优势，就必须把企业活动进行分解，通过考虑这些单个的活动本身及其相互之间的关系来确定企业的竞争优势。

（一）价值链的两类活动

价值链分析将企业的生产经营活动分为基本活动和支持活动两大类。

1.基本活动

基本活动，是涉及产品的物质创造及其销售、转移给买方和售后服务的各种生产经营的实质性活动，一般分为内部后勤、生产经营、外部后勤、市场销售和服务五种活动。

（1）内部后勤（又称进货物流），是指与产品投入有关的进货活动、仓储活动和分配活动等，原材料的装卸、入库、盘存、运输以及退货等属于内部后勤。

（2）生产经营，是指投入各种原材料，经过一系列的生产活动后，生产出最终产品的活动，加工、装配、包装、设备维修、检测等属于生产经营。

（3）外部后勤（又称出货物流），是指与产品库存、产品分送给购买者等相关的活动，最终产品的入库、接受订单、送货等属于外部后勤。

（4）市场销售，是指产品促进、导购等相关的活动，广告、定价、销售渠道等属于市场销售。

（5）服务，是指与保持和提高产品价值有关的活动，培训、修理、零部件的供应和产品的调试等属于服务。

2.支持活动

支持活动（又称辅助活动），是指内部之间相互支持并且用以支持基本活动的活动，采购管理、技术开发、人力资源管理和企业基础设施属于支持活动。

（1）采购管理。这里的采购管理是一种职能，不仅包括原材料的采购，还包括企业活动所需要的其他资源投入的购买与管理。例如，企业所需的各种管理信息系统、法律咨询、审计服务等。

（2）技术开发。企业的每项价值创造活动都需要技术，这里所说的技术既包括生产性

技术，也包括非生产性技术。例如，技术诀窍、生产程序、决策技术、信息技术、产品技术、管理技术等。

（3）人力资源管理。人力资源管理涉及到企业职工的招聘、雇佣、培训、提拔和退休等各项管理活动，这些活动是企业每项基本活动和支持活动的基础。人力资源管理做得出色能充分调动员工的积极性，增强企业的竞争力。

（4）企业基础设施。企业基础设施是指企业履行基本管理职能的各种活动，既包括企业的组织结构、惯例、文化等，又包括财务管理、法律管理、质量管理等活动。企业的基础设施支撑了整个企业价值链，是企业其他价值活动的基本保障。其中，企业高层管理人员对于企业各种活动都具有重要影响，因此高层管理人员也被视作基础设施的一部分。

【提示】基本活动与支持活动的区别在于基本活动与商品实体的加工流转直接有关，而支持活动是用于支持基本活动的活动，每一项基本活动都会涉及到支持活动。

【例22】（多选·2020）朝晖汽车制造公司为了获取成本优势，与汽车发动机供应商建立了良好关系，保证生产进度不受影响；所需外购配件由就近的泰达公司提供，减少了运输费用；内部各个配件厂分布在总装厂周围，建立大规模生产线实现规模经济。该公司的上述做法涉及其价值链中的有（　）。

A.内部后勤　　B.生产经营　　C.外部后勤　　D.采购管理

【答案】ABD

【解析】“所需外购配件由就近的泰达公司提供，减少了运输费用”属于内部后勤，选项A当选；“内部各个配件厂分布在总装厂周围，建立大规模生产线实现规模经济”属于生产经营，选项B当选；“与汽车发动机供应商建立了良好关系，保证生产进度不受影响”属于采购管理，选项D当选。

【例23】（单选·2017）根据波特的价值分析理论，下列属于企业支持活动（辅助活动）的是（　）。

A.聘请咨询公司实施广告策略　　B.物流配送产品

C.通过互联网进行广告宣传　　D.生产设备维修

【答案】A

【解析】选项A属于辅助活动中的采购管理；选项B属于基本活动中的外部后勤；选项C属于基本活动中的市场销售；选项D属于基本活动中的生产经营。选项A当选。

（二）价值链确定

价值链确定的目的是为了判定企业在一个特定产业竞争中的竞争优势。从价值链分析入手，将各种不同的价值活动在一个待定的企业中得到确认。对企业价值活动进行分解时需要把握的原则是：

（1）具有不同的经济性。

（2）对产品差异化产生很大的潜在影响。

（3）在成本中所占比例很大或所占比例在上升。

（三）企业资源能力的价值链分析

企业不是资源的随意组合，而是需要将这些资源进行有效的组织，才能生产出顾客认可的有价值的产品或服务。因此，企业资源能力的价值链分析要明确以下几点：

(1) 确认那些支持企业竞争优势的关键性活动。价值链的每项活动对企业竞争优势的影响是不同的，我们需要确认那些对企业竞争优势有很重要影响的活动，从而强化这种优势来帮助企业取得成功。

(2) 明确价值链内各种活动之间的联系。企业价值链内部活动之间存在各种联系，它们之间产生的联系方式对于企业提高价值创造和提升企业的战略能力十分重要。例如，存货管理要求增加存货时应该对存货增加的价值多还是增加的成本多进行评估。

(3) 明确价值系统内各项价值活动之间的联系。价值链的联系不仅存在于企业内部，还存在于企业与企业之间。战略联盟的发展就基于该思路。例如，一个企业的采购和内部后勤活动与供应商的订单处理系统相互作用。

【例24】（多选·2014）下列各项对企业资源能力的价值链分析表述中，正确的有(　　)。

A.选择或构筑价值链各项活动之间的最佳联系方式，有利于提高价值创造和战略能力

B.支持企业竞争优势的关键性活动是企业独特能力之一

C.价值活动的联系既存在于企业价值链内部，也存在于企业与企业的价值链之间

D.价值链分析适用于多元化经营企业对企业资源能力进行考察

【答案】ABC

【解析】价值链中基本活动之间、基本活动与支持活动之间以及支持活动之间存在各种联系，选择或构筑最佳的联系方式对于提高价值创造和战略能力是十分重要的，选项A正确；支持企业竞争优势的关键性活动事实上就是企业的独特能力的一部分，选项B正确；价值活动的联系不仅存在于企业价值链内部，而且存在于企业与企业的价值链之间，选项C正确；价值链分析有助于对企业的能力进行考察，这种能力来源于独立的产品、服务或业务单位。但是，对于多元化经营的公司来说，还需要将企业的资源和能力作为一个整体来考虑，选项D错误。

三、业务组合分析

价值链分析是对企业独立的产品、服务或业务单位的能力进行考察。业务组合，是指组成企业的业务和产品的集合，对于多元化经营的公司来说，它们的产品或服务往往不是单一的，而是多种业务的组合。而当今社会的企业大多数的产品都不单一，因此业务组合分析是公司战略分析的另一个重要部分。业务组合分析的主要方法有波士顿矩阵和通用矩阵。

(一) 波士顿矩阵

1.基本概念

波士顿矩阵（BCG Matrix），又称市场增长率——相对市场份额矩阵、波士顿咨询集团法、四象限分析法、产品系列结构管理法等，是一种用来分析和规划企业产品组合的方法，于1970年由美国著名的管理学家、波士顿咨询公司创始人布鲁斯·亨德森（Bruce Henderson）首创。要使公司能够在千变万化的市场之中取得切实可行的发展机会，就必须合理地在各项业务之间分配资源。在分配资源的过程中不能仅凭印象，认为哪项业务有前途，就

将资源投向哪里，而是应该根据潜在利润分析各项业务在企业中所处的地位来决定，波士顿矩阵法就是一种著名的用于评估公司投资组合的有效模式。

假定企业由两个以上的业务组成，每个业务有明显的差异且各自拥有不同的细分市场，在拟定每个业务的战略时，主要考虑两个因素，即市场引力（市场增长率、目标市场容量、竞争对手强弱及利润高低等）与企业实力（市场占有率以及技术、设备、资金利用能力等）。其中市场增长率是反映市场引力最主要的综合指标，市场占有率是企业实力的决定性要素。

2.基本原理

波士顿矩阵以相对市场占有率为横坐标，市场增长率为纵坐标，划分为四个象限。企业各类业务按其相对市场占有率和市场增长率分布在四个象限中，形成矩阵。

纵坐标表示的市场增长率，是指企业所在产业的某项业务后一年相对于前一年市场销售额增长的百分比。通常市场增长率高低的界限为10%，大于分界线的为高增长率，小于分界线的为低增长率。

横坐标表示本企业在产业中的相对市场占有率，是指企业某项业务的市场份额与该市场上最大竞争对手的市场份额之比，通常相对市场占有率高低的界限为1.0，高于分界线（1.0）的相对市场占有率为高，低于分界线（1.0）的相对市场占有率为低。波士顿矩阵如图2-1所示。

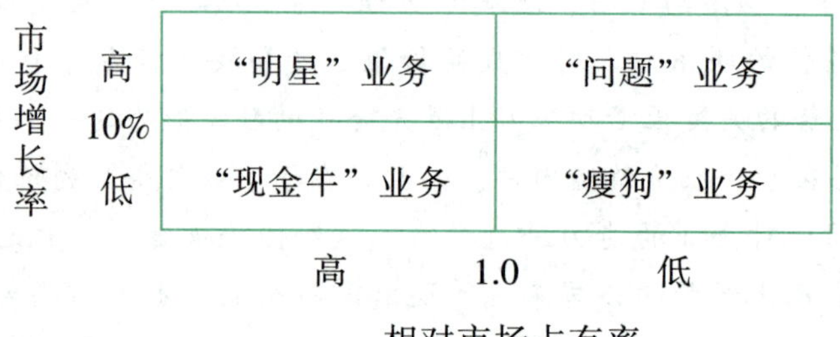

图2-1 波士顿矩阵

【提示】判断市场增长率时，应以整个市场作为判断依据，不能以本企业自己的产品销售增长速度来判断。例如，“市场进入成长期”“市场发展迅速”“市场需求巨大，发展前景广阔”“增长更快”等，则可判断市场增长率高，如果给出的市场增长率大于10%也说明市场增长率高；“市场进入成熟期”“市场发展前景不好”“总体市场增长缓慢”等则可判断市场增长率低。

【例25】（单选）下列关于波士顿矩阵的表述中，错误的是（　）。

A.纵轴表示企业销售额增长率

B.横轴表示企业在产业中的相对竞争地位

C.市场增长率是决定企业产品结构是否合理的外在因素

D.波士顿矩阵事实上暗含了一个假设，企业的市场份额与投资回报是正相关的

【答案】A

【解析】波士顿矩阵的纵轴表示市场增长率，是指企业所在产业某项业务前后两年市场销售额增长的百分比，选项A错误。

3.业务类型

波士顿矩阵各业务类型的主要内容如表2-2所示。

表2-2　波士顿矩阵的主要内容

业务类型	指标特征	现金流量	对策	组织要求
明星业务（双高）	市场占有率高、市场增长率高	是企业资源的主要消费者，需要大量的投资	在短期内优先供给他们所需的资源，支持它们继续发展，积极扩大经济规模和市场机会，以长远利益为目标，提高市场占有率，加强竞争地位	最好采用事业部形式，由对生产技术和销售两方面都很内行的经营者负责
问题业务	市场占有率低、市场增长率高	通常处于最差的现金流量状态	采取选择性投资战略，首先确定对该象限中那些经过改进可能会成为“明星”的业务进行重点投资，提高市场占有率，使之转变为“明星”业务；对其他将来有希望成为“明星”的业务则在一段时间内采取扶持的对策。对“问题”业务的改进与扶持方案一般均列入企业长期计划中	最好是采取智囊团或项目组等形式，选拔有规划能力、敢于冒风险的人负责
现金牛业务	市场占有率高、市场增长率低	本身不需要投资，反而能为企业提供大量资金，用以支持其他业务的发展	对于市场增长率下降的业务采用收获战略；对于市场增长率仍有所增长的业务，应进一步进行市场细分，维持现存市场增长率或延缓其下降速度	适合于用事业部制进行管理，其经营者最好是市场营销型人物
瘦狗业务（双低）	市场占有率低、市场增长率低	可获利润很低，不能成为企业资金的来源	采用撤退战略；逐渐撤退、立即淘汰、剩余资源转移、整顿产品等	最好将“瘦狗”业务与其他事业部合并，统一管理

【例26】（单选·2019）实行多元化经营的达梦公司在家装行业有很强的竞争力，市场占有率达50%以上。近年来家装市场进入低速增长阶段，根据波士顿矩阵原理，下列各项中，对达梦公司的家装业务表达正确的是（　）。

A.该业务应采用撤退战略，将剩余资源向其他业务转移

B.该业务应由生产技术和销售两方面都很内行的经营者负责

C.该业务的经营者最好是市场营销型人物

D.该业务需要增加投资以加强竞争地位

【答案】C

【解析】达梦公司行业处于市场占有率高但市场增长率低阶段，属于现金牛业务，其经营者最好是市场营销型人物，选项C正确。

【例27】（单选·2018）甲公司经营造船、港口建设、海运和相关智能设备制造四部分业务，这些业务的市场增长率分别为7.5%、9%、10.5%和18%，相对市场占有率分别为1.2、0.3、1.1和0.6。该公司四部分业务中，适合采用智囊团或项目组等管理组织是（　）。

A.港口建设业务　　　　B.造船业务

C.相关智能设备制造业务　　　　　　　　D.海运业务

【答案】C

【解析】问题业务适合采用智囊团或项目组等管理组织，问题业务对应高市场增长率(大于10%)、低相对市场占有率（小于1.0）。相关智能设备制造的市场增长率为18%，相对市场占有率为0.6，属于问题业务，因此适合采取智囊团或项目组等管理组织，选项C当选。

4.波士顿矩阵的运用

我们需要明确各项业务在公司中的地位，并结合四种业务的特点确定业务的战略，各业务适合什么样的战略，业务与战略的关系如表2–3所示。

表2–3　业务与战略的关系

运用战略	目标	适用业务
发展	提高相对市场占有率	想尽快成为“明星”的“问题”业务
保持	保持该项业务现有的市场占有率	较大的“现金牛”业务
收割	在短期内得到最大限度的现金收入	处境不佳的“现金牛”业务、没有发展前途的“问题”业务、“瘦狗”业务
放弃	清理和撤销某些业务，减轻负担，以便将有限的资源用于效益较高的业务	无利可图的“瘦狗”和“问题”业务

【例28】（多选·2020）凯阳公司拥有发电设备制造、新能源开发、电站建设和环保四部分业务，这些业务的市场增长率依次为5.5%、11%、5%和13%，相对市场占有率依次为1.3、1.1、0.8和0.2。根据波士顿矩阵原理，上述四部分业务中，可以视情况采取收割战略的有（　）。

A.发电设备制造业务　　　　　　　　B.电站建设业务

C.环保业务　　　　　　　　　　　　D.新能源开发业务

【答案】ABC

【解析】发电设备制造业务属于“现金牛”业务；新能源开发业务属于“明星”业务；电站建设业务属于“瘦狗”业务；环保业务属于“问题”业务。对处境不佳的“现金牛”业务、没有发展前途的“问题”业务和“瘦狗”业务应视具体情况采取收割战略，选项A、B、C当选。

5.波士顿矩阵的贡献和局限

波士顿矩阵的贡献和局限如表2–4所示。

表2–4　波士顿矩阵的贡献和局限

贡献	(1) 波士顿矩阵是最早的组合分析方法之一，被广泛运用于产业环境与企业内部条件的综合分析、多样化的组合分析、大企业发展的理论依据分析等方面； (2) 波士顿矩阵将企业不同的经营业务综合在一个矩阵中，简单明了； (3) 波士顿矩阵指出了每个业务经营单位在竞争中的地位、作用和任务，从而使企业能够有选择和集中地运用有限的资金，明确自己在总公司的位置和战略发展方向； (4) 波士顿矩阵的利用还可以帮助企业推断竞争对手对相关业务的总体安排

续表

局限	(1) 在实践中，企业要确定各业务的市场增长率和相对市场占有率是比较困难的； (2) 波士顿矩阵过于简单，指标和坐标划分过少； (3) 波士顿矩阵暗含了一个假设：企业的市场份额与投资回报是正相关的，然而有些情况下并不都是正相关的，细分市场也可能获得高利润； (4) 波士顿矩阵的另一个条件是，资金是企业的主要资源，然而有些企业的重要资源不是资金而是时间和人员的创造力； (5) 波士顿矩阵在实际运用中有很多困难，在变革的过程中有可能遇到各种阻碍

（二）通用矩阵

通用矩阵（又称行业吸引力矩阵），是美国通用电气公司在波士顿矩阵的基础上设计的一种业务组合分析方法。

1.基本原理

通用矩阵的很多基本假设和波士顿矩阵相同，只是运用了更多的指标来衡量经营业务竞争地位和产业吸引力，同时增加了中间等级。衡量经营业务竞争地位的因素有相对市场占有率、市场增长率、买方增长率、产品差别化、生产技术、生产能力、管理水平等。衡量产业吸引力的因素有产业增长率、市场价格、市场规模、获利能力、市场结构、竞争结构、技术及社会政治因素等。

2.通用矩阵的战略选择

（1）通用矩阵如图2–2所示。

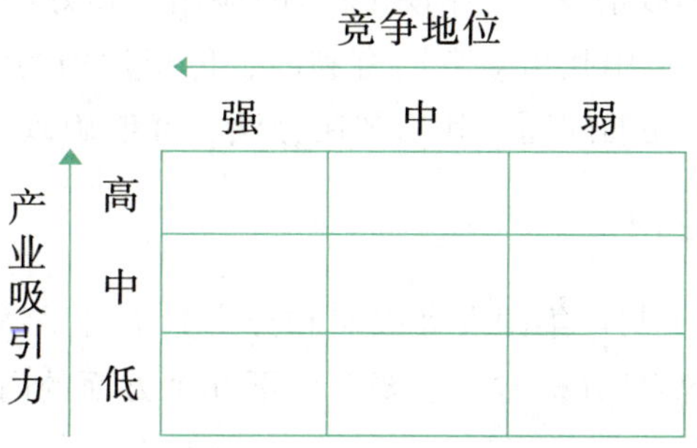

图2–2 通用矩阵

（2）通用矩阵的战略选择如表2–5所示。

表2–5 通用矩阵战略选择

业务	战略
左上方三个方格的业务	采取增长与发展战略，企业应优先分配其资源
右下方三个方格的业务	一般就采取停止、转移、撤退战略
对角线三个方格的业务	应采取维持或有选择地发展的战略，保护原有的发展规模，同时调整其发展方向

3.通用矩阵的局限

（1）用综合指标来测算产业吸引力和企业的竞争地位，这些指标在各个企业或产业中可能会表现不一致，评价结果也会存在偏差。

（2）划分较细，对于这对于业务类型较多的多元化大公司来说必要性不大。

第三节 SWOT分析

一、基本原理

所谓SWOT分析，即基于内部竞争条件和外部竞争环境下的态势分析，就是将与研究对象密切相关的各种主要内部优势、劣势和外部的机会和威胁等，通过调查列举出来，并依照矩阵形式排列，然后用系统分析的思想，把各种因素相互匹配起来加以分析，从中得出一系列相应的结论，而结论通常带有一定的决策性。

运用这种方法，可以对研究对象所处的情景进行全面、系统、准确地研究，从而根据研究结果制定相应的发展战略、计划以及对策等。

SWOT分析中，S（Strengths）是优势、W（Weakness）是劣势、O（Opportunities）是机会、T（Threats）是威胁。按照企业竞争战略的完整概念，战略应是一个企业“能够做的”（即组织的强项和弱项）和“可能做的”（即环境的机会和威胁）之间的有机组合。

从整体上看，SWOT可以分为两部分：第一部分为SW，主要用来分析内部条件，一般表现在企业的资金、技术设备、员工素质、产品、市场、管理技能等方面；第二部分为OT，主要用来分析外部条件，如政府支持、高新技术的应用、良好的与购买者和供应者的关系等。利用这种方法企业可以从中找出对自己有利的、值得发扬的因素，以及对自己不利的、要避开的因素，通过发现存在的问题，找出解决办法，并明确以后的发展方向。

二、SWOT分析的应用

SWOT分析法常常被用于制定集团发展战略和分析竞争对手情况，在战略分析中，它是最常用的方法之一。进行SWOT分析时，主要有以下几个方面的内容。

（一）分析环境因素

运用各种调查研究方法，分析出公司所处的各种环境因素，即外部环境因素和内部环境因素。外部环境因素包括机会因素和威胁因素，它们是外部环境对公司的发展直接有影响的有利和不利因素，属于客观因素；内部环境因素包括优势因素和劣势因素，它们是公司在其发展中自身存在的积极和消极因素，属于主观因素。在调查分析这些因素时，不仅要考虑到企业的历史与现状，更要考虑其未来发展问题。

优势。是组织机构的内部因素，具体包括有利的竞争态势、充足的财政来源、良好的企业形象、技术力量、规模经济、产品质量、市场份额、成本优势、广告攻势、企业物理地址优越、拥有专业市场知识等。

劣势。也是组织机构的内部因素，具体包括设备老化、管理混乱、缺少关键技术、研究开发落后、资金短缺、经营不善、产品积压、竞争力差、市场知识经营缺乏、产品服务与竞争对手无差别、企业物理位置较差、声誉败坏等。

机会。是组织机构的外部因素，具体包括新产品、新市场、新需求、外国市场壁垒解除、竞争对手失误、并购、合资或战略联盟、政策放宽等。

威胁。也是组织机构的外部因素，具体包括新的竞争对手、替代产品增多、市场紧缩、行业政策变化、经济衰退、客户偏好改变、突发事件、价格战、税负增加、新的贸易壁垒出现等。

SWOT方法的优点在于考虑问题全面，是一种系统思维，而且可以把对问题的“诊断”和“开处方”紧密结合在一起，条理清楚，便于检验。

（二）构造SWOT矩阵

将调查得出的各种因素按照轻重缓急或影响程度等方式排序，构造SWOT矩阵。在此过程中，将那些对公司发展有直接的、重要的、大量的、迫切的、久远的影响因素优先排列出来，而将那些间接的、次要的、少许的、不急的、短暂的影响因素排列在后面。

（三）制订行动计划

在完成环境因素分析和SWOT矩阵的构造后，便可以制订出相应的行动计划。制订计划的基本思路是：发挥优势因素，克服弱点因素，利用机会因素，化解威胁因素；考虑过去，立足当前，着眼未来。运用系统分析的综合分析方法，将排列与考虑的各种环境因素相互匹配起来加以组合，得出一系列公司未来发展的可选择对策。

SWOT分析如图2–3所示。

内部环境 \ 外部环境	机会	威胁
优势	增长型战略（SO） （Ⅰ）	多种经营战略（ST） （Ⅳ）
劣势	扭转型战略（WO） （Ⅱ）	防御型战略（WT） （Ⅲ）

图2–3 SWOT分析

第Ⅰ类企业具有良好的内部优势，众多的外部机会，应当采取开发市场、增加产量等增长型战略。

第Ⅱ类企业虽面临良好的外部机会，但内部优势受到限制，应采用充分利用环境带来的机会，设法清除劣势的扭转型战略。

第Ⅲ类企业不仅内部存在劣势，而且外部面临强大的威胁，应进行业务调整，采用设法避开威胁和消除劣势的防御型战略。

第Ⅳ类企业虽具有一定的内部优势，但外部环境存在威胁。应利用自己的优势，采取多种经营战略在多样化经营上寻找长期发展的机会；或通过增强自身竞争优势来对抗竞争对手的威胁。

【例29】（单选·2020）飞牛公司是一家农用无人机研发和制造企业。下列各项中，符合飞牛公司SWOT分析要求的是（　）。

A.农用无人机市场需求旺盛，飞牛公司有较强的研发和制造能力，应加快业务发展。

此为ST战略

B.农用无人机市场需求旺盛，飞牛公司缺乏精通业务的营销人员，应与有实力的公司合作。此为SO战略

C.农用无人机市场竞争日趋激烈，飞牛公司有较强的研发和制造能力，应加大技术和产品创新力度。此为WO战略

D.农用无人机市场竞争日趋激烈，飞牛公司缺乏精通业务的营销人员，应加大相关人才的招聘和培养力度。此为WT战略

【答案】D

【解析】“农用无人机市场需求旺盛”属于机会（O），“飞牛公司有较强的研发和制造能力”属于优势（S），选项A为SO战略；“农用无人机市场需求旺盛”属于机会（O），“飞牛公司缺乏精通业务的营销人员”属于劣势（W），选项B为WO战略；“农用无人机市场竞争日趋激烈”属于威胁（T），“飞牛公司有较强的研发和制造能力”属于优势（S），选项C为ST战略。选项D当选。

【例30】（单选·2019）近年来新能源汽车产业及市场迅猛增长。国内汽车制造商华新公司于2018年进入新能源汽车制造领域，但是受技术和管理水平制约，其产品性能欠佳，市场占有率较低。根据SWOT分析，该公司应采取的战略是（　）。

A.增长型战略　　B.多元化战略　　C.防御型战略　　D.扭转型战略

【答案】D

【解析】“近年来新能源汽车产业及市场迅猛增长”“但是受技术和管理水平制约，其产品性能欠佳，市场占有率较低”体现了外部环境中的机会和企业内部环境中的劣势，即为扭转型战略，选项D当选。

案例分析

案例一：钻石模型四要素

G省葡萄酒

据专家预测，到2020年中国葡萄酒消费量将进入世界前三位；全球葡萄酒过剩时代结束，即将步入短缺时代。

葡萄酒界流传着“七分原料，三分工艺”的说法，即决定葡萄酒品质最重要的因素是葡萄产地。G省的葡萄种植基地、葡萄酒生产企业主要集中在西北黄金产业带上。适宜的纬度、最佳光热水土资源组合，加之大幅度的昼夜温差、适宜有效的气温和干燥少雨的气候，使G省成为国内生产葡萄酒原料的最佳区域之一。

G省葡萄酒产业发展具有深厚的文化底蕴。“葡萄美酒夜光杯，欲饮琵琶马上催”等一系列脍炙人口的赞美葡萄酒的诗歌经久不衰。从历史史料中不难看出，自汉朝以来的2000多年，西北黄金产业带的葡萄酒，一直闻名遐迩，享誉盛赞。

然而，G省葡萄酒企业在国内市场的竞争地位却不尽人意。2011年国内四大葡萄酒知名

品牌占据国内市场份额60%左右，而G省最具竞争力的高华品牌只在华南和西北地区占有很低的市场份额，省内另外几家企业的葡萄酒基本未进入省外市场。2011年G省葡萄酒企业年销量仅占全国销量的1.1%。

以下三个方面的因素在一定程度上影响了G省葡萄酒企业的竞争力。第一，相对于国内东部产区而言，G省产区交通条件欠发达，因此葡萄酒产品在外运过程中成本较高。第二，随着市场的发展，包装对于葡萄酒来说不仅是保护商品，方便流通的手段，更成为一种差异化、准确定位目标市场的营销方式。而G省与葡萄酒产业相关的包装印刷业发展缓慢，企业产品包装品的制作和商标的印刷主要依靠南方地区的企业提供。第三，G省绝大多数葡萄酒生产企业规模小且分散，产品销售网覆盖地区有限，彼此之间的竞争不够充分。

近年来，为了进一步完善本地葡萄酒企业发展环境，G省酒类商品管理局实施了“抱团走出去，择优引进来”的策略，通过开展品牌宣传，招商引资等多种手段，努力提升G省葡萄酒在国内市场的知名度。

要求：

(1) 根据钻石模型四要素，简要分析G省葡萄酒产业发展的优势与劣势。

(2) 根据企业资源的判断标准，简要分析G省葡萄酒企业资源的不可模仿性有哪几种形式。

【分析】

(1) G省葡萄酒产业发展的优势与劣势如下：

优势：

①生产要素。“G省的葡萄种植基地、葡萄酒生产企业主要集中在西北黄金产业带上。适宜的纬度、最佳光热水土资源组合，加之大幅度的昼夜温差、适宜有效的气温和干燥少雨的气候，使G省成为国内生产葡萄酒原料的最佳区域之一。”

②需求条件。“据专家预测，到2020年中国葡萄酒消费量将进入世界前三位，全球葡萄酒过剩时代结束，即将步入短缺时代。”

劣势：

①相关与支持产业。“第一，相对于国内东部产区而言，G省产区交通条件欠发达，因此葡萄酒产品在外运过程中成本较高。第二，随着市场的发展，包装对于葡萄酒来说不仅是保护商品、方便流通的手段，更成为一种差异化、准确定位目标市场的营销方式。而G省与葡萄酒产业相关的包装印刷业发展缓慢，企业产品包装品的制作和商标的印刷主要依靠南方地区的企业提供。”

②企业战略、企业结构和竞争对手的表现。“G省绝大多数葡萄酒生产企业规模小且分散，产品销售网覆盖地区有限，彼此之间的竞争不够充分。”

(2) G省葡萄酒企业资源的不可模仿性有如下几种形式：

①物理上独特的资源。“G省的葡萄种植基地、葡萄酒生产企业主要集中在西北黄金产业带上。适宜的纬度、最佳光热水土资源组合，加之大幅度的昼夜温差、适宜有效的气温和干燥少雨的气候，使G省成为国内生产葡萄酒原料的最佳区域之一。”

②具有路径依赖性的资源或具有因果含糊性的资源。“G省葡萄酒产业发展具有深厚的

文化底蕴。‘葡萄美酒夜光杯，欲饮琵琶马上催’等一系列脍炙人口的赞美葡萄酒的诗歌经久不衰。从历史史料中不难看出，自汉朝以来的2000多年，西北黄金产业带的葡萄酒，一直闻名遐迩，享誉盛赞。”

案例二：产品生命周期与战略群组

春城白药

2004年，春城白药开始尝试进军日化行业。而此时日化行业的竞争已经异常激烈。B公司、L公司、D公司、H公司等国际巨头们凭借其规模经济、品牌、技术、渠道和服务等优势，基本上占领了C国日化行业的高端市场，占据了C国牙膏市场60%以上的份额；清雅公司、蓝天公司等本土日化企业由于普遍存在产品特色不突出、品牌记忆度弱等问题，加上自身实力不足，因而多是在区域市场的中低端市场生存。整个产业的销售额达到前所未有的规模，且市场基本饱和。谁想要扩大市场份额，都会遇到竞争对手的顽强抵抗，已有相当数量的本土日化企业退出市场。价格竞争开始成为市场竞争的主要手段，定位在高端市场的国际巨头们也面临着发展的瓶颈，市场份额、增长速度、盈利能力都面临着新的考验，它们的产品价格开始向下移动。春城白药进入日化行业先从牙膏市场开始，春城白药没有重蹈本土企业的中低端路线，而是反其道而行之。通过市场调研，春城白药了解到广大消费者对口腔健康日益重视，而当时市场上的牙膏产品大多专注于美白、防蛀等基础功能，具有更多口腔保健功能的药物牙膏还是市场“空白点”。于是，春城白药开创出了一个独特的、有助于综合解决消费者口腔健康问题的药物牙膏——春城白药牙膏，并以此树立起高价值、高价格、高端的“三高”形象。

春城白药进入牙膏市场短短几年表现突出，不仅打破本土品牌低端化的现状，还提升了整个牙膏行业价格体系。从2010年开始，随着春城白药推出功能化的高端产品，国际巨头们也纷纷凭借自身竞争优势推出功能化的高端产品抢占市场。B公司推出抗过敏牙膏；L公司推出全优七效系列牙膏；D公司推出去渍牙膏；H公司推出专效抗敏牙膏。这些功能性很强的口腔保健牙膏定价都与春城白药牙膏不相上下，这些功能化的高端牙膏产品出现后，消费者的需求得到进一步满足，整个市场呈现出“销售额增长大于销售量增长”的新特点。

要求：

(1) 简要分析春城白药进军日化行业时，日化行业所处的产品生命周期发展阶段。

(2) 运用“解决口腔健康问题功能程度”和“价格水平”两个战略特征，各分为“高”“低”两个档次，对2010年以前的B公司、L公司、D公司、H公司、清雅公司、蓝天公司、春城白药进行战略群组划分。

(3) 根据战略群组分析的作用，分析：

①定位在高端市场的国际巨头们的产品价格开始向下移动的依据。

②春城白药在日化行业中战略群组定位的依据。

③B公司、L公司、D公司、H公司相继推出功能化高端牙膏的依据。

【分析】

(1) 春城白药进军日化行业时，日化行业呈现出成熟期的典型特征：

①竞争者之间出现挑衅性的价格竞争。“价格竞争开始成为市场竞争的主要手段”“国际巨头的产品价格开始向下移动”。

②成熟期虽然市场巨大，但是已经基本饱和。“整个产业的销售额达到前所未有的规模，且市场基本饱和。谁想要扩大市场份额，都会遇到竞争对手的顽强抵抗。已有相当数量的本土日化企业淡出市场”。

③产品差异不明显。“当时市场上的牙膏产品大多专注于美白、防蛀等基础功能”。

④局部生产能力过剩。“市场基本饱和”“定位在高端市场的国际巨头们也面临着发展的‘瓶颈’”。

综上，春城白药进军日化行业时，日化行业处于产品生命周期的成熟阶段。

(2) 运用“解决口腔健康问题功能程度”和“价格水平”两个战略特征，各分为“高”“低”两个档次，将案例中所提及的B公司、L公司、D公司、H公司、清雅公司、蓝天公司、春城白药进行战略群组划分，可分为3个群组：

第一群组，解决口腔健康问题功能程度低、价格水平高的群组：B公司、L公司、D公司、H公司。

第二群组，解决口腔健康问题功能程度低、价格水平低的群组：清雅公司、蓝天公司。

第三群组，解决口腔健康问题功能程度高、价格水平高的群组：春城白药。

(3) 根据战略群组分析的作用分析：

①定位在高端市场的国际巨头们产品价格开始向下移动，是因为第一群组与第二群组间、以及各群组内部竞争激烈。具体表现为：“日化行业的竞争已经异常激烈”“谁想要扩大市场份额，都会遇到竞争对手的顽强抵抗，已有相当数量的本土日化企业淡出市场”“定位在高端市场的国际巨头们也面临着发展的‘瓶颈’”。而对于第一群组的国际巨头们来说，进入第二群组移动障碍不高，“国际巨头们凭借其规模经济、品牌、技术、渠道和服务等优势……占据了C国牙膏市场60%以上的份额”。

②春城白药定位于日化行业第三群组，是因为那是一片蓝海，“具有更多口腔保健功能的药物牙膏还是市场‘空白点’”。

③B公司、L公司、D公司、H公司相继推出功能化的高端牙膏，是尝试进入第三群组。对国际巨头而言，这一移动障碍也不高。“国际巨头们也纷纷凭借自身竞争优势推出功能化的高端产品抢占市场”。

案例三：价值链分析

甲汽车公司价值链分析

2003年“电池大王”甲公司收购了一家汽车制造公司，成立了甲汽车公司。甲汽车公司将其电池生产技术优势与汽车制造技术相结合，迅速成为国内新能源汽车领域的龙头企业。

新能源汽车生产的关键在于掌握三大核心零部件：电机、电控与电池的生产制造技术以及具有完备的整车组装能力。甲汽车公司下大力增强企业这些关键性活动的竞争优势。

甲汽车公司在包括电机、电控与电池生产领域投入的研发费用占销售收入比重达4.13%，远高于国内同类汽车生产企业的研发投入占比，与国际知名汽车品牌企业相当。甲汽车公司自主研发的磷酰铁锂电池（锂电池的一种）及管理系统安全性能好、使用寿命长；甲汽车公司的锂电池专利数量名列国内第一。甲汽车公司自主研发的永磁同步电机功率大、扭矩大，足够满足双模电动汽车（拥有燃油驱动与电能驱动两种动力系统，驱动力可以由电动机单独供给，也可以由发动机与电动机耦合供给，与混合动力汽车并无差别）与纯电动车的动力需求。

甲汽车公司自主研发的动力系统匹配技术能够保证动力电池、驱动电机及整车系统的匹配，保证整车运行效率。此外，2008年甲汽车公司以近2亿元的价格收购了半导体制造企业中达公司，此次收购使甲汽车公司拥有了电动汽车驱动电机的研发能力和生产能力。

2011年甲汽车公司与国际知名老牌汽车制造企业D公司成立合资企业，借助D公司掌握的汽车结构以及安全领域的专有技术，增强公司在汽车整车组装方面的研发能力和生产能力。为了进一步扩大新能源汽车生产制造规模，甲汽车公司又将在新能源轿车制造的优势延展至新能源客车制造。2009年甲汽车公司以6000万元的价格收购国内美泽客车公司，获得客车生产许可证；2014年甲汽车公司又与国内广贸汽车集团分别按51%和49%的持股比例合资设立新能源客车公司，注册资本3亿元人民币。

近年来，甲汽车公司开启了向产业上下游延展的战略新举措。2015年甲汽车公司收购专门从事盐湖资源综合利用产品的开发、加工与销售的东州公司，这一收购整合了甲汽车公司零部件得到生产。2016年甲汽车公司以49%的持股比例，与青山盐湖工业公司及深域投资公司共同建立合资企业，注册基金5亿元人民币。此次合作实现了甲汽车公司的动力锂电池优势与盐湖锂资源优势相结合。2016年甲汽车公司与广安银行分别以80%和20%的持股比例合资成立环亚汽车金融公司，注册资本6亿元人民币，这是甲汽车公司向汽车服务市场延伸的一个重大事件。

到目前为止，甲汽车公司是全球少有的同时掌握新能源电池、电机、电控及充电配套、整车制造等核心技术以及拥有成熟市场推广经验的企业之一。环亚新能源汽车的足迹已遍布全球六大洲50个国家和地区。

简要分析甲汽车公司在分析自身的资源和能力，从而构筑其竞争优势的过程中，是如何体现价值链分析方法的。

【分析】

（1）确认那些支持企业竞争优势的关键性活动。具体表现为："能源汽车生产的关键在于掌握三大核心零部件电机、电控与电池的生产制造技术以及具有完备的整车组装能力"。

（2）明确价值链内各种活动之间的联系。具体表现为："甲汽车公司的锂电池专利数量名列国内第一……与纯电动车的动力需求""甲汽车公司自主研发的动力系统匹配技术能够保证动力电池、驱动电机及整车系统的匹配，保证整车运行效率"。

（3）明确价值系统内各项价值活动之间的联系。具体表现为："2011年甲汽车公司与国际知名老牌汽车制造企业D公司成立合资企业，借助D公司掌握的汽车结构以及安全领域的专有技术，增强公司在汽车整车组装方面的研发能力和生产能力"。

案例四：企业能力分析

日升公司企业能力分析

日升公司于1995年成立，1996年在国内设立生产基地，建设了五个制造厂房。日升公司最初主要从事OEM代加工业务，为M国的客户FC公司贴牌生产家具配套及小巧家具组件。之后，公司业务扩展至餐厅及卧房家具，成为国内首家生产卧房家具的企业。1998年，日升公司单月出货量从100个货柜大幅提升至300个货柜，制造能力远远超过昔日家具业的龙头老大。

1999年以前，日升公司的家具几乎全部外销，只做OEM代加工业务而没有自己的品牌。公司在低附加值的经营中认识到打造自身品牌的重要性。1999年3月，日升公司在M国组建公司并创立公司品牌“LC”，主要从事中低端家具的生产和销售。然而，日升公司在M国自创品牌的成效并不显著。于是，公司先后实施四次跨国并购，获取了欧美知名企业的品牌、渠道、研发设计及制造能力等战略性资产，实现了从OEM向原始设计制造商OBM的升级。

2001年，日升公司斥资完成对原委托方FC公司的收购，直接进入M国中高档家具市场。

2005年日升公司成功上市。上市后，公司市值从2004年的1.37亿美元跃升至2005年的3.69亿美元，增长2.69倍。在强大的资金和产能支持下，日升公司于2006年至2008年又先后收购国际三大品牌家具制造商。四次跨国收购使日升公司的产品组合由单一的中低端木制家具拓展为包含中低端、高端、顶级木制家具，以及沙发、酒店家具的组合；销售市场由M国扩展到欧洲。2000年和2008年，在国内设立研发中心的基础上，日升公司又分别在M国和欧洲设立了研发中心。

2007年以来，全球经济环境发生了很大变化。出于对国内市场潜力的判断，日升公司适时调整经营策略，决定在巩固海外市场的同时，进军国内市场。多年的国际化经验使日升公司在生产、设计、销售方面储备、积累了大量人才和经验。2008年日升公司在国内展会上全面亮相，展出专门针对国内市场开发的三大品牌——“日升家居”“日升家园”“日升屋”。2009年9月在国内建成了日升国际风尚馆。

日升公司在原有多个知名品牌的基础上，运用特许经营品牌、针对细分客户设立新品牌等策略，进一步巩固日升公司的OBM业务。2010年，开展酒店家具业务，并在J国和N国设立生产基地。2009年、2012年，先后推出特许品牌“PDH”和“PDK”；2011年，推出青年家具品牌“SM”；2012年，日升在M国推出特许品牌“MH”；2013年，推出特许品牌“WB”；2014年，推出婴儿家具品牌“SB”。日升公司的OBM业务约占总业务的90%。目前，日升公司在国内18个城市23家门店销售产品。国际市场仍然是日升公司的主要市场。

要求：简要分析日升公司“从OEM向OBM升级”所显示的企业能力。

【分析】

企业能力包括：研发能力、生产管理能力、营销能力、财务能力、组织管理能力等。

日升集团体现的有：

（1）研发能力。“公司先后实施四次跨国并购，获取了欧美知名企业的品牌、渠道、研发设计及制造能力等战略性资产，实现了从OEM直接向OBM的升级”“2000年和2008年，在国内设立研发中心的基础上，日升公司又分别在M国和欧洲设立了研发中心”。

(2) 生产管理能力。“1996年日升公司在国内设立生产基地，建设了五个制造厂房”“日升公司业务扩展至餐厅及卧房家具，成为国内首家投入生产卧房家具的企业。1998年，日升公司单月货柜出货量从100个大幅提升至300个，制造能力已经远远超过昔日家具业的龙头老大”。

(3) 营销能力。

①产品竞争能力。“1998年，日升公司单月货柜出货量从100个大幅提升至300个，制造能力已经远远超过昔日家具业的龙头老大”“四次跨国并购使日升的产品组合由单一的中低端木制家具拓展为包含中低端、高端、顶级木制家具，以及沙发、酒店家具的组合；销售市场由M国扩展到欧洲等地”。

②销售活动能力。“多年的国际化经验使得日升在生产、设计、销售方面储备了大量的人才和经验”“2008年日升公司在国内展会上全面亮相，展出了专门针对国内市场开发的三大品牌——‘日升家居’‘日升家园’‘日升屋’。2009年9月在国内建成了日升国际风尚馆”“2009年、2012年，先后推出特许品牌‘PDH’和‘PDK’；2011年，推出青年家具品牌‘SM’；2012年，推出特许品牌‘MH’；2013年，推出特许品牌‘WB’；2014年，推出婴儿家具品牌‘SB’”。

(4) 市场决策能力。“公司在低附加值的经营中认识到打造自身品牌的重要性”“然而，日升公司在M国自创品牌的成效并不显著。于是，公司先后实施四次跨国并购”“出于对国内市场潜力巨大的判断，日升公司适时调整经营策略，决定在巩固海外市场的同时，进军国内市场”。

(5) 财务能力。“2005年日升公司成功上市，上市后，股东资金从2004年的1.37亿美元跃升至2005年的3.69亿美元，增长达2.69倍。在强大的资金和产能支持下……”。

(6) 组织管理能力。“公司先后实施四次跨国并购”“出于对国内市场潜力巨大的判断，日升公司适时调整经营策略，决定在巩固海外市场的同时，进军国内市场”“日升公司在原有多个知名品牌的基础上，运用特许经营品牌、针对细分客户设立新品牌等策略”“日升公司在国内18个城市23家门店销售产品”。

案例五：企业核心能力的辨别

天志公司企业核心能力的辨别

资料一

2005年，王浩在大学就读时将自己毕业论文的题目定为“直升机自主悬停技术”，终于在2006年1月成功做出了第一台样品，并在航拍爱好者中广受好评。

王浩开始了自主创业，他同两位一起做实验课题的伙伴，共同创立了天志公司，主营业务围绕航模飞控，致力于为航模飞行器提供精确的姿态感知和控制系统。经过不懈的努力，2008年，第一个较为成熟的直升机飞行系统XP3.1在天志公司问世，中国的直升机自主悬停技术在天志公司取得突破性的进展。

由于直升机自主悬停技术在民用市场十分稀缺，天志公司的技术很快就获得了业界认可，一个单品在当时卖到了20万元的售价。但是潜在的危机也随之而来。航拍爱好者购买了天志直升机后，相机还要另外购买，使用比较麻烦，而且产品价格过高，天志公司的新技术很难迅速推广。

天志公司开始了相机飞机一体化的研发设计，终于在2012年，天志精灵PH1横空出世，高度的集成一体化很快就获得了第一批消费者的认可，为整个无人机领域提供使用需求。随着生产技术的不断成熟，产品价格日趋下降，天志公司从此走上无人机领域的巅峰。截至2018年年底，天志公司在全球无人机领域占据了74%的份额，牢牢锁定无人机市场的霸主地位。

资料二

天志公司的无人机产品和技术使得更多的人获得了认识世界的全新视角，让人们从地面的二维平面上升到三维空间去观察思考，其产品和技术也因此点燃了更多领域的创新。影视航拍、农业、能源、电力、测绘、安防等产业与无人机产业深度融合，天志公司的无人机技术成为这些产业创新所依赖的“基础设施”。在这一过程中，天志公司与各产业中的专业人员密切合作，优势互补，开辟了一个又一个新的发展空间。例如，天志公司推出第一代精灵无人机时，电网的工程师、第三方开发者和天志公司的研发人员一起，解决了许多技术问题，在2017年推出了能够执行电力巡逻任务的经纬M200系列无人机平台。又如，在农业植保领域，天志公司研发制造出用来进行农业植保作业的无人机。结合软件、地面站、RTK差分定位和人工智能，来实现自动化的精准喷洒。再如，天志公司与U国一家航空公司合作，使用便携式无人机进行民航客机的检修。

在全球范围内，已有越来越多的用户使用天志公司的产品和解决方案。全球有约10万名无人机技术开发者通过天志公司的平台完成各种各样的开发项目，有些项目远远超出了人们想象，伴随而来的是对天志公司技术深化及制造管理提出新的任务和要求。由于天志公司技术和管理的不断深化和创新，竞争对手不易模仿，更难以超越。

资料三

然而，天志公司这只迅猛成长的无人机“独角兽”，近年来却不得不面对内部暴露出的诸多问题。

天志公司2019年1月18日的内部反腐公告称，在2018年由于公司供应链贪腐造成平均采购价格超过合理水平20%以上，保守估计造成超过10亿元人民币损失。在公司运作的各个领域（采购、财务、研发设计、工厂制造、行政管理以及销售）均出现了舞弊行为，可见这次串通勾结行为范围极广，危害程度极大。该公告披露涉贪采购人员和研发人员采用的主要手法有：

(1) 让供应商报底价，然后伙同供应商往上加价，加价部分双方按比例分成。

(2) 利用手中权力，以技术规格要求为由指定供应商或故意以技术不达标把正常供应商踢出局，让可以给回扣的供应商进短名单，长期拿回扣。

(3) 以降价为借口，淘汰正常供应商，让可以给回扣的供应商进短名单并做成独家垄断，然后涨价，双方分成。

(4) 利用内部信息和手中权力与供应商串通收买验货人员，对品质不合格的物料不进行验证，导致质次价高的物料长期独家供应。

(5) 内外勾结，搞皮包公司，利用手中权力以皮包公司接单，转手把单分给工厂，中间差价分成。

不仅如此，2017年，一名安全研究员在天志公司的网络安全方面发现了一个非常严重的漏洞。这个漏洞会导致天志公司的所有旧密钥毫无用处，从而可能造成天志公司服务器上的用户信息、飞行日志等私密信息能够被下载。尽管天志公司之后采取了合理的保密措施，但该次事件依然给天志公司造成116.4万元的经济损失。

业内人士分析，天志公司内部接连出现如此严重的问题，是由于以下几个原因：

(1) 公司治理结构相对混乱。天志公司领导层面对业务的迅速扩张，将注意力集中在极力扩大经营规模、追求足够的市场份额和企业利润，而忽略组织内部治理，致使腐败、泄密等问题频繁产生。

(2) 缺乏内部信息的披露。作为一家非上市的民营企业，天志公司没有对外披露重大事项的要求和压力，导致公司内部治理缺乏良性运行和监督机制，在信息不对称的情况下，舞弊、泄密等问题极易产生。

(3) "重结果，轻人才"的管理模式。公司创始人兼CEO王浩搞技术出身，对产品至上有着独特情怀，赛马机制一直是团队竞争发展的管理模式。产品在开发时由两个团队分头去做，谁的产品好就用谁的，产品未被选用的团队会被公司淘汰。这一管理模式带来诸多问题，如研发过程中两个团队恶性竞争、人才流失严重、被选用的团队为防以后被淘汰而滋生腐败动机等。"重结果，轻人才"的文化氛围大大地降低了员工的归属感，难以形成凝聚力、向心力，离职员工对天志公司负面评价很多。

天志公司管理层已经认识解决公司内部问题的重要性和紧迫性，强化公司内部治理、打击职务腐败正在天志公司全面展开。

要求：运用识别企业核心能力3个关键性测试，简要分析天志公司在无人机产业是否具备核心能力。

【分析】

核心能力的3个关键性测试：①它对顾客是否有价值？②它与企业竞争对手相比是否有优势？③它是否很难被模仿或复制？

①它对顾客是否有价值？"高度的集成一体化很快就获得了第一批消费者的认可……随着生产技术的不断成熟，产品价格日趋下降……天志公司的无人机产品和技术使得更多的人获得了认识世界的全新视角，让人们从地面的二维平面上升到三维空间去观察思考，其产品和技术也因此点燃了更多领域的创新……在全球范围内，已有越来越多的用户使用天志公司的产品和解决方案。全球有约10万名无人机技术开发者通过天志公司的平台完成各种各样的开发项目"。

②它与企业竞争对手相比是否有优势？"天志公司在全球无人机领域占据了74%的份额，牢牢锁定无人机市场的霸主地位……天志公司的无人机产品和技术使得更多的人获得了认识世界的全新视角，让人们从地面的二维平面上升到三维空间去观察思考，其产品和技术也因此点燃了更多领域的创新……在全球范围内，已有越来越多的用户使用天志公司

的产品和解决方案。全球有约10万名无人机技术开发者通过天志公司的平台完成各种各样的开发项目”。

③它是否很难被模仿或复制？“随着生产技术的不断成熟，产品价格日趋下降，天志公司从此走上无人机领域的巅峰……在全球范围内，已有越来越多的用户使用天志公司的产品和解决方案。全球有约10万名无人机技术开发者通过天志公司的平台完成各种各样的开发项目……由于天志公司技术和管理的不断深化和创新，竞争对手不易模仿，更难以超越”。

知识梳理

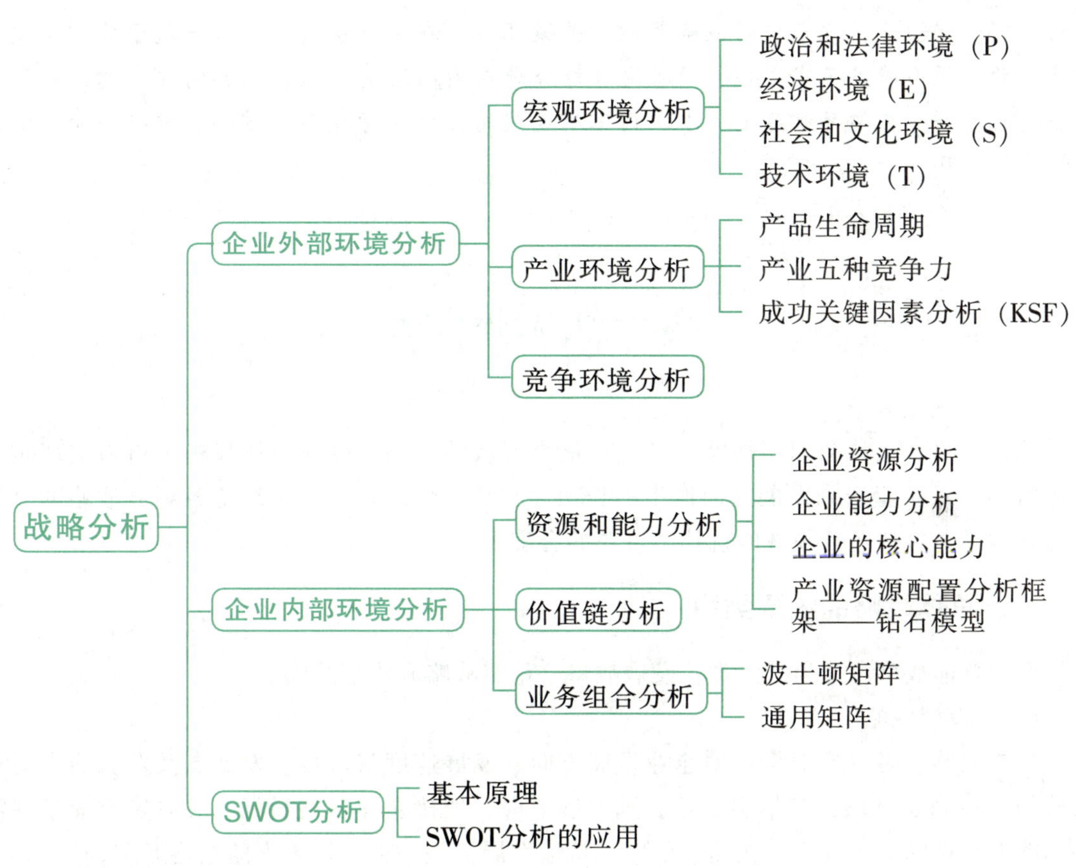

第三章　战略选择

本章概述

本章主要介绍如何对公司战略进行选择，具体包括总体战略、业务单位战略、职能战略和国际化经营战略的选择问题。作为战略管理流程的第二步，战略选择要解决的问题是“企业向何处发展”，它是公司战略管理的关键环节。在考试层面上，本章属于非常重要的章节，考试题型覆盖了客观题、简答题及综合题在内的所有题型，尤其需要注意简答题和综合题的考查。在学习难度上，本章内容难度较高，要求考生熟练掌握，进行全面、深入而细致的学习。

第一节　总体战略

总体战略，又称公司层战略，是企业最高层次的战略。企业总体战略是指为实现企业总体目标，对企业未来发展方向作出的长期性和总体性战略。它是统筹各项分战略的全局性指导纲领，包括经营领域的选择、资源的合理配置等。

一、总体战略的主要类型

企业总体战略可分为三大类：发展战略、稳定战略和收缩战略。

（一）发展战略

发展战略，是一定时期内对企业发展方向、发展速度与质量、发展点及发展能力的重大选择、规划及策略，其指引企业长远发展方向，明确企业发展目标，并确定企业发展需要的能力和资源，实现企业快速、健康、持续发展，是一种积极态度的战略形态。

发展战略主要包括三种基本类型：一体化战略、密集型战略和多元化战略。

1.一体化战略

一体化战略，是指企业有目的地将互相联系密切的经营活动纳入企业体系之中，组成一个统一经济实体的控制和支配过程。企业充分利用自己在产品、技术、市场上的优势，横向或纵向地扩大经营规模，实现企业成长。一体化战略按照业务拓展的方向可以分为纵向一体化战略和横向一体化战略。纵向一体化战略又可细分为前向一体化战略和后向一体化战略。一体化战略的分类如图3-1所示。

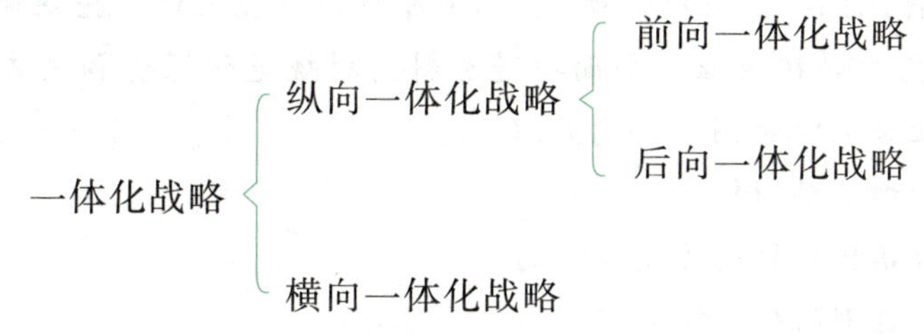

图3-1 一体化战略的分类

（1）纵向一体化战略。

纵向一体化，是指企业将生产与原料供应，或者生产与产品销售联合在一起的战略形式，是企业在两个可能的方向上扩展现有经营业务的一种发展战略，是将公司的经营活动向前拓展控制销售渠道或向后拓展控制原材料投入的一种战略体系。

纵向一体化的优点是节约与上下游企业在市场上的交易成本，控制稀缺资源，保证关键投入的质量（后向一体化）并获得新客户（前向一体化）。纵向一体化的缺点是增加了企业的内部管理成本。采用纵向一体化战略的企业面临的风险主要有：①不熟悉新业务领域所带来的风险；②企业的退出成本可能较高，特别是后向一体化，很可能会涉及大额投资和一些专用性较强的资产。纵向一体化战略的分类如表3-1所示。

表3-1 纵向一体化战略的分类

分类	定义	作用	适用条件
前向一体化战略	获得分销商或销售商的所有权，或者加强对他们的控制权	有利于企业控制和掌握市场，增强对消费者需求变化的敏感性，提高企业产品的市场适应性和竞争力	（1）企业所在产业的增长潜力较大； （2）销售环节的利润率较高； （3）企业具备前向一体化所需的资金、人力资源等； （4）企业现有销售商的销售成本较高或者可靠性较差而难以满足企业的销售需要
后向一体化战略	获得供应商的所有权或加强对其控制权	有利于企业有效控制关键原材料等投入的成本、质量及供应可靠性，确保企业生产经营活动稳步进行	（1）企业所在产业的增长潜力较大； （2）供应环节的利润率较高； （3）企业现有的供应商供应成本较高或者可靠性较差而难以满足企业对原材料、零部件等的需求； （4）企业具备后向一体化所需的资金、人力资源等； （5）供应商数量较少而需求方竞争者众多； （6）企业产品价格的稳定对企业而言十分关键，后向一体化有利于控制原材料成本，从而确保产品价格的稳定

（2）横向一体化战略。

横向一体化战略，是指获得与自身生产经营同类产品或服务的企业的所有权或者加强对其控制权。企业采用横向一体化战略有利于其实现规模经济，增强自身的竞争力。

横向一体化适用的条件有：①企业的横向一体化符合反垄断法律法规，能够在局部地区获得一定的垄断地位；②企业具备横向一体化所需的资金、人力资源等；③企业所在产业竞争较为激烈；④企业所在产业的增长潜力较大；⑤企业所在产业的规模经济较为显著。

【例1】（单选·2020）达康公司是国内一家中成药品生产企业。为了保障原材料的稳定供给与产品质量，自2015年以来投资建设了3个原料药材现代化种植基地，收购了2个原属于其他药品公司的药材种植企业，全面推进原料药材规范化绿色种植工程。下列各项中，属于达康公司采用上述战略适用条件的是（　）。

A.中成药品产业增长潜力较大

B.达康公司现有销售商的销售成本较高

C.达康公司存在过剩的生产能力

D.中成药品产业竞争较为激烈

【答案】A

【解析】达康公司采取的是后向一体化战略。选项A属于后向一体化战略的适用条件，选项A当选；选项B属于前向一体化战略的适用条件，选项B不当选；选项C属于市场开发战略的适用条件，选项C不当选；选项D属于横向一体化战略的适用条件，选项D不当选。

【例2】（多选·2018）甲公司是一家特种钢材生产企业，其产品主要用于大型采矿机械、采油设备的生产。为了增强对钢铁市场需求变化的敏感性，甲公司决定把前向一体化作为发展战略。下列各项中，符合该公司发展战略的有（　）。

A.参股海城矿山机械公司

B.与东港石油公司签订集研发、生产、销售为一体的合作协议

C.投资建立铁矿资源开发和生产企业

D.与南岗煤炭集团建立战略联盟

【答案】AB

【解析】前向一体化战略是指获得分销商或零售商的所有权或加强对他们的控制权的战略。甲公司的产品主要用于大型采矿机械、采油设备的生产，所以参股海城矿山机械公司、与东港石油公司签订合作协议，属于前向一体化战略，选项A、B当选；投资建立铁矿资源开发和生产企业，属于后向一体化战略，选项C不当选；与南岗煤炭集团建立战略联盟，属于后向一体化战略，选项D不当选。

2.密集型战略

密集型发展战略，是指企业在原有业务范围内，充分利用在产品和市场方面的潜力来求得成长的战略，就是在原来的业务领域里，加强对原有的产品、原有市场的开发与渗透来寻求企业未来发展机会的一种发展战略。这种战略的重点是加强对原有市场的开发或对原有产品的开发。

研究企业密集型战略的基本框架，是安索夫的“产品——市场战略组合”矩阵，如表3–2所示。

表3-2 产品——市场战略组合矩阵

		产品	
		现有产品	新产品
市场	现有市场	市场渗透： 在单一市场，依靠单一产品，目的在于大幅度增加市场占有率	产品开发： (1) 在现有市场上推出新产品； (2) 延长产品生命周期
	新市场	市场开发： (1) 将现有产品推销到新地区或其他细分市场； (2) 在现有实力、技能和能力基础上发展，改变销售和广告方法	多元化： (1) 以新技术或市场而言的相关多元化； (2) 与现有产品或市场无关的非相关多元化

1）市场渗透——现有产品和现有市场

市场渗透战略，是指实现市场逐步扩张的拓展战略，该战略可以通过扩大生产规模、提高生产能力、增加产品功能、改进产品用途、拓宽销售渠道、开发新市场、降低产品成本、集中资源优势等单一策略或组合策略来开展。

(1) 市场渗透的目标是通过各种方法来增加产品的使用频率，主要方法有：①扩大市场份额。该方法适用于整体正在成长的市场。企业可以通过促销、增加广告投入、改进产品或包装等来增加对消费者的吸引力，从而提高销售额；②开发小众市场。该方法更适合用于规模较小的企业，其目标是把注意力集中在一个小的细分市场深耕，从而扩大总的市场份额；③保持市场份额。该方法适用于衰退的市场。

(2) 实施市场渗透战略的难易程度由市场的性质及竞争对手的市场地位决定，市场渗透战略的主要适用条件有：①其他企业由于各种原因离开了市场；②当市场渗透战略对应的风险较低、高级管理者参与度较高，且在需要的投资较少时；③当整个市场正在增长或可能产生增长时；④企业拥有强大的市场地位，并能利用经验和能力获得竞争优势；⑤若一家企业决心将其利益局限在现有产品或市场领域，即使在整个市场衰退时也不允许销售额下降，那么企业必须采取市场渗透战略。

2）市场开发——现有产品和新市场

市场开发战略，是由现有产品和新市场组合而产生的战略，即企业用现有的产品开辟新的市场领域的战略。通过这一战略，企业可得到新的、可靠的、经济的和高质量的销售渠道，对于企业的生存发展具有重要的意义。

(1) 企业采用市场开发战略的原因有：①现有市场或细分市场已经饱和，难以继续扩大，企业只能去寻找新的市场；②产品的改进使得其可以适用于新的市场；③由于现有产品生产过程的性质导致难以转而生产全新的产品，因此他们希望能开发其他市场。

(2) 市场开发战略主要的适用情况有：①企业在现有经营领域十分成功；②企业拥有扩大经营所需的资金和人力资源；③存在未开发或未饱和的市场；④可得到新的、可靠的、经济的和高质量的销售渠道；⑤企业的主业属于正在迅速全球化的产业；⑥企业存在过剩的生产能力。

3）产品开发——新产品和现有市场

产品开发战略，是指考虑在现有市场上通过改良现有产品或开发新产品来扩大销售量的战略。例如，某工厂原来只生产桃子味的汽水，现在增加生产橘子味的汽水。产品开发战略是建立在市场观念和社会观念的基础上，企业向现有市场提供新产品或改良现有产品，以满足顾客需要，增加销售的一种战略。产品开发战略有利于企业利用现有产品的声誉和商标，吸引用户购买新产品。

（1）企业采用产品开发战略的主要原因有：①从现有产品组合的不足中寻求新的机会；②使企业能继续在现有市场中保持稳固的地位；③充分利用企业对市场的了解；④保持相对于竞争对手的领先地位。

（2）产品开发战略适用的情况有：①企业所在产业正处于高速增长阶段；②主要竞争对手以近似价格提供更高质量的产品；③企业产品具有较高的市场信誉度和顾客满意度；④企业具有较强的研究与开发能力；⑤企业所在产业属于适宜创新的高速发展的高新技术产业。

4）多元化——新产品和新市场

多元化战略，是企业通过新产品占领市场和开拓市场的战略，这样可以避免单一经营的风险，多元化分为相关多元化和非相关多元化。产品——市场组合矩阵中的多元化战略也可单独剥离出来作为发展战略的一种基本类型。

【例3】（多选·2019）京川餐饮公司近期实行了新的经营方式，顾客既可以按照公司提供的菜谱点餐，也可以自带菜谱和食材请公司的厨师加工烹饪，还可以在支付一定学习费用后在厨师指导下自己操作，从而在享受美食的同时提高厨艺。这些新的经营方式使该公司的顾客数量和营业收入均增长20%以上。从密集型战略角度看，京川餐饮公司的上述做法属于的战略有（　）。

A.市场渗透战略　　B.集中化战略　　C.一体化战略　　D.产品开发战略

【答案】AD

【解析】“顾客既可以按照公司提供的菜谱点餐，也可以自带菜谱和食材请公司的厨师加工烹饪，还可以在支付一定学习费用后在厨师指导下自己操作”说明是新产品、老市场，属于产品开发战略，选项D当选；“这些新的经营方式使该公司的顾客数量和营业收入均增长20%以上”说明是老产品、老市场，属于市场渗透战略，选项A当选。

【例4】（多选·2016）下列选项中，属于企业采用市场渗透战略的有（　）。

A.某酒店收购一家旅游公司，进入新的业务市场

B.甲银行与乙航空公司发行联名卡，刷该银行信用卡客户可累计航空里程积分

C.甲公司通过与国外经销商合作的方式将生产出来的智能手机销往拉美国家

D.某超市为了提高牙膏的销售，采用美化包装、买赠的促销方式

【答案】BD

【解析】选项A属于多元化战略；选项B属于市场渗透战略；选项C属于市场开发战略；选项D属于市场渗透战略；选项B、D当选。

3.多元化战略

多元化战略，是指企业为了更多地占领市场和开拓新市场，或规避经营单一事业的风险而选择性地进入新的事业领域的战略。

（1）当现有产品或市场不能满足企业期望的增长空间时，企业通常会考虑多元化战略。企业采用多元化战略的原因有：①在现有产品或市场中持续经营不能达到目标。②在财务上平衡现金流。企业由于其他产品或服务的成功，拥有大量的现金流，但是原有产品或服务市场基本饱和，发展空间有限，其通过多元化将多余资金投向其他前景较好的产业。③获取新的利润增长点。当企业原有产品市场需求下降时，开辟新领域来获取新的利润。

（2）多元化战略又分为相关多元化和非相关多元化。具体如下：①相关多元化。相关多元化也称同心多元化，是指虽然企业发展的业务具有新的特征，但它与企业的现有业务具有战略上的适应性，他们在技术、工艺、销售渠道、市场营销、产品知识等方面具有相同的或是相近的特点。②非相关多元化。非相关多元化也称离心多元化。非相关多元化下，企业通过收购、兼并其他行业的业务，或者在其他行业投资，把业务领域拓展到其他行业中去，新产品、新业务与企业的现有业务、技术、市场毫无关系。也就是说企业既不以原有技术也不以现有市场为依托，向技术和市场完全不同的产品或劳务项目发展。这种战略是实力雄厚的大企业集团采用的一种战略。

（3）企业采用多元化战略的优点有：①运用企业在某个产业或某个市场中的形象和声誉来进入另一个产业或市场，而在另一个产业或市场中要取得成功，企业形象和声誉是至关重要的；②充分运用盈余资金；③能更容易地从资本市场中获得融资；④利用未被充分利用的资源；⑤当企业在原产业无法增长时找到新的增长点；⑥获得资金或其他财务利益，例如，累计税项亏损；⑦分散风险，当现有产品及市场失败时，新产品或新市场可能为企业提供保护。

（4）企业实施多元化战略的风险有：①来自原有经营产业的风险。企业的资源是有限的，将一部分资源投入一项新的业务，往往意味着原有经营产业要受到削弱；②市场整体风险。市场经济中存在不可分散的风险，各产业可能面临共同的风险，多元化经营过多的业务将使得公司遭受更大的系统风险；③产业进入风险。企业进入新的领域，可能由于信息掌握不全或缺乏相应专长，往往风险会较高；④产业退出风险。企业在退出某个产业时可能遇到各种阻碍，导致投入的资源不能顺利的转移出来；⑤内部经营整合风险。多元化经营的企业面临多种产业、多个市场，而不同的产业或市场可能需要不同的管理模式，因此管理体系比较复杂，增加了经营管理的难度。

【例5】（单选·2018）甲公司是一家从事智能化产品研发和生产的高科技公司，最初的产品是智能手机。近两年来，公司业务范围扩展到智能家电和智能机器人制造等领域。甲公司的发展战略类型属于（　）。

A.同心多元化　　B.市场渗透　　C.离心多元化　　D.产品开发

【答案】A

【解析】甲公司从事的是智能化产品研发和生产，扩展的业务也是智能化相关产品，因此属于同心多元化发展战略（相关多元化），选项A当选。

（二）稳定战略

稳定战略，是企业为巩固现有的市场地位、维护现有的竞争优势，而采取的不冒风险、以守为攻、待机而动的战略。采用稳定战略的企业风险较小，主要集中资源于现有的经营范围和产品，避免了开发新产品所需要的大量的资金投入和开发风险。但是，采用稳定战略也有一定的风险，即外部环境发生较大的变化时，企业未作出相应的调整，就很可能使企业陷入困境。

【例6】（单选·2010）某市自来水公司由市政府全资控股，其确定的公司使命和目标是为该市所有企事业单位和个人提供生产、生活用水服务。根据公司战略理论，下列各项战略类型中，该自来水公司可以选择的是（　）。

A.密集型战略　　B.稳定战略　　C.紧缩与集中战略　　D.转向战略

【答案】B

【解析】稳定战略适用于对战略环境的预测变化不大，而且前期经营相当成功的企业。该自来水公司的公司使命和目标是为该市所有企事业单位和个人提供生产、生活用水服务、自来水属于生活必需品，适合采用稳定战略，选项B当选。选项A属于发展战略，选项C、D属于收缩战略。

（三）收缩战略

收缩战略也称撤退战略，是指企业缩小原有经营范围和规模的战略，包括三种类型：紧缩与集中战略、转向战略和放弃战略。

1.采用收缩战略的原因

1）主动原因

一些企业选择收缩战略是为了满足企业战略重组的需要。为了谋求更好的发展机会和较高的投资收益，将有限的资源配置到利用率、回报率更高的产品生产上，企业往往主动采用收缩战略，调整业务组合，通过减少、压缩或停止某些产品的生产，筹措资金用于更为有利可图、更具发展潜力的产品生产。

2）被动原因

企业选择收缩战略的被动原因有两种，一种是外部环境原因，如宏观经济形势、产业周期、技术、政策、社会价值观或时尚等方面发生重大变化，以及市场达到饱和、竞争行为加剧或改变等，导致企业赖以生存的外部环境恶化甚至出现危机。在这些情况下，企业为了防止外部环境中的不利因素对自身经营活动造成重大甚至致命冲击，最大限度地减少损失，度过危机以求生存和发展，就只能采取收缩战略。另一种是内部环境原因，即由于内部经营机制不顺、决策失误、管理不善等原因，企业或企业某项业务经营陷入困境，失去竞争优势，因而不得不采用收缩战略。

2.收缩战略的方式

（1）紧缩与集中战略。该战略主要是为度过眼前的难关，更注重短期效果，希望通过采取一些补救措施来维持企业的经济状况和效益。具体做法有：①机制变革，包括调整管理层、制定新的管理政策和方法、改善激励机制与约束机制等。②财政和财务战略，如引进和建立有效的财务控制系统，严格控制现金流；与债权人协商，进行债务重组等。③削减成本战略，如削减人工成本、材料成本、管理费用；缩小分部和职能部门的规模等。

(2) 转向战略。实施该战略的动机既不是经济衰退，也不是经营的失误，而是为了谋求更好的发展机会，使有限的资源分配到更有效的使用场合。具体做法有：①重新定位或调整现有的产品和服务。②调整营销策略，即在价格、广告、渠道等环节推出新的举措。

(3) 放弃战略。放弃战略涉及企业或其子公司产权的变更，是比较彻底的撤退方式。放弃战略的主要类型有：①特许经营，指企业将其拥有的名称、商标、企业标志、专有技术、管理经验等经营资源特许给被特许企业使用，收取一次性付清的特许经营费用。被特许企业按照合同严格遵守相关规定，在统一的经营模式下开展经营活动。②卖断，指母公司将其所属的业务单位卖给另一家企业，从而与该业务单位断绝一切关系，实现产权的彻底转移。③分包，指企业作为分包方，通过招标方式让其他企业即承包方生产、经营本企业的某种产品或业务，并要求承包方按约定的时间、价格和数量向分包方提供产品或服务。这样，分包方在合同期限内将不宜自己从事的产品生产或业务转移给承包方，但仍保留原有的权利。④拆产为股/分拆，指母公司通过将其在子公司中所拥有的股份，按比例分配给母公司的股东，以多元持股的形式形成子公司的所有权，使子公司成为战略性的法人实体。这样，就在法律上和组织上将子公司的经营从母公司的经营中分拆出去。这一新设立的分拆公司如果公开发行新股并上市就称为分拆上市。⑤管理层杠杆收购，指企业管理层将收购目标即本企业的资产作为债务抵押进行融资，买断本企业股权，从而达到控制、重组企业并获得产权收益的目的。

【例7】（单选·2021）泰瑞公司原是一家提供管理咨询服务的企业。2020年以来，该公司采用收缩战略以应对利润下滑局面，调整了管理层领导班子，采用了更具有激励作用的薪酬制度。泰瑞公司采用的收缩战略的方式是（　）。

A.机制变革　　B.财政和财务战略

C.削减成本战略　　D.拆产为股

【答案】A

【解析】机制变革包括调整管理层领导班子；重新制定新的政策和管理控制系统，以改善激励机制与约束机制等。“调整了管理层领导班子、采用了更具有激励作用的薪酬制度”表明泰瑞公司采用的收缩战略的方式是机制变革，选项A当选。

【例8】（多选·2019）近年来大数据和云计算的快速发展，使主营传统数据库业务的甲公司受到极大冲击，经营业绩大幅下滑。2019年年初，甲公司裁员1800人，并重组开发团队和相关资源，大力开拓和发展云计算业务，以改善公司经营状况。甲公司采用的总体战略类型有（　）。

A.转向战略　　B.稳定战略

C.市场开发战略　　D.紧缩与集中战略

【答案】AD

【解析】“甲公司裁员1800人”，属于紧缩与集中战略中的削减成本战略；“重组开发团队和相关资源，大力开拓和发展云计算业务”，属于转向战略中的重新定位或调整现有的产品和服务，选项A、D当选。

3.收缩战略的困难

（1）对企业或业务状况的判断。企业在何种情况下使用收缩战略，这是很难把握和判断的。如果不恰当地使用收缩战略，则很可能会断送企业的发展机会，使企业的总体利益受损。汤普森（Thompson，J.L.）于1989年提出了一个详尽的清单，这一清单有助于提高企业判断自身或其业务状况的能力，详细清单如下：①企业产品所处的生命周期以及今后的盈利情况和发展趋势。②产品或者单位的当前市场状况，以及重新获取竞争优势的机会。③寻找一个愿出合理价格的买主。④腾下来的资源应如何运用。⑤判断放弃一部分获利的业务或者一些经营活动，转而投资其他可能获利较大的业务是否值得。⑥准备放弃的那部分业务在整个公司中所起的作用和协同优势。⑦企业降低分散经营的程度所带来的有形和无形的效益。⑧用其他产品和服务来满足现有顾客需求的机会。⑨寻找合适的买主。是否公开寻找买主，如何审查买主，买主是否会因购入企业的业务而对企业余下的业务构成竞争威胁？⑩关闭一家企业或者一家工厂，是否比在微利下仍然维持运转合算？特别是退出的障碍是否较大，而且成本高昂？

（2）退出障碍。波特在《竞争战略》一书中阐述了几种主要的退出障碍：①退出成本。退出成本包括劳工协议、重新安置的成本、备件维修能力等。如果这些成本过高，会加大退出障碍。②固定资产的专用性程度。当资产涉及具体业务或地点的专用性程度较高时，其转移及转换成本就较高，从而难以退出现有产业。③感情障碍。企业在制定退出战略时，会引发一些管理人员和职工的抵触情绪，因为企业的退出往往使这些人员的利益受损。④内部战略联系。这是指企业内某经营单位与公司其他业务单位在市场形象、市场营销能力、利用金融市场及设施共享等方面的内部相互联系。这些联系使公司认为保留该业务单位具有战略重要性。⑤政府与社会约束。政府考虑到失业问题和对地区经济的影响，有时会出面反对或劝阻企业退出的决策。

【例9】（多选·2016）甲公司是吉祥集团控股的一家钢铁厂。几年来由于扩张过快和市场竞争激烈等原因，甲公司陷入不能偿还到期债务的危机，由于钢铁厂的高炉等设备难以转产，所以吉祥集团拟通过甲公司破产的方式退出钢铁行业，并用买断方式终止与甲公司员工的劳动合同，但引起职工抵触。后来在当地政府的协调下，甲公司被外资企业收购。在上述案例中，吉祥集团面临的退出障碍有（　）。

A.退出成本　　　　B.政府与社会约束

C.固定资产专用性程度　　　　D.感情障碍

【答案】ACD

【解析】钢铁厂的高炉等设备难以转产属于资产专用性程度，选项C当选；用买断方式终止与甲公司员工的劳动合同属于退出成本，选项A当选；职工抵触属于感情障碍，选项D当选；另外，虽然政府有参与该退出行为，但是只是协调收购事宜，并未出面反对或劝阻破产事宜，选项B不当选。

【例10】（多选·2013）甲公司服装事业部的经营持续严重亏损。2014年年初，甲公司决定关闭服装事业部并进行清算。消息一传出，立即引发了职工的抗议。当地政府要求甲公司就职工补偿和重新安置提出方案。甲公司股东则担心其服装生产线专用性程度高难以对外出售。甲公司关闭服装事业部碰到的退出障碍有（ ）。

A.固定资产的专用性程度　　B.退出成本

C.感情障碍　　D.政府和社会约束

【答案】ABCD

【解析】职工抗议属于感情障碍，选项C当选；当地政府的要求属于政府和社会约束，选项D当选；职工补偿和重新安置属于退出成本，选项B当选；担心其服装生产线专用性程度高难以对外出售属于固定资产的专用性程度，选项A当选。

二、发展战略的主要途径

发展战略是总体战略中的一种，可以通过不同的途径实现企业的战略目标。

（一）发展战略概述

发展战略一般可以采用三种途径，即外部发展（并购）、内部发展（新建）与战略联盟。

1.外部发展（并购）

外部发展，是指企业通过取得外部经营资源谋求发展的战略。企业外部发展战略涉及的范围相当广，外部发展战略往往是通过企业兼并、合并、合资，或者购买和约定那些处在本企业前向或后向价值链上的外部企业来得以实施的。外部发展战略可以涉及那些与企业现行的技术水平或者市场直接相关的活动，同时也可涉及那些与经营根本无关的业务。这样做能增加市场的占有率，以及能寻求获得财务协助的机会。外部发展的狭义内涵为并购。

2.内部发展（新建）

内部发展，是指企业利用内部现有的能力和通过企业内部新能力的培育，在企业现有框架内创建新业务。内部发展的狭义内涵是新建，新建和并购是互相对应的，指建立一个全新的企业。

3.战略联盟

战略联盟，是指两个或两个以上的经济实体（一般指企业，如果企业间的某些部门达成联盟关系，也适用此定义）为了实现特定的战略目标而采取的任何股权或非股权形式的共担风险、共享利益的长期联合与合作协议。

（二）外部发展（并购）战略

1.并购的类型

企业并购有很多的具体形式，这些形式可以从不同的角度进行分类，如表3-3所示。

表3-3 并购的类型

分类标准	类别	说明
按并购双方所处的产业分类	横向并购	横向并购，是指并购方与被并购方处于同一产业。横向并购可以消除重复设施，提供系列产品或服务，实现优势互补，扩大市场份额
	纵向并购	纵向并购，是指经营对象上有密切联系，但处于不同产销阶段的企业之间的并购。包括： (1) 前向并购：沿着产品实体流动方向所发生的并购； (2) 后向并购：沿着产品实体流动的反向所发生的并购
	多元化并购	多元化并购，是指处于不同产业、在经营上也无密切联系的企业之间的并购
按被并购方的态度分类	友善并购	友善并购，是指并购方与被并购方通过友好协商确定并购条件，在双方意见基本一致的情况下实现产权转让
	敌意并购（恶意并购）	敌意并购（恶意并购），是指并购方不顾被并购方的意愿采取强制手段，强行收购对方企业，被并购方可能采取一切抵制并购的措施加以反抗
按并购方的身份分类	产业资本并购	并购方为非金融企业，并购往往表现出针锋相对、寸利必争的态势，谈判时间长，条件苛刻
	金融资本并购	并购方为投资银行或非银行金融机构，并购具有较大的风险性
按收购资金来源分类	杠杆收购	收购方的主体资金来源是对外负债，收购者不需要投入全部资本即可完成收购
	非杠杆收购	收购方的主体资金来源是自有资金

【例11】（多选·2019）经过多次磋商签订协议后，汽车制造商甲公司以自有资金2亿元和发行债券融资5亿元，实现了对汽车零部件商乙公司的收购，上述收购属于（ ）。

A.杠杆收购　　B.前向收购　　C.金融资本收购　　D.友善收购

【答案】AD

【解析】“汽车制造商甲公司以自有资金2亿元和发行债券融资5亿元作为资金来进行收购”，此收购是通过自有资金和发行债券获得资金的，且主体资金来源是对外负债，属于杠杆收购，选项A当选；“实现了对汽车零部件商乙公司的收购”，说明乙公司是甲公司的上游企业，属于后向并购，选项B不当选；作为并购主体的甲公司为非金融机构，该并购属于产业资本并购，选项C不当选；双方多次协商之后签订协议，完成收购活动，属于友善并购，选项D当选。

【例12】（多选·2017）亚强公司的前身是主营五金矿产进出口业务的贸易公司。2004年，公司在“将亚强从贸易型企业向资源型企业转型”的战略目标指引下，对北美N矿业公司发起近60亿美元的收购。其收购资金中有40亿美元由国内银行贷款提供。亚强公司战略对北美N矿业公司的收购类型包括（ ）。

A.纵向并购　　B.产业资本并购　　C.金融资本并购　　D.杠杆收购

【答案】ABD

【解析】亚强公司前身是主营五金矿产进出口业务的贸易公司，从贸易型企业向资源型企业转型，收购北美N矿业公司，属于纵向并购，选项A当选；亚强公司对北美N矿业公司的收购，属于非金融企业进行的收购，即属于产业资本并购，选项B当选；收购总金额为60亿美元，其中的40亿美元由国内银行贷款提供，所以属于杠杆收购，选项D当选。

2.并购的动机

(1) 避开进入壁垒，迅速进入，争取市场机会，规避各种风险。在波特五力模型中，企业想要进入一个领域会面临一些进入障碍。企业并购则不存在进入障碍的问题，直接把另一个企业买进来，是把它的经营业务、管理模式、人员都一起买进来；对制造业来说并购还能节省建厂的时间，较为迅速地进入这个行业，抓住市场机会。同时还能规避一些风险。

(2) 获得协同效应。获得协同效应，即达到“1+1>2”的效果。协同效应产生于互补资源，通常通过技术转移或经营活动共享来得以实现。第一，并购后的企业产生“聚焦效应”，资源可以统一调配；第二，并购后改变了公司的整体功能状况，使参与并购企业的优势能够得到互补且共享资源；第三，并购后的企业互相促进，产生创新。

(3) 克服企业负外部性，减少竞争，增强对市场的控制力。两个独立企业的竞争，表现了企业的负外部性。竞争的结果往往是两败俱伤，而并购可以减少竞争，同时企业的市场份额扩大，就会增强对市场的控制力。

【提示】所谓企业负外部性，是指企业的行为影响了其他企业，使之支付了额外的成本费用，但后者又无法获得相应补偿的现象；或是对交易双方之外的第三者所带来的未在价格中得以反映的成本费用。

3.并购失败的原因

在现实中，并购的失败率很高，造成并购失败的主要原因有：

(1) 决策不当。例如，前期没有严格认真分析目标企业的潜在成本和效益，高估目标并购企业的吸引力和自己对其管控能力，高估并购的潜在经济效益等不适当的决策导致并购失败。

(2) 并购后不能很好地进行企业整合。企业并购后对于合并收购的企业和自身无法做到很好的整合。例如，在战略、组织、规章制度、业务和企业文化方面的整合出现重重障碍，尤其是在企业文化的认同与整合上出现较大的困难，导致一系列的整合行为失败，也会最终导致企业的并购行为失败。

(3) 支付过高的并购费用。如果没能对被并购企业进行准确的价值评估，并购方就有支付过高并购费用的风险，这种高代价使得企业整体应对外部风险的能力减弱。

(4) 跨国并购面临政治风险。政治风险是东道国的政治环境或东道国与其他国家之间政治关系发生改变而给外国投资企业的经济利益带来不确定的风险。给外国投资企业带来经济损失的可能性的事件包括：没收、征用、国有化、政治干预、东道国的政权更替、战争、东道国国内的社会动荡和暴力冲突、东道国与母国或第三国的关系恶化等。

【例13】(单选·2020) 佳美公司是一家全国性家电零售连锁企业，在国内一二线城市拥有近百家大型连锁商城，是国内外众多家电品牌厂家在中国的最大销售商。2019年，该公司并购了国内另一家著名的家电零售连锁企业恒兴公司，销售网络扩展到全国三分之二以上的城市和部分乡镇，市场占有率提高了20%，进一步巩固了其行业领先地位。佳美公司实施上述并购的动机是（　）。

A.避开进入壁垒，迅速进入，争取市场机会

B.克服企业负外部性，增强对市场的控制力

C.避免经营风险

D.实现资源互补

【答案】B

【解析】“并购了国内另一家著名的家电零售连锁企业恒兴公司，销售网络扩展到全国三分之二以上的城市和部分乡镇，市场占有率提高了20%，进一步巩固了其行业领先地位”表明其进行并购的动机是增强对市场的控制力，选项B当选。

【例14】（单选·2019）为了拓展国际业务，国内玩具制造商甲公司收购了H国玩具制造商乙公司，并很快打开H国玩具市场。其后不久，甲公司发现乙公司在被收购前卷入的一场知识产权纠纷，将导致甲公司面临严重的经营风险。甲公司在并购中失败的原因是（　）。

A.决策不当

B.支付过高的并购费用

C.并购后不能很好地进行企业整合

D.跨国并购所面临的政治风险

【答案】A

【解析】“其后不久，甲公司发现乙公司在被收购前卷入的一场知识产权纠纷，将导致甲公司面临严重的经营风险”体现了企业在并购前没有认真地分析目标企业的潜在成本和效益，过于草率地并购，结果无法对被并购企业进行合理的管理，这属于决策不当，选项A当选。

（三）内部发展（新建）战略

内部发展，是指企业利用内部现有的能力和通过企业内部新能力的培育，在企业现有框架内创建新业务，利用自身的资源来实现企业扩张的目标。

1.企业采取内部发展战略的动因

企业采取内部发展战略的动因主要包括：

（1）并购通常会产生隐藏的或无法预测的损失，而内部发展不太可能产生这种情况。

（2）保持统一的管理风格和企业文化。

（3）代价较低，因为获得资产时无须为商誉支付额外的金额。

（4）这可能是唯一合理的、实现真正技术创新的方法。

（5）内部发展的成本增速较慢。虽然新建的成本一般较高，但是由于成本分摊原理使得其成本增速较慢。

（6）开发新产品的过程使企业能深刻地了解市场及产品。

（7）风险较低。和并购相比较，内部发展没有并购后整合的风险，以及并购前未了解清楚等风险。

（8）不存在合适的收购对象。

（9）可以有计划地进行，容易从企业资源获得财务支持，并且成本可以按时间分摊。

（10）为管理者提供职业发展机会。

2.内部发展的缺点

企业采用内部发展战略的缺点表现在：

（1）当市场发展非常快时，内部发展显得过于缓慢。

(2) 进入新市场可能要面对非常高的障碍。

(3) 市场上增加了竞争者，这可能会激化某一市场内的竞争。

(4) 企业不能接触到其他企业的知识及系统。

(5) 从一开始就缺乏规模经济或经验曲线效应。

3.内部发展战略的应用条件

企业适合应用内部发展战略的条件有：

(1) 产业处于不均衡状况，结构性障碍还没有完全建立起来。对于一个想进入某一产业的潜在进入者，当一个产业处于成长期的时候，其进入障碍相对较低，企业的进入成本相对较低，进入会相对比较容易。

(2) 产业内现有企业的行为性障碍容易被制约。行为性障碍分两种，一种是阻拦新进入者的进入，另一种是进入对方的领域。当阻拦新进入者进入的成本过高时，现有企业可能就不会采取措施阻止新进入者的进入；用进入对方领域的方式报复进入者，很有可能削弱自身在原行业的竞争优势。所以，在产业内现有企业的行为性障碍容易被制约的时候，更适合应用内部发展战略。

(3) 企业有能力克服结构性与行为性障碍，或者企业克服障碍的代价小于企业进入后的收益。若在一个产业中，企业有能力克服结构性与行为性障碍的情况下，其进入成本可能较低。此时，也较适合采用内部发展战略。

克服进入障碍的能力往往表现在以下几个方面：

(1) 企业现有业务的资产、技能、分销渠道同新的经营领域有较强的相关性。若企业现有业务的资产、技能、分销渠道同新的经营领域的相关性较强，企业对于新的经营领域可能就更了解，更能作出正确的战略，所以更容易克服进入障碍。

(2) 企业进入新领域后，有独特的能力影响行业结构，使之为自己服务。

(3) 企业进入新领域后，有利于发展企业现有的经营内容。若企业进入新领域后，能对其现有业务产生有利的影响，则其进入新领域是有益的。

(四) 企业战略联盟

战略联盟，是指两个或两个以上经营实体之间为了达到某种战略目的而建立的一种合作关系。

1.企业战略联盟的基本特征

(1) 从经济组织形式来看，战略联盟是介于企业与市场之间的一种“中间组织”。战略联盟的治理结构和企业的治理结构不同，且成员之间的交易形式也和市场机制不同。

(2) 从企业关系来看，组建战略联盟的企业各方是在资源共享、优势相长、相互信任、相互独立的基础上通过事先达成协议而结成的一种平等的合作伙伴关系。联盟企业之间的协作关系主要表现为：①相互往来的平等性。联盟成员者是互相独立的法人，都有各自的自主决策权。②合作关系的长期性。战略联盟不是短期交易，而是为了长远利益而形成的长期合作关系。③整体利益的互补性。联盟各成员之间是一种互补的关系。④组织形式的开放性。联盟的形式较自由，加入和退出的成本都相对较低。

(3) 从企业行为来看，联盟是一种战略性的合作行为。企业之间组建战略联盟不是一种短期行为，而是为了长期利益，因此是一种战略性的合作行为。

2.企业战略联盟形成的动因

企业战略联盟形成的动因如表3-4所示。

表3-4 企业战略联盟形成的动因

动因	说明
促进技术创新	对于高新技术或对技术要求比较高的企业来说，要研发新的技术需要负担较高的成本费用，企业之间建立战略联盟可以共同分担，降低自身在研发上的费用支出，从而促进技术创新
避免经营风险	企业在生产经营的过程中，会面临各种风险。通过战略联盟的形式，企业之间能互相分享信息，避免了闭门造车，同时节约了社会资源
避免或减少竞争	建立战略联盟，企业之间相互合作，能避免或减少竞争
实现资源互补	不同的企业具有各自的优势和不足，通过建立战略联盟，企业之间可以实现资源共享、优势互补
开拓新的市场	企业通过建立战略联盟可迅速实现经营范围多样化和经营地区的扩张
降低协调成本	与并购相比，采用战略联盟不需要进行企业的整合，降低了协调成本

【例15】（多选·2018）甲客运公司与乙旅行社于2016年开启深度战略合作，联合推出“车票+地接”打包旅游产品。其中，甲客运公司提供用于打包产品的“低价票”，乙旅行社则提供比以往更为丰富、优质的旅游目的地和地接服务，该产品的推出明显提升了合作双方的竞争力。本案例中，甲客运公司与乙旅行社进行战略合作的动因有（ ）。

A.保持统一的管理风格和企业文化　　B.防范信任危机

C.开拓新的市场　　D.实现资源互补

【答案】CD

【解析】企业战略联盟形成的动因有以下六个方面：①促进技术创新；②避免经营风险；③避免或减少竞争；④实现资源互补；⑤开拓新的市场；⑥降低协调成本。甲客运公司与乙旅行社属于两个不同的行业，各自拥有不同的资源，因此他们的战略联盟能够实现资源互补，选项D当选；“甲客运公司提供用于打包产品的‘低价票’，乙旅行社则提供比以往更为丰富、优质的旅游目的地和地接服务，该产品的推出明显提升了合作双方的竞争力”体现了开拓新的市场这一动因，选项C当选。

3.企业战略联盟的主要类型

（1）从股权参与和契约联结的方式角度，战略联盟的分类如表3-5所示。

表3-5 战略联盟的分类

<table>
<tr><th colspan="2">类型</th><th>说明</th></tr>
<tr><td rowspan="2">股权式战略联盟</td><td>合资企业</td><td>合资企业一般定义为由两家或两家以上公司共同投入资本成立，分别拥有部分股权，并共同分享利润、支出、风险及对该公司的控制权。合资企业是最常见的一种战略联盟类型</td></tr>
<tr><td>相互持股投资</td><td>相互持股投资是指企业法人互相进行投资，互相成为对方的投资人而持有对方的股权。通过该种形式，成员之间可以建立一种长期合作的关系，同时也能保持相对独立</td></tr>
</table>

续表

类型		说明
契约式战略联盟	功能性协议	(1) 技术交流协议：联盟成员间相互交流技术资料，通过“知识”的学习以增强竞争实力； (2) 合作研究开发协议：分享现成的科研成果，共同使用科研设施和生产能力，在联盟内注入各种优势，共同开发新产品； (3) 生产营销协议：通过制定协议，共同生产和销售某一产品； (4) 产业协调协议：建立全面协作与分工的产业联盟体系，多见于高科技产业中

(2) 根据战略联盟在不同阶段的合作内容分类。

根据战略联盟在不同阶段的合作内容，战略联盟的分类如表3–6所示。

表3–6 不同阶段的战略联盟的分类

阶段	联盟内容
研究开发阶段的战略联盟	(1) 许可证协议； (2) 交换许可证合同； (3) 技术交换； (4) 技术人员交流计划； (5) 共同研究开发； (6) 以获得技术为目的的投资
生产制造阶段的战略联盟	(1) OEM（委托定制）供给； (2) 辅助制造合同； (3) 零部件标准协定； (4) 产品的组装及检验协定
销售阶段的战略联盟	销售代理协定
全面性的战略联盟	(1) 产品规格的调整； (2) 联合分担风险

4.战略联盟的管控

战略联盟之间的成员企业关系比较松散，需要对其进行严格的管控才能更好地发挥战略联盟的优势，以实现联盟的预期目标。

(1) 订立协议。

战略联盟一般通过联盟成员间进行互相监督管理，因此，订立协议的基本内容包括：①严格界定联盟的目标。协议要明确联盟的目标和范围，明确企业之间实现优势互补的模式。②周密设计联盟结构。因为战略联盟的成员都是独立的企业，需要周密的联盟结构才能发挥合作的优势。③准确评估投入的资产。准确评估投入的资产与联盟成员的利益息息相关。④规定违约责任和解散条款。由于战略联盟的形式较为灵活，规定违约责任和解散条款避免发生纠纷。

(2) 建立合作信任的联盟关系。联盟企业之间互相信任，可以降低联盟成员之间的监督成本，获得共同的竞争优势，信任有利于实现双方利益最大化。

【例16】（多选·2020）为共同推进国内某市5G生态产业集群的发展，鹏霄电信公司与东序软件公司达成战略合作协议，前者作为基础网络和电信服务供应商，提供基础通信、流量入口、运营平台建设保障；后者作为技术供应商，负责该市智慧园区、工业互联网、“5G+光网双千兆”标杆园区、云计算应用等领域的场景落地。下列各项中，属于上述两个公司结成的战略联盟的特点的有（　）。

A.双方在经营上具有较强的灵活性和自主权

B.组织效率较高

C.联盟内成员之间的沟通不充分

D.双方具有较好的信任感和责任感

【答案】AC

【解析】“鹏霄电信公司与东序软件公司达成战略合作协议”属于契约式战略联盟。契约式战略联盟由于更强调相关企业的协调与默契，从而更具有战略联盟的本质特征。其在经营的灵活性、自主权和经济效益等方面比股权式战略联盟具有更大的优越性、较好的灵活性，但也有一些缺点，如企业对联盟的控制能力差、松散的组织缺乏稳定性和长远利益、联盟内成员之间的沟通不充分、组织效率低下等，选项A、C当选。

第二节　业务单位战略

业务单位战略，是在总体战略的指导下，一个业务单位进行竞争的战略，也称为竞争战略。业务单位战略是将公司战略具体化，通过实现各业务单位战略的目标来实现公司的总体战略。

一、基本竞争战略

波特在《竞争战略》一书中把竞争战略描述为：采取进攻性或防守性行动，在产业中建立起进退有据的地位，成功地对付五种竞争力，从而为公司赢得超常的投资收益。为了达到这一目的，各个公司可以采用的方法是不同的，对每个具体公司来说，其最佳战略是最终反映公司所处的内外部环境的独特产物。但是，从最广泛的意义上，波特归纳总结了三种具有内部一致性的基本战略，即成本领先战略、差异化战略和集中化战略。

成本领先战略和差异化战略是基本战略的基础，而集中化战略是将成本领先战略或差异化战略集中运用在某一个细分市场中。

（一）成本领先战略

成本领先战略，是企业通过降低自己的生产和经营成本，以低于竞争的产品价格，获得市场占有率，并获得同行业平均水平以上的利润。成本领先战略并非是企业为了获取短期利益而采取的方法，它是一个能长期保持成本领先的一种战略。

1.采用成本领先战略的优势

（1）形成进入障碍。对于潜在进入者来说，若产业内的企业的生产经营成本很低，那么潜在进入者由于在新领域技术不熟练、缺乏经营经验，或者自身实力不强，则很难进入该产业，即形成了进入障碍。

（2）增强讨价还价能力。该优势主要从两个方向增强讨价还价的能力：一个是面对供应者，由于企业成本低，则其利润空间大，能投入费用的资金多，则它对供应者的讨价还价能力增强；另一个是面对购买者，由于企业成本低，则其价格让步空间会较大，能增强自己对购买者讨价还价的能力。

（3）降低替代品的威胁。企业的成本低，能以低价的优势吸引顾客，这能帮助它降低替代品的威胁，巩固自己的竞争实力和市场地位。

（4）保持领先的竞争地位。在产业内，企业拥有低成本的优势；在产品价格上，比竞争对手具有优势，能保持甚至扩大自己的市场份额，使其保持领先的竞争地位。

2.成本领先战略的实施条件

（1）市场情况。

成本领先战略适用的市场情况有：①产品具有较高的价格弹性，市场中存在大量的价格敏感用户。在市场中，产品的价格区间较大，客户倾向于价格偏低的产品。②产业中所有企业的产品都是标准化的产品，产品难以实现差异化。在一个产业中，产品是相差不大的。例如，修房子使用的钢筋，很难生产出有自己特色、其他竞争对手难以生产的产品。③购买者不太关注品牌，大多数购买者以同样的方式使用产品。对于一种产品，购买者可能会重复购买，不太注重品牌效应。例如，在小商贩处购买水果。④价格竞争是市场竞争的主要手段，消费者的转换成本较低。对于一个产业的产品，其竞争优势主要是价格且消费者换用竞争对手的产品的成本较低。例如，购买电脑等电子产品。

（2）资源和能力。

企业要实现成本领先战略应具备的资源和能力包括：①在规模经济显著的产业中要有实现规模经济的生产设施和雄厚的资金实力。②降低各种要素成本。对于各种生产要素，要尽最大的努力争取最大的优惠。③提高生产率。通过各种手段来提高自己的生产率。④改进产品工艺设计。可以通过改进产品工艺来降低产品的生产成本，从而达到成本的竞争优势。⑤提高生产能力利用程度。生产能力利用程度越高，产品的成本就越低。⑥选择适宜的交易组织形式。交易组织形式不同，其成本也会不同。⑦重点集聚。企业集中利用企业的资源，比分散使用资源的生产效率更高，生产成本更低。

3.采用成本领先战略的风险

（1）技术更新换代较快，企业之前投资用于降低成本的投资可能已经不再能产生成本领先的优势。

（2）产业的新加入者通过模仿产业内的佼佼者，或者使用新的更高级的生产技术，生产出成本更低的产品。

（3）产品的市场需求发生变化，顾客从注重价格变为更加注重品牌形象，使得具有成本领先优势的企业不再具有优势。

（二）差异化战略

差异化战略，是指企业力求在顾客广泛重视的一些方面，在该行业内独树一帜。它选择许多用户重视的一种或多种特质，并赋予其独特的地位以满足顾客的要求。它既可以是先发制人的战略，也可以是后发制人的战略。

1.采用差异化战略的优势

（1）形成进入障碍。由于采用差异化战略的企业的产品具有其独特的特色，顾客的忠诚度很高，使用替代品的概率较低。因此，潜在进入者要与该企业竞争，就会有一定的进入障碍。

（2）降低顾客敏感程度。由于其产品独特的特色，顾客的忠诚度高，当这种产品的价格变化时，对顾客的影响不大，顾客很可能会继续使用该种产品，因为顾客对价格的变化不敏感。

（3）增强讨价还价能力。讨价还价的能力也是从两个方向来说，一个是增强供应者的讨价还价的能力；一个是增加与购买者讨价还价的能力。

（4）抵御替代品威胁。差异化战略能提高产品的性能与价格比，其被替代品替代的风险较低。

2.差异化战略的实施条件

（1）市场情况。

实施差异化战略应具备的市场情况包括：①产品能够充分地实现差异化，且为顾客所认可。不是所有的产品都能使用差异化战略，对于标准型的产品，就更适合成本领先战略。②顾客的需求是多样化的。只有当顾客需求较丰富的时候更适合使用差异化战略，若顾客对产品没有多样化的需求，实施差异化战略就没有太多的优势。③企业所在产业技术变革较快，创新成为竞争的焦点。若产业革新换代较快，则更需要生产出具有特色的产品来吸引顾客的眼球。

（2）资源和能力。

实施差异化战略应具备的资源和能力包括：①具有强大的研发能力和产品设计能力。要生产出具有独特特色优势的产品，对企业的研发能力和产品设计能力要求较高。②具有很强的市场营销能力。不是所有具有特色的产品都能被顾客所接受，若具有很强的市场营销能力，能更多更快的使顾客接受其产品。③有能够确保激励员工创造性的激励体制、管理体制和良好的创造性文化。员工是技术创新的基础，有能够确保激励员工创造性的激励体制、管理体制和良好的创造性文化，能提高员工的创新积极性和工作动力。④具有从总体上提高某项经营业务的质量、树立产品形象、保持先进技术和建立完善分销渠道的能力。产品的质量、品牌形象、先进技术、销售能力有利于企业总体战略目标的实现。

3.采取差异化战略的风险

（1）企业形成产品差别化的成本过高。产品差别化对企业的技术和生产设备的要求较高，若企业为了形成产品差别化投入过高的成本，使得其与竞争对手的产品价格差异过大，购买者可能会因为性价比不高的原因放弃购买其产品。

（2）市场需求发生变化。若市场需求发生变化，顾客对产品的差异化需要降低，则企业使用的差异化战略就很可能不再具有竞争优势。

（3）竞争对手的模仿和进攻使已建立的差异缩小甚至转向。竞争对手通过经验积累学习或者模仿，它们的产品差异逐渐缩小，则企业会失去竞争优势。

【例17】（多选·2018）甲公司是一家享誉世界的家电制造巨头，在其涉足的各项家电业务领域，一直坚持差异化战略，强调原创技术、性能卓越、品质不凡且价格高昂。但甲公司近年连续出现亏损。从差异化战略的风险角度分析，甲公司亏损的原因可能包括（ ）。

A.竞争对手推出了性能更好的差异化产品

B.甲公司形成产品差异化的成本过高

C.随着家电行业的发展和成熟，消费者对产品的差异化需求下降

D.家电行业技术扩散速度加快，竞争对手的模仿能力迅速提高

【答案】ABCD

【解析】采用差异化战略的风险包括：①企业形成产品差别化的成本过高，选项B当选；②市场需求发生变化，选项C当选；③竞争对手的模仿和进攻使已建立的差异缩小甚至转向，选项A、D当选。

（三）集中化战略

集中化战略，是指主攻某一特殊的客户群、某一产品线的细分区段或某一地区市场，分为集中成本领先战略和集中差异化战略。与成本领先战略和差异化战略不同，集中化战略具有为某一特殊目标客户服务的特点，组织的方针、政策、职能的制定，都首先要考虑到这样一个特点。

1.采用集中战略的优势

集中化战略往往利用地点、时间、对象等多种特殊性来形成企业的专门服务范围，以更高的专业化程度构成强于竞争对手的优势。例如，位于交通要道或人口密集地区的超级商场具有销售优势；口腔医院因其专门的口腔医疗保健服务而比普通医院更吸引口腔病特别是牙病患者。企业选择适当的产品线区段或专门市场是集中化战略成功的基础。如果选择广泛市场的产品或服务而进行专门化经营，反而可能导致企业失败。集中化战略有利于中小企业与实力雄厚的大公司竞争，在某一细分领域，中小企业可能有能力与大企业正面竞争，而在其他方面这些中小企业根本没有与大企业竞争的资源和能力。

2.集中化战略的实施条件

（1）购买者群体之间在需求上存在着差异。只有当购买者群体之间的需求存在差异，企业才能在不同的顾客群体中实施集中化战略。

（2）目标市场在市场容量、成长速度、获利能力、竞争强度等方面具有相对的吸引力。当目标市场的市场容量足够大、成长速度快、获利能力强时，才能吸引更多的企业进入该领域。

（3）在目标市场上，没有其他竞争对手采用类似的战略。在目标市场中，若只有一家企业采用一种战略，其获得竞争优势越大。

（4）企业资源和能力有限，难以在整个产业实现成本领先或差异化，只能选定个别细分市场。由于每个企业的资源和能力是有限的，要合理分配和协调相关资源，使其利用能力最大化，选择个别细分市场更有利于企业的发展。

3.采取集中化战略的风险

企业在实施集中化战略时，可能会面临以下风险：

（1）狭小的目标市场导致的风险。采用集中化战略时，可能由于目标市场较少，生产规模有限，很难达到一定的生产规模以降低成本。

（2）购买者群体之间需求差异变小。若购买者群体之间对产品或服务的需求差异变小，则企业的集中化战略也将变得毫无意义。

（3）竞争对手的进入与竞争。若在本来狭小的目标市场中有新的竞争对手的进入，原来的企业很可能会失去竞争优势，毕竟市场的容量是有限的。

【提示】（1）成本领先战略与集中成本领先战略的区别：二者所针对的市场不同，成本领先战略针对整个市场，集中成本领先战略针对细分市场。例如，某个空调生产企业对整个空调市场采用成本领先，则属于成本领先战略；如果该企业仅对低端空调市场采用成本领先，则属于集中成本领先战略。

（2）差异化战略与集中差异化战略的区别：二者所针对的市场不同，差异化战略针对整个市场，集中差异化战略针对某个细分市场。例如，某女装生产企业面对的客户是中年女性与青年女性，并且采取差异化，则属于差异化战略；如果该女装公司仅面对年轻女性并且采取差异化，则属于集中差异化战略。

【例18】（单选·2018）经营电子商城业务的甲公司通过数据挖掘了解消费者的购买经历，对产品的评价、产品浏览和搜索行为进行分析，从而在掌握消费者真实需求的基础上有的放矢地向消费者推荐商品。据统计，该公司网站推荐的食品类、服装类和家电类商品的销售转化率分别高达52%、55%和60%。在本案例中，甲公司运用信息技术实施的战略是（　）。

A.差异化战略　　B.市场开发战略　　C.多元化战略　　D.集中化战略

【答案】D

【解析】借助类似数据挖掘这样的信息技术，企业可以利用产品销售和客户数据分析消费者的购买模式和偏好，从而更好地发现目标客户、服务于目标市场，并针对性地开展营销和市场竞争活动，体现的是信息技术与集中化战略，选项D当选。

【例19】（多选·2017）Y国的F公司是一家专门生产高档运动自行车的企业，其产品在Y国高档运动自行车细分市场上的占有率高达80%以上，下列各项中，属于F公司竞争战略实施条件的有（　）。

A.购买者群体之间在需求上存在差异

B.目标市场上在市场容量、成长速度等方面具有相对的吸引力

C.产品具有较高的价格弹性，市场中存在大量价格敏感用户产品

D.产业规模经济显著

【答案】AB

【解析】F公司专门生产高档运动自行车，采取的竞争战略为集中化战略。选项A、B属于集中化战略的实施条件，选项A、B当选。

（四）基本战略的综合分析——“战略钟”

企业的外部环境与内部环境是复杂且多变的，所以企业的战略并不是单一的战略，克利夫·鲍曼（Cliff Bowman）将这些问题归入到一个体系内，并称这一体系为“战略钟”。

"战略钟"是分析企业竞争战略选择的一种工具，这种模型为企业的管理人员和咨询顾问提供了思考竞争战略和取得竞争优势的方法。克利夫·鲍曼的这一思想很有参考价值，可以对波特的理论进行综合分析，将产品的价格作为横坐标，将顾客对产品认可的价值作为纵坐标，然后将企业可能的竞争战略选择在这一平面上用八种途径表现出来，如图3–2所示。

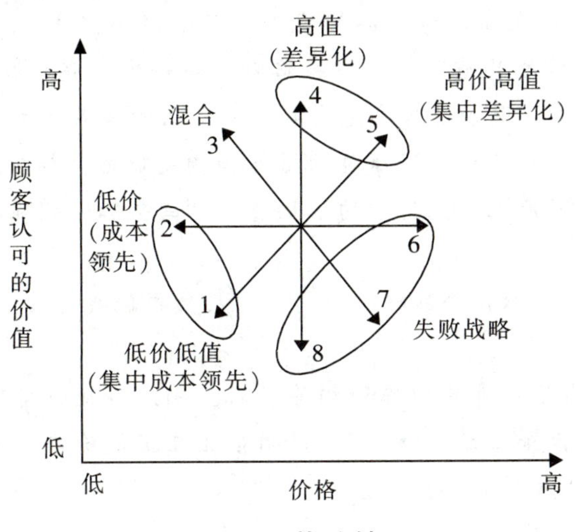

图3–2 战略钟

1.有效的竞争战略

在上述八种竞争战略中，有效的竞争战略只有五种，详细介绍如表3–7所示。

表3–7 有效的竞争战略

有效的竞争战略	途径	说明
成本领先战略	低价低值战略（集中成本领先）	企业关注的是对价格敏感的细分市场。在该细分市场中，相比质量，顾客更看中价格，适合收入水平较低的顾客群体
	低价战略（成本领先）	在关注产品或服务价格的同时，也关注产品或服务的质量
差异化战略	高值战略（差异化）	企业以相同或略高于竞争对手的价格向顾客提供高于竞争对手的顾客认可价值
	高值高价战略（集中差异化）	主要针对高收入顾客群体，以特别高的价格提供高质量的产品和服务
混合战略	同时追求低成本和差异化	企业在为顾客提供高附加值的产品时，也保持低的价格优势

2.失败的竞争战略

途径6提高价格，但不为顾客提供更高的认可价值；途径7降低产品或服务的顾客认可价值，同时却在提高相应的价格；途径8是在保持价格不变的同时降低顾客认可的价值；除非企业处于垄断地位，否则不可能维持这样的战略。以上三种途径因为存在缺陷，一般是导致企业失败的战略。

【例20】（单选·2021）北星咖啡馆通过精选原料，简化流程，提高服务。让消费者以同类产品中最低的价格享受到顶级的品质。根据"战略钟"的理论，北星咖啡馆的战略是（ ）。

A.低价战略　　B.混合战略

C.高值战略　　D.集中差异化战略

【答案】B

【解析】混合战略是指为顾客提供更高的认可价值的同时，获得成本优势。企业能够同时获得两种优势的原因：①提供高质量产品的公司会增加市场份额，而这又会因规模经济而降低平均成本；②生产高质量产品的经验累积降低成本的速度比生产低质量产品快；③注重提高生产效率可以在高质量产品的生产过程中降低成本。“让消费者以同类产品中最低的价格享受到顶级的品质”属于“战略钟”理论中的混合战略，选项B当选。

【例21】（单选·2018）甲咖啡店率先采取了一项新的经营方式：顾客点单付费后，亲自操作咖啡机自取咖啡。此举节省了店员的操作和相关费用，相应地把咖啡价格降低到行业最低水平，同时使顾客产生宾至如归的亲切感，“回头客”明显增加。甲咖啡店采用的战略属于（　）。

A.成本领先战略　　B.混合战略　　C.集中化战略　　D.差异化战略

【答案】B

【解析】“此举节省了店员的操作和相关费用，相应地把咖啡价格降低到行业最低水平，同时使顾客产生宾至如归的亲切感”，说明企业在减低价格的同时提高了顾客的认可度，属于战略钟的混合战略，选项B当选。

二、中小企业竞争战略

波特在《竞争战略》中主要依据产业集中度、产业成熟情况等角度展开对几个重要的产业环境类型进行了更具体的战略分析。零散产业和新兴产业大多是以中小企业为主体，下面将介绍零散产业和新兴产业中的一些特殊战略问题。

（一）零散产业中的竞争战略

零散产业，是指那些产业集中度低，产业内的企业都相差不大，没有企业特别突出或占有的市场份额较大，也没有企业能影响一个行业的发展。零散产业是一种重要的结构环境，大多由中小企业构成，如餐饮业、服装业等。

1.造成产业零散的原因

产业零散的原因主要来源于产业本身的基础经济特性。

（1）进入障碍低或存在退出障碍。

一方面，当一个产业的进入障碍低时，潜在进入者就会增多，就会有更多的企业想要并且能够进入该产业；另一方面，若产业存在退出障碍，则在产业内的企业在收入持平的情况下可能会继续经营。所以，进入障碍低或存在退出障碍，使得产业内竞争激烈，企业数量众多，造成产业零散。

（2）市场需求多样导致高度产品差异化。

一方面，顾客对某些产业的产品或服务的需求是多样化的，相对于标准化产品或服务，他们更愿意追求有特色的差异化产品，并愿意为此付出附加的代价，如女性服装、理发店、餐饮店等；另一方面，由于消费者消费地点的零散，消费者希望能近距离买得商品或者获得服务，如农贸市场、超市等。这两方面的因素都造成了产业零散，产品或服务差异化高，限制了企业的规模。

（3）不存在规模经济或难以达到经济规模。

某些特殊的行业可能不存在规模经济或难以达到经济规模，其原因可能包括：①当某一产业的主要竞争优势为专门技能且需要投入的固定资产较少，则需要的资金投入要求不太高。专门技能作为一种独特的资源也难以被复制和模仿，因此规模经济难以形成。②市场需求变化很快以及需求的多样性，企业没有资源和能力生产多种多样的产品且设计也难跟上市场需求变化的速度，所以难以形成规模经济。③由于顾客对于产品和服务的地点需要具有很大的差异性，高度集中的大企业无法满足消费者的要求。④企业讨价还价能力较差，顾客和供应者的讨价还价的能力比较强，大企业没有竞争优势。⑤政府政策和地方法规对某些产业的限制。⑥新兴的产业中，企业没有发展到规模经济的能力和资源。

【例22】（多选·2019）理发业由很多中小企业组成，其中没有任何一个企业占有显著的市场份额或对整个产业的发展产生重大影响。造成理发业上述状况的原因有（ ）。

A.理发业的经营成本变化迅速　　B.理发业进入障碍低

C.理发市场需求多样导致高度产品差异化　　D.理发业难以达到规模经济

【答案】BCD

【解析】理发产业属于零散产业。造成产业零散的原因包括：①进入障碍低或存在退出障碍，选项B当选；②市场需求多样导致高度产品差异化，选项C当选；③不存在规模经济或难以达到经济规模，选项D当选。

【例23】（多选·2018）近年来，随着汽车销量的上升，洗车行业迅速发展。由于洗车业务不需要复杂的技术和大量的投资，且消费者需要的洗车地点分散，因而洗车公司数量大量增加，洗车行业呈零散状态。根据以上信息，造成洗车产业零散的原因有（ ）。

A.成本的迅速变化　　B.进入障碍低

C.技术的不确定性　　D.市场需求多样导致高度产品差异化

【答案】BD

【解析】造成企业零散的原因有：①进入障碍低或存在退出障碍；②市场需求多样导致高度产品差异化；③不存在规模经济或难以达到经济规模。“由于洗车业务不需要复杂的技术和大量的投资”体现的是进入障碍低，选项B当选；“消费者需要的洗车地点分散”体现的是市场需求多样导致高度产品差异化，选项D当选。

2.零散产业的战略选择

零散产业中企业数量众多，且企业与企业间的资源和能力差异较大，因此零散产业的战略选择可以分为以下三类：

（1）克服零散——获得成本优势。

零散产业中的企业数量多，企业没有规模经济优势。由于零散产业的进入障碍低，竞争对手的实力都不算强大，对新进入者的报复威胁不大。若企业能够克服零散，获得成本优势，则能取得竞争对手无法获得的竞争优势。企业克服零散的途径有：①连锁经营或特许经营。连锁经营是一种商业经营模式，是指经营同类商品或服务的若干个企业（或企业分支机构），以一定的纽带和形式组成一个联合体，在整体规划下进行专业化分工，并在分工和商圈保护的基础上实施集中化管理，把独立的经营活动组合成整体的规模经营，从而实现规模效益。通过这样的形式，既能满足顾客消费地点的差异性，同时又能够获得规模经济带来的成本优势，肯德基、麦当劳就是典型的例子。②技术创新以创造规模经济。如果由于技术创新，使企业的成本降低或者效率上升，企业就很可能获得规模效应。③尽早发现产业趋势。若某一产业还处于开发期或成长期，则在产业的发展过程中，很有可能产生集中效应，以形成规模优势。在经营过程中，多观察多调研，尽早认识到产业的发展趋势，从而领先于其他的竞争对手，克服零散。

(2) 增加附加价值——提高产品差异化程度。

该战略通过增加产品的附加值来提高产品的差异化程度，从而吸引更多的顾客。不过在零散产业中提高产品或服务的差异化的难度通常较高。

(3) 专门化——目标集聚。

零散产业的特点是客户需求多样化，企业可以选择某一领域集中发展以此提高企业的竞争力。具体如下：①产品类型或产品细分的专门化。当某一产业零散是由于产品的多样性造成时，企业可以专门生产某种类型的产品或者集中于某一细分产品，这样企业可以通过扩大规模来增加与供应商讨价还价的能力，也可以通过专注于某一细分产品来提高产品的差异化程度。②顾客类型专门化。企业专注于某一细分市场，在这一细分市场中可能因为顾客群体较小，他们的讨价还价的能力较差，或者这一细分市场中顾客群体对价格不敏感，虽然企业难以形成规模经济，但能够提高自身的利润率，从而获得潜在的收益。③地理区域专门化。对于在大范围内生产经营难以形成规模效应的企业，可以选择在特定地理区域内以集中的生产方式和销售模式提高企业收益，例如，一些本地的食品企业的产品在当地的销量较高。

【例24】（多选·2017）靓影公司是一家经营照相、冲印、彩扩的企业。靓影公司应当采用的竞争战略有（　）。

A.连锁经营或特许经营，将服务点分散在居民生活区中间

B.聚焦细分市场需求，如婚庆大尺寸照片的拍摄、冲印、美化等

C.适应多样化的顾客需求，开发多种服务品种

D.增加服务的附加价值，如在顾客等候时提供茶水、杂志等

【答案】ABD

【解析】靓影公司所处产业属于零散产业，该产业的战略选择包括：①克服零散——获得成本优势；②增加附加价值——提高产品差异化程度；③专门化——目标集聚。选项C属于多元化战略，选项A、B、D当选。

3.谨防潜在的战略陷阱

零散产业因为产业的特殊性，需要避免一些特殊的战略陷阱：

(1) 避免寻求支配地位。零散行业的特点决定了在零散行业中寻求支配地位是无效的。因为当企业在追求市场份额时可能就会失去产品差异化的优势，企业的能力和资源有限，很难在各方面都处于领先的位置。

(2) 保持严格的战略约束力。企业在制定战略以后就要按照制定的战略严格执行，不能随意频繁的变动，否则可能会造成浪费企业的资源同时失去竞争优势的情况出现。

(3) 避免过分集权化。过分集权化的组织信息沟通路径较长，反应速度较慢，零散行业的特点是需要快速反应，作出决策，所以应避免过分集权化。

(4) 了解竞争者的战略目标与管理费用。了解竞争对手的战略目标，能了解竞争对手对于其在行业中的地位是否满意、是否会改变或怎样改变其战略目标以及面对环境的变化可能作出的反应，有利于自己作出合适的战略调整。

(5) 避免对新产品作出过度反应。由于零散产业的产品的多样性，对于新产品的投入不一定能得到相应的回报，所以要适当评估，避免对市场上的新产品作出过度反应。

【例25】(单选·2018) 经营中式快餐的甲公司于2015年宣布其战略目标是建成门店覆盖全国的“快餐帝国”。由于扩张过快、缺乏相关资源保障、各地流行菜系经营者的激烈竞争以及不同消费者口味难以调和的矛盾，该战略目标未能实现，公司经营也陷入危机。从零散产业角度看，下列各项中，属于甲公司进行战略选择未能避免的战略陷阱是（　　）。

A.不能保持严格的战略约束力　　B.寻求支配地位

C.不了解竞争者的战略目标和管理费用　　D.过分集权化

【答案】B

【解析】“甲公司于2015年宣布其战略目标是建成门店覆盖全国的‘快餐帝国’。由于扩张过快、缺乏相关资源保障、各地流行菜系经营者的激烈竞争以及不同消费者口味难以调和的矛盾，该战略目标未能实现，公司经营也陷入危机”，说明企业（零散企业）在发展过程中过分寻求了支配地位，选项B当选。

(二) 新兴产业中的竞争战略

新兴产业，是指关系到国民经济社会发展和产业结构优化升级，具有全局性、长远性、导向性和动态性特征的产业。与传统产业相比，新兴产业具有高技术含量、高附加值、资源集约等特点，也是促使国民经济和企业发展走上创新驱动、内生增长轨道的根本途径，如共享单车、网约车等产业。

1.新兴产业内部结构的共同特征

(1) 技术的不确定性。新兴产业的技术还不够成熟，有待提升，也没有形成一定的生产经营的方法和流程，哪种技术更适合用于大规模生产也没有明确的结论。

(2) 战略的不确定性。在新兴产业中，所有的企业都是新进入者，对于竞争对手、顾客特点和需要的信息了解极少，也不能获得可靠的销量和市场信息，所以企业制定的战略可能需要随时调整，具有战略的不确实性。

(3) 成本的迅速变化。新兴产业最初的生产成本可能很高，但是由于学习曲线的作用以及技术的改进、工人工作熟练程度的提高，成本可能会快速的下滑，企业的生产效率也大幅度地提高。

(4) 萌芽企业和另立门户。新兴行业的进入障碍较低，因此存在很多的新成立的企业。另立门户是指在原来企业工作的职员自立门户与原来的企业竞争。

(5) 首次购买者。新兴产业的产品往往是一些以前市面上没有的产品，很多顾客对于一些新产品持有观望的态度，这使得企业的销售显得格外重要，营销活动的主要重心是如何引起顾客的兴趣来购买这种新兴的产品。

2.新兴产业发展障碍与机遇

新兴产业在不同程度上面临产业发展的障碍。从产业的五种竞争力角度分析，这些障碍主要表现在新兴产业的供应者、购买者与被替代品三个方面，其根源还在于产业本身的结构特征。新兴产业常见的发展障碍有：

（1）专有技术选择、获取与应用的困难。新兴产业的技术种类较丰富，但是何种技术适合应用于大规模的生产，成为主流的技术，还不能够确定。有些新兴产业的技术具有独特性的特点，拥有该项技术的企业议价能力较强，其他企业获得该项技术较困难。

（2）原材料、零部件、资金与其他供给的不足。新兴产业在发展早期，可能会出现需求与供给的不平衡，原材料、零部件可能会出现短缺或价格上涨的情况。此外，新兴产业由于发展的不确定性，所以融资也较困难。

（3）顾客的困惑与等待观望。在面对一些全新产品的时候，顾客往往会持有观望的态度。

（4）被替代产品的反应。老产品在面对被替代品出现时，往往会采取一些措施来降低替代品的威胁，以维持自己的市场份额。

（5）缺少承担风险的胆略与能力。与缺乏对资源的掌控相比，新兴产业更大的发展障碍源于缺少承担风险的胆略和能力、技术上的创新人才以及分销渠道等。

新兴产业的发展机遇主要有以下两种：

（1）进入障碍相对较低。

（2）竞争结构还没有完全建立起来。

【例26】（单选·2015）下列各项中，属于新兴产业共同的结构特征的是（　）。

A.进入障碍低或存在退出障碍　　B.不存在规模经济或难以达到规模经济

C.市场需求的多样导致产品差异化　　D.战略的不确定性

【答案】D

【解析】选项A、B、C属于造成产业零散的原因，选项A、B、C不当选；选项D属于新兴产业共同的结构特征，选项D当选。

3.新兴产业的战略选择

在新兴产业在战略的制定中应注意以下几点：

（1）塑造产业结构。企业可以在产品策略、营销方法以及价格策略等领域建立一套有利于自身发展的竞争原则，从而促进产业成型，塑造有利于企业长期发展的产业结构，使企业在产业获得一定的竞争优势。

（2）正确对待产业发展的外在性。在一个新兴产业中，产业的发展和企业的自身利益有时候是相互冲突的，有时候却又息息相关，所以，企业为了产业的整体利益以及企业自身的长远发展，有时必须暂时放弃自身利益。

（3）注意产业机会与障碍的转变，在产业发展变化中占据主动地位。新兴产业是一个迅速发展的产业，当前的机会很有可能会演变为日后的障碍。企业要尽早地识别出产业的发展动力，注意产业机会与障碍的转变，使得企业在产业发展变化中占据主动地位，取得一定的竞争优势。

（4）选择适当的进入时机与领域。进入产业的时机如果选择合适，则很可能会以较低的风险获得较高的收益。新兴产业早期是否进入的情形如表3–8所示。

表3–8 早期是否进入

适宜早期进入的情形	不适宜早期进入的情形
(1) 顾客忠诚非常重要，那些首先对顾客销售的企业将获得较高的收益； (2) 早期与原材料供应、分销渠道建立的合作关系对产业发展至关重要； (3) 企业的形象和声望对顾客至关重要，企业可因先驱者而发展和提高声望； (4) 产业中的学习曲线很重要，经验很难模仿，并且不会因持续的技术更新换代而过时，早期进入企业可以较早地开始这一学习过程	(1) 开辟市场的成本很高，包括顾客教育、法规批准、技术开拓等，但是开辟市场的好处却不能为先进入企业所独占； (2) 早期竞争的细分市场与产业发展成熟后的情况不同，早期进入的企业建立了竞争基础后，面临过高的转换成本； (3) 技术变革将使早期投资过时，并且使那些后期进入的、具备最新产品及工艺的企业拥有某种优势

三、蓝海战略

欧洲工商管理学院W·钱·金（W.Chan Kin）、勒妮·莫博涅（Renee Mauborgne）在2005年2月由哈佛商学院出版的研究成果《蓝海战略》中为企业指出了一条通向未来增长的新路。他们认为，红海战略主要是立足当前业已存在的行业和市场，采取常规的竞争方式与同行业中的企业展开针锋相对的竞争。而蓝海战略是指不局限于现有产业边界，而是极力打破这样的边界条件，通过提供创新产品和服务，开辟并占领新的市场空间的战略。

（一）蓝海战略的内涵

蓝海战略的观点认为聚焦于红海等于接受了商战的限制性因素，即在有限的市场上求胜，却否认了在商业领域开创新市场的可能。运用蓝海战略，视线将超越竞争对手移向买方需求，跨越现有竞争边界，将不同市场的买方价值元素筛选并重新排序，从给定结构下的定位选择向改变市场结构本身转变。

蓝海以战略行动作为分析单位，战略行动包含开辟商场的主要业务项目所涉及的一整套管理动作和决定，在研究1880—2000年30多个产业150次战略行动的基础上，指出价值创新是蓝海战略的基石。价值创新挑战了基于竞争的传统教条，即价值和成本的权衡取舍关系，让企业将创新与效用、价格与成本整合一体，不是比照现有产业最佳实践去赶超对手，而是改变产业景框重新设定游戏规则；不是瞄准现有市场“高端”或“低端”顾客，而是面向潜在需求的买方大众；不是一味细分市场满足顾客偏好，而是合并细分市场整合需求。

蓝海战略的一个典型例子是太阳马戏团，在传统马戏团受制于“动物保护”“马戏明星供方砍价”和“家庭娱乐竞争买方砍价”而萎缩的马戏行业中，太阳马戏团将受众从传统马戏的儿童观众转向成年人和商界人士，以马戏的形式来表达戏剧的情节，吸引人们以高于传统马戏数倍的门票来享受这项前所未见的娱乐。

红海战略和蓝海战略的关键性差异如表3–9所示。

表3-9 红海战略和蓝海战略比较

红海战略	蓝海战略
在已经存在的市场内竞争	拓展非竞争性市场空间
参与竞争	规避竞争
争夺现有需求	创造并攫取新需求
遵循价值与成本互替定律	打破价值与成本互替定律
根据差异化或低成本的战略选择，把企业行为整合为一个体系	同时追求差异化和低成本，把企业行为整合为一个体系

（二）蓝海战略制定的原则

蓝海战略共提出六项原则，包括四项战略制定原则：重建市场边界、注重全局而非数字、超越现有需求、遵循合理的战略顺序，以及两项战略执行原则：克服关键组织障碍、将战略执行建成战略的一部分。

1.战略制定原则

（1）重建市场边界。从硬碰硬的竞争到开创蓝海，企业可以通过运用一些机会与风险工具主动改变产业和市场的基础条件。

（2）注重全局而非数字。一个企业应该注重全局，而不是沉浸在数字和术语中。蓝海战略建议绘制战略布局图将一家企业在市场中现有战略定位以视觉形式表现出来，开启企业组织各类人的创造性，把视线引向蓝海。

（3）超越现有需求。通常，企业为增加自己的市场份额努力保留和拓展现有顾客，常常导致更细小的市场细分，然而，为使蓝海规模最大化，企业需要反其道而行，不应只把视线集中于顾客，还需要关注非顾客。不要一味通过个性化和细分市场来满足顾客差异，应寻找买方共同点，将非顾客置于顾客之前，把共同点置于差异点之前，将合并细分市场置于多层次细分市场之前。

（4）遵循合理的战略顺序。遵循合理的战略顺序，建立强劲的商业模式，确保将蓝海创意变为战略执行，从而获得蓝海利润，合理的战略顺序可以分为买方效用、价格、成本、接受四个步骤。

2.战略执行原则

（1）克服关键组织障碍。企业经理们证明执行蓝海战略的挑战是严峻的，他们面对四重障碍：一是认知障碍，沉迷于现状的组织；二是有限的资源，执行战略需要大量资源；三是动力障碍，缺乏有干劲的员工；四是组织政治障碍，来自强大既得利益者的反对。

（2）将战略执行建成战略的一部分。执行蓝海战略，企业最终需要求助于最根本的行动基础，即组织基层员工的态度和行为，必须创造一种充满信任和忠诚的文化来鼓舞人们认同战略。

（三）重建市场边界的基本法则

1.路径一：审视他择产业

红海思维：人云亦云为产业定界，并一心成为其中最优。

蓝海思维：一家企业不仅与自身产业对手竞争，而且与替代品或服务的产业对手竞争。

实例：日本电信运营商NTT DoCoMo于1999年推出i-mode手机一键上网，将只使用语音服务的顾客变为使用语音和数据服务（音乐、图片、资讯）的顾客。

2.路径二：跨越战略群组

红海思维：受制于广为接受的战略集团概念（如豪华车、经济型车、家庭车），并努力在集团中技压群雄。

蓝海思维：突破狭窄视野，搞清楚什么因素决定顾客选择，例如，高档和低档消费品的选择。

实例：曲线美健身俱乐部专为女性服务，剔除奢华设施，小型化社区布点，会员依次使用一组器械，每周三次，每次半小时完成，每月只需30美元。

3.路径三：重新界定产业的买方群体

红海思维：只关注单一买方，不关注最终用户。

蓝海思维：买方是由购买者、使用者和施加影响者共同组成的买方链条。

实例：诺和诺德公司是一家胰岛素厂商，将胰岛素和注射笔整合创造出Novolet注射装置，便于随身携带使用。

4.路径四：放眼互补性产品或服务

红海思维：雷同方式为产品服务的范围定界

蓝海思维：互补性产品或服务蕴含着未经发掘的需求，简单方法是分析顾客在使用产品之前、之中、之后都有哪些需要。

实例：北客公司发现市政府并非关注公交车本身价格而是维护费用，通过使用玻璃纤维车身，提高车价却降低维护成本，创造了与市政府的双赢。

5.路径五：重设客户的功能性或情感性诉求

红海思维：接受现有产业固化的功能情感导向。

蓝海思维：一些企业以价格和功能为导向，而另一些企业以客户感觉为导向，重设客户的功能性和情感性需求，挑战现有功能与情感导向能发现新空间。

实例：快美发屋针对男性，取消按摩、饮料等情感元素，以“气洗”替代“水洗”，专注剪发，使理发时间减到10分钟，费用从3000降到1000日元。

6.路径六：跨越时间

红海思维：制定战略只关注现阶段的竞争威胁。

蓝海思维：从商业角度洞悉技术与政策潮流如何改变顾客获取的价值，如何影响商业模式。

实例：苹果公司通过iPod和iTunes提供正版音乐下载服务，提高海量音乐库、高音质、单曲下载及低费用（0.99美元/首）。

【例27】（单选·2016）甲公司是一家区别于传统火锅店方式的火锅餐饮企业，在给顾客提供餐饮服务的同时，还免费给顾客提供擦鞋、美甲、擦拭眼镜等服务。甲公司的经营模式取得了成功，营业额高速增长。甲公司实施蓝海战略的路径是（ ）。

A.跨越时间　　B.重新界定产业的买方群体

C.跨越战略群体　　D.重设客户的功能性或情感性诉求

【答案】D

【解析】通过为顾客提供经营范围之外的其他服务，更好地满足消费者的需求，属于重设客户的功能性或情感性诉求，选项D当选。

第三节 职能战略

职能战略又称职能层战略，是按照总体战略或业务战略对企业内各方面职能活动进行的谋划。职能战略一般可分为市场营销战略、研究与开发战略、生产与运营战略、采购战略、人力资源战略、财务管理战略等。职能战略是为企业战略和业务战略服务的，所以必须与企业战略和业务战略相配合。例如，企业战略确立了差异化的发展方向，要培养创新的核心能力，企业的人力资源战略就必须体现对创新的鼓励；要重视培训，鼓励学习；把创新贡献纳入考核指标体系；在薪酬方面加强对各种创新的奖励。

一、市场营销战略

市场营销战略，是涉及市场营销活动过程整体（市场调研、预测、分析市场需求、确定目标市场、制定营销战略、实施和控制具体营销战略）的方案或谋划。它决定了市场营销的主要活动和主要方向。有效的市场营销战略是企业成功的基础。市场营销战略是一个完整的体系，其基本内容包括：市场细分战略、市场选择战略、市场进入战略、市场营销竞争战略和市场营销组合战略。

（一）市场细分

市场细分，就是指企业按照某种标准将市场上的顾客划分成若干个顾客群，每一个顾客群构成一个子市场，不同子市场之间，需求存在着明显的差别。市场细分是选择目标市场的基础工作。市场营销在企业的活动中包括细分一个市场并把它作为公司的目标市场，设计正确的产品、服务、价格、促销和分销系统“组合”，从而满足细分市场内顾客的需要和愿望。

1.消费者市场细分

就消费者市场而言，细分变量，归纳起来主要有地理环境因素、人口统计因素、消费心理因素、消费行为因素等，因此就有了地理细分、人口细分、心理细分、行为细分等市场细分的基本形式。

（1）地理细分，是按地理特征细分市场，通过地形、气候、交通、城乡、行政区等因素来细分消费者市场。

（2）人口细分，是按人口特征细分市场，通过年龄、性别、家庭人口、收入、教育程度、宗教信仰或种族等因素来细分消费者市场。

（3）心理细分，是按个性、生活方式等变量来细分消费者市场。

（4）行为细分，是对消费者行为的评估，通过使用某种产品的时机、追求利益、使用者地位、产品使用率、忠诚程度、购买准备阶段、态度等来细分消费者市场。

【例28】（单选·2020）云澜公司是一家面向全球的家具和室内饰品生产商。该公司根据不同国家和地区的消费者是崇尚传统还是追求时尚来为他们设计、生产具有不同风格和质地的产品。云澜公司对消费者市场的细分属于（ ）。

A.地理细分　B.人口细分　C.行为细分　D.心理细分

【答案】D

【解析】在本题中，“根据消费者是崇尚传统还是追求时尚来为他们设计、生产具有不同风格和质地的产品”属于心理细分，心理细分就是按照消费者的生活方式、个性等心理变量来细分消费者市场，选项D当选。

【例29】（单选·2019）嘉利啤酒公司通过数据分析发现，其产品的89%是被50%的顾客（重度饮用啤酒者）消费掉的，另外50%的顾客（轻度饮用啤酒者）的消费量只占总消费量的11%。该公司据此推出了吸引重度饮用啤酒者而放弃轻度饮用啤酒者的促销策略。该公司进行市场细分的依据是（ ）。

A.地理细分　B.人口细分　C.行为细分　D.心理细分

【答案】C

【解析】“其产品的89%是被50%的顾客（重度饮用啤酒者）消费掉的，另外50%顾客（轻度饮用啤酒者）的消费量只占总消费量的11%”划分的依据为消费者对啤酒使用程度的划分，属于行为细分，选项C当选。

2.产业市场细分

很多用来细分消费者市场的标准同样也可用于细分产业市场。例如，根据地理、追求的利益和使用率等变量加以细分。不过，由于生产者与消费者在购买动机与行为上存在差别，所以，除了运用前述消费者市场细分标准外，还可用一些新的标准来细分产业市场。

（1）用户的行业类别。在产业市场上，不同的最终用户对同一种产业用品往往有不同的要求。

（2）用户规模。在生产者市场中，有的用户购买量很大，而另外一些用户的购买量则很小。企业应当根据用户规模大小来细分市场，并根据用户或客户的规模不同，制定不同的营销组合方案。例如，对于大客户，宜于直接联系、直接供应，在价格、信用等方面给予更多优惠；而对众多的小客户，则宜于让产品进入商业渠道，由批发商或零售商去组织供应。

（3）用户的地理位置。按用户地理位置细分市场，有助于企业将目标市场选择在用户集中的地区，以节省推销费用和运输成本。

（4）购买行为因素。购买行为因素是指根据消费者购买行为来细分市场，如用户追求的利益、使用频率、品牌忠诚度、使用者地位和购买方式等。

（二）目标市场选择

目标市场选择，是在市场细分后，企业选择企业决定要进入的市场，也就是选择企业能够发挥企业优势的目标市场。目标市场的选择策略，通常有三种模式供参考。

1.无差异营销策略

无差异营销策略，是指企业把一类产品看作整体市场，一个大的目标市场用一种标准化的营销组合策略，而不考虑单一细分市场的特殊性，只考虑共性。这是一种求同存异的营销策略，旨在通过大规模的生产和经营，产生规模经济效益，降低生产和营销成本。但由于忽视不同国家、不同顾客需求之间的差异，可能会丧失许多市场机会。

无差异营销的优点主要有：生产成本、管理费用、销售费用相对低。

无差异营销的缺点主要有：这种策略可能引起激烈的竞争，实行无差异营销的直销商一般针对整体市场，当同行中有许多人如法炮制之后，可能发生大市场内竞争过度，而小市场却无人问津的情况。

2.差异性营销策略

差异性市场策略，又叫差异性市场营销，是指面对已经细分的市场，企业选择两个或者两个以上的子市场作为市场目标，分别对每个子市场提供针对性的产品和服务以及相应的销售措施。企业根据子市场的特点，分别制定产品策略、价格策略、渠道策略以及促销策略并予以实施。

差异营销的优点主要有：企业采用差异化营销策略，可以使顾客的不同需求得到更好的满足，也使每个子市场的销售潜力得到最大限度地挖掘，从而有利于扩大企业的市场占有率。同时也大大降低了经营风险，一个子市场的失败，不会导致整个企业陷入困境。差异化营销策略大大提高了企业的竞争能力，企业树立的几个品牌，可以大大提高消费者对企业产品的信赖感和购买率。多样化的广告，多渠道的分销，多种市场调研费用，管理费用等，都是限制小企业进入的壁垒，所以，对于雄厚财力、强大技术、拥有高质量的产品的企业，差异化营销是良好的选择。

差异营销的缺点主要有：差异化有自身的局限性，最大的缺点就是营销成本过高，生产一般为小批量，使单位产品的成本相对上升，不具有经济性。另外，市场调研、销售分析、促销计划、渠道建立、广告宣传、物流配送等许多方面的成本都无疑会大幅度的增加。这也是为什么很多企业做差异化营销市场占有率扩大了、销量增加了，但利润却降低了的原因所在。

3.集中化营销策略

集中化营销策略即集中营销，亦称聚焦营销，是指企业不是面向整体市场，也不是把力量分散使用于若干个细分市场，而只选择一个或少数几个细分市场作为目标市场的一种营销策略。

无论是无差异营销策略还是差异性营销策略，都是企业面向整个世界市场或其中大部分子市场。而采取集中化营销策略的企业则把自己的目标集中在一个或少数几个子市场上。采用集中化营销的企业得以集中运用有限的资源，实行专业化的生产和销售，节省营销费用，提高产品和企业知名度。但企业可能对单一和窄小的目标市场依赖性太大，一旦目标市场情况发生突然变化，企业周旋余地小，风险大。同时，当强有力的竞争者打入目标市场时，企业就会受到严重影响。

上述三种目标市场策略事实上是企业业务单位战略中的三种基本竞争战略在营销战略中的体现。三种战略各有利弊，企业选择时除了目标市场应具备的一些条件外，还需考虑以下几个方面的因素：

(1) 市场相似性。如果消费者的需求与爱好、购买行为相差不大，对于产品的供应、销售的要求也大致相同，即在市场需求非常类似的情形下，适合采用无差异营销策略；反之则采取差异性营销策略或集中化营销策略。

(2) 产品的同质性。同质性产品如打印纸、空心砖、标准件等，比较适合采用无差异营销策略；而一些差异性较大的产品如家电、首饰、手机等宜采用差异性营销策略或集中化营销策略。

(3) 企业实力。如果企业在生产、技术、资源、销售等方面具有较大优势，能够覆盖所有市场，可以采用无差异营销策略，或差异性营销策略；若实力有限，则应该采用集中化营销策略。

(4) 产品生命周期阶段。通常，产品在引入期时，采用无差异营销策略能取得很好的效果；而当产品进入成长期和成熟期后，则宜采用差异性营销策略，以建立有别于竞争对手的特色，或开拓新的市场，刺激新需求，延长产品生命周期。

(5) 竞争者的策略。假如竞争者实行无差异竞争策略，则应采取差异性营销策略与之抗衡；如果竞争者已采取差异性竞争策略，企业可以考虑在进一步细分的基础上，采取差异性营销策略或集中化营销策略。

(三) 市场定位

市场定位，是指根据竞争者现有产品在市场上所处的位置，针对消费者或用户对该种产品的某种特征、属性和核心利益的重视程度，强有力地塑造出企业产品与众不同的、给人印象深刻、鲜明的个性或形象，并通过一套特定的市场营销组合把这种形象迅速、准确而又生动地传递给顾客，影响顾客对该产品的总体感觉。

企业市场定位，分为初次定位和再次定位。初次定位一般是指新产品投入市场时，对目标市场进行定位。随着市场环境的变化，顾客群体发生变化或者出现了新的替代品等情况，企业需要对产品进行再次定位。企业需要对产品进行重新定位的情形有：(1) 出现了强大的竞争者，企业的销售量及市场占有率下降；(2) 顾客的消费观念、偏好等发生转变；(3) 企业产品在目标市场走向了产品生命周期的衰退期。

不论是产品的初次定位还是重新定位，一般有以下三种产品市场定位策略可供选择：

1.抢占或填补市场空位策略

当某一目标市场上还没有某种特色产品时，企业选择该目标市场，可以避免与竞争对手正面冲突，能使企业获得相应的竞争优势。

2.与竞争者并存和对峙的市场定位策略

这种策略是将本企业的产品位置确定在有竞争对手的目标市场上，相互并存并对峙着。但是使用这种策略的前提是：(1) 该市场还有足够大的容量；(2) 企业的产品和竞争对手相比具有一定的竞争优势。采用该种策略的好处是：(1) 企业可模仿竞争对手，可以降低投入成本和研究开发成本；(2) 由于竞争对手对产品的宣传推广，企业能够节省部分广告费。

3.取代竞争者的市场定位策略

这种策略是将竞争者赶出原有位置，并取而代之。要想将竞争对手赶出市场，则企业必须有超过竞争对手的竞争优势和产品特色。要采取一系列的营销手段，提高企业形象和品牌的知名度。

（四）设计市场营销组合

所谓市场营销组合，是指企业针对目标市场的需要，综合考虑环境、能力、竞争状况，对自己可控制的各种营销因素（产品、价格、分销、促销等）进行优化组合和综合运用，使之协调配合，扬长避短，发挥优势，以取得更好的经济效益和社会效益。在营销战略的指导下，企业需要设计出由产品、价格、分销和促销这四个在企业控制之下的因素所构成的营销组合，简称4P组合。

1.产品策略

产品策略是市场营销4P组合的核心，是价格策略、分销策略和促销策略的基础。产品策略，是指企业制定经营战略时，首先要明确企业能提供什么样的产品和服务去满足消费者的要求，也就是要解决产品策略问题。从一定意义上讲，企业成功与发展的关键在于产品满足消费者的需求程度以及产品策略正确与否。产品策略包括产品组合策略、品牌与商标策略以及产品开发策略。

（1）产品组合策略。产品组合是某销售者销售给购买者的一组产品，它包括所有产品线和产品项目。产品项目即某一产品大类中各种不同品种、规格、质量的特定产品，企业产品目录中列出的每一个具体的品种就是一个产品项目。产品线是许多产品项目的集合，这些产品项目之所以组成一条产品线，是因为这些产品项目具有功能相似、用户相同、分销渠道统一、消费上相连带等特点。

①产品组合的宽度、长度、深度和关联性。产品组合的宽度是企业生产经营的产品线的多少。产品组合的长度是指产品组合中所有产品线的产品项目总数。产品组合的深度是指产品大类中每种产品花色品种规格的多少。产品组合的关联性是指各产品线在最终用途、生产条件、分销渠道等方面的密切相关程度。

②产品组合策略类型。企业在调整和优化产品组合时，依据情况的不同，可选择如下策略：

a.扩大产品组合。可以通过拓展产品组合的宽度、长度和加强产品组合的深度来达到扩大产品组合的目的。

b.缩减产品组合。缩减产品组合策略是削减产品线或产品项目，特别是要取消那些获利小的产品，以便集中力量经营获利大的产品线和产品项目。

c.产品延伸。产品延伸策略，指全部或部分地改变公司原有产品的市场定位。可以通过向下延伸、向上延伸和双向延伸的方式来实现。向下延伸，指企业原来生产高档产品，后来决定增加中低档产品；向上延伸，指企业原来生产低档产品，后来决定增加中高档产品；双向延伸，即原定位于中档产品市场的企业掌握了市场优势以后，决定向产品大类的上下两个方向同时延伸。

（2）品牌与商标策略。企业可采用的品牌和商标策略如下：①单一的品牌名称。单一品牌策略，是指企业所有的产品采用同一品牌，这种策略有以下优点：可以将一种产品具备的特征传递给另一种产品，简化了新产品上市的过程，因为无须为新产品建立认识度。

例如，“格力”就是单一品牌策略的代表。②每个产品都有不同的品牌名称。每个产品都有不同的品牌名称即指多品牌战略。如果企业生产的产品在市场中的定位都是不同的，或者企业产品所在的市场被高度细分，则企业通常对每个产品都采用不同的品牌名称。例如，海尔集团旗下拥有海尔、卡萨帝、统帅、AQUA、斐雪派克等多个品牌。③自有品牌。自有品牌属于零售商品牌，是商业零售企业自己创立并使用于所经营商品的品牌。许多零售商销售自有品牌的杂货、服饰或五金器具，以使客户建立对该零售商而不是产品生产商的忠诚度。

(3) 产品开发策略。产品开发策略，就是开发新的产品来维持和提高企业的市场占有率。开发新产品可以是开发全新产品，也可以是在老产品的基础上作改进，如增加新的功能，改进产品的结构，简化操作，甚至哪怕是改善外观造型和包装等，都可视为进行产品开发，都有可能收到意想不到的市场效果。

产品开发的原因包括：①市场中有潜在增长力；②需要进行技术开发或采用技术开发；③企业需要对市场的竞争创新作出反应；④企业具有较高的市场份额和较强的品牌实力，并在市场中具有独特的竞争优势；⑤客户需求的不断变化需要新产品。持续的产品更新是防止产品被淘汰的唯一途径。

产品开发战略的投资风险有：①企业通常需要进行许多产品构思来生产好产品，因而费用高昂；②不断变小的细分市场使得市场容量降低；③即便产品获得成功，但是由于被市场中的竞争者“模仿”并加以创新和改良，因而新产品的生命周期可能较短；④在某些产业中，缺乏新产品构思；⑤产品涉及复杂的研发过程，失败的概率很高。

2.价格策略

价格策略，是指企业通过对顾客需求的估量和成本分析，选择一种能吸引顾客、实现市场营销组合的策略。价格策略的确定一定要以科学规律的研究为依据，以实践经验判断为手段，在维护生产者和消费者双方经济利益的前提下，以消费者可以接受的水平为基准，根据市场变化情况，灵活客观反映买卖双方共同决策。

1）基本的定价方法

定价方法，是企业在特定的定价目标指导下，依据对成本、需求及竞争等状况的研究，运用价格决策理论，对产品价格进行计算的具体方法。定价方法主要包括成本导向、需求导向和竞争导向三种类型。

(1) 成本导向定价法。成本导向定价法是以产品单位成本为基本依据，再加上预期利润来确定价格的定价法，是中外企业最常用，也是最基本的定价方法。成本导向定价法又衍生出了成本加成定价法、目标利润定价法、变动成本定价法、收支平衡定价法等几种具体的定价方法：①成本加成定价法。在这种定价方法下，把所有为生产某种产品而发生的耗费均计入成本的范围，计算单位产品的变动成本，合理分摊相应的固定成本，再按一定的目标利润率来决定价格。②目标利润定价法。目标利润定价法又称投资收益率定价法，是根据企业的投资总额、预期销量和投资回收期等因素来确定价格。③变动成本定价法。变动成本，是指每增加或减少单位产品所引起的总成本变化量。由于边际成本与变动成本比较接近，而变动成本的计算更容易一些，所以在定价实务中多用变动成本替代边际成本，而将边际成本定价法称为变动成本定价法。④收支平衡定价法。在销量既定的条件下，企业产品的价格必须达到一定的水平才能做到盈亏平衡、收支相抵。既定的销量就称为盈亏平衡点，这种制定价格的方法就称为收支平衡定价法。科学地预测销量和已知固定成本、变动成本是收支平衡定价的前提。

（2）需求导向定价法。现代市场营销观念要求企业的一切生产经营必须以消费者需求为中心，并在产品、价格、分销和促销等方面予以充分体现。根据市场需求状况和消费者对产品的感觉差异来确定价格的方法叫做需求导向定价法。

高定价策略，一般适用于竞争者产品未上市、愿付高价购买的人数相当多、即使高价格诱使竞争者进入市场的风险也不大等情况。

低定价策略，一般适用于市场对价格呈现高度敏感；降低价格需求量将大幅提高；低价可拒退已有或潜在竞争者；单位市场成本与销售成本能够因大量生产和销售而降低等情况。

（3）竞争价格定价法。在竞争十分激烈的市场上，企业通过研究竞争对手的生产条件、服务状况、价格水平等因素，依据自身的竞争实力，参考成本和供求状况来确定商品价格。这种定价方法就是通常所说的竞争价格定价法。

2）主要定价策略

（1）心理定价策略。心理定价是根据消费者的消费心理定价，有以下几种：①尾数定价或整数定价。许多商品的价格，宁可定为0.98元或0.99元，也不定为1元，这是适应消费者购买心理的一种取舍，尾数定价使消费者产生一种“价廉”的错觉，比定为1元反应积极，促进销售。相反，有的商品不定价为9.8元，而定为10元，同样使消费者产生一种错觉，迎合消费者“便宜无好货，好货不便宜”的心理。②声望性定价。利用企业和产品的声誉，对产品给与高定价的策略。此种定价法有两个目的：一是提高产品的形象，以价格说明其名贵；二是满足购买者的地位欲望，适应购买者的消费心理。③招徕定价。招徕定价，是利用消费者求廉的心理，将少数几种商品价格暂时降低至最低，以此来吸引顾客购买的一种定价策略。

（2）产品组合定价策略。产品组合定价策略，是指处理本企业各种产品之间价格关系的经济策略。它包括系列产品定价策略、互补产品定价策略和成套产品定价策略。产品组合定价策略有利于各种商品销售量同时增加，是一种很好的增值方法。

（3）折扣与折让策略。大多数企业通常都酌情调整其基本价格，以鼓励顾客尽早付清货款、大量购买或增加淡季购买。这种价格调整叫做价格折扣或折让：①现金折扣，是对及时付清账款的购买者的一种价格折扣，如“2/10，净30”，表示如果在成交后10天内付款，给予2%的现金折扣。否则，在30天内支付发票的全部金额。许多行业习惯采用此法以加速资金周转，减少收账费用和坏账。②数量折扣，是企业给那些大量购买某种产品的顾客的一种折扣，以鼓励顾客购买更多的货物。大量购买能使企业降低生产、销售等环节的成本费用。例如：顾客购买某种商品100单位以下，每单位10元；购买100单位以上，每单位9元。③职能折扣，也叫贸易折扣，是制造商给予中间商的一种额外折扣，使中间商可以获得低于目录价格的价格。④季节折扣，是企业鼓励顾客淡季购买的一种减让，使企业的生产和销售一年四季能保持相对稳定。⑤推广津贴，为扩大产品销路，生产企业向中间商提供促销津贴。如零售商为企业产品刊登广告或设立橱窗，生产企业除负担部分广告费外，还在产品价格上给予一定优惠。

(4) 地理差价策略。地理差价策略是一种根据商品销售地理位置不同而规定差别价格的策略。地理差别价格又分为产地交货价格和买主所在地交货价格：①产地交货价格。产地交货价格是卖方按出厂价格交货或将货物送到买方指定的某种运输工具上交货的价格。在国际贸易术语中，这种价格称为离岸价格或船上交货价格。交货后的产品所有权归买方所有，运输过程中的一切费用和保险费均由买方承担。产地交货价格对卖方来说较为便利，费用最省，风险最小，但对扩大销售有一定影响。②目的地交货价格。目的地交货价格，是由卖方承担从产地到目的地的运费及保险费的价格。在国际贸易术语中，这种价格称为到岸价格或成本加运费和保险费价格。目的地交货价格由出厂价格加上产地至目的地的手续费、运费和保险费等构成，虽然手续较繁琐，卖方承担的费用和风险较大，但有利于扩大产品销售。

3）新产品定价策略

新产品定价是企业定价的一个重要方面。新产品定价合理与否，不仅关系到新产品能否顺利地进入市场、占领市场、取得较好的经济效益，还关系到产品本身的命运和企业的前途。新产品定价可采用撇脂定价法、渗透定价法和满意定价策略。

(1) 撇脂定价法。撇脂定价又称“取脂定价”，是指在新产品上市之初，把价格定得很高，以便在短期内获取厚利，迅速收回投资，减少经营风险。

(2) 渗透定价法。与撇脂定价相反，渗透定价是一种建立在低价基础上的新产品定价策略，即在新产品进入市场初期，把价格定得很低，借以打开产品销路，扩大市场占有率，谋求较长时期的市场领先地位。

(3) 满意定价策略。许多企业对新产品既不定高价，也不定低价，而确定在一个中价。中价即为“满意价格”。高价和低价各有利弊，各有一定的风险，中价介于两种价格水平之间，取两者之利，弃两者之弊，应该说是一种较为公平、正常的价格。在大多数情况下，企业往往会选择一种对消费者、生产者和中间商都相对有利的满意价格。

3.分销策略

分销策略，是市场营销组合策略之一。它同产品策略、促销策略、定价策略一样，是企业能否成功地将产品打入市场，扩大销售，实现企业经营目标的重要手段。分销渠道策略主要涉及分销渠道及其结构；分销渠道策略的选择与管理；批发商与零售商及实体分配等内容。分销就是使产品和服务以适当的数量和地域分布来适时地满足目标市场的顾客需要。

分销策略按是否经过中间商环节，分为直接分销和间接分销两种类型。直接分销，是指生产企业不通过中间商环节，直接将产品销售给消费者；间接分销，是指生产企业通过中间商环节把产品传送到消费者手中。采用间接分销的企业可以集中自己的资源和力量在自己的核心生产能力上，不用再分散部分资源和精力在分销渠道上，从而在生产环节获得较高的投资回报率。此外，对于大型生产企业或者市场分布于全球各地，对于这类企业它们很难拥有所有的销售网点，因为必须选择和使用中间商。

对于选择经过中间商环节的企业，按中间商数量的多少又可分为：独家分销、选择性分销和密集分销。

(1) 独家分销，是指企业在某一目标市场，在一定时间内，只选择一个中间商销售本企业的产品，双方签订合同，规定中间商不得经营竞争者的产品，制造商则只对选定的经销商供货的分销形式。一般来说，此分销形式适用于消费品中的家用电器、工业品中专用机械设备，这种形式有利于双方协作，以便更好地控制市场。独家分销的优势是：企业能够控制中间商的服务水平和提供的产品或服务，中间商能够获得企业给定的产品的优惠价格。独家分销的劣势是：独家分销需要企业与中间商之间紧密联系，因为中间商独家经销缺乏竞争，消费者的满意度可能会受影响且中间商对生产商反控制能力较强，因为生产商对中间商的依赖性过大。

(2) 选择性分销，是指在同一目标市场上，选择一个以上的中间商销售企业产品，而不是选择所有愿意经销本企业产品的所有中间商的分销形式，这有利于提高企业经营效益。一般说，消费品中的选购品和特殊品、工业品中的零配件宜采用此分销形式。选择性分销的优势是：选择性分销比密集分销能取得经销商更大的支持，同时又比独家分销能给消费者购物带来更大的方便。选择性分销的劣势是：分销商的竞争较独家分销时激烈。

(3) 密集分销，是指生产企业同时选择较多的中间商销售产品的分销形式。一般说，日用品多采用这种分销形式。工业品中的一般原材料、小工具、标准件等也可用此分销形式。密集分销的优势是：企业产品市场覆盖率高，消费者能够很方便就买到产品。密集分销的劣势是：由于分销商较多，市场中价格竞争较激烈，容易导致市场混乱，有时甚至会破坏厂家的营销意图，且企业对于销售渠道的管理成本较高。

在当今互联网盛行的网络环境下，按是否通过网络分销，企业又将分销渠道分为线上渠道和线下渠道。线上渠道，是指依托网上商城或网络平台传播产品、服务等的渠道；线下渠道，是指通过传统贸易行为（面对面或其他非网络方法）交易或传播产品和服务等的渠道。

4.促销策略

促销策略，是指企业如何通过人员推销、广告、公共关系和营销推广等各种促销手段，向消费者传递产品信息，引起他们的注意和兴趣，激发他们的购买欲望和购买行为，以达到扩大销售的目的的活动。

(1) 促销组合要素构成。具体如下：①广告促销。广告促销策略，是在一般营销策略的基础上，利用各种推销手段，在广告中突出消费者能在购买的商品之外得到其他利益，从而促进销售的广告方法和手段。②营业推广。采用试用品、折扣、礼品等方式鼓励客户购买产品或服务的非媒体促销手段。③公关宣传。公关宣传，就是利用各种宣传途径、各种宣传方式向外宣传自己，提高本组织的知名度，从而形成有利的社会舆论。④人员推销。是一种最古老的推销方式，即企业派专职或兼职的推销人员直接向可能的购买者进行的推销活动。

(2) 促销组合策略。具体如下：①推式策略。推式策略，即以直接方式，运用人员推销手段，把产品推向销售渠道，其作用过程为：企业的推销员把产品或劳务推荐给批发商，再由批发商推荐给零售商，最后由零售商推荐给最终消费者。②拉式策略。拉式策略，即采取间接方式，通过广告和公共宣传等措施吸引最终消费者，使消费者对企业的产品或劳务产生兴趣，从而引起需求，主动去购买商品。其作用路线为：企业将消费者引向零售商，将零售商引向批发商，将批发商引向生产企业。③推拉结合策略。企业将推式策略和拉式策略配合起来使用，在向中间商进行大力促销的同时，通过广告刺激市场需求。

【例30】（多选·2020）主营体育用品生产和销售的云济公司开发出一款智能家用跑步机。为了使该产品迅速占领市场，公司销售人员在主要销售商场举办促销活动，宣传该产品能够根据使用者的年龄、身高、体重、脉搏频率等生理指标，自动显示使用者应选择的最佳步速和运动时间，同时宣布前20名购买者，可获得产品免费保修期从3年延长至6年的优惠。云济公司采用的促销组合策略要素有（　）。

A.广告促销　　B.公关宣传　　C.营业推广　　D.人员推销

【答案】CD

【解析】“宣布前20名购买者，可获得产品免费保修期从3年延长至6年的优惠”属于营业推广，选项C当选；“公司销售人员在主要销售商场举办促销活动，宣传该产品能够根据使用者的年龄、身高、体重、脉搏频率等生理指标，自动显示使用者应选择的最佳步速和运动时间”属于人员推销，选项D当选。

【例31】（多选·2018）甲旅行社定期开展会员俱乐部活动。活动期间，该社向参加活动的会员提供免费茶点、风景摄影及旅游知识讲座、旅游新项目推介等，建立了良好的公众形象。在上述活动中，甲旅行社采用的促销组合要素有（　）。

A.营业推广　　B.广告促销　　C.人员推销　　D.公关宣传

【答案】ACD

【解析】“甲旅行社定期开展会员俱乐部活动”属于营业推广，选项A当选；“活动期间，该社向参加活动的会员提供免费茶点、风景摄影及旅游知识讲座、旅游新项目推介等”属于人员推销，选项C当选；“建立了良好的公众形象”属于公关宣传，选项D当选。

二、研究与开发战略

研究与开发战略，是指由企业的经营观念和经营目标所决定、作为实现经营目标的手段而被贯彻到研究与开发活动中的基本思想，是为实现具体目标而选择的研究与开发方式，以及根据企业的综合目标决定向企业的研究与开发活动分配企业资源的基本方针。

企业研究与开发的战略方针是由企业经营的基本目标所决定的，因此企业的长期经营战略决定和影响着企业的研究与开发战略。例如，如果企业采取进攻型经营战略，即以抢先占领新市场而获取创业利润的经营战略，那么为了使这种经营战略取得成功，企业就需要有雄厚的财力、强大的技术研究与开发能力以及对开拓新市场进行充分宣传和营业的力量。与之相适应的研究与开发战略就必须是拥有优秀的研究与开发人员，能及时掌握市场的需求动向和潜在需求，通过长期的研究与开发创造发明出独特的新产品。

（一）研发的类型

研发有两种类型：产品研究和流程研究。

1.产品研究——新产品开发

新产品开发，是指从研究选择适应市场需要的产品开始到产品设计、工艺制造设计，直到投入正常生产的一系列决策过程。从广义而言，新产品开发既包括新产品的研制也包括原有的老产品改进与换代。新产品开发是企业研究与开发的重点内容，也是企业生存和发展的战略核心之一。企业新产品开发的实质是推出不同内涵与外延的新产品。对大多数公司来说，是改进现有产品而非创造全新产品。

新产品开发是实施差异化战略的企业的主要竞争优势来源，而新产品开发需要使用公司的大量资金和资源，因此，要谨慎地选择新产品开发的项目。

2.流程研究

流程研究是一种企业活动，内容为研究生产产品或提供服务的流程，通过对企业生产产品或提供服务的流程的分析与设计，能有效的节约企业成本和生产时间，提高生产效率，同时提高企业的质量管理水平。流程研究对于实施成本领先战略的企业和实施差异化战略的企业同样重要。

（二）研发的动力来源

（1）需要拉动。需要拉动，是指通过市场调研与客户反馈来寻求新的市场机会，即新的市场需求，并据此确定可以满足市场需求的研发方案。

（2）技术推动。技术推动，是指由于技术创新和变革，将其应用于产品中，并以此确定可以使技术和市场相匹配的研发方案。

（三）研发的战略作用

（1）基本竞争战略。产品创新推动了产品差异化的形成。流程创新使企业能够采用成本领先战略或差异化战略。

（2）价值链。研发是价值链中的支持性活动。通过提供低成本的产品或改良的差异化产品可以强化价值链。

（3）安索夫矩阵。研发支持四个战略象限。可以通过产品求精来实现市场渗透战略和市场开发战略，产品开发和产品多元化需要更显著的产品创新。

（4）产品生命周期。产品研发会加快现有产品衰退的速度，因而需要研发来代替现有产品。

（四）研发定位

企业研发战略至少存在四种定位，具体如下：

（1）成为向市场推出新技术产品的企业。这种策略的目的是要通过开发或引入新产品，全力以赴地追求企业产品技术水平的先进性，抢占市场，在竞争中保持技术与市场的强有力的竞争地位。这种策略也是风险比较大的策略。

（2）成为成功产品的创新模仿者。这种策略的目的是企业不抢先研究和开发新产品，而是在市场上出现成功的新产品时，立即对别人的新产品进行仿造或者加以改进，并迅速占领新市场。这种策略的启动风险和成本最小。

（3）成为成功产品的低成本生产者。这种策略的目的是通过大量生产与先驱企业开发的产品相类似、但价格相对低廉的产品来成为低成本的生产者。这种策略的研发费用较前两种更低。

(4) 成为成功产品低成本生产者的模仿者。成功产品的低成本生产者会带来显著的效率和成本优势，对于收入水平和技术水平较低国家的企业具有很强的吸引力。对低成本生产者的模仿也要求企业加大对设备与工艺流程的投资，但由于有低成本生产带头企业的示范效应，模仿者能够以更低的投入获得更高的产出。

(五) 研发政策

企业想要取得成功，要充分利用外部机会和内部优势，并且研发战略也要和企业的战略目标紧密相关，因此研发政策就显得尤为关键，研发政策一般需要考虑以下方面：

(1) 强化应用型研究的基础。

(2) 利用大学或私营企业的研究力量。

(3) 开发智能化技术或手动流程。

(4) 在企业内部进行研发或者将研发外包。

(5) 对研发投入高额、适中或低额资金。

(6) 强化产品或流程改良。

(7) 成为研发领导者或跟随者。

此外，研发战略也要求管理层特别制定鼓励创新性构思的激励策略，包括提供财务支持、提供良好的工作环境、鼓励员工和客户交流、建立相关管理机构、招聘新员工等方面。

三、生产运营战略

生产运营战略，是指在企业经营战略的总体框架下，决定如何通过运营活动来达到企业的整体经营目标。它根据对企业各种资源要素和内、外部环境的分析，对与运营管理以及运营系统有关的基本问题进行分析与判断，确定总的指导思想以及一系列决策原则。

(一) 生产运营战略所涉及的主要因素和阶段

从生产运营战略的横向考察，生产运营活动是企业最基本的活动之一。为了达到企业的经营目的，必须将其所拥有的资源要素合理地组织起来，并且保证有一个合理、高效的动作系统来进行一系列的变换过程，以便在投入一定，或者说资源一定的条件下，使产出能达到最大或尽量大。生产运营战略包括以下四方面因素：

(1) 批量。批量，是指不同的生产运营流程在投入与产出批量上有所不同。若生产产品的批量大，则单位成本较低；反之，若生产产品的批量小，则单位成本较高。

(2) 种类。种类，是指企业向顾客提供的产品或服务的范围（如标准化产品、个性化产品）。如果产品种类繁多，则对企业生产产品的能力和资源要求就较高，企业管理相对复杂，因此，单位成本较高，企业的差异化和灵活性较高；反之，如果产品各类有限，企业采用标准化的生产运营流程，产品单位成本较低，但是企业的差异化和灵活性较差。

(3) 需求变动。对于某些产品，市场需求并不是一直稳定不变的，有些产品一年中有淡旺季之分，甚至有些产品一天中的不同时间的需求都是不同的。当需求变动较大时，运营会产生产能利用率的问题，因此，运营流程应尽量预测需求变动并相应调整产量，避免发生损失。如果需求稳定，那么产能利用率较高，产品单位成本较低；反之，如是需求波动较大，产能利用率较低，产品单位成本较高。

(4) 可见性。可见性，是指生产运营流程为客户所见的程度。可见性影响企业的运营方式和管理方式。若企业的生产运营流程可见性较低（生产型行业），则对员工沟通技巧要求较低，则企业的生产成本较低；反之，若企业的生产运营流程可见性较高（服务性行业），则对员工沟通技巧要求较高，则企业的生产成本较高。

从生产运营战略的纵向考察，生产运营战略分为以下几个主要阶段：

(1) 确定生产运营目标。

(2) 将业务战略或营销战略转化为生产运营战略，即确定工作得以具体完成的方式。

(3) 通过与竞争者的绩效相比较来评估企业当前的运营绩效。

(4) 以缺口分析为基础来制定战略。

(5) 执行战略，并通过对环境变化作出反应来不断地检查、改善和改良战略。

【例32】（单选·2019）智达公司是一家计算机制造企业。为了减少库存，公司对生产过程实施订单管理。生产部门依据销售部门提供的客户订购的产品数量安排当期生产。智达公司的生产运营战略所涉及的主要因素是（ ）。

A.种类　　B.批量　　C.需求变动　　D.可见性

【答案】C

【解析】“生产部门依据销售部提供的客户订购的产品数量安排当期生产”属于需求变动，选项C当选。

(二) 生产运营战略的内容

1.产品（服务）的选择

企业向市场提供什么产品（服务），需要对各种设想进行充分论证，然后才能进行科学决策，此时通常要考虑以下因素。

(1) 市场条件，主要分析拟选择产品（服务）行业所处的生命周期阶段，市场供需的总体状况及发展趋势、企业开拓市场资源的能力、企业在目标市场的地位和竞争能力预期等。

(2) 企业内部的生产运营条件，主要分析企业的技术、设备水平，新产品的技术、工艺可行性、所需原材料和外购件的供应状况等。

(3) 财务条件，主要分析产品开发和生产所需的投资、预期收益和风险程度等财务衡量指标，此外还要结合产品所处的生命周期来判断产品对企业的贡献前景。

(4) 企业各部门工作目标的差异性。由于企业内部各部门的职能划分不同，在共同的企业总体战略目标之下，各部门工作目标的差异性也是客观存在的，这种差异必然会对产品选择产生影响，增加工作难度。

2.自制或外购选择

(1) 完全自制，即建造完备的制造厂，购置相应的生产设备，进行组织生产所必需的人员招聘与配备，产品生产的各个环节都在本厂完成。

(2) 装配阶段自制，即“外购+自制”战略，部分零件外购，企业建造一个总装配厂，进行产品组装。企业如果选择外购战略，就需要成立一个经销公司，为消费者提供相应的服务。

3.生产与运营方式选择

（1）大批量、低成本。这种战略适用于需求量大、差异性小的产品或服务的提供。在这样一个特定市场上，企业采用低成本和大批量生产与运营方式，就能够提供竞争优势，特别是在居民消费水平普遍不高的经济发展阶段的国家或地区。

（2）多品种、小批量。对于消费者的需求多样化、个性化的产品或服务，就不宜采用大批量生产方式，而更适合采用小批量的顾客定制方式。

除以上两种较为传统的生产运营方式外，可供企业选择的先进生产方式还有计算机集成制造、大规模定制等。

4.供应链与配送网络选择

（1）制造商存货加直送。在这种模式中，产品绕过零售商直接从制造商发送到最终顾客。直送模式的好处是能够将库存集中在制造商那里，以较低的库存水平提供高水平的产品可获性。对于高价值、低需求量、需求不可预测的商品，直送模式的效益最大。但是直送模式下运输成本较高，响应顾客需求的时间较长。

（2）制造商存货、直送加在途并货。与纯粹的直送模式不同之处是将来自不同地点的订单组合起来，使顾客只需接收一次交付。

（3）分销商存货加承运人交付。不是制造商存货，而是由分销商或零售商存放在中间仓库里，并使用包裹承运人将产品从中间仓库运送到最终顾客。

（4）分销商存货加到户交付。到户交付是指分销商或零售商将产品交付到顾客家门而不通过承运人。

（5）制造商或分销商存货加顾客自提。存货存放在制造商或分销商的仓库，顾客通过在线或电话下订单，然后到指定的提货点领取他们的商品。

（6）零售商存货加顾客自提。它是最传统的方式，存货存放在零售店，顾客走进零售店购货，或者通过在线或电话下订单，然后到零售店提货。

在设计适当的配送网络时应当考虑产品的特征以及网络的需求。只有一些特定企业采用单一方式的配送网络，大多数企业都采用几种交付网络的组合。

（三）生产运营战略的竞争重点

1.交货期（Time）

交货期指比竞争对手更快捷地响应顾客的需求，体现在新产品的推出、交货期等方面。对交货期的要求可表现在两个方面：快速交货和按约交货。快速交货是指向市场快速提供企业产品的能力，这对于企业争取订单意义重大；按约交货是指按照合同的约定按时交货的能力，这对于顾客满意度有重要影响。影响交货能力的因素也很多，如采购与供应、制造柔性和工艺与设备管理等。

2.质量（Quality）

质量是指产品的质量和可靠性，主要依靠顾客的满意度来体现。这里所讲的质量是指全面的质量，既包括产品本身的质量，也包括生产过程的质量。也就是说，企业一方面要以满足顾客需求为目标，建立适当的产品质量标准，设计市场消费者所期望的质量水平的产品；另一方面生产过程质量应以产品质量零缺陷为目标，以保证产品的可靠性，提高顾客的满意度。此外，良好的物质采购与供应控制、包装运输和使用的便利性以及售后服务等对质量也有很大影响。

3.成本（Cost）

成本包括生产成本、制造成本、流通成本和使用成本等。降低成本对于提高企业产品的竞争能力、增强生产运作对市场应变能力和抵御市场风险的能力具有十分重要的意义。企业降低成本、提高效益的措施很多，诸如优化产品设计与流程设计、降低单位产品的材料及能源消耗、降低设备故障率、提高质量、缩短生产运作周期、提高产能利用率和减少库存等。

4.制造柔性（Flexibility）

制造柔性是指企业面临市场机遇时在组织和生产方面体现出来的快速而又低成本地适应市场需求，反映了企业生产运作系统对外部环境做出反应的能力。

对TQCF理解时需要注意的是，企业要想在TQCF四个竞争要素方面同时优于竞争对手而形成竞争优势是不太容易的。企业应从具体情况出发，集中主要资源形成自己的竞争优势。特别是当TQCF发生冲突时，就产生了多目标平衡问题，需要对此进行认真分析、动态协调。

（四）生产流程计划与产能计划

通常企业的大部分资产都投入了生产流程。生产流程计划或决策对战略实施的成败具有重大影响的方面有：工厂规模、工厂地点、产品设计、设备的选择、工具的类型、库存规模、库存控制、质量控制、成本控制、标准的使用、工作专业化、员工培训、设备与资源利用、运输与包装以及技术创新。

产能，是指在计划期内，企业参与生产的全部固定资产，在既定的组织技术条件下，所能生产的产品数量，或者能够处理的原材料数量。产能计划是确定必要的资源，以支持生产计划或生产计划的过程。

生产能力，是反映企业所拥有的加工能力的一个技术参数，它也可以反映企业的生产规模。每位企业主管之所以十分关心生产能力，是因为他随时需要知道企业的生产能力能否与市场需求相适应。企业提高产能的方式有：（1）引进新技术、设备和材料；（2）增加员工或机器的数量；（3）增加轮班的次数或增添其他生产设备。

产能计划的类型包括领先策略、滞后策略和匹配策略。

（1）领先策略。领先策略，是指产能的增加领先于外部市场需求的增加。领先策略是在对市场需求预测的基础上增加相应的产能，是一种进攻性策略。领先策略的目标是直接着眼于竞争对手，将竞争对手的现有客户用自己的产品将其吸引过来。这种策略的劣势是对市场的预测不一定准确，可能会导致增加过剩的产能，使得企业的生产能力不能被充分利用，降低了企业的生产效率，企业的生产成本升高。

（2）滞后策略。滞后策略，是指产能的增加滞后于外部市场需求的增加。滞后策略是在市场需求大于市场供给时企业才因需求增长而满负荷生产或超额生产后才增加产能，是一种保守性策略。滞后策略没有因为提前增加产能而导致产能过剩的，反而能降低产能过剩的风险，但与此同时很有可能因为产能跟不上而导致潜在客户流失。

(3) 匹配策略。匹配策略，是指产能的增加与外部市场需求的增加在规模上、时间上是匹配的。匹配策略通过少量地增加产能来应对市场需求的变化，是一种稳健性策略。匹配策略能在把握市场机会和充分利用企业的生产能力两方面得到很好地兼顾。

一般来说，共有三种平衡产能与需求的方法：

(1) 资源订单式生产。对于某些产业，不同的客户都有各自不同的需求，所以企业不能准确地提前预测客户的需求，不能提前进行生产，只能在取得客户订单后，再取得完成订单所需的资源，然后再组织生产，即客户先下单，企业再订购生产所需要的原材料等资源，然后再进行生产活动。例如，建筑企业在承接新订单后，才开始采购资源。

(2) 订单生产式生产。对于某些产业，客户对产品或服务的需求基本是相同的，只是配置要求不同。企业会提前准备好适当的劳动力和设备，但是企业只会在取得订单后，才按订单组织生产产品或提供服务，即企业先准备生产所需的各种资源，在接到客户订单后再组织生产或提供相关服务。例如，餐馆需要全职员工和兼职员工，但只有在举办大型宴会需要更多人力时，才使用兼职员工。

(3) 库存生产式生产。对于某些产业，所有客户对最终产品的规格或型号的需求是确定的、相同的，而且企业对产品的市场前景也是很看好的，企业能够准确地预测未来客户的需求，对此企业提前取得生产所需要的各种资源，然后组织生产、最后销售给客户，即企业预先准备生产所需要原材料等各种资源，然后进行生产，在客户下单时就可立马提供出现成的产品。例如，某玩具厂商，预期圣诞节玩具订单会增加，于是在第三季度就开始采购资源并组织生产。

【例33】(单选·2016) 瑞华公司是一家啤酒生产企业，恰逢奥运会即将到来，公司预计销售会有较大增长，因而采取加大生产。这是一种（　）。

A.订单生产式　　B.库存生产式　　C.准时生产式　　D.资源订单式

【答案】B

【解析】该公司在预计销售有较大增长时就采取加大生产，属于在收到订单之前或在知道需求量之前就开始生产产品或提供服务，即库存生产式生产，选项B当选。

【例34】(单选·2016) 甲公司是一家高科技环保企业，其自主研发的智能呼吸窗刚推向市场，即受到消费者欢迎，产品供不应求，企业一直处于满负荷生产状态。为满足持续增长的订单要求，公司决定增加一条生产流水线。甲公司所实施的产能计划属于（　）。

A.滞后策略　　B.匹配策略　　C.维持策略　　D.领先策略

【答案】A

【解析】滞后策略是指仅当企业因需求增长而满负荷生产或超额生产后才增加产能，该策略是一种相对保守的策略，它能降低生产能力过剩的风险但也可能导致潜在客户流失，选项A当选。

四、采购战略

采购是指企业在一定条件下从供应市场获取产品或服务作为企业资源，以保证生产及经营活动正常开展的一项经营活动。采购战略主要包括以下几个方面。

(一) 货源策略

1.少数或单一货源的策略

少数或单一货源策略的优点有：①使企业与供应商建立较为稳固的关系；②有利于企业信息的保密；③使企业增加进货的数量，从而产生规模经济并使企业享受价格优惠；④随着与供应商关系的加深，企业可能获得高质量的供应品。但该策略也存在一些缺点，例如：①若无其他供应商，则单一供应商的议价能力就会增强；②企业容易遭受供应中断的风险。

2.多货源少批量策略

多货源少批量策略的优点有：①企业可以与较多的供应商建立和保持联系，以保证稳定的供应；②有利于与多个供应商合作从而获得更多的知识和技术；③供应商之间的竞争使企业的议价能力增强。这种策略的主要缺点有：①企业与供应商的联系不够稳固，相互信任程度较低；②不利于产生规模经济；企业不能享受大批量购买的价格优惠；③不利于企业获得质量和性能不断提高改进的供应品。

3.平衡货源策略

平衡货源策略就是在以上两种货源策略之间寻求一个比较均衡的点，使企业既能获得集中于少数货源的好处，又充分利用多货源的优点。

企业采用何种货源策略，取决于下列因素：

(1) 市场上供应商的数量。如果供应商的数量较多，企业对货源策略的选择余地就较大，否则，企业就只能采用少数或单一货源的策略。

(2) 供应商的规模实力、经营状况、信誉、产品或服务价格、交易条件等。

(3) 企业对供应品的价格、质量、数量、交货期、相关服务等的要求或态度。

(4) 企业与供应商的议价能力对比。如果供应商的议价能力强于企业，企业可采用多货源少批量策略有效减弱供应商的议价能力。相反，如果企业的议价能力强于供应商，则能够采用少数或单一货源策略。

(二) 交易策略

1.市场交易策略

市场交易策略即企业通过与供应商签订买卖合同在市场上取得所需供应品的策略。这种策略的适用条件有：(1) 供应品的技术含量较低或生产技术相对成熟；(2) 供应品在企业产品的生产和销售中不具有重要性；(3) 企业不需要供应商提供售后服务；(4) 供应商所处的市场较为成熟；(5) 供应商数量较多；(6) 竞争比较激烈。

2.短期合作策略

短期合作策略即企业为了应对一定的市场需求对供应商采取短期合作的策略，在市场需求满足或消失后，合作就宣告结束。采用该策略的条件有：(1) 企业的产品往往面临急剧变化的市场机会和变化很灵活的客户需求；(2) 供应品的供给其有较高的适应性；(3) 有的供应品有较高的技术含量，对企业产品的设计、生产、销售都有重要影响。

3.功能性联盟策略

功能性联盟策略即企业与供应商通过订立协议结成联盟的策略。采用这种策略的条件有：（1）供应品在企业产品的生产经营中起着重要作用；（2）企业对供应品的需求量比较大；（3）供应品的生产技术成熟，可替代性较高；（4）供应商拥有较强的生产能力和实现规模经济的能力。

4.创新性联盟策略

创新性联盟策略即企业为了产品、业务的创新并取得长期竞争优势而与供应商结成联盟的策略。企业采用这种策略时，往往从某种新产品概念的提出就开始与供应商合作，其产品的设计、试制、改进、定型、生产与供应商的产品和技术创新基本上同步进行、相互契合。

在上述四类交易策略中，从管理的侧重点来看，企业采用市场交易策略和功能性联盟策略侧重于降低采购成本的考虑，采用短期合作策略和创新性联盟策略则侧重于创新的考虑；从与供应商的关系中所追求的目标来看，企业采用市场交易策略和短期合作策略重视的是短期利益，而采用功能性联盟策略和创新性联盟策略追求的是长期利益。

（三）采购模式

1.传统采购模式

传统采购模式是指企业采购部门在每个月末或者每个季末，根据库存情况制定下个月或下个季的采购计划，经主管经理或企业负责人审批后，向供应商发出采购信息，供应商接收后向企业报价，再经过双方谈判、协商，最终签订交易合同。必要时企业通过招标方式确定供应商和交易价格。传统采购模式具有如下特点：

（1）企业与供应商之间的信息沟通不够充分、有效，甚至双方有时为了各自在谈判中占据有利地位，有意隐瞒一些信息；

（2）企业和供应商之间只是简单的供需关系，缺少其他方面的合作；

（3）以补充库存为目的，缺少对生产需求及市场变化的考虑，因而经常造成库存积压或供不应求，影响企业生产经营正常进行；

（4）管理简单、粗放，采购成本居高不下。

2.MRP（Material Requirement Planning）采购模式

MRP采购模式是指企业以生产为导向，根据生产计划中的产品数量、结构和库存情况，计算推导出需要购买的各种原材料、零部件的数量以及进货时间，据此编制采购计划，按照采购计划向供应商发出订单。

这种采购模式的特点有：

（1）生产计划和采购计划十分精细，从产品到原材料、零部件，从需求数量到需求时间，从生产进度到进货顺序，都无一遗漏地做出明确规定；

（2）采购计划的计算、编制非常复杂，尤其在产品种类繁多、产品结构复杂的情况下，对各种所需原材料和零部件及其进货时间的计算量是十分巨大的，因而需要借助计算机技术进行。

3.JIT（Just In Time）采购模式

JIT采购又称准时化采购，该模式是指企业根据自身生产需要对供应商下达订单，要求供应商把适当数量、适当质量的物品在适当的时间送达适当的地点。采用这种采购模式，既能及时充分满足企业生产对物资的需求，又使企业库存量降到最小，甚至实现零库存，从而大大减少了相关采购、仓储费用，加快了企业资金周转。

JIT采购模式的特点有：

（1）供应商数量少甚至是单一供应商；

（2）企业与供应商建立长期稳定的合作关系；

（3）采购批量小，送货频率高；

（4）企业与供应商都关心对方产品的改进和创新，并主动协调、配合；信息共享快速可靠。

【例35】（单选·2017改编）下列各项中，对JIT采购模式的特点表述错误的是（　）。

A.该方法可能导致生产环节一旦出错则弥补空间小

B.该方法能够减少对供应商的依赖

C.该方法避免了因需求突然变动而导致大量产品无法出售的情况

D.该方法降低了存货变质、陈旧或过时的可能性

【答案】B

【解析】JIT的缺点之一是生产对供应商的依赖性较强，选项B当选。

4.VMI（Vendor Managed Inventory）采购模式

VMI采购模式是指企业和供应商签订协议，规定由供应商管理企业库存，确定最佳库存量，制定并执行库存补充措施，合理控制库存水平，同时双方不断监督协议执行情况，适时修订协议内容，使库存管理得到持续改进。

这种采购模式的特点有：

（1）企业与供应商建立了长期稳定的深层次合作关系；

（2）打破了以往各自为政的采购和库存管理模式，供应商通过共享企业实时生产消耗、库存变化、消耗趋势等方面的信息，及时制定并实施正确有效的补货策略，不仅以最低的成本满足了企业对各类物品的需要，而且尽最大可能地减少了自身由于独立预测企业需求的不确定性造成的各种浪费，极大地节约了供货成本；

（3）企业与供应商之间按照利益共享、风险共担的原则，协商确定对相关管理费用和意外损失的分担比例以及对库存改善带来的新增利润的分成比例，从而为双方的合作奠定了坚实的基础。

5.数字化采购模式

数字化采购模式是指通过人工智能、物联网、云端协同等技术，实现对采购全流程的智慧管理，在选择和管理供应商、采购需求和费用分析、决策审批、订单生成、进货物流、对账结算、开票付款等各个环节都实现自动化、可视化、标准化和可控化，并通过实时监测和定期评估使之不断优化。

数字化采购模式的主要特点有：

（1）企业和供应商以数字化平台为基础建立了自动识别、彼此认知、直接交易、高度契合的新型合作关系；

（2）自动化技术淘汰了以往大量的人工操作，创新、优化了采购流程甚至企业全部业务流程；

（3）采购管理的科学性、便捷性、精细性、准确性空前提高，“降本增效”极为显著；适应新技术发展趋势，推广前景十分广阔。

五、人力资源战略

人力资源战略，是企业为实现公司战略目标而在雇佣关系、甄选、录用、培训、绩效、薪酬、激励、职业生涯管理等方面所做决策的总称。通过科学地分析并预测组织在未来环境变化中人力资源的供给与需求状况，制定必要的人力资源获取、利用、保持和开发策略，确保组织在需要的时间和需要的岗位上，对人力资源在数量上和质量上的需求，使组织和个人获得不断的发展与利益，是企业发展战略的重要组成部分。

（一）人力资源战略的作用

在企业竞争中，人才是企业的核心资源，人力资源战略处于企业战略的核心地位。企业的发展取决于企业战略决策的制定，企业的战略决策基于企业的发展目标和行动方案的制定，而最终起决定作用的还是企业对高素质人才的拥有量。有效地利用与企业发展战略相适应的管理和专业技术人才，最大限度地发掘他们的才能，可以推动企业战略的实施，促进企业的飞跃发展。

（二）人力资源规划

人力资源规划，是指为实施企业的发展战略、完成企业的生产经营目标，根据企业内外环境和条件的变化，通过对企业未来的人力资源的需求和供给状况的分析及估计，运用科学的方法进行组织设计，对人力资源的获取、配置、使用、保护等各个环节进行职能性策划，制定企业人力资源供需平衡计划，以确保组织在需要的时间和需要的岗位上，获得各种必需的人力资源，保证事（岗位）得其人、人尽其才，从而实现人力资源与其他资源的合理配置，有效激励、开发员工的过程。

1.人力资源规划内容

我们将人力资源规划分为人力资源总体规划和人力资源业务计划。人力资源总体规划是根据公司内部的经营方向和经营目标，以及公司外部的社会和法律环境对人力资源的影响，来制定出一套跨年度计划。人力资源业务计划是根据公司未来面临的外部人力资源供求的预测，以及公司的发展对人力资源的需求量的预测结果制定的具体方案，包括招聘、辞退、晋升、培训、工资福利政策、梯队建设和组织变革等。

2.人力资源规划步骤

（1）预测和规划本组织未来人力资源的供给情况。

（2）对本组织未来人力资源的需求进行预测。

（3）进行人力资源供需方面的分析比较。

（4）制定有关人力资源供需方面的政策和措施。

3.人力资源供需平衡策略

人力资源供求平衡，是指人力资源的供给与需求大体相等或相当的状态。人力资源规划的最终目的是实现组织人力资源供求的平衡，而在预测出人力资源供求之后，需要对这两者进行比较，并根据比较的结果采取相应的措施，力求供需平衡。具体做法是：

（1）当总量平衡，结构不平衡时：进行内部人员的重新配置；对相关人员进行有针对性的专门培训；与外部市场对接，进行人员置换。

（2）当供给大于需求时：扩大经营规模，或开拓新的增长点；鼓励员工提前退休；冻结招聘，通过自然减员减少供给；实行工作分享；实施全员轮训；冗员辞退等。

（3）当供给小于需求时：从外部招聘人员，包括返聘退休人员；提高现有人员的工作效率；让员工适当加班加点；将一部分业务外包。

（三）人力资源获取

人力资源获取，是指组织为了发展的需要，寻找、吸引那些有能力又有兴趣到本组织任职的人员，并从中挑选出适宜人员予以录用的过程。

1.招募的渠道、方法及优缺点

企业的招聘渠道有两个：内部招募和外部招募。

（1）内部招募。是指在单位出现职务空缺后，从单位内部选择合适的人选来填补这个位置。内部招募具体又分为提拔晋升、工作调换、工作重换和人员重聘几种方法。

内部招募的优点如下：①员工的忠诚度较高，因为员工了解并认可本企业文化，较容易与企业建立一种心理默契。②通过内部培训可以对员工起到激励的效果。③在一定程度上可以节省外部招聘昂贵的招聘成本。

内部招募的缺点如下：①培训花费较长时间。②接受培训的是少数，容易挫伤及影响其他人的积极性。③如果没有严格的培训计划和内部晋升制度，一般内部发展计划的成本会很大。

（2）外部招募。是指根据一定的标准和程序，到组织外部寻找符合岗位要求的合适人选的过程。往往出现在组织没有足够符合要求的内部候选人来满足出现的职位空缺，或出现对任职资格有特殊要求的岗位，或寻求给组织带来新技术和新思想的时候。招募渠道主要包括招聘广告、职业介绍机构、猎头公司、现职员工推荐、就职者登记、校园招募、网上招募等。

外部招募的优点如下：①给企业增添新鲜血液。新员工带来新观点和新认识，这也是企业每年定期从高校吸收人才的原因之一。②外聘来的人才无形中给企业内部员工产生一种压力，迫使他们更加努力地工作。③外聘的方式在某些时候节省了时间和企业的培训费用。

外部招募的缺点如下：①成本高，招聘得到的员工不一定是企业需要的。②外聘的人才需要花费较长的时间了解企业，从而影响企业整体绩效。③外部人员可能难以认同公司的价值观和企业文化，会影响企业的稳定性。

2.甄选与录用

人员甄选，是对候选者所掌握的与工作相关的知识、技能，个人的个性特点、行为特征和个人价值观取向等因素进行考核和筛选，从而挑出最符合企业需求的员工予以录用。

3.与企业竞争战略匹配的人力资源获取策略

高效的招募、甄选与录用人才是企业获得持续竞争优势的关键。人力资源的获取与企业竞争战略密切相关，如表3–10所示。

表3–10 与企业竞争战略匹配的人力资源获取策略

人力资源获取策略	成本领先	差异化	集中化
员工来源	外部	内部	二者兼顾
晋升阶梯	狭窄、不宜转换	广泛、灵活	狭窄、不宜转换
甄选决策	人力资源部	业务部门	结合二者
甄选方法	简历和面试为主	多重方法	心理测试
甄选标准	强调技能	强调与文化契合	结合二者
社会化过程	正式的雇佣和社会化过程	非正式的雇佣和社会化过程	结合二者

（四）人力资源培训与开发

1.培训与开发流程

员工培训的流程包括：培训需求分析、培训计划设计、培训实施和培训效果评估。

（1）培训需求分析，是指在规划与设计每项培训活动之前，由培训部门采取各种办法和技术，对组织及成员的目标、知识、技能等方面进行系统的鉴别与分析，从而确定培训必要性及培训内容的过程。培训需求分析就是采用科学的方法弄清谁最需要培训、为什么要培训、培训什么等问题，并进行深入探索研究的过程。它具有很强的指导性，是确定培训目标、设计培训计划、有效地实施培训的前提，是现代培训活动的首要环节，是进行培训评估的基础，对企业的培训工作至关重要，是使培训工作准确、及时和有效的重要保证。

（2）培训计划设计。具体说，一份完整的企业培训计划应包括以下内容：①培训的目的。培训的目的主要是说明员工为什么要进行培训，无论何种类型的培训规划的设计都要开宗明义，简要概括说明员工培训的目的。②培训的目标。培训的目标主要是解决员工培训应达到什么样的标准。它是根据培训的目的，结合培训资源配置的情况，将培训目的具体化、数量化、指标化和标准化。目标的确定还可以有效地指导培训者和受训者掌握衡量培训效果的尺度和标准，明确今后发展和努力的方向，为培训规划的贯彻实施奠定基础。③培训对象和内容。确定培训对象和内容，即明确培训谁，培训什么，进行何种类型的培训，这项内容一般在培训需要分析中通过对工作任务的系列调查和结合分析就已经确定。④培训的范围。企业员工培训的范围一般都包括四个层次，即个人、基层（班组或项目小组）、部门（职能和业务部门）和企业。⑤培训的规模。培训的规模受很多因素影响，如人数、场所、培训的性质、工具以及费用等。⑥培训的时间。培训的时间安排受培训范围、对象、内容、方式和费用，以及其他与培训有关的因素影响，如专题报告一般安排半天到一天即可；较为复杂的培训内容，一般要集中培训，其时间需根据培训的内容具体划定。⑦培训的地点。培训地点一般是指学员接受培训的所在地区和培训场所。如只针对个人的岗位技能培训，一般都安排在工作现场或车间；其他类型的培训可以安排在工作现场，也可以安排在特定的培训场所。⑧培训的费用。培训费用即培训成本，它是指企业在员工培训的过程中所发生的一切费用，包括培训之前的准备工作、培训的实施过程以及培训结束之后的效果评估等。⑨培训的方法。培训方法是实现员工培训规划各项目标的重要保障，它所要解决的是“船”或“桥”的问题。

（3）培训实施。为了保证培训规划的顺利实施，培训规划还应当提出具体的实施程序步骤和组织措施，包括：选好培训班的负责人及管理人，做好相关部门的协调工作，让受训者明确培训目的、要求、内容和程序，确保培训的时间、参加培训人数以及资金投入，定期进行培训评估，改进培训工作，保证教学质量的措施等。培训实施可供选择的方法：①在岗培训方法，包括学徒培训、导师制、工作实践体验等；②脱产培训方法，包括授课法、讨论法、案例分析法、角色扮演法、移动学习、拓展训练、行动学习法等。

（4）培训效果评估。培训效果评估是在受训者完成培训任务后，对培训计划是否完成或达到效果进行的评价、衡量。内容包括对培训设计、培训内容以及培训效果的评价。通常采用对受训者反应、学习、行为、结果四类基本培训成果或效益的衡量来测定。

2.与竞争战略相匹配的人力资源开发与培训

企业应采用与竞争战略相匹配的人力资源开发与培训，如表3–11所示。

表3–11 与竞争战略相匹配的人力资源开发与培训

竞争战略类型	侧重点
成本领先战略	强调个人能力，主要是对于员工个人的知识和技能的培训
差异化战略	强调公司与其他企业的不同之处，主要针对企业团队广泛的知识、技巧和创造性进行培训
集中化战略	强调应用范围适中的知识和技巧，主要对专门领域的知识进行培训

（五）人力资源绩效评估

绩效管理，是指各级管理者和员工为了达到组织目标，共同参与的绩效计划制定、绩效辅导沟通、绩效考核评价、绩效结果应用、绩效目标提升的持续循环过程，绩效管理的目的是持续提升个人、部门和组织的绩效。

1.绩效计划

绩效计划，是被评估者和评估者双方对员工应该实现的工作绩效进行沟通的过程，并将沟通的结果落实为订立正式书面协议即绩效计划和评估表，它是双方在明晰责、权、利的基础上签订的一个内部协议。绩效计划的设计从公司最高层开始，将绩效目标层层分解到各级子公司及部门，最终落实到个人。对于各子公司而言，这个步骤即为经营业绩计划过程，而对于员工而言，则为绩效计划过程。

在实践中，企业普遍使用的绩效计划工具主要有关键绩效指标法（KPI）、平衡计分卡(BSC)、目标管理法。

（1）关键绩效指标法。关键绩效指标（KPI），是通过对企业内部流程的输入端、输出端的关键参数进行设置、取样、计算、分析，衡量流程绩效的一种目标式量化管理指标，是把企业的战略目标分解为可操作的工作目标的工具。简单来说，KPI是用于衡量员工工作绩效表现的量化指标。关键绩效指标法可以使企业部门管理者明确部门的主要任务，并对此进行分解，进而明确部门内部各个员工的业绩衡量指标。KPI最大的特点是量化，对每个员工要完成的工作数量、质量、评估标准等都作出了具体的量化指标，在分析考核结果时，非常明了。确定关键绩效指标一般遵循下面的过程：①建立评价指标体系。按照从宏观到微观的顺序，依次建立各级的指标体系。首先明确企业的战略目标，找出企业的业务重点，并确定这些关键业务领域的关键业绩指标，在此基础上建立企业级KPI。接下来，各部门的主管需要依据企业级KPI建立部门级KPI。然后，各部门的主管和部门的KPI人员一起再将KPI进一步分解为更细的KPI，直至最终明确到每一个具体岗位上。②设定评价标准。一般来说，指标是指从哪些方面来对员工的工作进行衡量或评价；而标准则是指在各个指标上分别应该达到什么样的水平。指标解决的是我们需要评价什么的问题，标准解决的是被评价者做得怎样、完成多少的问题。③审核关键绩效指标。对关键绩效指标进行审核的目的是确认这些关键绩效指标是否适合于评价操作，是否能够全面、客观地反映被考核对象的工作绩效。

（2）目标管理法。目标管理，是指由下级与上司共同决定具体的绩效目标，并且定期检查完成目标进展情况的一种管理方式。由此而产生的奖励或处罚则根据目标的完成情况来确定。目标管理法属于结果导向型的考评方法之一，以实际产出为基础，考评的重点是员工工作的成效和劳动的结果。

目标管理程序的步骤如下：①确定组织的整体目标和战略；②在经营单位和部门之间分配主要的目标；③各单位管理者和他们的上级一起设定本部门具体目标；④部门的所有成员参与设定自己的具体目标；⑤管理者与下级共同商定如何实现目标的行动计划；⑥实施行动计划；⑦定期检查实现目标的进展情况，并向有关单位和个人反馈；⑧基于绩效的奖励将促进目标的成功实现。

2.绩效监控

绩效监控，是指在整个绩效周期内，管理者采取恰当的领导风格，预防或解决绩效周期内可能发生的各种问题，以更好地帮助下属完成绩效计划，以及记录工作过程中的关键事件或绩效信息，为绩效评价提供依据的过程。绩效监控连接绩效计划和绩效评价，是持续时间最长的环节。

3.绩效考核

绩效考核，是企业绩效管理中的一个环节，是指考核主体对照工作目标和绩效标准，采用科学的考核方式，评定员工的工作任务完成情况、员工的工作职责履行程度和员工的发展情况，并且将评定结果反馈给员工的过程。常见绩效考核方法包括BSC、KPI及360度考核等。绩效考核是一项系统工程。绩效考核是绩效管理过程中的一种手段。

4.绩效反馈

绩效反馈，是绩效管理过程中的一个重要环节。它主要通过考核者与被考核者之间的沟通，就被考核者在考核周期内的绩效情况进行面谈，在肯定成绩的同时，找出工作中的不足并加以改进。绩效反馈的目的是让员工了解自己在本绩效周期内的业绩是否达到所定的目标，行为态度是否合格，让管理者和员工双方达成对评估结果一致的看法；双方共同探讨绩效未合格的原因所在并制定绩效改进计划。同时，管理者要向员工传达组织的期望，双方对绩效周期的目标进行探讨，最终形成一个绩效合约。由于绩效反馈在绩效考核结束后实施，而且是考核者和被考核者之间的直接对话，因此，有效的绩效反馈对绩效管理起着至关重要的作用。

5.绩效管理与企业基本竞争战略的匹配

绩效管理与企业基本竞争战略的匹配如表3-12所示。

表3-12 绩效管理与企业基本竞争战略的匹配

项目	采用策略
成本领先战略	强调结果导向，以控制成本为目的，评估范围狭窄，评估的信息来源单一，上级作为考核的主要考官
差异化战略	强调生产与众不同的产品，关注创新和新颖性，评估内容涉及行为和结果两种指标。评估信息丰富，主要用于员工的发展和素质提升
集中化战略	绩效管理目的、内容、范围及其结果应用等倾向于成本领先和差异化战略的结合

（六）人力资源薪酬激励

薪酬管理，是指一个组织针对所有员工提供的服务来确定他们应当得到的报酬总额以及报酬结构和报酬形式的一个过程。在这个过程中，企业就薪酬水平、薪酬体系、薪酬结构、薪酬构成以及特殊员工群体的薪酬作出决策。同时，作为一种持续的组织过程，企业还要持续不断地制定薪酬计划，拟定薪酬预算，就薪酬管理问题与员工进行沟通，同时对薪酬系统的有效性作出评价而不断予以完善。

1.薪酬的组成及公平性原则

一般来说，在企业中，员工的薪酬由三部分组成，如表3-13所示。

表3-13 薪酬的组成

项目	说明
基本薪酬	根据员工所承担的工作或者所具备的技能而支付给他们的较为稳定的经济收入
可变薪酬	根据员工、部门或团队、组织自身的绩效而支付给他们的具有变动性质的经济收入
间接薪酬	给员工提供的各种福利

有效的薪酬管理必须坚持公平性原则。公平性包括三个层次的含义，如表3-14所示。

表3-14 公平性原则

项目	说明
外部公平性	在不同企业中，类似职位或者员工的薪酬应当基本相同
内部公平性	在同一企业中，不同职位或者员工的薪酬应当与各自对企业贡献成正比
个体公平性	在同一企业中，相同或类似职位上的员工，薪酬应当与其能力、贡献成正比

2.薪酬水平策略

薪酬水平，是指企业内部各类职位和人员平均薪酬的高低状况，它反映了企业薪酬的外部竞争性。薪酬水平反映了企业薪酬相对于当地市场薪酬行情和竞争对手薪酬绝对值的高低，它对员工的吸引力和企业的薪酬竞争力有着直接的影响。

在确定薪酬水平时，企业通常采取四种策略：①领先型薪酬策略。是指采取本组织的薪酬水平高于竞争对手或市场的薪酬水平的策略。这种薪酬策略以高薪为代价，在吸引和留住员工方面都具有明显优势，并且将员工对薪酬的不满降到一个相当低的程度。②匹配型策略。是指力图使本组织的薪酬成本接近竞争对手的薪酬成本，使本组织吸纳员工的能力接近竞争对手吸纳员工的能力。匹配型策略是企业最常用的策略，也是当前大多数组织所采用的策略。③滞后型薪酬策略。是指采取本组织的薪酬水平低于竞争对手或市场薪酬水平的策略。采用滞后型薪酬策略的企业，大多处于竞争性的产品市场上，边际利润率比较低，成本承受能力很弱。受产品市场上较低的利润率所限制，没有能力为员工提供高水平的薪酬，是企业实施滞后型薪酬策略的一个主要原因。当然，有些时候，滞后型薪酬策略的实施者并非真的没有支付能力，而是没有支付的意愿。④混合型薪酬策略。是指企业在确定薪酬水平时，是根据职位的类型或者员工的类型来分别制定不同的薪酬水平决策，而不是对所有的职位和员工均采用相同的薪酬水平定位。

【例36】（单选·2021）太奇公司是一家生产饮料的外资企业，该公司薪酬结构由基本工资、津贴和福利构成，其薪酬水平是国内饮料行业公司的3倍。太奇公司采用的薪酬水平策略是（　）。

A.混合型策略　　B.滞后型策略　　C.匹配型策略　　D.领先型策略

【答案】D

【解析】领先型策略即薪酬水平高于市场平均水平的策略。“太奇公司薪酬水平是国内饮料行业公司的3倍”体现出薪酬水平高于市场平均水平，所以选项D正确。

3.薪酬构成策略

薪酬构成，主要是指企业总体薪酬所包含的基本薪酬、可变薪酬和间接薪酬所占的比例。对于企业而言，基本薪酬、可变薪酬与间接薪酬三种薪酬的作用不完全相同，如表3-15所示。

表3-15 薪酬构成策略

项目	说明
基本薪酬	在吸引、保留人员方面效果比较显著，在激励人员方面效果一般
可变薪酬	在吸引、激励人员方面效果比较显著，在保留人员方面效果中等
间接薪酬	在保留人员效果方面比较显著，在吸引、激励人员方面效果一般

4.企业竞争战略与薪酬策略

实施成本领先战略的企业强调对外公平，以岗位或年资作为工资基础，使用固定薪酬（基本薪酬），更强调集权，通过高层作出决策；实施差异化战略的企业强调对内公平，企业支付薪酬的基础是能力或绩效，较多使用浮动薪酬（可变薪酬），授权中层或子公司进行决策；实施集中化战略的企业同样也强调对内公平，企业的工资基础强调能力与绩效的结合，并将固定薪酬和浮动薪酬一起使用，在决策过程中针对市场和公司能力采用不同的方式，有效地将授权与分权统一。

六、财务战略

（一）财务战略的概念

公司财务战略，是指基于公司战略和战略目标对财务资源进行优化配置，同时也是融合财务管理决策与公司战略决策的一个复杂决策过程。具体地说，财务战略是以实现公司财务目标为目的，为谋求与公司战略和激励制度相吻合的公司资金均衡有效地流动，对公司资金流进行全局性、长期性和创造性战略规划，并制定相应的财务监控制度确保其实施的过程。公司财务战略的制定是一个全局性、系统性、复杂性的决策过程，制定公司财务战略要考虑公司的内外环境，并与公司战略相匹配。在长期的实践中以“利润最大化”作为企业目标暴露出许多不足，如没有考虑投入与产出的关系，风险价值、时间价值等因素，可能导致财务决策带来短期行为。随着有效市场理论、资本定价理论、资产组合理论、期权定价理论的逐步完善，及其在实践中取得的成就，以价值最大化作为企业目标成为广泛的共识。企业价值最大化，是指通过企业财务上的合理经营，采用最优的财务政策，充分考虑资金的时间价值和风险与报酬的关系，在保证企业长期稳定发展的基础上，使企业总价值达到最大。由于公司战略的目标是企业价值最大化，而公司财务战略的目标应与公司整体战略相一致，因此，公司财务战略也应以企业价值最大化为目标。

（二）财务战略的确立

财务战略的确立，是指在追求实现企业财务目标的过程中，高层财务管理人员对筹资来源、资本结构、股利分配等方面作出决定以满足企业发展需要的过程。

1.融资渠道与方式

1）融资方式

企业的融资方式一般有内部融资、股权融资、债权融资和资产销售融资四种。

（1）内部融资，是指公司经营活动结果产生的资金，即公司内部融通的资金，它主要由留存收益和折旧构成。内部融资对企业的资本形成具有原始性、自主性、低成本和抗风险的特点，是企业生存与发展不可或缺的重要组成部分。

内部融资的优点有：①自主性。内部融资来源于自有资金，上市公司在使用时具有很大的自主性，只要股东大会或董事会批准即可，基本不受外界的制约和影响。②融资成本较低。公司外部融资，无论采用股票、债券还是其他方式都需要支付大量的费用，如券商费用、会计师费用、律师费用等。而利用未分配利润则无需支付这些费用。因此，在融资费用相对较高的今天，利用未分配利润融资对公司非常有益。③不会稀释原有股东的每股收益和控制权。利用未分配利润融资增加的权益资本不会稀释原有股东的每股收益和控制权，同时还可以增加公司的净资产，支持公司扩大其他方式的融资。

内部融资的缺点有：①内部融资受公司盈利能力及积累的影响，融资规模受到较大的制约，不可能进行大规模的融资。②分配股利的比例会受到某些股东的限制，他们可能从自身利益考虑，要求股利支付比率要维持在一定水平上。③股利支付过少不利于吸引股利偏好型的机构投资者，减少公司投资的吸引力。④股利过少，可能影响到今后的外部融资。股利支付很少，可能说明公司盈利能力较差，公司现金较为紧张，不符合一些外部融资的条件。

（2）股权融资，是指企业的股东愿意让出部分企业所有权，通过企业增资的方式引进新的股东，同时使总股本增加的融资方式。股权融资筹措的资金具有永久性，无到期日，无需归还，股权融资没有固定的股利负担，股利的支付与否和支付多少视公司的经营需要而定。

股权融资的优点有：①股权融资需要建立较为完善的公司法人治理结构。公司的法人治理结构一般由股东大会、董事会、监事会、高级经理组成，相互之间形成多重风险约束和权利制衡机制，降低了企业的经营风险。②在金融交易中，人们更重视的是信息的公开性与可得性，证券市场在信息公开性和资金价格的竞争性两方面优于贷款市场。③如果借贷者在企业股权结构中占有较大份额，那么他运用企业借款从事高风险投资和产生道德风险的可能性就将大大减小，借款者按照贷款者的希望和意愿行事的动力就越大，银行债务拖欠和损失的可能性就越小。

股权融资的缺点有：①当企业在利用股权融资对外筹集资金时，企业的经营管理者就可能进行各种非生产性的消费，采取有利于自己而不利于股东的投资政策等道德风险行为，导致经营者和股东的利益产生冲突。②代理人利用委托人的授权为增加自己的收益而损害和侵占委托人的利益时，就会产生严重的道德风险和逆向选择。

（3）债权融资，是指企业通过举债的方式进行融资。债权融资获得的只是资金的使用权而不是所有权，负债资金的使用是有成本的，企业必须支付利息，并且债务到期时须归还本金。债权融资能够提高企业所有权资金的资金回报率，具有财务杠杆作用。与股权融资相比，债权融资除在一些特定的情况下可能带来债权人对企业的控制和干预问题，一般不会产生对企业的控制权问题。租赁也是一种债务形式，通常指企业租用一段时间的资产产生的债务，可能在期末拥有的购买期权。租赁的优点是，企业可以不用为了购买资产而融资，且租赁的投资回报率较高。租赁也存在不足之处，由于资产的所有权不属于企业，企业租赁资产的所有权都是有限的。

（4）资产销售融资，是指将企业的某一部门或部分资产（非产成品存货，下同）作价出售以筹集生产经营所需资金的一种筹资方式。变卖资产是企业正常的生产经营活动，通过变卖资产，不仅能筹集生产发展所需资金，还能通过变卖调整企业的资产结构和经营结构，去掉微利或亏损部门，剥离闲置资产或利用效率不高的资产，集中发挥企业的优势，提高生产的专业化程度，增加企业的盈利，促进企业的向前发展。

资产变卖融资主要有以下特点：①资产变卖融资的过程也就是企业资源再分配的过程，是企业的生产经营结构向高效益方向转换的过程；②融资速度快，适应性强；③需要考虑职工的心理承受力；④资产的变卖价格很难准确确定，变卖对象也很难选择，常常出现把未来高利润部门的资产廉价卖掉的情况。

2）企业融资能力的限制

限制企业融资能力的因素主要有：

（1）债务融资面临的困境。企业融资的重要方式有股权融资和债务融资，一般来说，股权融资方式预期收益较高，需要承担较高的融资成本，而经营风险较小；而债务融资方式，经营风险比较大，预期收益较小。债务融资具有短期性、可逆性、负担性等特点。债务融资筹集的资金具有使用上的时间性，需到期偿还，负有到期还本付息的义务。企业采用债务融资方式获取资金，需支付债务利息，从而形成企业的固定负担。整体而言，债务融资的资本成本较低，且不需要承担企业经营的高风险，但是企业也并不会无限制地举债。

（2）股利支付面临的困境。股利支付也与企业的留存收益紧密相连，若企业给股东分配较多的股利，则企业的留存收益就会相应减少，企业内部融资的资金就较少。股利支付的高低与增长情况又与股东投资的信心息息相关，若股利支付高且逐年增长，会增强股东对企业的信心，能起到稳定股价的作用。但是，若股利支付过高，就会影响企业的留存收益，而留存收益与企业的战略规划紧密相连，若企业因为股利支付使得企业的留存利润波动较大，则会影响企业的战略决策，所以企业会权衡利弊作出最优的股利支付决策。

2.融资成本

融资成本是资金所有权与资金使用权分离的产物，融资成本的实质是资金使用者支付给资金所有者的报酬。由于企业融资是一种市场交易行为，资金使用者为了能够获得资金使用权，就必须支付相关的费用。如委托金融机构代理发行股票、债券而支付的注册费和代理费，向银行借款支付的手续费等。企业融资成本实际上包括两部分，即融资费用和资金使用费。估计和计算融资成本有以下四种情况：

（1）用资本资产定价模型估计权益资本成本。权益资本成本是股东要求的最低报酬率，是筹集普通股资金所需的成本，一般按资本资产定价模型、折现现金流量模型和债券报酬率风险调整模型进行确定，其中资本资产定价模型使用最广泛。资本资产定价模型研究的重点在于探求风险资产收益与风险的数量关系，即为了补偿某一特定程度的风险，投资者应该获得多少的报酬率。

（2）用无风险利率估计权益资本成本。有时候企业会直接使用无风险利率方法估计权益资本成本。一般情况，企业先获取无风险债券的利率值，通常认为，政府债券没有违约风险，可以代表无风险利率。在此基础上，企业再结合自身的情况，在无风险利率的基础上加上几个百分点，然后就相当于企业的权益资本成本。

（3）长期债务资本成本。长期债务资本成本即为长期债务资本成本的加权平均数扣除税收效应。

（4）加权平均资本成本。加权平均资本成本（WACC）是权益资本成本与长期债务资本成本的加权平均。其公式如下：

WACC=（长期债务成本×长期债务总额+权益资本成本×权益总额）÷总资本

3.最优资本结构

最优资本结构，是指企业在一定时期内，筹措的资本的加权平均资本成本WACC最低，此时企业的价值达到最大化，它应是企业的目标资本结构。股权融资与债权融资应当形成相互制衡的关系，过分偏重任何一种融资都会影响到公司经营的稳定和市场价值的提升。

债权融资对企业价值的影响具有两面性，债权融资有促进企业价值增加的一面，同时，债权融资也有使企业价值减少的一面。债权融资的引入，一方面通过税盾作用，会减少企业所缴纳的所得税，降低股权代理成本，提高企业经营管理者对企业的控制权，向外界投资者传递企业的有关信息；另一方面，随着债权融资的增加，企业的风险不断加大，导致企业的财务困境成本与破产成本增加，企业的债权代理成本提高。由于债权融资对企业价值影响的两面性，表明过少的或者是过多的债权融资，都对企业价值产生不利的影响；只有适量的债权融资，才会对企业价值产生有利的影响。所以，企业需要寻求最优的资本结构。

影响最优资本结构的因素非常多，不仅包括企业自身因素，而且还与宏观经济、资本市场等因素具有密切的关系，这些因素当中任何一个因素的改变，都会对最优资本结构产生影响，从而导致最优资本结构的改变。由于影响最优资本结构的许多因素具有不可控性，当这些不可控因素发生改变时，必然会导致最优资本结构的改变。

4.股利分配策略

股利分配策略，是指股份公司在确定股利时所采用的方法和策略，主要包括股利支付的利率、支付方式和支付程序等。

1）决定股利分配的因素

(1）留存供未来使用的利润的需要。留存收益与企业未来的扩张息息相关，是企业扩张发展的动力。

(2）分配利润的法定要求，有规定要求分配利润。

(3）债务契约中的股利约束。企业的部分债主可能会担心股利分配会影响其正常的还本付息，因此在债务契约中会约定股利的分配。

(4）企业的财务杠杆。要合理的利用企业的财务杠杆，合理优化企业的资本结构。

(5）企业的流动性水平。若大量支付股利，可能会影响企业资产的流动性。

(6）即将偿还债务的需要。企业有即将到期偿还的债务，就要保存相应的资金来还债，而不是来进行股利分配。

(7）股利对股东和整体金融市场的信号作用。股利分配会作为资本市场的一个信号，从而影响企业的股票价格。

2）实务中的股利政策

一般而言，实务中的股利政策有四大类：固定股利政策、固定股利支付率政策、零股利政策和剩余股利政策。

(1）固定股利政策。固定股利政策以确定的现金股利分配额作为利润分配的首要目标优先予以考虑，一般不随资金需求的波动而波动。这一股利政策有以下两点好处：①稳定的股利额给股票市场和公司股东一个公司比较稳定的信息；②许多作为长期投资者的股东（包括个人投资者和机构投资者）希望公司股利能够成为其稳定的收入来源，以便安排消费和其他各项支出，稳定股利额政策有利于公司吸引和稳定这部分投资者的投资。采用固定股利政策，要求公司对未来的支付能力作出较好的判断。一般来说，公司确定的稳定股利额不应太高，要留有余地，以免形成公司无力支付的困境。

(2）固定股利支付率政策，是指公司确定一个股利占盈余的比率，长期按此比率支付股利的政策。在这一股利政策下，每年股利额随公司经营的好坏而上下波动，获得较多盈余的年份股利额高，获得盈余少的年份股利额就低。固定股利支付率政策能使股利与公司盈余紧密地配合，以体现多盈多分、少盈少分、无盈不分的原则。但是，在这种政策下各年的股利变动较大，极易造成公司不稳定的感觉，对于稳定股票价格不利。

(3）零股利政策，是指企业将所有剩余盈余都留存企业。该股利政策适用于成长阶段需要积累现金的企业。如果成长阶段已经结束，并且项目不再有正的现金净流量时，就需要积累现金和制定新的股利分配政策。

(4）剩余股利政策，是指公司生产经营所获得的净收益首先应满足公司的资金需求，如果还有剩余，则派发股利；如果没有剩余，则不派发股利。剩余股利政策是以首先满足公司资金需求为出发点的股利政策。

【例37】（单选·2015）甲公司规定，只有在满足了公司所有现金流量为正的项目的资金需求后，才会支付股利，甲公司采用的股利政策是（　）。

A.固定股利政策　　B.剩余股利政策

C.固定股利支付率政策　　D.零股利政策

【答案】B

【解析】剩余股利政策，是指公司生产经营所获得的净收益首先应满足公司的资金需求，如果还有剩余，则派发股利，选项B当选。

（三）财务战略的选择

1.基于产品生命周期的财务战略选择

产品的生命周期理论假设产品都要经过导入期、成长期、成熟期和衰退期四个阶段。企业在产品生命周期不同发展阶段的经营特征如表3–16所示。

表3–16 企业在产品生命周期不同发展阶段的经营特征

项目	产品生命周期阶段			
	导入期	成长期	成熟期	衰退期
经营风险	非常高	高	中等	低
财务风险	非常低	低	中等	高
资本结构	权益融资	主要是权益融资	权益+债务融资	权益+债务融资
资金来源	风险资本	权益投资增加	保留盈余+债务	债务
股利	不分配	分配率很低	分配率高	全部分配
价格/盈余倍数	非常高	高	中等	低
股价	迅速增长	增长并波动	稳定	下降并波动

1）产品生命周期不同阶段的财务战略

（1）处于产品生命周期导入期的企业财务战略。由于导入期的经营风险非常高，企业应选择财务风险较低的战略，尽量使用权益融资。从事导入期产品的企业通常利润较低，市场不稳定，有可能出现亏损的情况，所以资金来源的途径主要为引进风险投资者。从股利分配政策来看，处于导入期的企业收益不稳定且波动性较大，因此股利支付率大多为零。

（2）处于产品生命周期成长期的企业财务战略。成长期的经营风险虽然有所降低，但仍然维持在较高水平，不宜大量增加负债比例。成长期的企业风险尽管比产品导入期时降低，但仍然较高，因此要控制资金来源的财务风险，需要继续使用权益融资，如私募或公募的形式。从股利分配政策来看，处于成长期的企业发展还需要大量资金，因此采用低股利政策。

（3）处于产品生命周期成熟期的企业财务战略。由于成熟期的经营风险降低，应当扩大负债筹资的比例。在产品成熟期，经营风险相对降低，企业可以承担中等财务风险，所以资金来源的途径可以为债务融资和权益融资。从股利分配政策来看，处于产品成熟期的企业现金流量充足，筹资能力强，因此可采用高股利政策或作为替代进行股票回购。

（4）处于产品生命周期衰退期的企业财务战略。由于衰退期的经营风险非常低，可以适当提高财务风险，应设法进一步提高负债筹资的比例，以获得利息节税的好处。处于衰退期的企业具有一定的财务实力，所以资金来源可以主要为债务融资。从股利分配战略来看，当产品进入衰退期后，企业通常不想扩大投资规模，企业的自由现金流量较高，因此可采用高股利政策。

【例38】（多选·2019）甲公司是一家煤炭企业集团。近年来，煤炭产品的客户对性价比的要求很高；各煤炭企业的产品差别很小，价格差异缩小且处于很低水平，产品毛利很低，只有大规模生产并有自己销售渠道的企业才具有竞争力；大量中小煤炭企业陆续退出市场。在该产业发展的现阶段，甲公司具备的财务特征有（ ）。

A.经营风险低　　B.财务风险高

C.股价稳定　　D.资金来源于保留盈余和债务

【答案】AB

【解析】“煤炭产品的客户对性价比的要求很高；各煤炭企业的产品差别很小，价格差异缩小且处于很低水平；产品毛利很低，只有大规模生产并有自己销售渠道的企业才具有竞争力；大量中小煤炭企业陆续退出市场”说明目前处于衰退期，选项A、B当选；选项C、D属于成熟期财务特征，选项C、D不当选。

【例39】（单选·2018）近年来，建筑机械制造商甲公司所处行业的市场基本饱和，销售额比较稳定，企业之间的价格竞争十分激烈。在这种情况下，甲公司宜采用的股利分配政策是（ ）。

A.零股利政策　　B.稳健的高股利分红政策

C.低股利政策　　D.全部分配的股利政策

【答案】B

【解析】市场基本饱和，销售额比较稳定，企业之间的价格竞争十分激烈，说明企业正处于成熟期。对于成熟期的企业而言，采取稳健的高股利分红政策更适宜，选项B当选。

2）财务风险与经营风险的搭配

经营风险大小由特定的经营战略决定，财务风险大小由资本结构决定，它们共同决定了企业的总风险。经营风险与财务风险的结合方式可以划分为以下四种类型：

（1）高经营风险与高财务风险搭配。该种搭配具有很高的总体风险，符合风险投资者的要求，但不符合债权人的要求，因此，这种搭配会因找不到债权人而无法实现。例如，一个处于产品导入期的高科技企业，假设能够通过借款取得大部分资金，它破产的概率很大，而成功的可能性却很小。

（2）高经营风险与低财务风险搭配。该种搭配具有中等程度的总体风险，是一种可以同时符合股东和债权人期望的现实搭配。例如，一个处于产品导入期的高科技企业，主要使用权益筹资，较少使用或不使用负债筹资。

（3）低经营风险与高财务风险搭配。该种搭配具有中等程度的总体风险，是一种可以同时符合股东和债权人期望的现实搭配。例如，一个处于产品成熟期的公用企业，大量使用借款筹资。

（4）低经营风险与低财务风险搭配。该种搭配具有很低的总体风险，符合债权人的期望，不符合权益投资人的期望，是一种不现实的搭配。例如，一个处于产品成熟期的公用企业，只借入很少的债务资本。

【例40】（单选·2019）甲燃气公司负责某市的民用天然气供给业务。近年来该市的民用天然气需求量比较稳定，甲燃气公司主要通过向银行贷款取得更新设备所需的资金。该公司财务风险与经营风险的搭配属于（　）。

A.高经营风险与低财务风险　　B.高经营风险与高财务风险

C.低经营风险与高财务风险　　D.低经营风险与低财务风险

【答案】C

【解析】“近年来该市的民用天然气需求量比较稳定”，体现的是低经营风险；“甲燃气公司主要通过向银行贷款取得更新设备所需的资金”，体现的是高财务风险，因此，选项C当选。

【例41】（多选·2015）在企业经营风险与财务风险结合的几种方式中，同时符合股东和债权人期望的有（　）。

A.高经营风险与高财务风险搭配　　B.高经营风险与低财务风险搭配

C.低经营风险与高财务风险搭配　　D.低经营风险与低财务风险搭配

【答案】BC

【解析】高经营风险与低财务风险搭配这种搭配具有中等程度的总体风险是一种可以同时符合股东和债权人期望的现实搭配。低经营风险与高财务风险搭配这种搭配具有中等程度的总体风险，是一种可以同时符合股东和债权人期望的现实搭配，所以选项B、C当选。

2.基于创造价值或增长率的财务战略选择

（1）价值创造和市场增加值。

企业的市场增加值（MVA）是计量企业价值创造的有效指标，即某一时点企业资本的市场价值与占用资本账面价值之间的差额，其计算公式为：

企业市场增加值=企业资本市场价值-企业占用资本

影响企业市场增加值的因素如下：①投资资本回报率。投资回报率反映企业的盈利能力，其与市场增加值同向变化。②资本成本。资本成本反映了权益投资人和债权人的期望报酬，其大小与市场增加值反向变化。③增长率。当“投资资本回报率-资本成本”为正值时，增长率与市场增加值同向变化；当“投资资本回报率-资本成本”为负值时，增长率与市场增加值反向变化。

（2）创造价值与增长率矩阵。

我们可以通过一个矩阵，将价值创造（投资回报率-资本成本）和现金余缺（销售增长率-可持续增长率）联系起来。详细介绍如表3-17所示。

表3-17 创造价值与增长率矩阵

分类	含义	战略选择
增值型现金短缺	销售增长率大于可持续增长率，投资资本回报率大于资本成本	(1) 如果高速增长是暂时的，则通过借款筹资所需资金； (2) 如果高速增长是长期的，则： ①提高可持续增长率（如降低成本、提高价格、降低营运资金、剥离部分资产、改变供货渠道、停放股利）； ②增加权益资本（如增发股份、兼并“现金牛”企业）
减损型现金短缺	销售增长率大于可持续增长率，投资资本回报率小于资本成本	(1) 彻底重组； (2) 出售
增值型现金剩余	销售增长率小于可持续增长率，投资资本回报率大于资本成本	(1) 加速增长：内部投资、收购相关业务； (2) 分配剩余现金：增加股利支付、回购股份
减损型现金剩余	销售增长率小于可持续增长率，投资资本回报率小于资本成本	(1) 提高投资资本回报率：提高税后经营利润率、提高经营资产周转率； (2) 降低资本成本； (3) 出售业务单元

【例42】（多选·2019）甲公司某年的投资回报率为5%，销售增长率为10%，经测算甲公司的加权平均资本成本为8%，可持续增长率为6%。在上述情况下，甲公司应选择的财务战略有（ ）。

A.彻底重组　　B.改变财务政策　　C.提高资本回报率　　D.出售

【答案】AD

【解析】投资回报率小于加权平均资本成本，销售增长率大于可持续增长率，应选择减损型现金短缺战略，选项A、D当选。

【例43】（多选·2017）甲公司财务数据显示，其资本成本为6%，投资回报率为8%，可持续增长率为9%，销售增长率为15%。经进一步分析，该公司的高速增长将持续较长时间。甲公司为支持其业务增长应采取的措施有（ ）。

A.增加短期借款　　B.增加长期借款

C.提高可持续增长率　　D.增加权益资本

【答案】CD

【解析】投资回报率大于资本成本，销售增长率大于可持续增长率，属于增值型现金短缺，又由于该公司的高速增长持续时间较长，所以适宜采用的措施是提高可持续增长率和增加权益资本，选项C、D当选。

第四节 国际化经营战略

国际化经营战略，是指企业从国内经营走向跨国经营，从国内市场进入国外市场，在国外设立多种形式的组织，对国内外的生产要素进行配置，在一个或若干个经济领域进行经营活动的战略。从事国际化经营的企业通过系统评价自身资源和经营使命，确定企业战略任务和目标，并根据国际环境变化拟定行动方针，为在国际环境中的长期生存和发展作出长远的总体谋划。

一、企业国际化经营动因

（一）寻求市场

寻求市场是发展中国家跨国公司对外投资最直接的动机，市场的扩大意味着收益的增长，而扩大国际市场的另一主要目的是规避贸易保护和贸易壁垒以及开辟新市场。

（二）寻求效率

发展中国家跨国公司可能出于对汇率变动、国外便宜的劳动力和土地、对闲置的设备和工业产权与专有技术等技术资源以及东道国政府的优惠政策等的考虑，而进行国际化经营。其目的主要是利用国外廉价的生产要素，降低生产成本。

（三）寻求资源

许多国家会担心国内一些关键资源有限，甚至可能出现短缺。发展中国家跨国公司的一个动机就是寻求国内稀缺的战略性资源以及维护资源来源的稳定性，保证自己生产经营的正常进行。这个动力主要集中在非洲、中亚、西亚地区以及石油、铁、铜等资源丰富的拉美国家。

（四）寻求现成资产

寻求现成资产多发生于发展中国家的企业对发达国家的企业采取跨国并购等海外投资。其目的是为了获取和利用国外先进的技术、生产工艺、新产品设计和先进的管理经验等现成资产。

【例44】（多选·2018）甲公司是国内一家汽车玻璃制造商。面对国内生产要素成本不断上涨和产品订单日趋减少，该公司把一部分资金和生产能力转移至生产综合成本相对较低的汽车产销大国M国。通过独立投资设厂和横向并购M国一家拥有国际知名品牌的企业，甲公司在M国不仅很快站稳脚跟，而且获得M国汽车制造商的大量订单，业务量大幅增长。在本案例中，甲公司向M国投资的动机有（　　）。

A.寻求效率　　B.寻求市场　　C.寻求现成资产　　D.寻求资源

【答案】ABC

【解析】“甲公司把一部分资金和生产能力转移至生产综合成本相对较低的汽车产销大国M国”，体现了寻求效率，选项A当选；“获得M国汽车制造商的大量订单，业务量大幅增长”，体现了寻求市场，选项B当选；“横向并购M国一家拥有国际知名品牌的企业”，体现了寻求现成资产，选项C当选。

【例45】（单选·2017）国内家电企业宏洁集团在2016年5月宣布，将斥资45亿美元收购发达国家G工业机器人制造商K，K是该国市场上专注于工业制造流程数字化企业，其研发的机器人已经被用来装配轿车和飞机，宏洁集团收购K的动机是（ ）。

A.寻求市场　　B.寻求效率　　C.寻求资源　　D.寻求现成资产

【答案】D

【解析】寻求现成资产型对外投资主要是发展中国家跨国公司向发达国家投资，其主要动机是主动获取发达国家企业的品牌、先进技术与管理经验等现成资产。国内家电企业宏洁集团收购发达国家G工业机器人制造商K，是因为K拥有成熟的工业制造流程数字化技术，所以收购的动机是寻求现成资产，选项D当选。

二、国际化经营的主要方式

（一）出口贸易

商品与服务出口贸易是企业国际化经营相对比较简单、比较普遍的方式。企业国际化经营选择出口贸易方式要研究以下问题：

1.目标市场选择

（1）目标市场的区域路径。主要方式如下：①传统方式，又称为连续方式。一般来说，发达国家出口高新技术产品的顺序是先到经济技术发展水平相类似的发达国家，然后再到发展中国家；在发展中国家则是先到环境类似的发展中国家，最后再逐步走向发达国家。但发展中国家的农产品、矿产品等初级产品和劳动密集型的低端产品主要流向是发达国家。②新型方式，又称不连续方式。在经济全球化的背景之下，很多产业的全球分工体系已经形成，全球同步使用新产品。这时不管是发达国家还是发展中国家，高新技术产品出口的路径都是先到发达国家（特别是美国）以占领世界最大市场，然后再走向发展中国家。

（2）选择目标客户。目标客户选择的基础是市场细分。各国之间的细分市场通常在数量、大小和特点上存在差别。

2.选择分销渠道与出口营销

连接某国生产者与他国消费者的分销渠道有以下几个重要特征：

（1）一般来说，国际分销渠道比国内分销渠道更复杂，涉及更多的中间环节。典型的国内分销渠道为：生产者——批发商——零售商；而国际销售的分销渠道则可能为：生产者——出口代理商——进口代理商——大型批发商——小型批发商——零售商。

（2）国际分销渠道的成本通常比国内分销渠道的成本高。因此，通过国际分销渠道到达消费者手中的产品价格比较高，其中的主要成本来自建立分销机构、进入新的市场及国际分销渠道运作的费用。

（3）出口商有时必须通过与国内市场不同的分销渠道向海外市场进行销售。例如，在国内市场上，企业的经营范围或与顾客密切联系的重要性也许要求它建立自己的分销系统，并利用这一系统与最终消费者保持联系。然而在海外市场上，在出口量一定的情况下，这样一个系统可能过于昂贵，因而是不可行的。海外市场上当地公司的营销技巧可能比产品本身更重要。

(4) 国际分销渠道通常为公司提供海外市场信息，包括产品在市场上的销售情况及其原因。在这种情况下，公司可选择对分销和销售系统做前向整合，并由本公司人员深入海外市场，或者可选择与国外的分销商发展密切的合作关系，进行充分的信息交流。

3.出口贸易定价

针对海外市场一般有四种定价策略。

(1) 定价偏高，以期获得大于国内市场的收益。当海外市场的风险大于国内市场时，通常使用该种定价策略。

(2) 制定使海外市场与国内市场收益水平接近的价格。当海外市场与国内市场的差别很小时会采用这种定价策略，但这可能由于出口会产生一些隐性成本。

(3) 在短期内定价较低，即使收益偏低甚至亏损也在所不惜。这种策略的目的是抢占海外的市场份额，初期的目的不在于盈利。当达到一定的市场规模后，产生相应的规模效应，从而获得利益。

(4) 只要在抵销变动成本之后还能增加利润，就按能把超过国内市场需求量的产品销售出去的价格定价。这种策略实质是扩大销量来分担生产产品的固定成本，同时充分利用企业过剩的产能。

(二) 对外直接投资

对外直接投资是一国投资者为取得国外企业经营管理上的有效控制权而输出资本、设备、技术和管理技能等无形资产的经济行为。对外直接投资是对外间接投资的对称，指的是一国国际直接投资的流出，即投资者直接在外国举办并经营企业而进行的投资。一般表现为，投资者输出资本，直接在国外开办工厂，设立分店，或收买当地原有企业，或与当地政府、团体、私人企业合作，而取得各种直接经营企业的权利。对外直接投资有利于被投资国解决资金困难、引进先进技术、扩展出口贸易、增加就业机会，因而被广为接受。

对外直接投资方式可以分为全资子公司与合资经营两种形式。

1.全资子公司（或独资经营）

全资子公司即由母公司拥有子公司全部股权和经营权，这意味着企业在国外市场上单独控制着一个企业的生产和营销。全资子公司可以使企业拥有百分之百的控制权，全部利润归自己所有。

采用全资子公司的形式主要有两个优点：

(1) 管理者可以完全控制子公司在目标市场上的日常经营活动，并确保有价值的技术、工艺和其他无形资产都保留在子公司。这种完全控制的方式还可以减少其他竞争者获取公司竞争优势的机会，尤其是在公司以技术作为其主要竞争优势的情况下，这一点显得特别重要。此外，管理者对子公司的产出和价格也可以保持完全控制，子公司创造的所有利润也必须上交给母公司。

(2) 可以避免合资经营各方在利益、目标等方面的冲突问题，从而使国外子公司的经营战略与企业的总体战略融为一体。公司可以从全球战略的角度出发，把每个国别市场视作相互联系的全球市场的一部分。

采用全资子公司的形式也有两个重要的缺陷：

（1）这种方式可能得耗费大量资金，公司必须在内部集资或在金融市场上融资以获得资金。

（2）由于没有东道国企业的合作与参与，全资子公司难以得到当地的政策与各种经营资源的支持，规避政治风险的能力也明显小于合资经营企业。

2.合资经营

合资经营是指国际企业在某东道国与当地某家或少数几家企业或第三国的企业各出部分投资，分享股权、利益共享、风险共担。

合资经营的优点有：①合理地将彼此的资源进行整合利用，可以借助彼此的优势达到各自的目的；②规避了一些贸易壁垒；③分担了一部分市场开发的风险和资金消耗；④减少了一定的政治风险。

合资经营的缺点有：①合资各方的目标差异，合作各方的目标在合资企业建立之初是一致的，但随着时间的推移，各方在产品定价、盈利分配、出口方向和数量、原料采购和产品设计等诸多方面将出现分歧；②合资各方的文化差异，国际合资企业要求具有不同国家文化背景的管理者协同工作。

（三）非股权形式

非股权形式是20世纪70年代以来被广泛采用的一种新的国际市场进入方式，是指跨国公司未在东道国企业中参与股份，而是通过与东道国企业签订有关技术、管理、销售、工程承包等方面的合约，取得对该东道国企业的某种管理控制权。这种投资方式正成为当代国际资本流动的一个主要形式。非股权形式被视为对外直接投资与贸易两种方式的中间道路，主要包括合约制造、服务外包、订单农业、特许经营、许可经营、管理合约及其他类型的合约关系。

三、全球价值链中的企业国际化经营

（一）全球价值链的理论与概念

1.产品内国际分工

国际分工萌芽于18世纪60年代，迄今为止已经发展了几百年，基于各发展阶段所处的不同的生产力发展程度和世界市场结构，国际分工从产业间国际分工、产业内国际分工发展到产品内国际分工。

产品内国际分工具备以下三个特点：（1）产品生产环节分解为多个过程；（2）生产环节在两个或两个以上国家（地区）进行；（3）至少一国（地区）使用了进口产品生产并出口使用了该进口产品的产品。

2.全球生产网络

全球生产网络是20世纪80年代以来用以描述跨国企业运用对外直接投资、国际贸易、非股权安排等方式参与产品内国际分工，彼此之间形成的一种相互影响、相互促进的关联关系。全球生产网络的基本构成单位是跨国企业的价值链，不同跨国企业价值链之间的相互作用形成了全球生产网络，因而全球生产网络具有明显的地理分散特征。

3.全球价值链

全球价值链是指在全球范围内为实现商品或服务价值而连接生产、销售、回收处理等过程的全球性跨国企业网络组织，涉及从原料采集和运输、半成品和成品的生产和分销，直至最终消费和回收处理的过程。

（二）企业国际化经营与全球价值链构建

1.全球价值链中企业的角色定位

（1）领先企业。全球价值链通常由领先企业（实力雄厚的跨国企业）主导，在其子公司网络（直接投资）、合作伙伴（非股权形式）和市场供应商（贸易商）之间进行投入品与产出品跨境交易。领先企业拥有产品、技术、品牌、营销渠道、规模经济等垄断优势，担负全球价值链战略制定、组织领导以及管理工作，在全球生产网络中拥有绝对的控制力和影响力。

（2）一级供应商。供应商由于缺乏技术、品牌等关键资源的优势，通常在生产网络中处于从属地位。技术能力较强、具有较高成本优势的一级供应商能够起到在领先企业和本地供应商之间的桥梁作用，除了必须由领先企业承担的核心技术研发和营销渠道构建等功能外，能够承担诸如部件的生产、组装、物流等外围管理工作。一级供应商可以通过其拥有的非核心技术创新以及生产成本的相对优势，在全球价值链中获得相对较高的地位与价值增值。

（3）其他层级供应商。以微弱比较优势参与全球价值链的企业通常处在二级、三级或更低级别供应商的位置。

（4）合同制造商。合同制造商存在于全球生产网络中，它们能够为领先企业提供除关键环节设计和营销以外的配套服务。合同制造商通常具备一定的技术能力，能够承接领先企业对技术有一定要求的产品的生产，也可以独立完成产品部分结构的生产。合同制造商往往参与多个全球价值链，对领先企业的依赖度较低，也较少承担对领先企业和其他层级供应商的连接桥梁作用。

2.全球价值链的分工模式

全球价值链分工可以通过企业国际化经营的三种基本方式来实现。一是通过领先企业进行海外直接投资将部分生产环节转移到海外子公司或分支机构，海外子公司或分支机构与国内剩余的生产环节共同构成全球价值链分工形态；二是领先企业通过正常的国际贸易市场机制获取其生产环节所需的商品和服务；三是领先企业通过非股权方式与分布在不同国家（地区）的供应商进行合作。非股权方式具有多种类型，采用的协调机制也不尽相同，相关研究归纳出领先企业与非股权供应商之间存在三种分工模式——俘获型、模块型和关联型。综合前面两种类型，全球价值链的分工模式可以分为以下五种类型。

（1）科层型价值链。当产品的生产规格不易编码（即不易归纳整理）、产品结构非常复杂、又缺乏具有较强竞争力的供应商时，领先企业最可能采用的分工模式是通过对外直接投资并购或新建适宜的供应商，在企业内部设立产品制造中心。在科层型价值链中，领先企业必须有效地协调和整合子公司和分支机构各种复杂的生产活动及其交易。

(2) 市场型价值链。如果产品规格编码容易、产品结构简单、领先企业具备从完全独立的分散在各国(地区)的企业获得服务或服务于这些企业的能力时，将产生市场型分工模式。这种分工模式适合标准化产品，能够以一种简单的市场交易方式在采购方与供给方之间交换诸如价格、规格和质量保证等商品或服务的信息。

(3) 俘获型价值链。当产品规格和结构的复杂度都很高时，为减少内部化分工模式难以避免的交易复杂程度，领先企业会寻求一些自身核心能力不强的供应商进行“锁定”，因而产生了俘获型分工模式。在这种模式中，领先企业要对供应商提供清晰的、已成文的指示，并在必要时提供技术支持。供应商也需要在领先企业明确的调控下，才能生产出满足复杂规格需求的产品。在这种分工模式中，供应商向其他类型价值链或其他领先企业转换的成本很高从而选择停留在已有价值链中，即被“俘获”。

(4) 模块型价值链。模块型分工模式产生于对复杂产品的规格进行编码的能力不断提升的过程中。当产品结构具有模块型特征，可以通过减少零部件之间的差异性而实现对零部件、产品、过程等规格的标准化，从而降低信息编码的难度，供应商也因此具有提供“一揽子”生产服务和模块型产品的供应能力。被编码的知识之间的联系为买方提供了类似于正常市场交易所具有的速度、灵活性和低成本投入的优势。但与正常市场交易不同的是，由于编码的存在，企业之间的信息流动性远远高于正常市场交易。模块式分工模式可实现全球价值链协调成本最小化、选择和更换供应商便利化。

(5) 关联型价值链。如果产品规格难以编码，交易复杂且供应商的能力较强时，将产生关联型分工模式。由于买卖双方必须要对那些难以编码的知识进行传递，且竞争力较强的供应商可以为领先企业提供具有竞争力的辅助性功能，从而两者之间可能基于声誉、社会团体、家族、民族关系等因素产生相互依赖，双方对违约的惩罚机制也易于奏效。

(三) 全球价值链与发展中国家企业升级

1.企业升级的类型

(1) 工艺升级，即通过对生产技术的改进和生产组织管理效率的提升而实现的升级。

(2) 产品升级，即通过改进产品设计(甚至开发突破性的产品)提高产品的竞争力而实现的升级。

(3) 功能升级，即通过占领价值链更高附加值的环节面实现升级。

(4) 价值链升级，即通过进入技术壁垒或资本壁垒更高的价值链或获取价值链中更高的地位，以提升盈利能力和竞争力而实现的升级。

一般认为，企业升级遵循从工艺升级到产品升级、再到功能升级、最后到价值链升级的循序渐进的发展进程。

2.全球价值链分工模式与企业升级

(1) 在科层型价值链中，跟随企业由于能够快捷地通过内部技术扩展和知识转移获得领先企业的现成资产，其工艺升级和产品升级很快能够发生。但是在领先企业的严格管控下，其后的功能升级和价值链升级则较难发生。

(2) 在俘获型价值链中，被“俘获”的企业能够通过旨在提高效率与部分产品改进的知识共享实现工艺升级和产品升级。但是在领先企业的高度监管和控制下，被“锁定”在价值链的特定生产环节，其后的功能升级和价值链升级很难发生。

(3) 在关联型价值链中，领先企业选择可以与自身建立长期供应关系的供应商。在这种相对稳定的分工关系中，跟随企业的工艺升级和产品升级可以在领先企业的协助下在短时间内完成。但由于供应商只需具备领先企业所需的特定环节的生产能力，领先企业对于供应商功能升级和价值链升级的行为没有支持的动力，甚至会因影响到自身的利益而加以控制与干预。因此供应商的功能升级和价值链升级也相对不易。

(4) 模块型供应商需要通过自主研发构建与领先企业的供求关系，因此，早期难以获得领先企业的现成资产，工艺升级与产品升级较为缓慢。但模块型供应商一旦形成了与领先企业的供给关系后，一方面可以通过对领先企业的产品供应获取对方的技术溢出，另一方面可以基于自主核心能力发展功能升级和价值链升级，最终成为新的价值链中的领先者。

(5) 与模块型供应商相类似，市场型供应商需要通过自主研发实现工艺升级和产品升级，早期难以获得领先企业的现成资产，在一个充分竞争的市场环境下，工艺升级与产品升级较为缓慢。但是市场型供应商一旦形成了与领先企业的供给关系后，也能够将领先企业的技术外溢与自身的自主核心能力相结合，实现功能升级和价值链升级。

四、国际化经营的战略类型

企业国际化经营的战略有四种类型，即国际战略、多国本土化战略、全球化战略与跨国战略。这四种战略可以通过“全球协作”的程度和“本土独立性和适应能力”的程度所构成的两维坐标体现出来，如图3–3所示。

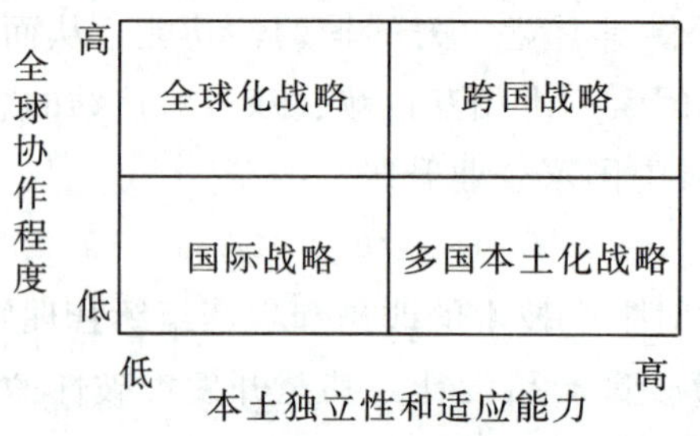

图3–3 国际化战略类型

(一) 国际战略

国际战略，是指企业把在本国开发的各种不同的产品推向国外市场。采用国际战略的企业的决策行为主要体现的是母公司与母公司的利益，企业的管理决策权高度集中于母公司，主要采用集权式管理体制。该种战略把产品的研发职能集中于母国，而东道国主要是建立制造和营销职能，同时总部对其实施严格的控制。国际战略适用于企业拥有宝贵的核心能力，并且所面临的顾及地域差别的压力和降低成本压力均较小的情形。但是，该种战略很可能由于部分职能部门重复设立，加大了经营成本。国际战略的优点是能转移核心能力。国际战略缺点有：(1) 缺乏地区调适能力；(2) 不能获得区位经济、经验曲线效应和规模经济效应；(3) 不能形成全球学习效应。

（二）多国本土化战略

多国本土化战略又称多国战略，是根据不同国家的不同市场，提供更能满足当地市场需要的产品和服务。实施多国本土化战略的公司首先在其自己的国内市场开发产品，然后把产品提供给国外的子公司进行销售或改造。采用该种战略的企业将部分战略和业务决定权分配到所在国外的战略业务单位进行，由这些单位向本地市场提供本土化的产品，从而把自己有价值的技能和产品推向外国市场而获得收益。采用多国本土化战略的企业全球协作程度低、对东道国本地市场的适应能力高，母公司对子公司采取分权式管理体制。采用该战略的企业致力于最大程度地顾及地域差别，适用于顾及地域差别的压力较大而降低成本的压力较小的情形。多国本土化战略的优点是地区调适能力强。多国本土化战略缺点有：（1）不能获得区位经济、经验曲线效应和规模经济效应的好处；（2）不能转移核心能力；（3）不能形成全球学习效应。

（三）全球化战略

全球化战略，是指在日趋复杂的环境下从全球范围考虑公司的市场与资源分布，提高竞争能力，增强竞争地位，最大限度地去实现总体利益。它能将其生产经营设施安排在最有利的国家内，对他们的战略行动统一协调，能将位于不同国家的活动连接起来，及时转移在技术开发、管理创新上的成果，更充分地利用公司的核心竞争力。采用该战略的企业全球协作程度高、对东道国本土市场的适应能力低，多采用集权的管理方式，核心部门和决策由母国总部控制，追求母公司的全球利益最大化。采用全球化战略的企业一般不针对各地的情况调整它们的产品和营销战略，适用于降低成本的压力很大而顾及地域差别的压力很少的情形。全球化战略的优点是能获得区位经济、经验曲线效应和规模经济效应。全球化战略缺点是缺乏地区调适能力。

（四）跨国战略

跨国战略的目标是追求企业整体利益的最大化，而不考虑局部利益的得失，运用跨国战略的企业在本土化响应和全球效率上都能获得优势。采用跨国战略的企业既寻求多国本土化战略所具有的当地优势，又注重全球化战略带来的效率，全球协作程度高、对东道国本土市场的适应能力高。跨国战略既不以母公司也不以子公司为中心，多采取集权与分权相结合的管理体制，企业的技能和产品在母公司和子公司间双向流动，形成全球学习效应。该战略适用面临降低成本的压力以及顾及地域差别的压力均高的情形。跨国战略的优点有：（1）获得区位经济、经验曲线效应和规模经济效应的好处；（2）地区调适能力强；（3）可以形成全球学习效应。跨国战略的缺点是地区适应性和全球化效率需要的平衡点难以确定。

【例46】（单选·2019）2015年，国内研发和制造铁路设备的东盛公司开启了国际化经营战略，在国外成立了多家子公司。东盛公司在国内的母公司保留技术和产品开发的职能，在国外的子公司只生产由母公司开发的产品。东盛公司采取的国际化经营战略类型的特点是（　）。

A.全球协作程度低，本土独立性和适应能力高

B.全球协作程度高，本土独立性和适应能力低

C.全球协作程度高，本土独立性和适应能力高

D.全球协作程度低，本土独立性和适应能力低

【答案】D

【解析】“国内研发和制造铁路设备的东盛公司开启了国际化经营战略”“国内的母公司保留技术和产品开发的职能，在国外的子公司只生产由母公司开发的产品”说明东盛公司采取的是国际战略，国际战略的特点是：全球协作程度低、本土独立性和适应能力低，选项D当选。

【例47】（单选·2018）甲公司是一家驼羊毛制品生产和销售企业，产品销往多个国家和地区。为了确保产品质优价廉，该公司在最适合驼羊生长的L国建立统一的驼羊养殖场，并在加工条件最好的N国设厂生产驼羊毛制品，甲公司国际化经营的战略类型是（　）。

A.多国本土化战略　　B.国际战略　　C.跨国战略　　D.全球化战略

【答案】D

【解析】“在最适合驼羊生长的L国建立统一的驼羊养殖场，并在加工条件最好的N国设厂生产驼羊毛制品”，说明甲公司在较有利的国家集中地进行生产经营活动，由此形成经验曲线和规模经济效益，以获得高额利润，体现的是企业全球化战略，选项D当选。

五、新兴市场的企业战略

新兴市场是市场经济体制逐步完善、经济发展速度较高、市场发展潜力较大的市场，主要是指一些市场发展潜力巨大的发展中国家。新兴市场的发展主要产生两个方面的影响：一方面是对于新兴市场中的消费者来说，是一种利好，他们对于需要的产品或服务有了更多的选择；另一方面是对于新兴市场中的本土企业，由于部分跨国企业的涌入，增加了本土市场的竞争，对于这些本土企业而言就会面临更多的竞争压力。

（一）按产业特性配置资源

1.认识不同产业面临的不同压力

不同的产业都有自己的特色和生产经营方式，因而不同的产业面临的压力也是不同的。不同的产业中的跨国企业的竞争优势也是不一样的。飞机、相机、家用电子产品等产业，这些产业的特点是需要投入高额的固定成本，而这些高额的固定成本可以通过在多个市场上销售提高销售量来平摊这些固定成本。而服装、钢材等产业的产品具有地域特色，企业可以通过满足本国消费者的特殊需求取得成功。本土企业需要了解所在产业竞争优势的基本情况，能更准确地评估跨国竞争对手的实力，从而明确自身在产业中合适的定位。

2.评估企业自身的优势资源

企业在了解自己所处产业的基本情况后，需要评估自身的优势资源。新兴市场上的本土企业可能拥有的优势有：本土销售网络、与本地政府的关系、符合当地特色的产品等。这些优势可以帮助本土企业在当地取得一席之地。同时，本土企业也可以利用廉价的原材料等优势向其他市场扩张。

（二）本土企业的战略选择

将产业所面临的全球化压力和新兴市场本土企业拥有的优势资源作为两个变量，构建

二维矩阵模型，可以用来指导公司战略性思考，如图3-4所示。

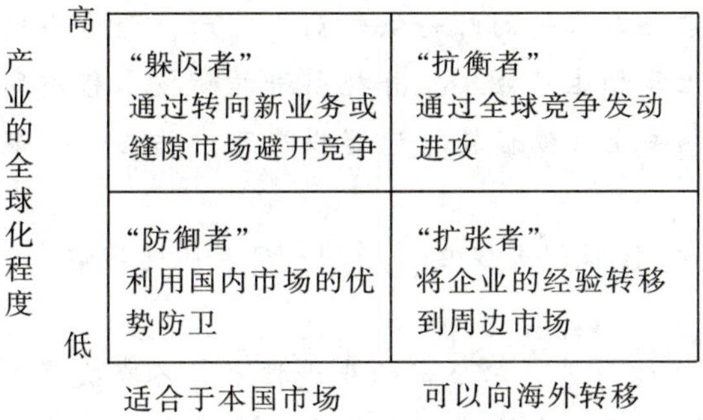

产业的全球化程度	适合于本国市场	可以向海外转移
高	“躲闪者” 通过转向新业务或缝隙市场避开竞争	“抗衡者” 通过全球竞争发动进攻
低	“防御者” 利用国内市场的优势防卫	“扩张者” 将企业的经验转移到周边市场

图3-4 本土企业的战略选择

本土企业的战略选择具体内容如表3-18所示。

表3-18 本土企业的战略选择

类型	特点	战略定位	具体措施
防御者	企业面临的全球化压力较小，而其拥有的优势资源只适合于本国市场	利用国内市场的优势防卫	(1) 具体做法可以考虑：①把目光集中于喜欢本国产品的客户，而不考虑那些崇尚国际品牌的客户；②频繁地调整产品和服务，以适应客户特别的甚至是独一无二的需求；③加强分销网络的建设和管理，缓解国外竞争对手的竞争压力。 (2) 在面临跨国竞争对手的挑战时应当注意：①不要试图赢得所有顾客；②不要一味模仿跨国竞争对手的战略
扩张者	企业面临的全球化压力不大，而其自身的优势资源又可以被移植到海外	将企业的经验转移到周边市场，向海外延伸本土优势	(1) 慎重并有选择地将海外扩张战略用于企业的核心资源，不仅可以增加企业收入，还能促进规模经济，同时也能获得颇有价值的国际化经营的经验； (2) 在向海外延伸本土优势时应当注意寻找在消费者偏好、地缘关系、分销渠道或政府管制方面与本国市场相类似的市场，来最有效地利用自己的资源
躲闪者	全球化压力大，企业优势资源只能在本土发挥作用	通过转向新业务或缝隙市场避开竞争	企业最好的选择可能是以下几个： (1) 与跨国公司建立合资、合作企业； (2) 将企业出售给跨国公司； (3) 重新定义自己的核心业务，避开与跨国公司的直接竞争； (4) 根据自身的本土优势专注于细分市场，将业务重心转向价值链中的某些环节； (5) 生产与跨国公司产品互补的产品，或者将其改造为适合本国人口味的产品
抗衡者	全球化压力大，而企业优势资源可以转移到其他市场	通过全球竞争发动进攻	(1) 不要拘泥于成本上的竞争，而应该比照行业中的领先公司来衡量自己的实力； (2) 找到一个定位明确又易于防守的市场； (3) 在一个全球化的产业中找到一个合适的突破口； (4) 学习从发达国家获取资源，以克服自身技能不足和资本的匮乏

【例48】（单选·2020）金力公司是国内一家风力发电设备制造企业。2015年，金力公

司取得世界最大的风力发电机组制造商麦尔公司的叶轮生产外包项目，并从对方引进一整条先进生产线，成为麦尔公司唯一的叶轮供应商。之后，金力公司通过引进麦尔公司的先进技术，不断提高产品性能和生产效率，并把引进的新技术移植到核心业务齿轮增速器的生产中，成为欧美多家相关企业的齿轮增速器供应商。作为新兴市场国家本土企业，金力公司采用的战略类型是（　）。

A.防御者战略　　B.躲闪者战略　　C.扩张者战略　　D.抗衡者战略

【答案】D

【解析】“金力公司通过引进麦尔公司的先进技术，不断提高产品性能和生产效率，并把引进的新技术移植到核心业务齿轮增速器的生产中，成为欧美多家相关企业的齿轮增速器供应商”属于抗衡者战略中的“学习从发达国家获取资源，以克服自身技能不足和资本的匮乏”，如果全球化压力大，而企业优势资源可以转移到其他市场，企业有可能与发达国家跨国公司在全球范围内展开正面竞争。我们称这种情况下的本土企业为“抗衡者”，选项D当选。

【例49】（单选·2019）面对国外著名医药公司在中国市场上不断扩张，多年从事药品研发、生产和销售的康达公司为了自身的长期发展，把药品的生产和销售业务转让给其他公司，同时与国外某医药公司合作专注于新药品的研发业务。从本土企业战略选择的角度看，康达公司扮演的角色可称为（　）。

A.防御者　　B.扩张者　　C.抗衡者　　D.躲闪者

【答案】D

【解析】躲闪者战略是指企业通过转向新业务或缝隙市场避开竞争；“把药品的生产和销售业务转让给其他公司，同时与国外某医药公司合作专注于新药品的研发业务”体现了康达公司扮演的角色为躲闪者，选项D当选。

案例分析

案例一：发展战略的主要途径

家家智能汽车公司

在汽车产业电动化、智能化、网联化、共享化融合变革之际，被称为“造车新势力”之一的家家智能汽车公司（以下简称“家家公司”）于2015年正式成立，家家公司的董事长兼创始人王向认为，汽车制造业已经进入2.0数字时代，其特征是电机驱动+智能互联，而汽车3.0时代是人工智能时代，其特征是无人驾驶+出行空间。为了赢得2.0时代，并参与3.0时代的竞争，家家公司开始全面布局：通过三轮融资获得资金，拥有了自己的制造基地，与国内最大的出租车网约平台合作切入共享出行领域，积极投资产业链（包括投资孵化自动驾驶系统供应商MJ公司、专注自动驾驶中央控制器的ZX公司以及研发生产激光雷达的LH公司等）。王向认为，未来企业竞争的关键要素，是具备快速成长能力的公司组织。他把60%的时间用于组织管理，以是否具备创新能力与正确价值观而非是否来自成功大企业为标准选拔人才；帮助团队中每一个人成就心中的事业追求，去挑战自己和团队成长的极限。家家公司的第一款产品SEV面向国内外共享汽车使用群体，续航里程将超过100公里。但是，两年筹备之后，由于低速车的合法性以及海外分时租赁市场实际容量的局限，这个雄心勃勃的计划还是夭折了。面对挫折，王向立即将公司产品开发重心转移到中大型SUV的“家家智造ONE”。为了实现“没有里程焦虑”，“家家智造ONE”采用全新的形式——增程式电动。王向认为，相对于U国TL等电动车采用的充电桩/换电站等方式，中国消费者更需要从产品本身去解决问题的产品。2018年10月18日晚，备受汽车及科技界人士瞩目的家家公司新车——“家家智造ONE”于B市正式发布。这场发布会没有明星大腕捧场助阵，全程由王向一人直接以大量数据对比和充满硬核知识的干货完成了自我演绎，让消费者在各类新产品中有了清晰的比较。王向表示，“家家智造ONE”定价不会高于40万元，而增程式电动技术显著难于纯电动车，因而“家家智造ONE”的性价比具有优势。2018年12月，家家公司以6.5亿元收购LF股份公司所持有的C市LF汽车公司100%股权，被业界称为家家公司“完美避开进入门槛”，取得了新能源汽车的生产资质，以实现王向掌控并引领新能源汽车市场的梦想。而此举对于LF股份公司而言是其战略重组的一部分，将经营不善的C市LF汽车公司剥离出去，以应对流动资金不足的困境。家家公司与LF股份公司还签署了为期3年的框架合作协议。双方将通过资源互补、技术互补等方式，在新能源技术开发、车联网、人车交互及数据共享等领域形成技术联盟。

要求：

（1）简要分析王向统领家家公司所克服的智能汽车新兴产业中的发展障碍。

（2）简要分析家家公司收购C市LF汽车公司的动机。

【分析】

（1）王向统领家家公司所克服的智能汽车新兴产业中的发展障碍有：

①专有技术选择、获取与应用的困难。“为了实现‘没有里程焦虑’，‘家家智造ONE’采用全新的形式——增程式电动。王向认为，相对于U国TL等电动车采用的充电桩/换电站等方式，中国消费者更需要从产品本身去解决问题的产品”。

②原材料、零部件、资金与其他供给的不足。“家家公司开始全面布局：通过三轮融资获得资金，拥有了自己的制造基地，与国内最大的出租车网约平台合作切入共享出行领域，积极投资产业链（包括投资孵化自动驾驶系统供应商MJ公司、专注自动驾驶中央控制器的ZX公司以及研发生产激光雷达的LH公司等）”。

③顾客的困惑与等待观望。“这场发布会没有明星大腕捧场助阵，全程由王向一人直接以大量数据对比和充满硬核知识的干货完成了自我演绎，让消费者在各类新产品中有了清晰的比较”。

④被替代产品的反应。老产品生产企业会采用各种有效的办法降低替代品的威胁。老产品防范新产品的最佳战略可能是进一步降低成本，这也给新兴产业的发展增添了难度。“王向表示，‘家家公司智造ONE’定价不会高于40万元，而增程式电动技术显著难于纯电动车，因而‘家家公司智造ONE’的性价比具有优势”。

⑤缺少承担风险的胆略与能力。新兴产业早期的发展障碍较少来源于缺乏对巨大资源

掌控的能力，而更多地源于缺少承担风险的胆略与能力、技术上的创造性以及作出前瞻性的决策以储备投入人力、物资与分销渠道的能力等。“家家公司的董事长兼创始人王向认为，汽车制造业已经进入2.0数字时代，其特征是电机驱动+智能互联；而汽车3.0时代是人工智能时代，其特征是无人驾驶+出行空间。为了赢得2.0时代，并参与3.0时代的竞争，家家公司开始全面布局”“由于低速车的合法性以及海外分时租赁市场实际容量的局限，这个雄心勃勃的计划，还是夭折了。面对挫折，王向立即将公司产品开发重心转移到中大型SUV的‘家家智造ONE’”“王向认为，未来企业竞争的关键要素，是具备快速成长能力的公司组织。他把60%的时间用于组织管理，以是否具备创新能力与正确价值观而非是否来自成功大企业为标准选拔人才；帮助团队中每一个人成就心中的事业追求，去挑战自己和团队成长的极限”。

(2) 家家公司收购C市LF汽车公司的动机有：①避开进入壁垒，迅速进入，争取市场机会，规避各种风险。“被业界称为家家公司‘完美避开进入门槛’，取得了新能源汽车的生产资质”。②获得协同效应。“家家公司与LF股份公司还签署了为期3年的框架合作协议。双方将通过资源互补、技术互补等方式，在新能源技术开发、车联网、人车交互及数据共享等领域形成技术联盟”。③增强对市场的控制力。“‘完美避开进入门槛’，取得了新能源汽车的生产资质，以实现王向掌控并引领新能源汽车市场的梦想”。

案例二：战略类型

喜旺公司

2004年1月，以B2C为主要经营模式的综合性网络零售商喜旺公司注册成立。此时在电商领域，无论是用户规模或是平台数量，早期进入者云里公司已占尽先机。为了突破云里公司一家独大的状况，喜旺公司采取一系列战略举措，实现对产业链上下游的整合和控制，打造自身的竞争优势。

(1) 自建物流体系，喜旺公司早期与大多数电商一样，采用第三方物流配送商品。随着商品年销售量的不断增加，第三方物流配送能力不足、每天数千单货物积压问题日益显著，严重影响服务质量和客户满意度。喜旺公司决定自建物流体系，并于2007年投资2000万元建立东速快递公司，专为喜旺商城提供物流服务，服务范围覆盖200多座城市。东速快递公司的成立，大大提高了喜旺商城全国配送商品的速度，为喜旺商城的用户带来良好的体验。此后，喜旺公司不断完善物流配送体系，将大量资金用于物流队伍、运输车队、仓储体系建设。到2011年，喜旺公司在全国各地建立7个一级物流中心和20多个二级物流中心，以及118个大型仓库。

(2) 为进一步整合物流配送资源和能力，2014年3月，喜旺公司并购了迅风物流，并与国有邮政公司达成战略合作；2016年5月，喜旺公司并购“快快”，实现“两小时极速达”的个性化增值服务。喜旺公司这一系列举措，使得其下游配送的效率取得质的飞跃。

(3) 运用多种方式整合与完善商品采购与供给端。为了确保上游供给商品的质量与可靠性。2014年4月，喜旺公司与国内最大海洋牧场微岛公司达成合作协议；2014年6月，喜旺公司投资智能体重体脂秤P产品；2015年5月，喜旺公司投资7000美元建立生鲜电商果园；

2015年8月，喜旺公司与国信医药公司合作，使用户在喜旺平台可购买处方药品。2015年8月，喜旺公司出资43亿元战略入股永芒超市，取得10%股权。永芒超市是国内超市中最好的生鲜品供应商之一，拥有业内最低的生鲜品采购成本。永芒超市的门店超过350家，但还不能覆盖全国。线上线下两大零售巨头原本是竞争对手，达成合作后，在永芒超市门店尚未覆盖的区域，喜旺公司可以与永芒超市共同提供O2O服务（即online线上网店和offline线下消费），因此双方还有较大的潜在合作空间。

要求：

（1）简要分析喜旺公司所实施的发展战略类型及其实施该战略的动因（或优势）。

（2）简要分析喜旺公司实施发展战略所采用的途径。

（3）简要分析喜旺公司与永芒超市合作的动因。

【分析】

（1）喜旺公司所实施的发展战略类型属于纵向一体化战略，包括前向一体化战略和后向一体化战略。

①前向一体化战略。“喜旺公司不断完善物流配送体系，将大量资金用于物流队伍、运输车队、仓储体系建设。到2011年，喜旺公司在全国各地建立7个一级物流中心和20多个二级物流中心，以及118个大型仓库”“进一步整合物流配送资源和能力，2014年3月，喜旺公司并购迅风物流，喜旺公司与国有邮政公司达成战略合作；2016年5月，喜旺公司并购‘快快’，实现‘两小时极速达’的个性化增值服务”。

喜旺公司实施前向一体化的动因：企业现有销售商的销售成本较高或者可靠性较差而难以满足企业的销售需要；“喜旺公司早期与大多数电商一样，采用第三方物流配送商品。随着商品年销售量的不断增加，第三方物流配送能力不足、每天数千单货物积压问题日益显著，严重影响服务质量和客户满意度”。

②后向一体化战略。“运用多种方式整合与完善商品采购与供给端。为了确保上游供给商品的质量与可靠性”。

喜旺公司实施后向一体化的动因：企业现有的供应商供应成本较高或者可靠性较差而难以满足企业对原材料、零件等的需求；“为了确保上游供给商品的质量与可靠性”。

（2）喜旺公司实施发展战略所采用的途径：

①内部发展（新建）。“喜旺公司决定自建物流体系，并于2007年投资2000万元建立东速快递公司，专为喜旺商城提供物流服务，服务范围覆盖200多座城市，东速快递公司的成立，大大提高了喜旺商城全国配送商品的速度，为喜旺商城的用户带来良好的体验”。

“2014年6月，喜旺公司投资智能体重体脂秤P产品；2015年5月，喜旺公司投资7000美元建立生鲜电商果园”。

②外部发展（并购）。“进一步整合物流配送资源和能力，2014年3月，喜旺公司并购迅风物流……2016年5月，喜旺公司并购‘快快’实现‘两小时极速达’的个性化增值服务”。

③战略联盟。“喜旺公司与国有邮政公司达成战略合作”“喜旺公司与国内最大海洋牧场微岛公司达成合作协议”“喜旺公司与国信医药公司合作”。

（3）战略联盟形成的主要动因：①促进技术创新。“喜旺公司可以与永芒超市共同提供O2O服务（即online线上网店和offline线下消费），因此双方还有较大的潜在合作空间”。②避免或减少竞争。“线上线下两大零售巨头原本是竞争对手”。③实现资源互补。“永芒超市是国内超市中最好的生鲜品供应商，拥有业内最低的生鲜品采购成本；永芒超市的门店超过350家，但还不能覆盖全国；喜旺公司可以与永芒超市共同提供O2O服务（即online线上网店和offline线下消费），因此双方还有较大的潜在合作空间”。

案例三：蓝海战略

小马驹农园

随着生活节奏的加快，生活在都市的人们越来越希望能有一方净土，在空闲的时光摆脱繁忙的工作，通过劳动来净化自己的心灵，回归到最简单的生活方式中。此外，消费者对有机农产品的需求与日俱增，而一些企业的不规范行为导致消费者对市场销售的有机农产品的真实性产生怀疑。

一种新型的社区支持型农业顺应这些需求而产生，其中以小马驹市民农园最为知名。小马驹市民农园成立于2008年。农园将农业、休闲业、教育产业融为一体，以会员制的模式运作，会员分为两种类型—配送份额会员和劳动份额会员。对于配送份额会员，农园提供配送服务，包括宅配和取菜点两种方式。宅配即配送到家，配送频率为每周一次或两次；小马驹在市区设立了三个取菜点，会员可以自行选择时间和取菜点。这些配送为消费者提供了便利，使他们享受到被关爱的体验。

劳动份额会员可以在空闲时间到农场耕种自己的园地，有儿童的家庭特别青睐这种亲近自然、家庭团聚、寓教于乐的模式，小马驹农园策划了很多节事活动，包括开锄节、立夏节、端午节、立秋节、中秋节、丰收节等，在这些节事活动中，对小朋友进行传统农耕文化教育，农园还开展了一些活动激发小朋友的兴趣，包括认识植物、喂养动物、挖红薯、拔萝卜、荡秋千、玩沙子、滚铁环、拔河、在野地里撒欢等，这些活动是孩子们在城市中不可能见到的。农园一角设立了一个大食堂，会员在劳动过程中，可以到食堂用餐，农园要求会员用餐后自己洗碗，洗碗用的不是洗涤灵，而是麦麸，更增添了农园天然质材环保的色彩。

小马驹市民农园新鲜的有机农产品去掉了中间商，可以直接被会员们购买，在传统农产品的激烈竞争中，确保了稳定的市场和农民可靠的收入来源。同时，由于降低了农产品物流和包装成本，会员们能够亲历有机农产品的生产过程，也满足了会员们能够放心地享用物美价廉有机农产品的消费需求。

要求：

（1）依据红海战略和蓝海战略的关键性差异，简要分析小马驹农园怎样体现蓝海战略的特征。

（2）依据蓝海战略重建市场边界的基本法则（开创蓝海战略的途径），简要分析小马驹农园如何在激烈的农产品生产领域，开创新的生存与发展空间。

【分析】

（1）①拓展非竞争性市场空间，规避竞争。“在传统农产品的激烈竞争中，确保了稳定的市场和农民可靠的收入来源”。

②创造并攫取新的需求。“随着生活节奏的加快，生活在都市的人们越来越希望能有一方净土，在空闲的时光摆脱繁忙的工作，通过劳动来净化自己的心灵，回归到最简单的家庭亲情的生活方式中。此外，消费者对有机农产品的需求与日俱增，而一些企业的不规范行为导致消费者对市场销售的有机农产品的真实性产生怀疑，一种新型的社区支持型农业应运而生”。

③打破价值与成本互替定律，同时追求差异化和低成本，把企业行为整合为一个体系。“小马驹市民农园新鲜的有机农产品去掉了中间商……也满足了会员们能够放心地享用物美价廉有机农产品的消费需求”。

(2) ①审视他择产业或跨越产业内不同的战略群体。“农园将农业、休闲业、教育产业融为一体……宅配和取菜点两种方式”。

②重新界定产业的买方群体。“小马驹市民农园新鲜的有机农产品去掉了中间商，可以直接被会员们购买”。

③放眼互补性产品或服务。“农园将农业、休闲业、教育产业融为一体”。

④重设客户的功能性与情感性诉求。“这些配送服务为消费者提供了便利，使他们享受到被关爱的体验”“有儿童的家庭特别青睐这种亲近自然、家庭团聚、寓教于乐的模式。小马驹农园策划了很多节事活动，对小朋友进行传统农耕文化教育”“农园还开展了一些活动激发小朋友的兴趣，这些活动是孩子们在城市中不可能见到的”“农园在一角设立了一个大食堂，会员在劳动过程中，可以到食堂用餐，农园要求会员用餐以后自己洗碗，洗碗用的不是洗涤灵，而是麦麸，更增添了农园天然质朴环保的色彩”。

⑤跨越时间参与塑造外部潮流。“一种新型的社区支持型农业顺应这些需求而产生，其中以小马驹市民农园最为知名”。

案例四：市场营销战略

M辣酱

原本是地方特产的辣椒调味品M辣酱，如今成了全国世界众多消费者佐餐和烹饪的佳品。甲公司在国内65个大中城市建立了省级、市级代理机构，2001年，甲公司产品已出口欧洲、北美、澳洲、亚洲、非洲多个国家和地区，一个曾经的“街边摊”，发展成一个上缴利税上亿元的国家级重点龙头企业。

M辣酱热销多年，无一家其他同类产品能与其抗衡，关键原因就在于其高度稳定的产品品质和低廉的价格。

配料和工艺流程严谨规范，保持产品风味，迎合消费者口味，甲公司对辣椒原料供应户要求十分严格，提供的辣椒全部要剪蒂，保证分装没有杂质。只要辣椒供应户出现一次质量差错，甲公司就坚决终止合作关系。为了确保原料品质与低成本的充足供应，甲公司在Z地区建立了无公害辣椒基地和绿色产品原料基地，搭建了一条“企业+基地+农户”的农业产业链，90%以上的原料来源于这一基地。

中低端消费人群是M辣酱的目标客户，与此相应的就是低价策略。M产品相继开发的十几种品类中，主打产品风味豆豉和鸡油辣椒，210g规格的锁定在8元左右，280g规格的占据9元左右价位。其他几种品类产品根据规格不同，大多也集中在7~10元的主流消费区间。M产品价格一直非常稳定，涨幅微乎其微。

多年来，M产品从未更换包装和瓶贴，甲公司的理念是，包装便宜，就意味着消费者花钱买到的实惠更多，而节省下来的都是真材实料的辣酱。事实上，M产品土气的包装和瓶贴，已固化为最受深入消费者内心的品牌符号。

甲公司不做广告，不搞营销活动。公司产品推广有两条绝招：一是靠过硬的产品，让消费者口口相传；二是靠广泛深入的铺货形成高度的品牌曝光，直接促成及时的现实销售。

甲公司的经销商策略极为强势：①先打款后发货，现货现款；②以火车皮为单位，量小不发货；③没有优惠政策支持，而且利润很低，一瓶甚至只有几毛钱；④大区域布局，一年一次经销商会。甲公司如此强势的底气来自产品，将产品做成了硬通货，经销商只要能拿到货，就不愁卖不出，流通速度快，风险小，是利润的可靠保障。

多年来，甲公司专注辣椒调味品制品，着力打造M品牌，坚持不贷款，不冒进，不投资控股其他企业，规避了民营企业创业后急于扩张，可能面对的各种风险，走出了一条传统产业中家族企业稳健发展的独特之路。

要求：

（1）简要分析甲公司发展战略的类型及其适用条件。

（2）简要分析甲公司的营销组合策略。

【分析】

（1）密集型战略。

①市场渗透——现有产品和现有市场。“坚守阵地”，这种战略强调发展单一产品，试图通过更强的营销手段来获得更大的市场占有率。“多年来，甲公司专注辣椒调味制品”。

对于甲公司而言，实施这一战略的主要条件是：

a.如果其他企业由于各种原因离开了市场，那么采用市场渗透战略比较容易成功。“M产品热销多年，其他产品无一能与其抗衡”。

b.企业拥有强大的市场地位，并且能够利用经验和能力来获得强有力的独特竞争优势，那么实施市场渗透战略是比较容易的。“M辣酱产品热销多年，关键原因就在于其高度稳定的产品品质和低廉的产品价格”。

c.当市场渗透战略对应的风险较低，且在需要的投资较少的时候，市场渗透战略也会比较适用。“多年来，甲公司专注辣椒调味制品……不投资控股其他企业，规避了民营企业创业后急于扩张可能面对的各种风险，走出了一条传统产业中家族企业稳健发展的独特之路”。

②市场开发——现有产品和新市场。市场开发战略是指将现有产品或服务打入新市场的战略。“甲公司在国内65个大中城市建立了省级、市级代理机构。2001年，甲公司产品已出口欧洲、北美、澳洲、亚洲、非洲等多个国家和地区”。

对于甲公司而言，实施这一战略的主要条件是：

a.存在未开发或未饱和的市场。“原本是地方特产的辣椒调味制品M辣酱，如今成了全国和世界众多消费者佐餐和烹饪的佳品”，说明地方特色产品开发为被全国乃至世界接受的产品。

b.企业在现有经营领域十分成功。“M产品热销多年，其他产品无一能与其抗衡，关键原因就在于其高度稳定的产品品质和低廉的产品价格”。

c.企业拥有扩大经营所需的资金和人力资源，企业存在过剩的生产能力。“甲公司在Z地区建立了无公害干辣椒基地和绿色产品原材料基地，搭建了一条‘企业+基地+农户’的农业产业链，90%以上的原料都来源于这一基地”“先打款后发货，现货现款，甲公司把产品做成了硬通货，只要能拿到货，就不愁卖，流通速度快”“不贷款”。

d.企业的主业属于正在迅速全球化的产业。“原本是地方特产的辣椒调味制品M辣酱，如今成了全国和世界众多消费者佐餐和烹饪的佳品”，说明地方特色产品变为全球化产品。

③产品开发—新产品和现有市场。这种战略是在原有市场上，通过技术改进与开发研制新产品。“M相继开发的十几种品类”。

对于甲公司而言，实施这一战略的主要条件是：

企业产品具有较高的市场信誉度和顾客满意度。“M产品热销多年，其他产品无一能与其抗衡，关键原因就在于其高度稳定的产品品质和低廉的产品价格”“M辣酱恰到好处地平衡了辣、香、咸口味，让大多数消费者所接受。M辣酱制作从不偷工减料，用料、配料和工艺流程严谨规范，保持产品风味，俘获消费者的舌尖。甲公司对辣椒原料供应户要求十分严格，提供的辣椒全部要剪蒂，保证分装没有杂质”。

（2）一体化战略。纵向一体化战略中的后向一体化，是指获得供应商的所有权或加强对其的控制权。“为了确保原料品质与供给，乡中情公司在乙地区建立了无公害干辣椒基地和绿色产品原材料基地，搭建了一条‘企业+基地+农户’的农业产业链，90%以上的原料都来源于这一基地”。

对于甲公司而言，实施这一战略的主要条件是：

a.企业现有的供应商供应成本较高或者可靠性较差而难以满足企业对原材料、零件等的需求。“为了确保原料品质与低成本的充足供给”。

b.企业所在产业的增长潜力较大。“一个曾经的‘街边摊’，发展成为一个上缴利税上亿元的国家级重点龙头企业”。

c.企业具备后向一体化所需的资金、人力资源等。“搭建了一条‘企业+基地+农户’的农业产业链”（说明企业具备人力资源）；“先打款后发货，现货现款，甲公司把产品做成了硬通货，只要能拿到货，就不愁卖，流通速度快”“不贷款”（说明现金流充足）。

d.企业产品价格的稳定对企业而言十分关键，后向一体化有利于控制原材料成本，从而确保产品价格的稳定。“M的价格一直非常稳定，价格涨幅微乎其微”“为了确保原料品质与低成本的充足供给”。

案例五：发展战略的实施途径

日升公司

日升公司于1995年成立，1996年在国内设立生产基地，建设了五个制造厂房。日升公司最初主要从事OEM代加工业务，为M国的客户FC公司贴牌生产家具配套及小巧家具组件。之后，公司业务扩展至餐厅及卧房家具，成为国内首家生产卧房家具的企业。1998年，日升公司单月出货量从100个货柜大幅提升至300个货柜，制造能力远远超过昔日家具业的龙头老大。

1999年以前，日升公司的家具几乎全部外销，只做OEM代加工业务而没有自己的品牌。公司在低附加值的经营中认识到打造自身品牌的重要性。1999年3月，日升公司在M国组建公司并创立公司品牌“LC”，主要从事中低端家具的生产和销售。然而，日升公司在M国自创品牌的成效并不显著。于是，公司先后实施四次跨国并购，获取了欧美知名企业的品牌、渠道、研发设计及制造能力等战略性资产，实现了从OEM向原始设计制造商OBM的升级。

2001年，日升公司斥资完成对原委托方FC公司的收购，直接进入M国中高档家具市场。2005年日升公司成功上市。上市后，公司市值从2004年的1.37亿美元跃升至2005年的3.69亿美元，增长2.69倍。在强大的资金和产能支持下，日升公司于2006年至2008年又先后收购国际三大品牌家具制造商。四次跨国收购使日升公司的产品组合由单一的中低端木制家具拓展为包含中低端、高端、顶级木制家具，以及沙发、酒店家具的组合；销售市场由M国扩展到欧洲。2000年和2008年，在国内设立研发中心的基础上，日升公司又分别在M国和欧洲设立了研发中心。

2007年以来，全球经济环境发生了很大变化。出于对国内市场潜力的判断，日升公司适时调整经营策略，决定在巩固海外市场的同时，进军国内市场。多年的国际化经验使日升公司在生产、设计、销售方面储备、积累了大量人才和经验。2008年日升公司在国内展会上全面亮相，展出专门针对国内市场开发的三大品牌——“日升家居”“日升家园”“日升屋”。2009年9月在国内建成了日升国际风尚馆。

日升公司在原有多个知名品牌的基础上，运用特许经营品牌、针对细分客户设立新品牌等策略，进一步巩固日升公司的OBM业务。2010年，日升公司开展酒店家具业务，并在J国和N国设立生产基地。2009年、2012年，日升公司先后推出特许品牌“PDH”和“PDK”；2011年，推出青年家具品牌“SM”；2012年，日升公司在M国推出特许品牌“MH”；2013年，推出特许品牌“WB”；2014年，推出婴儿家具品牌“SB”。日升公司的OBM业务约占总业务的90%。目前，日升公司在国内18个城市23家门店销售产品。国际市场仍然是日升公司的主要市场。

要求：简要分析日升公司“从OEM向OBM升级”所采用的发展途径。

【分析】

发展战略的实施途径有：内部发展（新建）、外部发展（并购）、战略联盟。

本案例中，日升公司涉及的有内部发展（新建）以及外部发展（并购）。

（1）内部发展（新建）。“1999年3月，日升公司在M国组建公司并创立公司品牌‘LC’，主要从事中低端家具的生产和销售”“2000年和2008年，在国内设立研发中心的基础上，日升公司又分别在M国和欧洲设立了研发中心”“2008年日升公司在国内展会，上全面亮相，展出专门针对国内市场开发的三大品牌——‘日升家居’‘日升家园’‘日升屋’。2009年9月在国内建成了日升国际风尚馆”“2010年，开展酒店家具业务，并在J国和N国设立生产基地。2009年、2012年，先后推出特许品牌‘PDH’和‘PDK’；2011年，推出青年家具品牌‘SM’；2012年，M国日升推出特许品牌‘MH’；2013年，推出特许品牌

‘WB’；2014年，推出婴儿家具品牌‘SB’”。

(2) 外部发展（并购）。“公司先后实施四次跨国并购，获取了欧美知名企业的品牌、渠道、研发设计及制造能力等战略性资产”“2001年，日升公司斥资完成对原委托方FC公司的收购，直接进入M国中高档家具市场”“在强大的资金和产能支持下，日升公司于2006年至2008年又先后收购国际三大品牌家具制造商”。

案例六：差异化战略与研发定位

信达公司

1992年，以家电研发、生产和销售为主业的信达公司确立了“技术立企”的发展战略。公司董事长程静强调：“那些只引进不研发、落伍了再引进的企业，没有追求，必死无疑”。信达公司拒绝参与彩电行业价格战，每年将销售收入的5%投入研发。公司实行奖金与开发成果挂钩的制度，将技术开发人员工资涨到一线工人的3倍。几十年来，在信达公司彩电业务的发展过程中，经历了四个关键的转折点。

(1) 2005年研发成功“中国芯”，中国首块拥有自主知识产权并产业化的数字视频处理芯片在信达公司诞生，彻底打破了国外芯片的垄断地位。2013年国内首款网络多媒体电视SOC主芯片研制成功并实现量产。2015年发布VP画质引擎芯片，使信达公司正式比肩国际行业巨头，成为中国拥有自主高端画质芯片的企业。

(2) 建成中国电视行业第一条液晶模组线，彻底扭转中国液晶模组几乎全部依赖外国企业的状况，率先完成平板电视上有产业链的突破。

(3) ULED电视与激光电视并行。其中，ULED显示技术是信达公司10年来对电视行业上游垄断发起的第3次突围战。凭借历时7年研发的激光电视提前锁定主动权，在全球大屏幕电视市场赢得了一席之地。

(4) 转型布局智能电视。2017年，信达公司推出的5代智系能统由简单的单向人机交互向更简洁的触控交互、智能交互发展，主动感知用户需求，实现智能化推荐。

信达公司以强大的研发实力为后盾，以优秀的销售团队为支撑，产品销售额与营销收入实现稳步增长。根据有关部门提供的信息，2018年，信达公司电视机的营业收入位居全球品牌第三位，国内品牌第一位。

要求：

(1) 简要分析信达公司所实施的竞争战略类型，并从资源和能力角度分析信达公司实行这一竞争战略的条件。

(2) 简要分析信达公司的研发定位。

【分析】

(1) 信达公司实施的是差异化战略。“信达公司拒绝参与彩电行业价格战，每年将销售收入的5%投入研发”。

资源和能力：

①具有强大的研发能力和产品设计能力。“每年将销售收入的5%投入研发”“2005年研发成功‘中国芯’建成中国电视行业第一条液晶模组线，彻底扭转了中国液晶模组几乎

全部依赖外企的状况”“‘ULED显示技术’是信达10年来对电视行业上游垄断发起的第3次突围战”。

②具有很强的市场营销能力。“信达公司以强大的研发实力为后盾，以优秀的销售团队为支撑，产品销售额与营销收入实现稳步增长。根据有关部门提供的信息，2018年，信达公司电视机的营销收入位居全球品牌第三位，国内品牌第一位”。

③有能够确保激励员工创造性的激励体制、管理体制和良好的创造性文化。“公司实行奖金与开发成果挂钩的制度，将技术开发人员工资涨到一线工人的3倍”。

④具有从总体上提高某项经营业务的质量、树立产品形象、保持先进技术和建立完善分销渠道的能力。“公司董事长程静说过：‘那些只引进不研发，落伍了再引进的企业，没有追求，必死无疑’”“在信达彩电业务的发展过程中，经历了4个关键的转折点”“与一些企业采取‘OEM’方式开发国际市场不同，信达公司国际化经营一开始就选择了打造自主品牌的道路。2007年以来，信达自主品牌产品在海外收入同比增21.3%”“进一步巩固了信达电视业务在全球的领先地位”。

（2）研发定位包括：①成为向市场推出新技术产品的企业；②成为成功产品的创新模仿者；③成为成功产品的低成本生产者。

本案例中，信达公司的研发定位包括：

①成为向市场推出新技术产品的企业。“凭借历时7年研发的激光电视提前锁定主动权，在全球大屏幕电视市场赢得了一席之地”。

②成为成功产品的创新模仿者。“2005年研发成功‘中国芯’，中国首块拥有自主知识产权并产业化的数字视频处理芯片在信达公司诞生，彻底打破了国外芯片的垄断地位。2013年国内首款网络多媒体电视SOC主芯片研制成功并实现量产”。

案例七：综合知识

科通科技公司

资料一：2010年4月，由6名工程师、2名设计师组成的联合团队创建的科通科技公司正式成立。公司成立之初，公司CEO与股东们有了一个想法，要做一款设计好、品质好、价格便宜的智能手机。

2010年的手机市场，还是国际品牌的天下，功能机仍是主体，智能手机的价格至少在3000~4000元。虽然也有一些国产品牌手机，但大多数是低质低价的山寨机。

首先，为了开发物美价廉的智能手机，科通公司运用互联网工具，让用户参与到手机硬件的设计、研发之中，通过用户的反馈意见，了解市场的最新需求。而此前其他公司的研发模式都是封闭的，动辄一两年，开发者以为做到了最好，但其实未必是用户喜欢的，而且一两年时间过去，市场很可能已经变化。其次，坚持做顶级配置，真材实料，高性能，高体验，强调超用户预期的最强性价比。再次，以品牌和口碑积累粉丝，靠口口相传，节省大量广告费用。最后，开创了官网直销预定购买的发售方式，不必通过中间商，产品可以直接送到消费者手上，省去了实体店铺的各种费用和中间的渠道费用。

2011年8月16日，科通公司发布了第一款“为发烧而生”的科通手机。这款号称顶级配置的手机定价只有1999元。几乎是同配置手机价格的一半。科通手机2012年实现销售量719万部。2014年第二季度，科通手机占据国内智能手机市场的第一名，科通公司也成为全球第三大手机厂商。

短短5年时间，科通公司的估值增长了180倍，高达460亿美元。科通成为国内乃至全球成长最迅猛的企业，一度是全国估值最高的初创企业。CEO总结科通公司成功的秘诀是"用互联网思维做消费电子，这是科通在过去5年取得成绩的理论基础"。在CEO看来，"互联网思维"体现在两个关键点上：一是用户体验，利用互联网接近用户，了解他们的感受和需求；二是效率，利用互联网技术提高企业的运行效率，使优质的产品以高性价比的形式出现，做到感动人心、价格厚道。

科通的成功模式成为各行各业观摩学习的范本，大量企业开始对标科通，声称要用科通模式颠覆自己所在行业。"做XX行业的科通"，成为众多企业的口号。

资料二：

然而，在2015年，迅猛增长的科通遇到了前所未有的危机。一方面，销量越来越大就意味着要与数百个零部件供应商建立良好高效的合作协同关系，不能有丝毫闪失。而科通的供货不足、发货缓慢被指为"饥饿营销"，开始颇受质疑。另一方面，竞争对手越来越多、越来越强大。H公司推出的互联网手机品牌R手机成为科通手机强劲的对手。O公司和V公司也借助强大的线下渠道开始崛起。芯片供应商G公司的一脚急刹车成为导火线。在经历了5年的超高速增长后，2015年下半年，科通公司放缓了飞速前进的脚步。由于市场日趋饱和，整个智能手机行业的增速下滑，虽然科通手机2015年7000万部的销量依然是国内出货量最高的手机，但CEO在年初喊出的8000万部销量的目标没能实现。

科通手机销量下滑的趋势并没有止住。2016年，科通手机首次跌出全球出货量前五；在国内市场，科通手机也从第一跌到了第五，季度出货量跌幅一度超过40%，全年出货量暴跌36%。而这一年，以线下渠道为主的O公司和V公司成为手机行业的新星，其手机出货量不仅增幅超过100%，而且双双超过科通公司进入全球前五、国内前三。

因为增速放缓，一直被追捧的科通模式在这一年开始遭遇前所未有的质疑。科通公司似乎自己也乱了节奏，在渠道、品牌和产品等方面都出现了不少问题。

科通公司认识到过于迅猛的发展背后还有很多基础没有夯实，亟待主动减速、积极补课。2016年，科通公司内部开始进行架构和模式多维调整。

(1) CEO亲自负责科通手机供应链管理。前供应链负责人转任首席科学家，负责手机前沿技术研究。这意味着科通公司从组织架构上加大对供应链的管理力度。

(2) 开启"新零售"战略。所谓新零售就是指通过线上线下互动融合的运营方式，将电商的经验和优势发挥到实体零售中。让消费者既能享用线下看得见摸得着的良好体验，又能获取电商一样的低价格。截至2018年3月10日，全国范围内已有330个实体店科通之家，覆盖186座城市。

(3) 早年一直坚持口碑营销从未请过代言人的科通公司在2016年开始改变策略，先后邀请几位明星作为代言人，赢得不少新老客户。

2017年科通公司开始重新恢复高速增长。2017年第二季度，科通手机的出货量环比增长70%，达2316万部，开创了科通手机季度出货量的新纪录。2017年第四季度，在其他全球前五名的智能手机厂商出货量全部负增长的情况下，科通手机出货量增长96.9%。

资料三：

2014年，科通公司CEO开始意识到“智能硬件”和“万物互联”可能是比智能手机更大的发展机遇。于是，科通公司开启了科通生态链计划，运用科通公司已经积累的大量资金，准备在5年内投资100家创业公司，在这些公司复制科通模式。

科通公司抽出20名工程师，让他们从产品的角度看待拟投资的创业公司，通过与创业公司团队的沟通，了解这家公司的未来走向。科通生态链团队不仅做投资，而且是一个孵化器，从ID、外观、结构、硬件、软件、云服务、供应链、采购、品牌等诸多方面给予创业公司全方位的支持。这些创业公司有一大半是科通生态链团队从零开始孵化的。但是，科通公司并没有控股任何一家科通生态链公司，所有的公司都是独立的。这样有利于在统一的价值观和目标下，生态链企业各自发挥技术创新优势，同时降低科通公司整体内部协调成本，规避经营风险。

科通生态链的投资主要围绕以下5大方向：①手机周边，如手机的耳机、移动电源、蓝牙音箱；②智能可穿戴设备，如科通手环、智能手表；③传统家电的智能化，如净水器、净化器；④酷玩类产品，如平衡车、3D打印机；⑤生活方式类，如科通插线板。

2016年，科通生态链宣布使用全新的麦家品牌，除了手机、电视、路由器等继续使用科通品牌，科通生态链的其他产品都将成为“麦家”成员。2016年，科通生态链企业的总营业收入超过了150亿元。至2018年5月，科通已经投资了90多家生态链企业，涉足上百个行业。在移动电源、空气净化器、可穿戴设备、平衡车等许多新兴产品领域，麦家的多个产品已做到全球数量第一。科通生态链公司也出现多个独角兽（指那些估值达10亿美元以上的初创企业）。

由于科通品牌给人们高性价比的印象已经根深蒂固，因而不少人认为科通生态链企业的产品无法赢利。但实际上，科通生态链企业已经有多家实现盈利。这是因为科通公司利用其规模经济带来的全球资源优势帮助这些生态链企业提高效率。科通公司运用其全球供应链优势能够让生态链上的小公司瞬间拥有几百亿供应链提供的能力。

科通公司还建成了全球最大消费类平台，连接超过1亿台智能设备。通过这种独特的战略联盟模式，科通公司投资和带动了更多志同道合的创业者，围绕手机业务构建起手机配件、智能、生活消费产品三层产品矩阵；科通公司也从一家手机公司过渡到一个涵盖众多消费电子产品、软硬件和内容全覆盖的互联网企业。2018年4月，科通公司成功上市。

要求：

（1）依据“战略钟”理论，简要分析科通智能手机与科通生态链产品所采用的竞争战略类型；依据信息技术与竞争战略关系的相关理论，简要分析科通智能手机与科通生态链产品所采用的竞争战略的实施条件。

（2）简要分析科通公司2016年所采用的收缩战略（撤退战略）的主要方式。

（3）简要分析科通生态链所采用的发展战略的类型及其优点、途径及该途径的动因。

【分析】

(1) 战略钟理论包括：成本领先战略（低价低值战略和低价战略）、差异化战略（高值战略和高值高价战略）、混合战略和失败的战略。

①科通智能手机实施的是混合战略，即在为顾客提供更高的认可价值的同时，获得成本优势。“为了开发物美价廉的智能手机，科通公司首先运用互联网工具，让用户参与到手机硬件的设计、研发之中，通过用户的反馈意见，了解市场的最新需求”“2011年8月16日，科通公司发布了第一款‘为发烧而生’的科通手机。这款号称顶级配置的手机定价只有1999元。几乎是同配置手机价格的一半”。

②科通生态链产品实施的也是混合战略。“在统一的价值观和目标下，生态链企业各自发挥技术创新优势，同时降低科通公司整体内部协调成本，规避经营风险”“由于科通品牌给人们高性价比的印象已经根深蒂固，因而不少人认为科通生态链企业的产品无法赢利。但实际上，科通生态链企业已经有多家实现盈利”。

(2) 收缩战略的类型包括：紧缩与集中战略、转向战略、放弃战略。

科通公司2016年采取的有：

①紧缩与集中战略中的机制变革：“CEO亲自负责科通手机供应链管理，前供应链负责人转任首席科学家，负责手机前沿技术研究。这意味着科通公司从组织架构上加大对供应链的管理力度”。

②转向战略中的调整营销策略：“开启‘新零售’战略。所谓新零售就是指通过线上线下互动融合的运营方式，将电商的经验和优势发挥到实体零售中”“早年一直坚持口碑营销从未请过代言人的科通公司在2016年开始改变策略，先后邀请几位明星作为代言人，赢得不少新老客户”。

(3) 科通生态链采取的发展战略的类型是多元化战略中的相关多元化战略。“科通公司开启了科通生态链计划，运用科通公司已经积累的大量资金，准备在5年内投资100家创业公司，在这些公司复制科通模式”“科通生态链的投资主要围绕以下5大方向：①手机周边，如手机的耳机、移动电源、蓝牙音箱；②智能可穿戴设备，如科通手环、智能手表；③传统家电的智能化，如净水器、净化器；④酷玩类产品，如平衡车、3D打印机；⑤生活方式类，如科通插线板”。

科通公司采用相关多元化战略的优点有：①当企业在原产业无法增长时找到新的增长点。“科通开始意识到‘智能硬件’和‘万物互联’可能是比智能手机更大的发展机遇”；②利用未被充分利用的资源，“运用科通公司已经积累的大量资金”；③运用盈余资金，“运用科通公司已经积累的大量资金”。

发展战略的途径包括内部发展（新建）、外部发展（并购）、战略联盟。科通生态链采取的是股权式战略联盟。“准备在5年内投资100家创业公司”。

科通公司采用股权式战略联盟的动因：①促进技术创新，“生态链企业各自发挥技术创新优势”；②避免经营风险，“规避经营风险”；③实现资源互补，“科通生态链团队不仅做投资，而且是一个孵化器，从ID、外观、结构、硬件、软件、云服务、供应链、采购、品牌等诸多方面给予创业公司全方位的支持。这些创业公司有一大半是科通生态链团队从零开始孵化的”；④降低协调成本，“同时降低科通公司整体内部协调成本”。

知识梳理

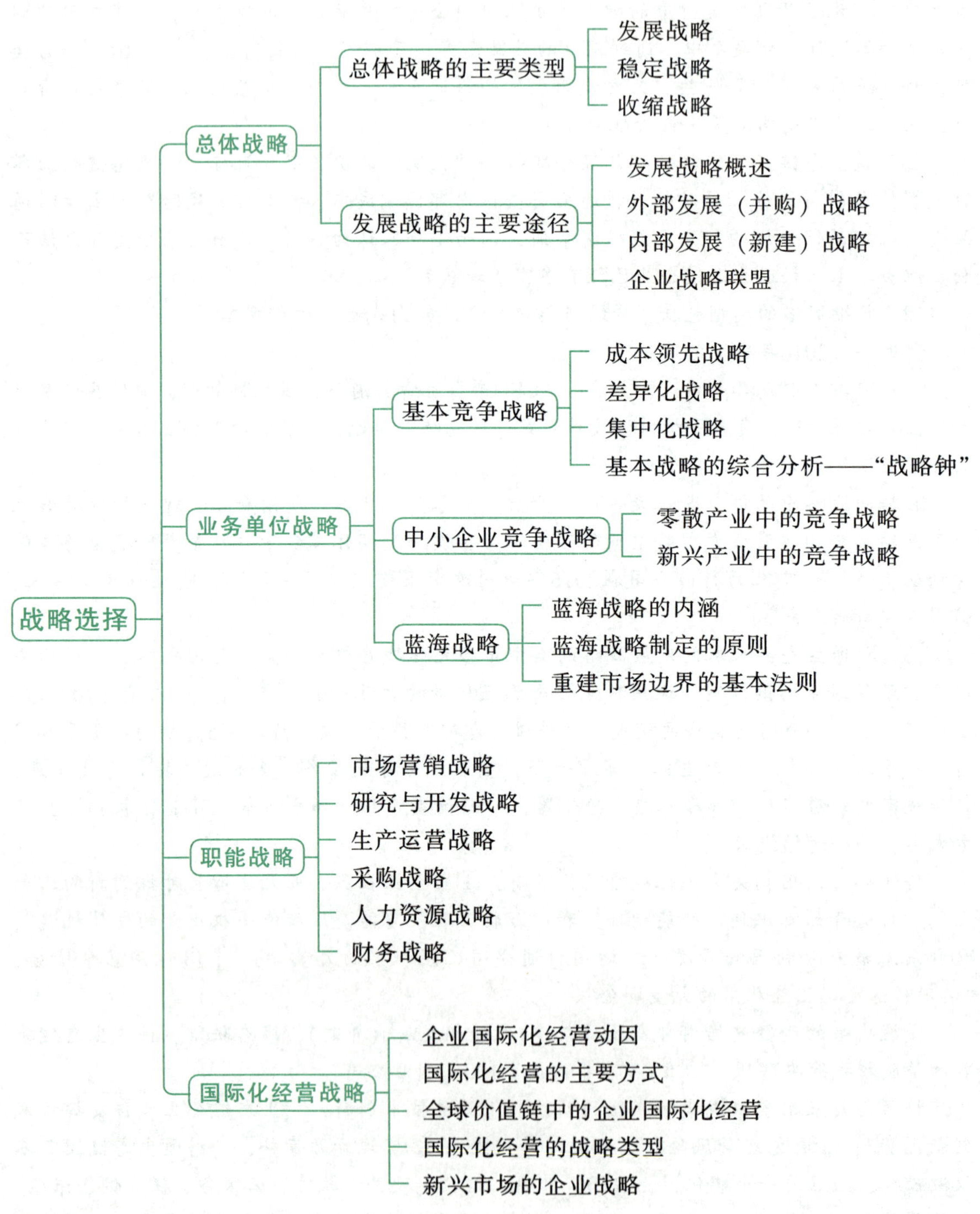
战略选择
总体战略
总体战略的主要类型
发展战略
稳定战略
收缩战略
发展战略的主要途径
发展战略概述
外部发展（并购）战略
内部发展（新建）战略
企业战略联盟
业务单位战略
基本竞争战略
成本领先战略
差异化战略
集中化战略
基本战略的综合分析——“战略钟”
中小企业竞争战略
零散产业中的竞争战略
新兴产业中的竞争战略
蓝海战略
蓝海战略的内涵
蓝海战略制定的原则
重建市场边界的基本法则
职能战略
市场营销战略
研究与开发战略
生产运营战略
采购战略
人力资源战略
财务战略
国际化经营战略
企业国际化经营动因
国际化经营的主要方式
全球价值链中的企业国际化经营
国际化经营的战略类型
新兴市场的企业战略

第四章 战略实施

本章概述

本章主要介绍了企业在实施战略过程中所具备的支持性条件，包括企业的组织结构、企业文化、企业对整体绩效的控制方法以及数字化技术在战略转型中的应用。本章所涉及的主要考点有组织结构中的纵横向分工、企业对业绩的考核以及战略控制，属于比较重要的章节。本章题型主要涉及客观题和案例分析。本章内容难度适中，但仍然需要一定时间精力记忆知识点，要求考生理解并熟练掌握重要知识点。

第一节 公司战略与组织结构

一、组织结构的构成要素

组织结构是组织为实现共同目标而对内部要素进行的各种分配协调的系统。它主要以集权和分权的形式对企业生产经营活动进行组织和控制，可以在充分发挥各组成部分作用的同时达到整体效果的最优化，并根据行业和企业规模两大标准划分出不同的组织结构。因此，组织结构的基本构成要素为分工和整合。

（一）分工

分工，是指企业为创造价值而对其人员和资源的分配方式。这种分配方式是一种专业化分工，将不同的人划分到不同的部门，不同的人分配做不同的事，让专门的员工完成对应部分，便可实现应有的价值。划分越多越专业化，企业的分工程度就越高，工作效率也越高。企业组织分工主要包括纵向分工和横向分工。

1.纵向分工

企业能够正常运转离不开高层管理人员的领导、决策以及职权的分配，作为把控全局的重要角色，其作用在企业运营过程中具有不可替代性。这样的客观存在使纵向分工成为必备。例如，没有高层领导的指挥，各部门的人员便无法开展工作，甚至演变成一盘散沙。

2.横向分工

企业运行有效的最佳状态是把合适的人放在适合的岗位同时进行企业资源的分配，在充分发挥各自优势的基础上相互配合着完成各项工作。正是因为有了这种职责明确的分工，才能够实现企业的价值最大化。例如，专门做销售业务的部门应该与专门负责财务的部门分离，既提高了工作效率，也调动了员工的积极性。

（二）整合

整合，是指为实现企业的预期目标而将各部分资源进行整顿、协调并重新组合的过程，这里的资源包括了人员和生产要素。企业在生产经营过程中需要经常进行资源的搭配组合，根据不同的情况，安排适合的人员和部门，高效完成企业战略性规划。例如，在准备投资新项目时，企业应该从相关部门抽调部分员工组成临时团队，一起合作完成投资目标。

【提示】分工是将职工进行专业化细分的过程，而整合则是对具备各专业化职能的职工进行重新组合的过程。

二、纵横向分工结构

（一）纵向分工结构

1.纵向分工结构的基本类型

纵向分工，是指企业高层管理人员为了有效地贯彻执行企业的战略，选择适当的管理层次和正确的控制幅度，并说明连接企业各层管理人员、工作以及各项职能的关系。

纵向分工主要包括高长型组织结构和扁平型组织结构两种形式。

纵向分工结构的基本类型相关内容如表4–1所示。

表4–1　纵向分工结构的基本类型

基本类型	定义	优点	缺点
高长型组织结构	管理层次较多而每个管理层次的控制幅度较窄	能使企业内部控制得到有效的管理和实施	不能及时感知外部市场变化，反应较慢
扁平型组织结构	管理层次较少但是每个层次的控制幅度较宽	可以快速及时的感知外部市场变化并作出回应	企业管理不易有效实施，容易造成管理失控

2.纵向分工结构组织内部的管理问题

1）集权与分权

集权与分权，即权力的集中与分散。在企业组织中，不同的企业会根据各自的情况选择其适合的权力分配模式，而关键点在于把握权力运用的“度”，既不能管得太严，又不能过于松散，这就需要管理者站在战略发展角度，有效处理好集权和分权的关系。纵向分工结构中集权与分权的对比情况如表4–2所示。

表4-2 纵向分工结构中集权与分权情况对比

类型	定义	特点	优点	缺点	适用情形
集权	集权，是指决策权完全归属于最高管理者，而基层管理者只负责执行的管理模式	属于高长型组织结构	(1) 有利于各职能间决策的有效协调； (2) 有利于上下级沟通形式的规范化； (3) 有利于与企业的预期目标达成一致； (4) 有助于实现规模经济； (5) 特殊情况下高层管理者能快速作出决策； (6) 适用于由外部机构实施密切监控的企业，因为所有的决策都能得以协调	(1) 限制了基层管理者的职业发展； (2) 高级管理层容易忽视个别部门的不同要求； (3) 层级汇报导致信息传递时间长，可能错失决策最佳时机	产品线数量有限且关系较为密切的企业
分权	分权，是指为激发现代企业底层组织的主动性和积极性，将部分生产经营决策的权力分给下属组织，最高领导层只需掌握集中少数、关系全局利益的重大问题和决策权	属于扁平型组织结构	(1) 有利于激励员工，提高其积极性和创造性； (2) 提高了企业对外部市场的反应速度； (3) 避免了权力过于集中造成的决策局限； (4) 减少了信息传递过程中的失真情况，保证沟通快速、有效进行	(1) 难以执行统一，标准一致容易造成各自为政； (2) 可能出现部门之间的恶性竞争，使组织的整体利益易受到威胁	产品线数量较多或多元化经营的企业

【提示】公司采用集权型组织还是分权型组织并非简单依据其采取的组织结构的类型(如是事业部结构还是职能部结构)，现实中的权力分配还需要根据级别和岗位的不同进行适当调整。此外，决策权的大小不仅与责任承担有关，还与企业文化密不可分，企业需要将这些因素进行综合考虑才能最终确定适合的管理模式。

【例1】(多选·2021) 建平公司专注于铁路、电力、矿产、石油、机场、港口等行业的工程总承包业务，拥有3000多名员工，设有业务员，部门经理，总经理等三个管理层级，各层级被充分授权。下列各项中，属于该公司组织类型优点的有（ ）。

A.易于协调各职能间的决策

B.危急情况下能够做出快速决策

C.有利于减少信息沟通障碍，提高企业反应能力

D.有利于调动管理人员的积极性

【答案】CD

【解析】“拥有3000多名员工，设有业务员，部门经理，总经理等三个管理层级，各层级被充分授权”可以判断出建平公司组织类型属于扁平型组织结构。分权型结构减少了信息沟通的障碍，提高了企业反应能力，能够为决策提供更多的信息并对员工产生激励效应，选项C当选。在扁平型结构中，一般管理人员拥有较大的职权，并可对自己的职责负责，效

益也可以清楚地看出，并有较好的报酬。因此，扁平型结构比高长型结构更能调动管理人员的积极性，选项D当选。选项A、B属于高长型组织的优点。

2）中层管理人员人数

分权和集权组织结构之间最大的区别在于组织层次和决策链，不同的企业对应的模式也不相同。高长型的结构存在较多的管理层，随着中层管理者数量的增加，其管理费用也会随之上升。此时的企业为了降低成本费用，会对组织架构进行调整，适当减少不必要的层次，最终达到效率优化。

3）信息传递

信息传递是现代化管理的基本要求，企业内部信息传递属于企业正常运转中不可或缺的部分。信息一般很难实现完整的传输，企业内部管理层次越多，信息在传递过程中发生变化的可能性就越大，信息的错误会增加企业相关费用。因此，企业在选择高长型组织结构时，应给予特别重视。

4）协调与激励

关于协调，企业的管理层次对部门间的沟通交流具有一定影响作用。例如，管理层次越多，需要层层沟通的部门就越多，这便增加了企业沟通成本。另外，在执行决策过程中，传输链条越长，各方协调难度就越大，执行效率也会大大降低。

关于激励，一般企业对员工进行激励会采取晋升的方式，这与组织结构的类型密切相关。具体来看，由于高长型的组织结构增加了员工的上升跨度，出于自身利益考虑，员工的积极性也会相应地减少，而扁平型的组织结构则会明显调动员工的积极性，同时，还能避免管理者之间互相推诿的现象。

（二）横向分工结构

1.横向分工结构的基本类型

横向分工结构，是指企业对工作任务进行的一种简单分解，主要解决的是工作量和专业化分工问题。根据企业情况，可以总结出八种组织结构的基本类型，分别是创业型组织结构、职能制组织结构、事业部制组织结构、M型企业组织结构（多部门结构）、战略业务单位组织结构（SBU）、矩阵制组织结构、H型结构（控股企业/控股集团组织结构）和国际化经营企业的组织结构。

1）创业型组织结构

创业型组织结构，是一种出现在企业成立初期、结构简单的组织结构。主要负责人对下属进行垂直领导，工作任务无明确分工，企业成功的关键在于领导者的个人能力。

创业型组织结构优点包括：（1）结构简单，命令统一；（2）上下级之间沟通便捷有效。

创业型组织结构缺点包括：（1）对管理人员的能力要求较高，需要掌握各方面的知识和技能；（2）员工之间缺乏专业分工，不能形成大规模的标准化作业；（3）该类型组织结构对商业环境应变能力较弱。

创业型组织结构适用于生产技术简单或初创期的小规模企业，如小吃店、服装店。

2）职能制组织结构

职能制组织结构，是一种普遍存在于现代企业管理中的组织结构，主要通过在企业内部各管理层次设置职能部门，在各自业务范围内高层领导向下级发布命令，实行集中控制和指挥。这种结构是在创业型组织结构基础上的转变，具有相对规范化和专业化的特点。

职能制组织结构优点包括：（1）能够将同类业务集中到同一部门，责任分工明确，利于建立有效的工作秩序，提高工作效率，实现规模经济；（2）通过反复做同一类型工作，有利于提高员工工作能力，进一步培养职能专家；（3）由于各部门职责明确，有利于董事会对各部门的监控。

职能制组织结构缺点包括：（1）过度细分的职能使得各部门之间协调较为困难；（2）难以准确计算出某类产品的盈亏数额；（3）由于职能划分使各部门的合作以各自利益为目标，容易引发相互之间的冲突，导致部门之间各自为政；（4）等级层次以及集权化的决策制定机制会减缓企业对外部市场变化的反应速度。

职能制组织结构适用于业务或产品品种单一的企业，如电子产品厂、食品厂。

职能制组织结构如图4–1所示。

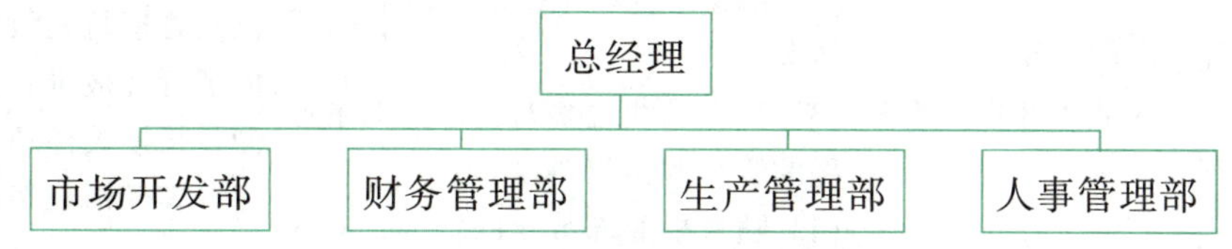

图4–1 职能制组织结构

3）事业部制组织结构

随着规模的不断扩大，企业逐步发展出多个产品线。与此同时，市场的扩张使得区域之间的交流活动更加频繁，此时跨区域之间的经营便对协调存在一定阻碍。为了进一步提高企业的运营效率，减少不必要的资源耗费，事业部制模式应运而生。事业部制组织结构实行“集中决策、分散经营”的方式。事业部制组织结构一般根据产品、市场或地区划分出不同的事业部，主要细分为以下三个基本类型：区域事业部制、产品/品牌事业部制以及客户/市场细分事业部制。事业部制组织结构不同类型情况如表4–3所示。

表4–3 事业部制组织结构

类型	区域事业部制	产品/品牌事业部制	客户/市场细分事业部制
含义	区域事业部制，是一种按照地理位置划分的事业部结构，一般分为本地区域（如以城市作为细分）或国家区域两种	产品/品牌事业部制，是一种以产品类型划分的事业部制结构，这些产品一般具有代表性，在市场上有较强的生命力和竞争力	客户/市场细分事业部制，是一种以客户群体或市场种类为划分标准的事业部制结构，一般该类划分与销售型企业或销售部门相关

续表

类型	区域事业部制	产品/品牌事业部制	客户/市场细分事业部制
优点	(1) 有利于企业与客户之间的沟通，提高了地区决策的效率； (2) 相比于总部统一管理的模式，通过建立地区工厂或办事处会削减成本费用； (3) 设立海外事业部的企业能够提高其国际化经营的能力	(1) 该事业部经理能够更加有效地对产品或品牌的生产和销售进行协调和配合； (2) 各事业部能够专注于自身擅长的领域，可逐步推进企业产品差异化的实现； (3) 在经营出现问题或进行战略规划时，其出售或关闭行为需要协调的方面较少	(1) 各事业部能够专注于各自的客户或市场，对市场的适应能力较强，能够迅速对市场变化作出反应； (2) 事业部高层管理者能够及时了解本部情况，决策执行效率高
缺点	(1) 管理成本的重复； (2) 对于跨区域大客户的事务较难处理	(1) 由于某些资源有限，各个事业部之间可能会产生竞争性摩擦； (2) 管理成本存在重复和浪费的情况； (3) 当产品线过多时，总部对事业部的管理和协调难度大； (4) 随着事业部数量的增加，各事业部的发展模式会受到局限，高层也丧失对整体的判断	(1) 管理机构设置较多，增加了管理成本； (2) 长期关注单一领域，管理者容易形成短视行为
适用情况	企业在不同地理区域内开展业务。如华南事业部、华东事业部、西南事业部等	拥有较多产品生产线的企业，如电脑事业部、手机事业部等	主业为销售或拥有较多销售业务的企业，如客户事业部(企业客户)、直销事业部(个人客户)

【提示】在事业部制的组织结构中，品牌也可作为细分对象。品牌是设计的代名词，它代表了一种独特的市场地位，主要用于区分制造商或供应商的产品或服务，是一种差异化较为明显的事业部类型。区域事业部制结构和产品/品牌事业部制结构如图4-2、图4-3所示。

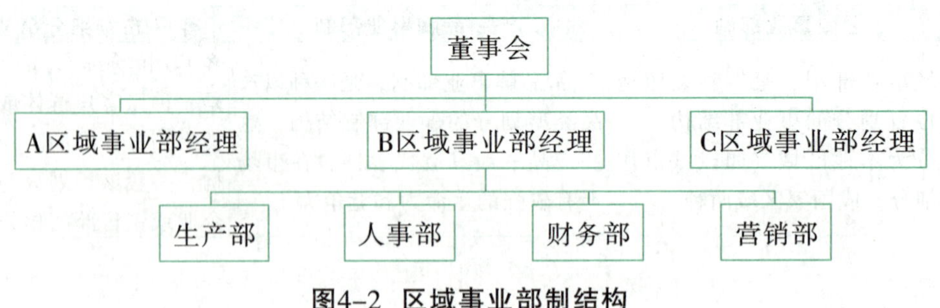

图4-2 区域事业部制结构

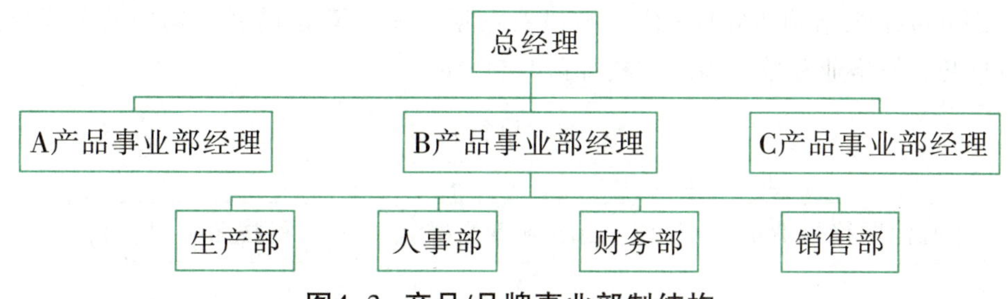

图4-3 产品/品牌事业部制结构

4）M型组织结构（多部门结构）

M型组织结构又称多门结构。随着产品线的不断增加，企业规模不断扩张，使得原有事业部结构不再适用。此时具有多个产品线的企业开始优化结构，将企业划分为若干个事业部，每一个事业部负责一个或多个产品线。M型组织结构如图4-4所示。

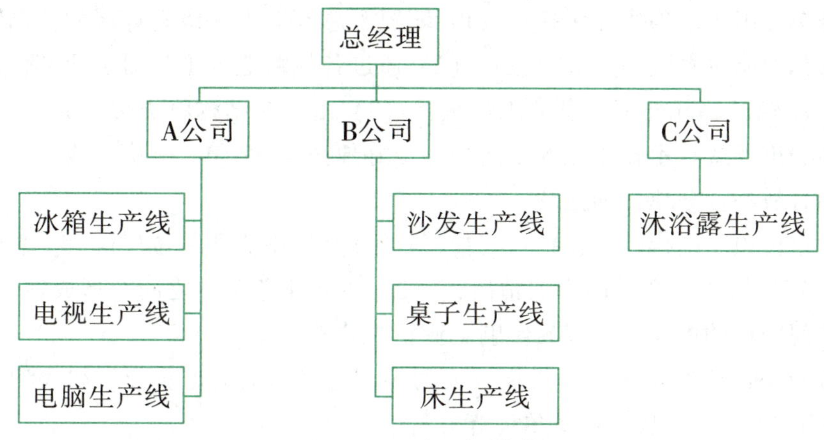

图4-4 M型组织结构

M型组织结构优点包括：（1）有利于企业的可持续发展；（2）随着产品线的更替，部分新产品线整合到现有的事业部，另一部分可能为新开发的事业部奠定了基础。通过对相关事业部进行划分归类，首席执行官之下的部员所领导的事业部数量大大减少，有利于减轻企业总部的工作量；（3）职权通过总部依次分派，有利于职权的逐级划分；（4）易于对事业部之间的绩效进行评估和比较。

M型组织结构缺点包括：（1）由于相关事业部之间情况不同，总部在分配企业的管理成本时较为棘手，甚至略带主观性；（2）各事业部之间可能会因为争夺有限资源而产生不必要的竞争和摩擦；（3）在确定事业部之间的产品内部转移价格时会产生冲突。

M型组织结构适用于产品相关的多元化经营的企业，如白色家电事业部、小家电事业部。

【提示】转移价格，是指一个事业部向另一事业部提供的产品或部件所收取的价格。销售方倾向于提高转移价格来获取高额利润，而购买方则希望减少支付价款来降低成本，由此形成了一种潜在的冲突。

5）战略业务单位组织结构

战略业务单位组织结构（SBU），是指企业在将一系列产品线归类的基础上，分设各事业部的战略业务单位，有针对性地把握事业部整体战略发展，是M型结构的进一步优化。

但战略业务单位组织结构与M型组织结构没有本质区别，只是前者结构中的公司比后者负有更多的职责。战略业务单位组织结构如图4–5所示。

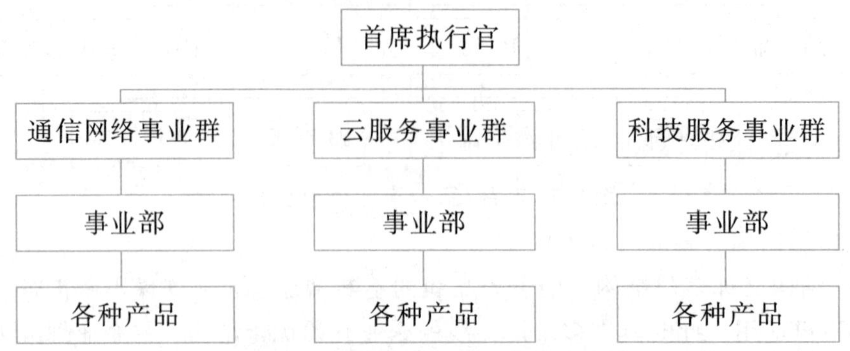

图4–5 战略业务单位组织结构

战略业务单位组织结构优点包括：（1）缩短了总部对下一级管理层的控制跨度，从管理多个事业部到控制少数战略业务单位；（2）通过各战略业务单位对事业部信息的汇总整理最终上报，减轻了总部处理信息的工作量；（3）由于该结构将类似产品线进行了整合，使得相关产品、市场或技术在事业部之间能够很好地协调；（4）解决了成本分摊问题，能够更好地考核各战略业务单位的业绩。

战略业务单位组织结构缺点包括：（1）新设置的战略业务单位层拉大了总部与产品的距离，不利于管理层了解产品的真实情况；（2）战略业务单位之间会形成新的竞争格局，增加了相互之间摩擦的可能性，容易影响企业整体绩效。

战略业务单位组织结构适用于规模较大的多元化经营的大型企业。如大型电商企业中的B2B战略业务单位、C2C战略业务单位等。

6）矩阵制组织结构

矩阵制组织结构，是指该结构主要以横纵两个方向上的管理体系组成，纵向是职能制形式，横向是各层级的管理系统。该结构是为了经常处理复杂项目中的一些问题而设立的，是在职能制结构的基础上优化而来，在该结构下员工有两个直接上级。

矩阵制组织结构如图4–6所示。

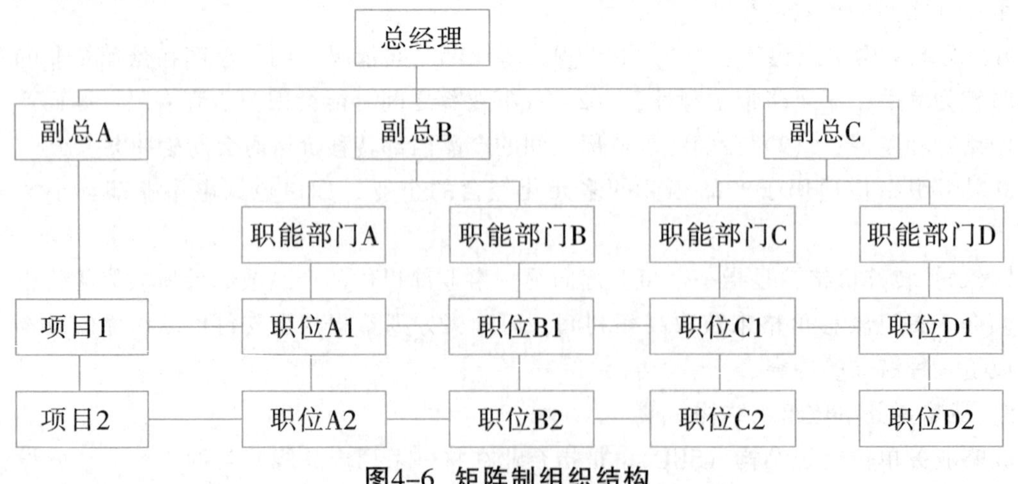

图4–6 矩阵制组织结构

矩阵制组织结构优点包括：（1）通过项目经理的直接领导，员工之间沟通交流更顺畅，项目更加容易成功；（2）有效连接起项目主管和职能主管，使产品决策更有质量；（3）提高了各职能部门之间的交流协作，加强了技术和业务方面的融合；（4）有利于突出重点项目，对产品和市场的关注更有针对性，使任务实施更加有效；（5）由于拥有多重身份，职能专家不再局限于各自领域。

矩阵制组织结构缺点包括：（1）员工多重身份容易导致项目中的职责划分问题，难以在职能工作和项目工作中进行协调；（2）对于拥有双重身份的管理者，其管理范围和权力划分不清，容易为管理者带来不必要的冲突；（3）由于会分离出部分权力，管理层从心理上可能很难接受这种交叉式结构，形成一种危机感；（4）项目管理的出现增加了协调产品和职能工作的各项成本，进而影响了决策的效率。

矩阵制组织结构适用于具有较多项目、产品发展速度快且具有创新性质的灵活多变型企业。如咨询公司中的财务咨询小组、生产咨询小组、管理咨询小组等。

7）H型结构（控股企业/控股集团组织结构）

H型结构，是指该结构是一种高度分权的组织模式，相当于通过控股方式对部分大型的战略业务单位单独设立公司，分别独立经营核算，子公司具有独立法人资格。这种结构下的控股公司很少参与分、子公司经营决策，分、子公司自主性较高。

H型结构优点包括：（1）业务单元具有较大的自主经营权，有利于提高各单位的积极性和创新性；（2）有利于分散总公司的投资风险；（3）由于总公司设置简单，减少了大量的总部管理费用。

H型结构缺点包括：（1）总部集团公司员工较少或结构较简单，服务体系一般不够齐全；（2）由于总部管理权受限，缺乏对各分、子公司的了解控制。

H型结构适用于大型控股公司或控股集团公司。如大型房地产投资集团下设的企业管理咨询有限公司、建筑技术有限公司、基础设施投资公司等。

8）国际化经营企业的组织结构

上述七种企业组织结构已覆盖了大部分企业的组织形式，国际化经营企业的组织结构也包含在其中，只是公司的布局和业务范围已扩展到国际或全球。这些组织结构刚好对应了第三章所阐述的四种企业国际化经营的类型，即国际战略、多国本土化战略、全球化战略与跨国战略。上述战略所对应的组织结构如图4–7所示。

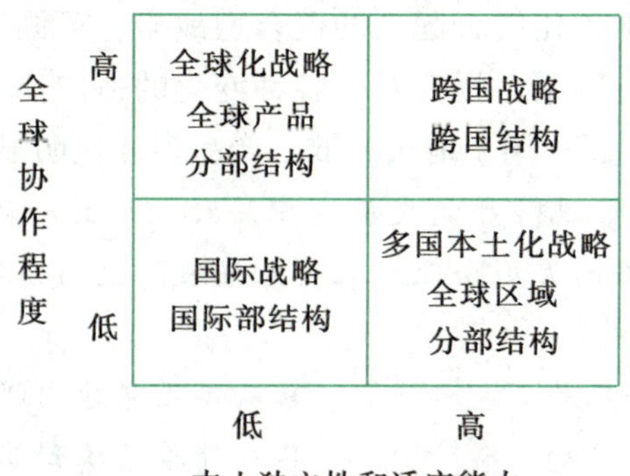

图4–7 国际化经营战略及其对应的组织结构

(1)“国际部结构”对应“国际战略”。“国际部结构”是一种处于企业国际化经营早期的国际化经营组织结构，主要将产品研发部分保留在母国，而东道国设置制造和销售部门，这些部门则称之为国际部，它是类似于事业部制的结构，其划分方式主要有产品或区域两种，区域遍布全球范围之内。“国际部结构”企业的全球协作能力较差，产品在各分部所在国家的适应能力较弱。

(2)“全球区域分部结构”对应“多国本土化战略”。“全球区域分部结构”是一种根据各地区不同情况，旨在提供具有当地特色的产品和服务的经营组织结构。该结构与事业部制和战略业务单位都比较相似，各区域设置专门的职能部门，分管地区分部子公司，再由各子公司进行本土化生产或服务。“全球区域分部结构”各地区分部具有较高的自主权，可以根据环境变化，适时改变当前的产品或服务战略，公司的本土化适应能力较强。

【提示】国家或地区经理的自主权与当地消费者需求情况的影响程度有关，当地情况影响越大，该区域分部的自主权则越大，越有利于企业追求多国本土化经营。

(3)“全球性产品分部结构”对应“全球化战略”。“全球性产品分部结构”是一种旨在向全世界推广标准化产品和服务的生产经营组织结构，主要通过在具备有利优势的地区布局生产经营活动，将生产成本降到最低，从而实现经验曲线和规模经济效应，最终获得高额利润。该结构同样与事业部制和战略业务单位相似，各个区域经理可根据地区技术和成本差异设置生产活动，将技术密集型和劳动密集型活动进行合理布局。

【提示】经验曲线又称学习曲线，是指随着一个企业生产某种产品或从事某种业务的数量的增加，经验不断积累，其生产成本将不断地下降，所形成的某种规律性曲线。而规模经济效应，是指适度的规模所产生的最佳经济效益，在微观经济学理论中它是指，在一定产量范围内，由于生产规模扩大而导致的长期平均成本下降的现象。

特点：企业总部制定总体发展目标和经营战略，各分部据此完成本部的执行计划，自主权较小；可实现大规模标准化生产，有利于降低成本费用；总部对下属公司的控制权力较强。

(4)“跨国结构”对应“跨国战略”。“跨国结构”是一种将全球化产品与地区特色进行整合的混合型结构，类似于矩阵制结构，各产品或地区分部设置副总，由公司总部统一管理控制，将各地区优势进行合理配置，形成产品—地区型的最佳合作模式。尤其是对财务、人事、销售、研发等具有特殊地位的部门，在各分部子公司中进行有效协调。“跨国战略”是将全球化和多国本土化结合起来的混合型战略，可同时获得两种优势；要求总部与分支机构进行密切有效的联系，提高对于各种变化的适应能力；以提高效率、地区适应和组织学习能力为目的，主要适用于地区分散、产品多样化明显的大型跨国企业。

【例2】(单选·2021) 经过多年的发展，中浩公司成为一家从事冶金、机械制造、化工、保险、外贸等多种业务的大型企业。从企业发展阶段与组织结构的关系看，该公司的组织结构类型应为（ ）。

A.从职能结构到事业部结构　　B.从事业部结构到战略业务单位结构

C.从事业部结构到矩阵结构　　D.从简单结构到职能结构

【答案】B

【解析】依据企业发展阶段与组织结构的关系，在大型的多元化产品市场进行多种经营，提供不相关的产品与服务的企业，适宜的结构类型是从事业部结构到战略业务单位结构。因此，选项B当选。

【例3】（单选·2020）升达公司是一家控股企业，下属多个分别主营石油化工、物流、机械制造等业务的独立经营的子公司。升达公司不干预子公司的战略决策和业务活动，仅根据市场前景和子公司的经营状况作出对子公司增加或减少投资的决策。升达公司应采取的组织结构类型是（　）。

A.事业部制组织结构　　B.M型组织结构

C.战略业务单位组织结构　　D.H型组织结构

【答案】D

【解析】“升达公司不干预子公司的战略决策和业务活动，仅根据市场前景和子公司的经营状况作出对子公司增加或减少投资的决策”表明升达公司采用的是H型组织结构，H型组织结构的下属子企业具有独立的法人资格，企业自主性较高。该组织结构一般只是作一些宏观性的决断，因此不会对下属企业的自主经营进行干涉。选项D当选。

2.横向分工结构的基本协调机制

协调机制主要是建立在企业分工与协调之上的制度，企业组织的协调机制基本上有以下六种类型：

1）相互适应，自行调整

相互适应和自行调整是一种具有较高自觉性的协调方式，组织成员之间相互平等，交流沟通不受限，也不受外界因素的影响，不存在上下级关系。在复杂的组织中，工作事务并不能有效规范，需要员工在工作过程中自行协调，不断适应。

对应结构类型：初创型微型组织结构（最简单）；矩阵制组织结构（最复杂）。

2）直接指挥，直接控制

直接指挥和直接控制，是指由一个人来负责组织内所有经营活动的决策和指挥。这种结构需要做到大小事兼顾，既要做总体规划、发布指令，又要进行过程监督，确保过程顺畅。

对应结构类型：初创型组织结构（小型企业）。

3）工作过程标准化

工作过程标准化，是指在进行生产经营活动之前预先设置标准化操作流程和规章制度。通过规范工作过程实现产品标准化，同时该标准也可用来进行产品检验和调整，在一定程度上形成协调。

对应结构类型：职能制组织结构。

4）工作成果标准化

工作成果标准化，是指在生产经营活动之前对工作成果制定标准，而对工作过程不作要求。运用该类机制的组织一般只设定最终目标，不限实现目标的渠道、途径以及方式方法，员工具有一定灵活性，工作积极性较高。

对应结构类型：事业部制组织结构、M型企业组织结构等。

5）技艺（知识）标准化

技艺（知识）标准化主要是对组织成员的知识或技能设置标准。由于某些工作的专业化水平较高，其工作过程和结果很难实现标准一致。例如，牙科大夫在口腔治疗过程中的操作很难有标准，因为每个病人的情况不同，需要不同的治疗程序。这种工作则需要组织成员在工作之前已经具备一定程度的知识技能积累，在掌握一定经验之后才能在工作中应对各种情况，并有能力做好工作协调。

对应结构类型：专业型企业。

6）共同价值观

共同价值观，是指对组织成员的思想观念作整体升华，使其对组织的发展战略、方针政策、宗旨使命等具有共同的认识和认同，深刻了解各自所处的位置和对组织整体产生的作用，达到团结一致、相互信任，实现自身价值和组织价值的完美融合状态。与此同时，组织还应提高自身应变能力，灵活应对，做到高效高质的实现目标。

对应结构类型：理想型企业。

【例4】（单选·2019）生产智能家电产品的凯威公司适应外部环境的不断变化，及时调整内部资源和组织结构，发挥协同效果和整体优势，激发员工的创新精神和使命感，对社会需求作出灵活、快速的反应。该公司采取的组织协调机制是（　）。

A.直接指挥，直接控制　　　　B.工作过程标准化

C.共同价值观　　　　D.工作成果标准化

【答案】C

【解析】“及时调整内部资源和组织结构，发挥协同效果和整体优势，激发员工的创新精神和使命感，对社会需求作出灵活、快速的反应”体现了企业对内要及时调整，发挥创新精神、协同效果和整体优势；对外要灵活适应，快速行动；即共同价值观，选项C当选。

三、企业战略与组织结构

（一）组织结构与战略的关系

企业的组织结构主要保障决策制定和分工执行，在战略实施过程中起到基础性作用，同时也是企业正常运转的前提条件。组织结构的设置需要以企业发展总目标为指导，将管理和分工职能一一对应，根据各要素特点将员工配置到合适的位置，通过战略转化后的体系和规范，与日常经营活动相适应，充分发挥上下联动的协调机制，以此保证企业战略目标的最终实现。

在研究两者关系方面，美国著名学者艾尔弗雷德·钱德勒（Chandler，A.D.）在其著作《战略和结构：美国工商企业成长的若干篇章》中，首次提出了结构跟随战略的理论。该书采用案例研究的方法，主要讨论了杜邦、通用、标准石油以及西尔斯四家美国大企业的发展史，演绎出美国现代公司及其组织结构从产生到发展壮大过程的普遍现象。通过多年的研究钱德勒发现，随着公司的发展、地理区域的扩大与多样化程度的增加，为了适应公司战略的改变，公司的组织结构在实际发展过程中都会发生相应的变化。最明显的特征则是多部门结构出现，在不断细分之下，达到专业化分工水平。而正是在组织结构调整以后，

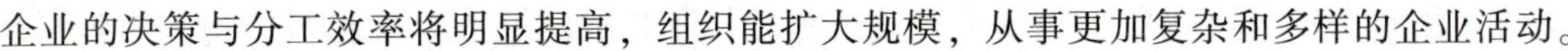

企业的决策与分工效率将明显提高，组织能扩大规模，从事更加复杂和多样的企业活动。

钱德勒的结构跟随战略理论主要从以下两方面分别展开。

1.战略的前导性与结构的滞后性

1）战略前导性

战略前导性，是指战略的发展速度快于组织结构的调整。由于战略属于前端，受外部环境的影响非常明显且对市场反应极快，在外部环境出现新形式时，企业战略需要及时调整。这不仅是为了盈利，同时还是保证企业稳定发展、减少损失的必要措施。例如，在国家政策出台时，甚至是在制定过程中，企业就应该及时关注，实时跟进政策，以此作出战略调整，做该领域的先行者，获取市场前期红利。

2）结构滞后性

结构滞后性，是指企业组织结构的变化一般落后于战略调整的速度。这在企业运行中是普遍存在的现象，尤其是在经济高速发展阶段。由于企业组织结构属于内部，其变革需要考虑各方因素，这里主要考虑的因素有两点：（1）新旧结构的转变需要一定适应时间。人的本能具有一种行为惯性，企业想要成功将新的组织结构推行并熟练运用，往往需要有一个过渡期；（2）管理人员的抵触心理。组织变革一般会带来职位和职权的变动，从心理上人们会认为自身利益受到威胁，同时对于未来的发展前景也有担忧。因此，管理层往往需要花费大量的时间和精力去完成一次结构变革。

总的来说，组织结构与发展战略在企业发展过程中是必不可少的组成部分。战略的导向性要求正确对待结构的滞后性，有条不紊地调整组织结构，从而适应企业的发展。管理层应尽量缩短这段调整时间，使其更好地为战略实施服务。

2.企业发展阶段与结构

根据钱德勒的结构跟随战略理论可以了解战略与结构的关系，即企业在发展到一定阶段时会适时调整其结构，根据不同的规模、产品层次以及市场定位等，选择适合企业发展的组织类型。根据第三章的发展战略类型，可以看到企业发展阶段的变化。

1）市场渗透战略

在企业成立之初的早期发展阶段，此时的市场环境并不激烈，产品单一。所采用的结构最简单即创业型组织结构。

2）市场开发战略

随着企业逐渐扩大规模，产品市场有所扩张，发展速度加快且发展前景较好。在此情况下，企业要求建立职能制组织结构，提高产品或服务的质量和效率。

3）纵向一体化战略

在企业发展后期，市场竞争进一步加剧，企业需要调整战略，寻找其他的发展方向。为了降低渠道风险，企业开始重视产业链发展，向上下游延伸，提高原料生产和产品销售能力。因此，该阶段的企业所形成的组织结构是事业部制结构。

4）多元化经营战略

在企业不断走向成熟过程中，财务风险随之增加，为了降低风险的影响，企业开始发展其他领域的产品，通俗的讲则是“把鸡蛋放在不同的篮子里”。企业为了积极适应内外部环境的变化和市场规模的变化，所采取的组织结构则是战略业务单位组织结构、矩阵制组织结构或H型组织结构。

（二）组织的战略类型

一个组织的发展需要战略来引导，战略侧重于指导组织运用已有的资源和可能占有的资源设计出适应内外部环境的组织结构。而在此过程中，企业需要充分考虑三大基本问题：第一，开创性问题，即企业的外部环境问题，处理与市场相关的一系列前期困难。第二，工程技术问题，即是解决产品生产与市场销售的具体操作问题。第三，行政管理问题，即是如何调整组织内部结构，以适应业务发展所面临的问题。每个企业在解决以上三大问题时都会采取不同的思路和方式，根据其相似性进行归类，可以将组织分为四种类型：防御型战略组织、开拓型战略组织、分析型战略组织以及反应型战略组织。

1.防御型战略组织

防御型战略组织希望在一个稳定的环境中，它们不愿意去冒险和探索新的业务领域，其主要目标是提高原有产业的生产效率。

（1）开创性问题：努力创造稳定的经营环境，占领有限的部分产品市场并保持份额，通常采取低价或高质来设置进入壁垒，对抗竞争对手。

（2）工程技术问题：技术上具有较大灵活性，致力于提高技术效率，打造一种高成本效率的核心技术。通常通过纵向一体化来提高效率。

（3）行政管理问题：主要以提高效率为目的，组织结构主要由成本控制专家组成，建立责任分工明确的职能组织结构，通过高效生产来保持企业自身的稳定。

该类型组织适合稳定型产业，但在市场环境发生重大变化时难以做出改变，仍存在较大的潜在风险。

2.开拓型战略组织

开拓型战略组织和防御型组织恰恰相反，该组织类型强调的是一种动态环境，致力于探索和研发新产品。

（1）开创性问题：在动态环境中积极探索新产品以及发现新的市场机会，具有一定环境应变能力。

（2）工程技术问题：不再局限于单一产品技术，通常结合现有技术进行一定创新，开发机械化程度低的标准化技术。

（3）行政管理问题：以灵活性为原则，采取“有机式”的运行模式，通过组建由市场和研发专家组成的高管团队，在横纵向沟通过程中达到一定效果。

灵活的应变能够在一定程度上减少环境影响，但同时也会让组织面临利润低和资源过于分散的风险。一方面是多种技术难以发挥总体效率，另一方面是管理上的错配容易耗费大量资源，最终降低了组织效率，影响了利润的获得。

3.分析型战略组织

基于以上两种极端的组织类型分析，分析型战略组织介于两种组织之间，是开拓型和防御型的结合体，它拥有理智的判断能力，在权衡利弊之后，选择最小的风险尽量获得最大的利润。

（1）开创性问题：在开拓新产品的同时保持其原有产品和市场的稳定。一般该类型企业会效仿开拓型组织，在借鉴的基础上保持稳定的生产效率。

（2）工程技术问题：同时保持技术的灵活性和稳定性。成立一个应用研究小组，将组织活动分为两部分，打造“双核心”，既要形成标准化技术，又要寻找解决现有技术的方法。

（3）行政管理问题：形成兼顾稳定和变动的经营环境，一般分析型组织的组织结构为矩阵制组织结构。通过纵向集约式和横向粗放式的交叉计划，使组织在管理上“松紧”得当。

企业建立双重技术中心会花费一定的管理成本，在这种并存状态中组织的应变能力有所限制，在无法平衡两者关系时，很容易导致既无效能又无效率的结果。

4.反应型战略组织

以上三种类型都明显具有主动适应多变的外部环境的特点，而该战略组织类型则属于被动接受型，对环境缺少随机应变的能力，难以制定出正确的策略，且执行力不足，导致对以后的反应更加迟缓，该类组织会表现出无法适从又难以维持稳定的状态。而形成这种情况的原因主要有以下三点：

（1）决策层未对企业战略进行宣传。企业战略是企业运行的方针，正如船帆决定了航行的方向。决策者在制定计划时理应将企业的发展规划向下属进行讲解，当员工对前进方向有了明确的概念并且目标一致时，效率也就自然提高了。

（2）管理层未形成有利于现有战略的组织结构。战略是企业行动的指南，制定的战略要真正能够运用并且落地才算达到了目的，否则只能算是一句不切实际的空口号。在实际运行当中，部分企业内部的组织管理结构与产品、技术、市场等严重脱节，当决策层制定新战略时，各职能部门实际上是难以配合完成的。

（3）局限于当前企业发展状态，忽视了应变的重要性。部分企业在某阶段的市场地位较为领先，便会逐步形成防御型战略，为了降本提效，企业会消减部分产品类型，进行业务整合。但在不久之后，市场需求饱和，产品利润会大大减少，此时的企业若存在安于现状的思想，不进行调整的话，那经营失败则是在所难免的。

总而言之，如果企业并非处于垄断或被严格控制的行业时，选择反应型组织形态是极其不明智的选择。即使是存在这样的情况，为了企业未来发展，也需要尽力转化为其他三种战略组织类型。

【例5】（单选·2020）圣元公司是一家智能家居用品制造商。该公司在技术开发和行政管理上具有很大的灵活性，由技术、营销等人员组成的项目组拥有产品开发的自主选择权。近年来该公司适应不断变化的市场需求，陆续开发出智能音响、智能手环、智能电视、扫地机器人等产品。圣元公司组织结构的战略类型是（　）。

A.防御型战略组织　　B.开拓型战略组织

C.反应型战略组织　　D.分析型战略组织

【答案】B

【解析】“该公司在技术开发和行政管理上具有很大的灵活性……近年来该公司适应不断变化的市场需求，陆续开发出智能音响、智能手环、智能电视、扫地机器人等产品”表明圣元公司采用的是开拓型战略组织，开拓型战略组织追求一种更为动态的环境，将其能力表现在探索和发现新产品和市场的机会上。选项B当选。

【例6】（单选·2019）华蓓公司是Y市一家生产婴幼儿用品的企业。各年来，公司在Y市婴幼儿用品市场拥有稳定的市场占有率。为了巩固其竞争优势，华蓓公司运用竞争性定价阻止竞争对手进入其经营领域，并实施有利于保持高效率的“机械式组织机制”。华蓓公司所采取的组织的战略类型属于（　）。

A.防御型战略组织　　B.反应型战略组织

C.开拓新战略组织　　D.分析型战略组织

【答案】A

【解析】防御型组织常采用竞争性定价或高质量产品等经济活动来阻止竞争对手进入它们的领域，保持自己的稳定。本题中，华蓓公司为了巩固其竞争优势，运用竞争性定价阻止竞争对手进入其经营领域，并实施有利于保持高效率的“机械式组织机制”，体现的是防御型战略组织，选项A当选。

第二节　公司战略与企业文化

一、企业文化的概念

企业文化的概念在企业界和学术界拥有多种解释，目前没有一个统一的定义。其中最早的概念便是两个领域结合的产物，它是由美国哈佛大学教育研究院教授特雷斯·迪尔（Terrence E. Deal）和麦肯锡咨询公司顾问阿伦·肯尼迪（Allan A.Kennedy）在20世纪80年代的企业管理研究当中提出的，他们认为企业文化是价值观、英雄人物、习俗仪式、文化网络、企业环境等内容的集合。迪尔和肯尼迪的著作《企业文化——企业生存的习俗和礼仪》也成了论述企业文化的经典之作。而目前最简单明了且适用的定义认为，企业文化，是指一个组织由其价值观、信念、仪式、符号、处事方式等组成的其特有的文化形象。

企业文化是一种意识形态，它在不同阶段和不同环境的影响下所表达的内容有所差异，在各种文化（如国家文化、地方文化、集体文化等）的交互影响下，企业文化的内涵也变得十分丰富，难以与其他文化进行区别。我们这里所要研究的企业文化是针对于提高企业经营绩效，在企业内部起到引领作用的文化。

二、企业文化的类型

虽然企业文化的概念和内涵不尽相同，但也不存在两个企业的文化完全相同的情况。在1976年，英国管理哲学大师查尔斯·汉迪（Charles Handy）首次对企业文化进行了分类，其科学性也保持至今。他将企业文化的类型主要分为四个，分别为权力（power）导向型、角色（role）导向型、任务（task）导向型和人员（people）导向型。

（一）权力导向型

1.特征

（1）属于集权式服从文化，力求对下属拥有绝对控制权，由权力中心决定一切事务。

（2）管理层决策效率高，但主要依赖于管理者个人能力。

（3）容易忽视人的价值和个人福利，员工积极性受打击，导致较高流失率。

2.适用情况

该文化类型主要存在于初创企业或家族式企业，如中华老字号产品老干妈、王永庆的台塑集团等。

（二）角色导向型

1.特征

（1）员工之间职责分明，工作理性规范，拥有良好的秩序。

（2）权力与职位相匹配，等级划分十分明显，被称为官僚体制。

（3）工作稳定性明显，效率较高。

2.适用情况

该文化类型主要存在于国有企业和公务员性质的体制型组织当中，如国家电网、中国建筑集团以及税务总局等。

（三）任务导向型

1.特征

（1）有明确的目标，致力于不断解决问题。

（2）主要采取矩阵制结构，根据不同任务组建团队，具有灵活性。

（3）具有较强的环境适应性，能高效完成任务。

（4）企业为保持文化所投入的成本较高，员工需要在过程中不断学习和培养。

2.适用情况

该文化类型主要存在于新兴技术产业当中，尤其是高科技企业。另外一些销售型企业也存在有类似文化。

（四）人员导向型

1.特征

（1）以人为中心，企业成为员工的下属，主要是为员工进行服务。

（2）员工之间通过自觉来参与活动，进行自我管理、自我服务。

（3）大多组织以满足个人爱好和成长为目的，约束性较低。

2.适用情况

该文化类型主要存在于俱乐部、协会、专业组织等社会团体之中，另外一些小型咨询公司也具备这种灵活随意的特性。

【例7】（单选·2021）蓝星公司是一家大型信息设备制造企业，该公司依据对公司目标作出的贡献评价各种职能和活动，并根据员工的专长给他们安排相应的岗位和职权，蓝星公司企业文化的类型是（　）。

A.人员导向型　　B.任务导向型　　C.权力导向型　　D.角色导向型

【答案】B

【解析】在任务导向型文化中，管理者关心的是不断地和成功地解决问题，对不同职能和活动的评估完全是依据它们对企业目标作出的贡献。企业强调的是速度和灵活性，专长是个人权力和职权的主要来源，并且决定一个人在给定情景中的相对权力。题目中“该公司依据对公司目标作出的贡献评价各种职能和活动，并根据员工的专长给他们安排相应的岗位和职权”，表明属于任务导向型，因此选项B当选。

【例8】（单选·2020）格朗公司是一家从事环境艺术的企业。该公司的业务以创意为核心，员工根据个人的爱好、专长和成长需要，自主选择从事建筑设计、室内装潢、城市雕塑和壁画制作等工作，公司则为员工的工作需要提供必要的服务。格朗公司的企业文化类型是（　）。

A.权力导向型　　B.角色导向型　　C.人员导向型　　D.任务导向型

【答案】C

【解析】“员工根据个人的爱好、专长和成长需要，自主选择从事建筑设计、室内装潢、城市雕塑和壁画制作等工作，公司则为员工的工作需要提供必要的服务”属于人员导向型，在人员导向型文化下的企业存在的目的主要是为其成员的需要服务，企业是其员工的下属，企业的生存也依赖于员工，选项C当选。

三、文化与绩效

诚然，企业文化会给企业带来重要影响（这里特指绩效方面），但影响也分好坏，不一定所有的文化都与高绩效相对应。为了避免文化的副作用，我们需要深入分析企业文化的特点，保证企业文化推行时为企业带来正向的效益。通常，可以从以下三个方面对文化与绩效关系进行讨论：企业文化为企业创造价值的途径，文化、惯性和不良绩效，企业文化成为维持竞争优势源泉的条件。

（一）企业文化为企业创造价值的途径

1.文化简化了信息处理

文化是一种价值符号，是被普遍认同的隐形旗帜。在企业文化的引导下，内部员工将集中于进行某一特定范围内的活动，不会因为方向不明确而浪费时间和精力。这样既能达到规范员工的目的，又提高了企业整体绩效。

2.文化补充了正式控制

文化包含了企业中一种不成文的规定或制度，它是集体意识和行为规范的综合表现，在组织中起到一种规范和管控作用，这种作用是基于员工对企业文化的认同。在企业文化的引导之下，员工会自动调整个人目标和行为与集体保持一致，这种主动自我控制比强制实施或者制定规范更加有效。

3.文化促进合作并减少讨价还价成本

企业内部通常会因为利益分配而出现权力冲突。员工以自我为中心，强调个人利益，影响企业绩效。而企业文化的存在将大大减少这种情况的出现，因为文化强调了合作共赢的理念，同时还会约束员工自觉遵守道德规范，潜移默化中减轻了内部冲突所带来的危害。

(二) 文化、惯性和不良绩效

文化要发挥正向作用，前提是要在战略与环境相匹配的条件下才可能实现。另外，环境是处于一个动态变化中的，企业文化应随着这种变化适时调整。然而，长期形成的文化惯性则会阻止这种改变，管理人员以及员工的排斥或者能力不足，都将导致转向选择一种保守态度，通过规避变化以求得短暂的安全。

(三) 企业文化成为维持竞争优势源泉的条件

美国著名教授杰伊·巴尼 (Barney J.B.) 曾提出企业资源观理论，他在1991年发表的《企业资源与可持续竞争优势》一文中谈到，公司之间可能存在着一种异质或差异，正是这些差异使得一部分公司保持着竞争优势，而企业文化便是其中一种重要资源。于是，他给出了让企业文化成为维持优势源泉的三个条件：

(1) 文化必须为企业创造价值。

(2) 作为维持竞争优势的一个源泉，公司文化必须是企业所特有的。

(3) 企业文化必须是很难被模仿的。

总之，企业文化要想成为具有竞争优势的资源，就必须做到“独一无二”，市场永远都是以“物以稀为贵”为原则的。当其他企业开始纷纷效仿时，这种优势就会逐渐消失，企业也将寻找新的出路。

四、战略稳定性与文化适应性

战略的稳定性，是指企业在制定新的战略时对目前资源要素的状态和水平的保持情况。而文化适应性，是指企业文化随战略不断变化地匹配程度。

不同企业的适应性有所差异，在研究二者关系时，我们将其表示为图4–8的矩阵形式。矩阵中纵轴表示战略稳定性情况，而横轴表示文化适应性程度。

战略稳定性与文化适应性关系如图4–8所示。

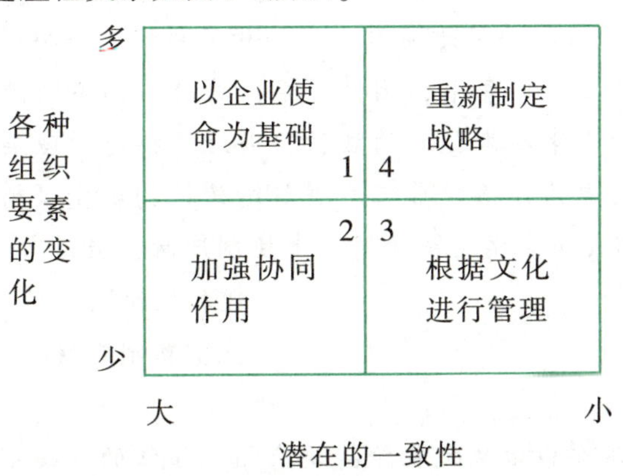

图4–8 战略稳定性与文化适应性关系图

(一) 以企业使命为基础

以企业使命为基础，是指企业各种要素变化大且文化一致性明显。一般发生在效益较好的企业变革过程中。因为有内部文化的支持，实施新战略的阻力较小。但在变革时需要注意以下四点：

（1）考虑企业的基本使命，保证变革与其具有一致性。

（2）充分发挥现有员工的作用，以共同价值为纽带促进变革的成功。

（3）保持变革前后奖励激励系统的一致性。

（4）考虑主动与当前文化相适应，避免破坏原有的行为准则。

（二）加强协同作用

加强协同作用，是指组织要素变化不大且文化一致性明显。一般发生在采取稳定战略的企业当中。变化幅度小，企业文化能够基本保持不变。但在变革时需要注意以下两点：

（1）采取稳定战略，加强企业文化的稳定性。

（2）抓住时机，利用企业文化着力解决当前问题。

（三）根据文化进行管理

根据文化进行管理，是指组织要素变化较小，然而文化却不再具有一致性。一般发生在变动不大但阻力较大的企业当中。企业在此情况下可以在总体文化的基础上进行部分调整，战略上难以实现或受到抵制的变革，可以先通过文化进行引导，对文化进行管理，最终达到变革的目的。

（四）重新制定战略

重新制定战略，是指组织要素变化较大，而文化不仅不能促进组织变革反而还阻碍变革。一般发生在处于变革两难状况的企业当中，推行的新战略需要变动的要素太多又与原有文化不一致，在这种情况下，企业需要重新制定战略来解决困难。因此，企业在处理这种重大变革时，需求考虑以下四点：

（1）管理者以身作则，以实际行动号召员工接受变革，并阐明变革的意义。

（2）在形成新的企业文化之后，选出与新文化保持高度一致的人员发挥影响作用。

（3）适当改变奖励机制，将其重点指向接受新文化的员工，逐步促进文化的转变。

（4）尽快制定出适合新文化的行为规范，保证战略的有效实施。

【例9】（单选·2021）汉阳公司是国内一家经营多年的广告公司，在业内以鼓励员工个人对公司目标作出贡献闻名。近年来，国外著名广告公司的不断进入和本土竞争对手的成长给汉阳公司的业务增长带来越来越大的威胁，因此该公司管理层最近决定在维持现有组织架构的前提下推出新的更为严格的员工薪酬与绩效挂钩制度以刺激业绩增长，该决定受到公司员工的拥护。汉阳公司在实施新的绩效考核制度时，应该（　　）。

A.以企业使命为基础　　B.加强协同作用

C.根据文化进行管理　　D.重新制定战略

【答案】B

【解析】“该公司管理层最近决定在维持现有组织架构的前提下推出新的更为严格的员工薪酬与绩效挂钩制度，以刺激业绩增长，该决定受到公司员工的拥护”表明组织要素的变化少，文化的潜在一致性大。因此选项B当选。

【例10】（单选·2020）越达公司是合成橡胶、合成树脂等石化类产业的龙头企业。2017年，该公司启动新的战略变革，将公司在原产业领域积累的高分子技术应用到光化学和有机合成化学领域，使业务内容扩大到半导体制造材料、显示器材料等领域，同时进行了广泛的组织结构调整。此次战略变革得到公司上下一致认同和支持。该公司处理企业战略稳定性与文化适应性的关系时应（　）。

A.以企业使命为基础　　B.加强协同作用

C.重新制定战略　　D.根据文化进行管理

【答案】A

【解析】“同时进行了广泛的组织结构调整”表明组织要素变化多；“此次战略变革得到公司上下一致认同和支持”表明潜在一致性大，根据组织要素变化多、潜在一致性大可以判断，属于以企业使命为基础的关系类型，选项A当选。

第三节　战略控制

一、战略失效与战略控制的概念

（一）战略失效

一项战略要成功实施，过程监控是必不可少的环节，很多战略失效的原因也出现在这里。战略失效，是指企业战略实施的结果偏离了预定的战略目标或战略管理的理想状态。造成战略失效的原因有很多，可大致分为以下六点：

（1）缺乏有效沟通，战略推行前期并未向员工深入宣传，员工的配合意愿不够强烈。

（2）战略实施过程中信息的传递和反馈受到较大阻力，前期准备工作不够充足。

（3）战略施行的需求条件与企业实际情况不匹配，缺乏客观条件支持。

（4）管理者用人不当，下属在实施过程中工作懈怠或玩忽职守。

（5）决策者未对战略目标进行深入研究导致决策错误，使战略目标本身存在问题。

（6）受外部环境变化的影响较大，企业应变能力较弱。

根据时间的不同，战略失效可以分为早期失效、晚期失效和偶然失效三种类型。

早期失效，是指在战略开始实施之前，一方面，由于新战略在推行之初未进行有效的宣传，导致员工的排斥和不理解；另一方面，战略在客观上的失效是由环境的不适应以及条件不充分造成的。

晚期失效，是指战略在实施一段时间后，战略决策者预期的环境、条件与实际的内外部环境和现实条件差距越来越大，导致战略最终失败。

偶然失效，是指在无法预料的情况下出现一些意外情况而导致战略失效的情况，是一种随机性事件。

（二）战略控制

为了降低战略在推行过程由于各种原因而出现失效的可能性，企业需要在过程中进行实时监控，做到防患于未然。这就需要进行科学的战略控制，它是指企业在战略实施过程中，检查企业各项活动的进展情况，评价战略施行后的企业绩效，通过与既定目标和绩效标准相比较，发现与战略目标的差距，分析产生偏差的原因，及时纠正偏差，保证战略与实施环境及企业目标协调一致，最终使战略成功推行。在战略控制过程中，关键环节是对企业经营绩效的评估，它既是发现战略实施出现偏差的前提，又是采取纠正偏差有效措施的依据。

值得注意的是，在企业经营过程中进行预算管理时也经常遇到控制问题，它与战略控制有明显的差异，二者的差异可以从以下四个方面进行区分，具体如表4-4所示。

表4-4 战略控制与预算控制的差异

差异点	战略控制	预算控制
控制时间	期间较长，一般在几年到十几年以上	一般在一年以内
控制方法	定性与定量方法	定量方法
控制着重点	内外部同时兼顾	主要在内部
纠正行为	不断纠正行为	一般在预算期结束后纠正

二、战略控制过程

战略控制过程包括以下四个重要步骤：

（一）设定战略控制的目标

根据企业的战略目标，结合企业内外部环境的重大变化，合理设定企业战略控制标准。

（二）选择战略控制的方法

从企业战略控制的实际出发，收集和处理企业经营的相关信息，对内外部环境进行监测，检查业务进展情况，评价企业整体及各个部门的业绩，制定调整或纠正偏差措施的方式、工具和标准。选择合理有效的战略控制方法是十分重要的，直接影响甚至决定战略控制目标的实现与否。

（三）实施战略控制措施

企业决策者通过一定的组织、程序和机制，运用一种或多种战略控制方法，对企业整体以及各个经营领域的状况和业绩进行评价，将评价结果与既定的战略控制目标相比较，找出差距，结合企业内外部环境的变化分析产生差距的原因，制定和实施弥补差距的对策或应对变化的措施。

（四）反馈战略控制效果

将实施战略控制措施的效果或结果及时反馈给企业决策者、部门经理和一般员工，以推动战略控制的持续改进和战略目标的实现。

三、战略控制方法

（一）预算

1.预算的概念和作用

预算是与财务挂钩的一种计划，企业一般会设定多个短期计划，作为长期战略中的组成部分。通过预算的方式完成各阶段目标，在现代企业内部广泛适用。科学规范的预算在战略控制中发挥的作用有：

(1) 为企业的长期战略实施提供一个覆盖企业各层次、各方面、内容详细的短期财务目标，促进、引导企业战略目标的最终实现。

(2) 通过检查预算执行情况、查找预算与实际支出之间产生差距的原因，促使企业管理层或负责人及时发现战略实施中出现的问题和偏差，并采取必要的解决对策和纠正措施。

(3) 促进企业各级员工围绕任务完成情况、工作计划与设想等方面进行交流和沟通。

(4) 协调各部门相互合作以实现共同的战略目标。

(5) 根据预期活动的层级和运行水平，合理分配资源，确保预算目标和战略目标的实现。

(6) 促进企业内部合理授权、提高效率。预算应当作为对相关经理人员发生费用的授权，经理人员无须在费用发生之前申请获得进一步的批准，提高了运行效率。

(7) 作为与实际结果进行比较的目标，为企业员工的绩效评估提供了一种有效手段。

(8) 激励员工提高业绩。有利于激发员工关注个人绩效的兴趣和提升绩效的积极性，也为管理层提高企业未来整体绩效提供了重要手段和动力。

2.预算的类型

预算编制类型一般分为增量预算和零基预算。

(1) 增量预算，是指以之前期间成本费用水平为基础，结合企业预期业务量水平及影响波动的情况，通过调整原有项目来编制新预算的一种方法。

增量预算的假设条件包括：①企业现有的业务活动是合理、必须的，不需要进行调整；②企业现有的各项业务活动的开支水平是合理的，在预算期不予改变；③以企业现有的业务活动和各项业务活动的开支水平，确定预算期各项活动的预算数额。

增量预算的优点包括：①预算编制工作量较少，更容易操作；②预算变动较小且循序渐进，提供了一个相对稳定的基础；③有利于避免具有类似问题的部门之间产生冲突；④比较容易对预算进行协调。

增量预算的缺点包括：①没有考虑经营条件和经营情况的变化；②容易产生维持现状的保守观念，不利于创新；③没有提供降低成本的动力；④鼓励各部门用光预算以保证下一年的预算不减少；⑤随着业务活动及其开支水平的变化而失去合理性、可行性。

(2) 零基预算，是指不再考虑以前预算项目和收支水平，以零为基点编制的预算，逐项审议预算年度内各项费用的内容及其开支标准，结合财力状况，在综合平衡的基础上编制预算的一种方法。

零基预算优点包括：①有利于提高资源分配效率；②有利于调动各个部门和员工参与预算编制的积极性；③增强员工的成本效益意识；④鼓励创新；⑤增加预算的科学性和透明度，提高预算管理水平。

零基预算缺点包括：①过程较为复杂，耗费大量成本；②一般强调短期利益，忽视了长远目标；③可能引起部门之间的矛盾与冲突。

【例11】（多选·2018改编）甲银行每年都依据实际业绩编制预算。2016年年底甲银行在某地开设了一家分行，该分行2017年预算编制类型的优点有（　）。

A.能够促进更为有效的资源分配　　B.系统相对容易操作和理解

C.容易实现协调预算　　D.增强员工的成本效益意识

【答案】AD

【解析】“甲银行每年都依据实际业绩编制预算”说明甲银行采取的是零基预算。零基预算的优点包括：①有利于根据实际需要合理分配资金；②有利于调动各个部门和员工参与预算编制的积极性；③增强员工的成本效益意识；④鼓励企业管理层和部门经理根据环境变化进行创新；⑤增加预算的科学性和透明度，提高预算管理水平。

（二）企业业绩衡量

1.财务衡量指标

1）盈利能力和回报率指标

盈利能力和回报率的指标包括以下两方面：

（1）毛利率与净利率。利润是收益减去成本费用的差额，反映企业盈利能力的指标主要为毛利率和净利率。

（2）已动用资本报酬率（ROCE），又称投资回报率（ROI）或净资产回报率（RONA），是上世纪初由杜邦公司提出的，该理论认为如果企业投资获得的回报超过了成本，则视为获得了盈利。

2）股东投资指标

股东投资指标包括：

（1）每股盈余、每股股利或市净率，是指每股股票所能为投资者（股东）带来的收益情况，是反映企业盈利能力的一个重要判断标准。

（2）股息率，是指股息与股票价格之间的比率，是衡量企业是否有投资价值的重要指标之一。一般股息率越高，投资者越可能投资。

（3）市盈率，是指当前股票价格与每股收益的比值。市盈率提高反映的是市场对该股票比较看好，具有投资价值，同样是一种判断企业盈利能力的关键指标。

3）流动性指标

反映流动性的指标包括流动比率、速动比率、应收账款周转率、存货周转率以及应付账款周转率等。

4）综合负债和资金杠杆指标

企业是否能够利用经营所得支撑未来需偿还的债务，一般可根据负债率和现金流量比率进行判断。

5）使用比率进行绩效评价的主要原因

使用比率进行绩效评价的主要原因以及局限性如表4–5所示。

表4-5 使用比率进行绩效评价

使用比率进行绩效评价的主要原因	使用比率进行绩效评价的局限性
(1) 通过比较不同期间比率易于了解变动情况； (2) 相对于实物数量或货币价值的绝对数，比率更为合理； (3) 比率可作为业绩目标。如投资回报率、销售净利率、资产周转率等； (4) 比率是对企业经营成果的一种总结，并能够在企业间进行比较	(1) 信息获取存在困难；Θ (2) 信息的使用有局限性；Θ (3) 比率在各个行业的理想标准不同，而且理想标准会随着时间推移发生改变，这为不同行业或同一行业中不同企业的业绩比较带来困难； (4) 比率有时不能准确反映真实情况；Θ (5) 结果可能被扭曲； (6) 可能鼓励短期行为；Θ (7) 忽略其他战略要素； (8) 激励、控制的人员范围有限

【例12】（多选·2020）甲公司采用流动比率、资产负债率等财务指标进行绩效评价。下列各项中，属于甲公司上述做法的局限性的有（　）。

A.鼓励短期行为　　B.难以进行项目比较

C.比率不可以用作目标　　D.忽视其他战略要素

【答案】AD

【解析】使用比率评价的局限性：①信息获取存在困难；②信息的使用有局限性；③比率在各个行业的理想标准不同，而且理想标准会随着时间推移发生改变，这为不同行业或同一行业中不同企业的业绩比较带来困难；④比率有时不能准确反映真实情况；⑤结果可能被扭曲；⑥可能鼓励短期行为；⑦忽略其他战略要素；⑧激励、控制的人员范围有限。选项A、D当选。

【例13】（多选·2019）美邦服装公司每年都采用投资回报率、销售利润率、资产周转率等比率指标对经营业绩进行评价。下列各项中，属于该公司采用的绩效评价指标的局限性的有（　）。

A.鼓励短期行为　　B.信息的使用有局限性

C.比率不可以用作目标　　D.比率有时不能准确反映真实情况

【答案】ABD

【解析】美邦公司采用的是比率评价。使用比率评价的局限性：①信息获取存在困难；②信息的使用有局限性（选项B当选）；③比率在各个行业的理想标准不同，而且理想标准会随着时间推移发生改变，这为不同行业或同一行业中不同企业的业绩比较带来困难；④比率有时不能准确反映真实情况（选项D当选）；⑤结果可能被扭曲；⑥可能鼓励短期行为（选项A当选）；⑦忽略其他战略要素；⑧激励、控制的人员范围有限。比率可以用作业绩目标，选项C不当选。

2.非财务指标

由于财务指标一般反映的是过去已发生的事情和与财务相关的信息，其在全面性方面存在一定弊端。因此，企业要进行整体评价时需要引进非财务指标进行综合分析，这些信息可能与经营相关而与财务无关，如客户满意度、投诉率以及培训时长等。非财务指标又称“软指标”，这些指标大多伴随着企业经营期间同时存在，在现代公司绩效评价中起到重要作用。相关非财务指标如表4-6所示。

表4-6 非财务指标

评价领域	关键业绩指标
服务	诉讼数量；客户等待时间
人力资源	员工周转率；旷工时间；每个员工的培训时间
市场营销	销量增长；市场份额；客户数量
生产	工艺、流程先进性；质量标准
研发	技术专利数量和等级；设计创新能力
物流	设备利用能力；服务水平
广告	属性等级；成本水平
管理信息	及时性；准确度

3.ESG衡量指标

ESG是一种关注企业环境、社会和治理等业绩的投资理念，也是一种衡量企业业绩的非财务指标或标准。目前，ESG企业业绩衡量指标或标准主要涉及以下三个方面：

（1）环境方面，包括碳及温室气体排放、废物污染及管理政策、能源使用和消费、自然资源使用和管理政策、生物多样性、合规性、员工环境意识、绿色采购政策、节能减排措施、环境成本核算、绿色技术等。

（2）社会方面，主要有性别及性别平衡政策、人权政策及违反情况、社团（或社区）健康安全、管理培训、劳动规范、产品责任、职业健康安全、产品质量、供应链责任管理、精准扶贫、公益慈善及其他等。

（3）治理方面，主要涉及公司治理、贪污受贿政策、反不公平竞争、风险管理、税收透明、公平的劳动实践、道德行为准则、合规性、董事会独立性及多样性、组织结构、投资者关系等。

树立、采用ESG理念及业绩衡量方法，对加强和改善企业的战略管理和风险管理、促进企业长期稳健经营和持续发展，具有十分重要的意义和作用。

（三）平衡计分卡的企业业绩衡量

由于绩效考核并没有一个统一的标准，难以形成科学的体系。而在经过学者们的不断探索之后，最终设计出“平衡计分卡”这一评价体系，有效解决了企业绩效考核的问题。

1.平衡计分卡的内涵

平衡计分卡（The Balanced ScoreCard，BSC），是由哈佛商学院的罗伯特·卡普兰（Robert Kaplan）和戴维·诺顿（David Norton）在上世纪90年代初提出的，他们认为，平衡计分卡是一种绩效管理的工具，能够将企业战略目标逐层分解转化为各种具体的相互平衡的绩效考核指标体系，并对这些指标的实现状况进行不同时段的考核，从而为企业战略目标的完成建立起可靠的执行基础。该方法是从**财务**、**客户**、**内部运营**、**学习与成长**四个角度，将组织的战略落实为可操作的衡量指标和目标值的一种新型绩效管理体系。它平衡了企业的长短期、内外部、财务与非财务等方面的指标，其作用在于反映了组织整体的经营状况，使业绩评价尽量全面和均衡，有利于组织长期发展。

1）财务指标

平衡计分卡的财务角度主要以股东的财富最大化为目标，追求公司盈利。该角度是用于评价管理层过去行为为企业带来的财务层面影响，常用的指标有利润率、销售增长率、投资回报率以及现金流等。

2）顾客指标

顾客指标用来衡量和反映企业在满足顾客需求、提高顾客价值方面的业绩。顾客指标的设定和选择取决于企业对目标市场的价值定位。常用的顾客指标有顾客满意度、顾客投诉率、投诉解决率、准时交货率、市场份额、客户保留率、新客户开发率、客户收益率等。

3）内部流程指标

内部流程包括了企业运转的整个过程，重点关注的是企业管理水平，提高分析业务的流程再造，把握各个环节实现有机联动，促进整体运营效率的提高。该角度指标可参考研发、生产、运营、销售、售后等方面进行设定，常见的指标有新工作中与顾客相处的时间、每个雇员的收入、收益率、交货时间以及工程进度完成率等。

4）创新与学习指标

创新与学习角度是平衡计分卡业绩衡量方法中的最大亮点，它做到了将企业战略与人力资源管理的结合。在卡普兰和诺顿看来，企业想要长久地生存下去，需要关注员工与企业的共同成长。管理者通过组织员工的学习来提高个人能力，并为企业适应未来变革和发展做准备。

图4–9针对四个角度列示了部分衡量指标。

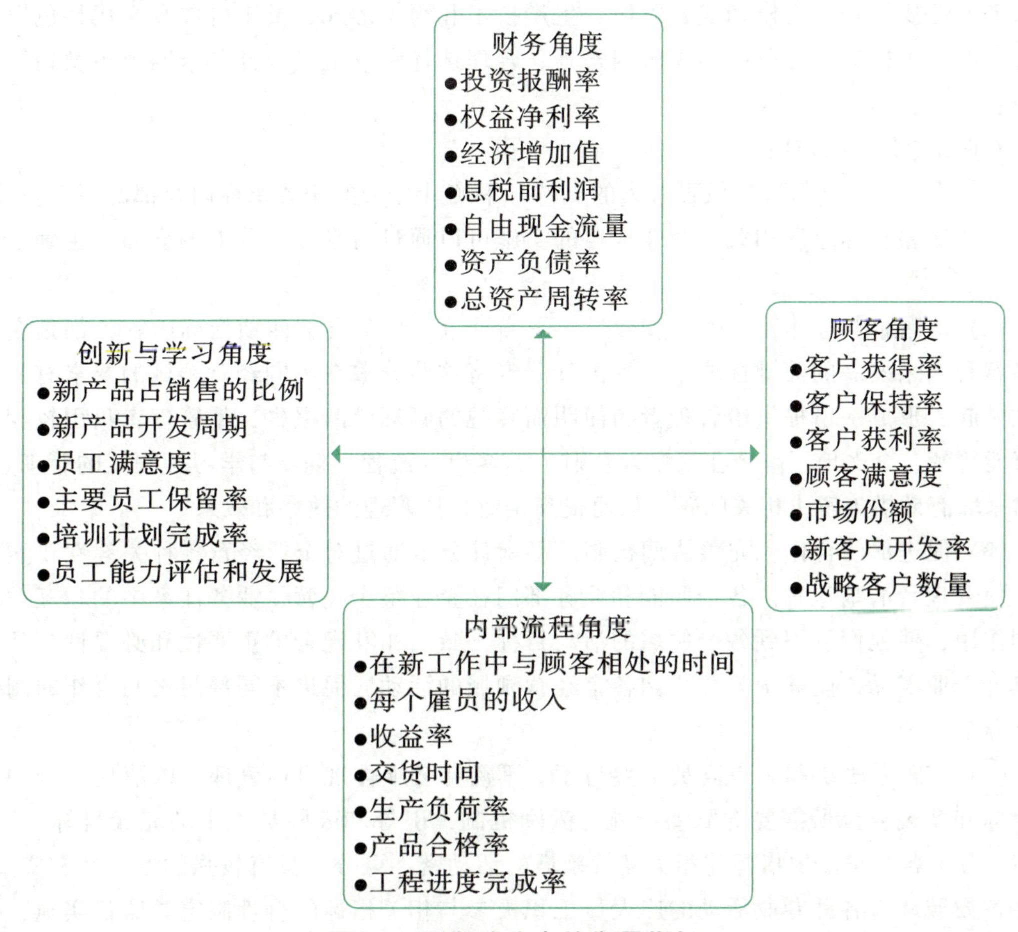

图4–9 平衡计分卡的衡量指标

2.平衡计分卡的特点

（1）用全面体现企业战略目标的四个方面的指标内容代替了单一的财务指标内容，为企业战略实施提供了强有力的支持。

（2）平衡计分卡四个角度指标所包含的内容体现了五个方面的平衡：财务指标和非财务指标的平衡；企业的长期目标（如创新与学习指标的内容）和短期目标（如财务指标的内容）的平衡；结果性指标（如财务指标的内容）与动因性指标（如内部流程指标、创新与学习指标的内容）之间的平衡；企业内部利益相关者（员工）与外部利益相关者（股东、客户）的平衡；领先指标即预期性指标与滞后指标即结果性指标之间的平衡。这些平衡有效避免了企业业绩衡量和考核中的片面性、表面性和间断性，使企业业绩衡量和考核科学化、系统化、长期化，成为企业战略控制可靠、有效的工具。

（3）平衡计分卡四个指标的内容之间都紧密联系、相互支持、彼此加强。例如，财务指标的内容既为其他指标内容的选择和设定确立了量化目标和标准，又作为其他指标内容完成的结果对企业业绩起着综合评价作用。有的目标内容之间相互交叉，如销售增长率即可作为一项财务指标，也可纳入客户指标；数字化信息系统覆盖率可同时列入内部流程指标和创新与学习指标等。

（4）每个企业的平衡计分卡都具有独特性。企业应根据自身战略及其实施情况、产品和服务的性质、企业规模和成长阶段、生产技术和组织形式、员工构成和文化特色以及所处行业的竞争格局和行业成功关键因素等，合理选择和确定平衡计分卡四个角度指标的具体内容。

3.平衡计分卡的作用

（1）为企业战略管理提供强有力的支持。平衡计分卡的相关指标内容都源于企业战略，都与企业战略目标息息相关，企业战略的实施可以通过对平衡计分卡的全面、正确运用来完成。

（2）提高企业整体管理效率和效果。平衡计分卡所包含的四项指标内容，都是企业成功经营和未来发展的关键性要素。平衡计分卡将这些分散在不同经营领域的要素有机地结合在一起，形成一份提供给管理者的简明而客观的管理诊断报告，使管理者只用较少的时间就能清楚、全面地了解企业战略以及财务、客户、流程、创新与学习等领域的管理状况，及时采取有效措施解决相关问题，从而提高企业整体管理的效率和效果。

（3）促进部门合作，完善协调机制。平衡计分卡通过对企业经营各种关键性要素的组合，使管理者清晰地看出各个职能和业务部门在企业整个经营、业务体系中的相互关联和不同作用，使他们认识到各个领域的活动目标一致、相互配合的重要性和必要性，从而制定符合企业实际，能够统筹并协调各个经营领域的活动，促进不同部门之间合作的制度和实施方案。

（4）完善激励机制，提高员工参与度。平衡计分卡体现目标管理，以清晰、合理的业绩目标和实现目标所需要的驱动措施、激励机制，引导和鼓励员工主动完成目标。同时，平衡计分卡各个角度的指标与相关经营领域的活动密不可分，具有较强的专业性和实践性，为在各领域从事各种专业活动的广大员工积极参与相关指标的合理制定并监督实施，提供了必要性和可行性。

(5) 促进企业立足实际、着眼未来，实现长期可持续发展。上面已述平衡计分卡的特点之一是体现企业经营长期目标和短期目标之间的平衡性，因此，它有助于管理者既避免采取不顾企业长远发展的短期行为，又防止跌入忽视当前实际和客观条件盲目冒进的误区，从而推动企业健康成长和发展。

【例14】(单选·2019) 为高净值客户提供理财咨询服务的天元公司采用平衡计分卡衡量企业业绩，并把主要客户的收益率作为一项重要考核指标。该指标属于平衡计分卡的（ ）。

A.财务角度　　B.顾客角度

C.内部流程角度　　D.创新与学习角度

【答案】A

【解析】主要客户的收益率属于平衡计分卡中的财务角度，选项A当选。

【例15】(多选·2019) 东亚建筑公司采用平衡计分卡衡量公司业绩，并选取了利润预期、工程进度完成率、市场份额、工程交付时间等作为业绩衡量标准。该公司选取的上述指标涵盖的平衡计分卡角度有（ ）。

A.财务角度　　B.顾客角度

C.内部流程角度　　D.创新与学习角度

【答案】ABC

【解析】利润预期属于财务角度（选项A）；工程进度完成率属于内部流程角度（选项C）；市场份额属于顾客角度（选项B）；工程交付时间（交货时间）属于顾客角度（选项B）和内部流程角度（选项C）。选项A、B、C当选。

(四) 统计分析与专题报告

1.统计分析报告

统计分析报告，是指基于数据资料或信息，运用专门的分析方法，以多种形式来表现所研究事物本质和规律性的图文。一般的分析报告类型有表格式、图形式和文章式三种，其中最为普遍的是文章式，且也是最为完善的一种，能够将多种形式的内容结合在一起，表达内容更加全面深刻。

统计分析报告主要有以下特点：

(1) 主要由统计数据组成。

(2) 以科学的分析方法对统计进行说明，体系完整且具有研究价值。

(3) 表达方式独特，表达通俗易懂。

(4) 结构清晰明了，内容层次分明，专业性较强。

2.专题报告

专题报告，是指向管理者反映某个特定事件或问题的情况，需要报告人进行深入细致的研究调查，而最终形成的一种报告。要求所写的报告内容充实，涉及范围全面，问题有深度，这样能够为管理者提供一个更加科学的决策参考。

第四节 公司战略与数字化技术

随着现代信息技术的不断发展，企业管理也开始逐步运用相关技术，来解决部分烦琐复杂的工作，以提高管理效率。数字化技术，是指一项与电子计算机相伴而生的科学技术，运用计算机的各种处理功能，将图文声像等形式的信息进行接收、运行、传递以及判断等，最终达到管理者目标的一种实现手段。在现代化企业管理过程中，数字化技术是一项必备条件，为科学化管理提供了重要技术支持。

一、数字化技术

（一）数字化技术的发展历程

数字化的发展是通过信息化不断演变过来的，是在信息化基础上的深层处理，使信息能够更加广泛并达到应用的效果。而在深入发展过程中，智能化时代应运而生，它是数字化和信息化的最理想状态，是未来社会发展的必然趋势。三种技术状态的历史演变过程如图4-10所示。

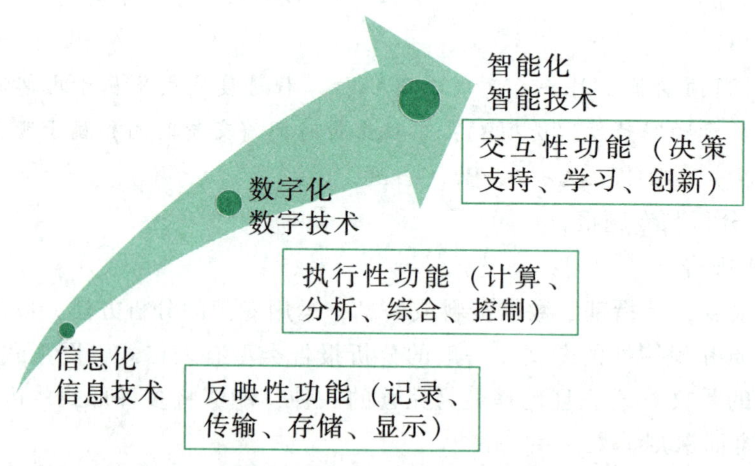

图4-10 信息化、数字化、智能化的演变模型

1.信息化

信息化（informatization），是指一种信息技术被高度应用，信息资源被高度共享，从而使得人的智能潜力以及社会物质资源潜力被充分发挥，个人行为、组织决策和社会运行趋于合理化的理想状态，它通常代指的是现代信息技术的普遍应用状态。

信息化以开发信息资源为主要任务，通过记录、收集、汇总以及整理等相关操作，将各类信息高效精准传递到信息使用者的过程。

2.数字化

数字化（digitalization），是指使用计算机语言来表达和传输一切信息的一种综合性技术，即将文字、语音、视频、图像等各种信息都变成数字信号，在同一种综合业务中进行传输，再通过接受器使其复原，可以无限地复原，而质量不会受到任何损害。

数字化是信息处理的一次革命性突破，具有统一的表达形式和标准，能够在不同主体之间传输沟通，对信息的处理更加科学整体。

3.智能化

智能化（intellectualization），是指事物在计算机网络、大数据、物联网和人工智能等技术的支持下，所具有的能满足人的各种需求的有效状态。例如，智能机器人就是一种智能化的事物，它通过技术的设计拥有了部分人的行为和思考，实现了生活的便利化。

智能化的关键点在于其学习的可重复性，旨在智能状态的协同发展。机器的智能不仅仅是人为的输入执行，而是达到一种机器自我学习和提升的状态，与人类同步提升。

（二）数字化技术应用领域

1.大数据

大数据（Big Data）是一种IT行业术语，是指难以在短暂时间之内用普通软件工具进行捕捉、管理和处理的数据集合。它需要新处理模式，使数据转化为一种大体量、多元化和高价值的信息资产，从而增强企业的决策力和整体把握能力。2008年，奥地利数据科学家维克托·迈尔–舍恩伯格（Viktor Mayer–Schönberger）在其著作《大数据时代》中首次提出大数据概念，他将大数据的主要特点归纳为：大量性（Volume）、多样性（Variety）、高速性（Velocity）、价值性（Value）。

（1）大量性，指的是数据的总量庞大。在我们的日常生活中，每天都在不断地产生大量的数据，我们所用到的各种终端设备既充当了数据存储角色，同样也是数据制造的主力。例如，手机的内存从十年前的几十MB，到现在的几十上百GB，数据的体量不断扩大。

（2）多样性，指的是数据种类的多样。我们这里讨论的数据并不是单纯意义上的数字型数据，而是广义上的数据，分为结构化、半结构化和非结构化三种。结构化是以数字文本为主、能够直接使用的信息；而半结构化和非结构化则是需要进一步加工或者转化才能使用的数据信息，其表现形式一般为文件、图片、音频或者视频等，所呈现的种类多种多样。例如，企业的招聘信息有不同的形式可以获取，公司官网的公告、手机通知短信、学校现场招聘的一页纸等等，利用不同形式来展示信息。

（3）高速性，指的是数据的处理速率快。这里的快是从数据产生到应用的整个过程来看的。数据产生的速度明显加快，每天的活动使数据能够同步产生，并实现实时传输，有可能在传输过程中就已经进行了相关分析。同时，这也确保了数据的时效性。例如，当天发生的新闻能够通过直播的形式，将信息第一时间传播到世界各地。

（4）价值性，指的是数据所蕴含的价值巨大，但密度却很低。这是大数据最大的优点也是其弊端，正因为数据量庞大、种类多样，且数据反映的问题和现象全面，其能否准确分离出有用信息是非常困难的。与此同时，数据在不断变化，早期信息可能很快消失，全面性会受到一定影响。例如，日常生活中的监控录像信息。也许我们只需要找出一个人的某个行为，但要找出这个信息可能需要查找所有的录像。

【例16】（单选·2019）瑞安保险公司依托医疗大数据智能化管理系统，将来自保险机构、医院和药房的诸如疾病发病率、治疗效果和医疗费用等方面的大数据及时进行“提纯”

和整合，对潜在目标客户进行精细化管理，从而实现对健康保费的有效控制。本案例主要体现的大数据特征是（　）。

A.大量性　　B.价值性　　C.高速性　　D.多样性

【答案】B

【解析】大数据的“价值性”特征，是指大数据价值巨大，但价值密度低。“瑞安保险公司依托医疗大数据智能化管理系统，将来自保险机构、医院和药房的诸如疾病发病率、治疗效果和医疗费用等方面的大数据及时进行‘提纯’和整合，对潜在目标客户进行精细化管理，从而实现对健康保费的有效控制”体现了大数据特征中的价值性，选项B当选。

2.人工智能

人工智能（Artificial Intelligence，AI），是一种旨在研发用于模拟、延伸和扩展人的智能的理论、方法、技术及应用系统的新的技术科学，目前属于计算机科学的一种。同时它也是自然科学和社会科学的综合体，结合了社会学、哲学、心理学、数学和计算机科学等人类能够涉及的多个学科，为人工智能的研究提供了丰富的知识。通过高端技术手段，将机器的行为转化为机器的本能选择，模拟出人的行为，最终得到人类智慧的产物。需要注意的是，我们所追求的人工智能并不是人的智能，而是能像人那样思考、也可能超过人的智能。

3.移动互联网

移动互联网，是指依托电子信息技术的发展，结合网络技术与移动通信技术，将移动通信终端与互联网连接一体的一种新型业务模式，主要涉及到应用（APP）、软件以及终端等各项内容。可以说，个人计算机（PC）是互联网发展的重要产物，它是互联网技术的集合体，在电信网络的互联之下，各终端用户能够享受随时随地的网络服务，从而催生出基于网络的产业，如通信业、电子商务、AR技术等。

4.云计算

云计算（Cloud Computing）属于一种分布式计算，指的是通过网络“云”将大量的数据计算处理程序分解成无数个小程序，再通过多部服务器组成的系统进行处理和分析这些小程序，最终将得到的结果反馈给用户的一种计算过程。这里的“云”可以想象为一个网络虚拟空间，是一个能够合理分配计算的系统。早期的云计算是一种分布式计算方法，用于解决任务分发问题，最后进行计算结果的合并。随着现代技术的不断突破，能够实现在极短时间内完成数以万计的数据处理，不得不让人感叹网络的强大。

云计算三个层次的服务：基础设施级服务（IaaS）、平台级服务（PaaS）和软件级服务（SaaS）。这里所谓的层次是分层体系架构意义上的“层次”。IaaS、PaaS、SaaS分别在基础设施层、软件开放运行平台层、应用软件层实现。云计算服务的各层次具体描述如表4–7所示。

表4–7　云计算服务的各层级介绍

层次	具体服务内容
基础设施级服务（IaaS）	消费者通过网络可以从完善的计算机基础设施获得服务。基础设施级服务是把数据中心、基础设施等硬件资源通过Web分配给用户的商业模式
平台级服务（PaaS）	将软件研发的平台作为一种服务，以软件级服务的模式提交给用户。软件开发人员可以在不购买服务器等设备环境的情况下开发新的应用程序

续表

层次	具体服务内容
软件级服务（SaaS）	一种通过网络提供软件的模式，用户无需购买软件，而是向提供商租用基于Web的软件，来管理企业经营活动。它降低了软件使用成本，且减少了客户管护成本，可靠性更高

5.物联网

物联网（Internet of Things，IoT），可形象理解为“万物互联的网络”，是指通过各种传感器技术、识别技术、定位系统、扫描器等各种装置与技术，实时采集任何需要监控、连接、互动的物体或过程，以声、光、热、电、力学、化学、生物、位置等形式，通过网络接入来实现物与物、物与人的广泛连接，实现对物品和过程的智能化感知、识别和管理的网络。

物联网的应用主要有以下三项关键技术作为支撑：

（1）传感器技术，可以将模拟信号转换成计算机能够处理的数字信号。

（2）射频识别（RFID）技术，这是把无线射频技术和嵌入式技术融合为一体的综合技术，主要应用于自动识别、物品物流管理。

（3）嵌入式系统技术，该技术是综合了计算机软硬件、传感器技术、集成电路技术、电子应用技术的复杂性处理技术。它相当于人的大脑，在接收到各部分传输的信息后则进行分部处理。

6.区块链

区块链（Blockchain）也是属于信息技术领域的一种技术。实际上，区块链可以理解成一个能够实时共享的数据库，存放在里面的数据或信息具有“独一无二”“全程记录”“完全透明”“全员维护”等特征。基于这些特征，该技术赢得了人们的“信任”，在此基础上可创造出合作机制，在未来具有无限的运用前景。最近几年出现的比特币正是运用了该技术，它实质上是一种去中心化的技术，通过连接各区块节点进行交易，以算法驱动、以信任推动区块的不断扩大，成为现代网络领域的新型连接模式。

二、数字化技术对公司战略的影响

（一）数字化技术对组织结构的影响

在数字经济迅速发展下，互联网的智能化和数字化为现代企业管理提供了重要条件，它以更加科学化、人性化以及高效化的优势提高了企业运营效率，同时也对企业的组织结构变革带来了影响，使优化之后的组织结构能够更好地为企业服务。

具体来看，企业的数字化发展对组织结构变革的影响主要表现在以下三个方面：

1.组织结构向平台化转型

数据化时代的演变让企业被迫处于动态复杂的经济环境当中，增加了经营过程中的不确定性。企业为了适应环境的变化，需要优化自身的组织结构，灵活应对可能出现的变化。

组织结构向平台化转型打破了高长型的传统组织结构，组织形态趋于灵活性、扁平化和虚拟化，呈现出“大平台、小前端”的形态，使各部门之间沟通更顺畅。

2.构建传统与数字的融合结构

数字化的出现极大程度上推动了传统结构的变革。一方面是思想观念的转变，由新知识理念主导，发挥其积极影响作用，以组织变革的形式不断向互联网思路转变。另一方面，有为组织提供了更新“新鲜血液”的隐形好处。正是由于传统组织结构下各项机制的落后，某些无法接受或难以适应数字化转变的组成部分将被淘汰出局，是企业一次整体性的变革。

3.以新型组织结构为主要形式

在数字化技术的支持下，企业组织将呈现出不一样的形式，新型的组织结构增加了组织的灵活度，分别从团队结构和虚拟组织两方面进行了改变。

1）团队结构

团队结构，即团队成员的组成成分，是团队协调、协作、协同工作的基础。团队的目标具有高度一致性，通过将不同专业技能的员工组合在一起，有助于进行有效沟通，提高了组织整体运作效率。

2）虚拟组织

虚拟组织是一种基于网络的虚拟组织形式，是企业扁平化发展的重要表现。它的优势在于能够打破组织的边界，在市场出现新的机遇时，通过产业联合、技术外包、建立联盟关系等形式进行大胆尝试，获得资源的最大化利用。同时也能降低企业的试错成本，为企业探索新领域提供了一定的保障。

【例17】（单选·2021）当市场出现新机遇时，具有不同资源与优势的企业为了共同开拓市场，共同对付其他竞争者而建立在信息网络基础上的企业联盟属于（　）。

A.虚拟组织　　B.团队结构　　C.信息联盟　　D.业务重组

【答案】A

【解析】虚拟组织是组织扁平化在企业之间的形式，当市场出现新机遇时，具有不同资源与优势的企业为了共同开拓市场，共同对付其他竞争者而组织、建立在信息网络基础上的共享技术与信息，分担费用，联合开发的、互利的企业联盟体。

【例18】（单选·2021）斯威公司是一家休闲服装生产企业。近期该公司与其他具有不同资源与优势的企业建立了以信息网络为基础的企业联盟体，通过网络来联系设计创意、制作人员和资产设备，共同开拓市场，共享术与消息，费用分担。从组织结构角度看，上述企业联盟体（　）。

A.具有灵活性较差的局限性　　B.是组织扁平化在企业之间的形式

C.是传统组织结构与新型组织结构的结合　　D.是以资金流管理为核心的组织形式

【答案】B

【解析】“该公司与其他具有不同资源与优势的企业建立了以信息网络为基础的企业联盟体，通过网络来联系设计创意、制作人员和资产设备，共同开拓市场，共享技术与消息，费用分担”表明该企业联盟体为虚拟组织，虚拟组织是组织扁平化在企业之间的形式，选项B当选。

（二）数字化技术对经营模式的影响

数字化技术的应用使企业的运营变得更加便利与科学，为产品和服务的转变提供了条件，也为运营模式创新提供了新思路，同时还为消费者带来了更加满意的体验。

（1）互联网思维的影响。企业形式从出现到发展至今，经历了工业化的大规模思维，这种传统的模式具有信息传递缓慢、反馈不及时等弊端，归根结底是信息问题。而在现代商业模式的影响下，互联网思维改变了这种困境，信息技术的飞速发展让信息传播变得轻而易举，管理人员也能够在最佳时间内做出相应的决策，推动战略的成功实施。

（2）多元化经营的影响。多元化经营是现代化企业的经营常态。互联网技术的推动下，“互联网+”模式应运而生，通过互联网带动产业的发展成为企业纷纷效仿的新路径。最典型的则是电子商务，形式多样的O2O、B2B、B2C等让企业的经营业态发生了改变，它们不再单纯以线下实体店为盈利渠道，而是开辟互联网领域，让产品和服务更加方便快捷。

（3）消费者参与的影响。数字化的应用，使企业与消费者之间的沟通更加顺畅，为提高客户满意度创造了良好的条件。一方面，通过企业构建的大数据平台，能够精准匹配客户的需求，充分发挥了企业在服务上的主观能动性；另一方面，网络化的管理为消费者监督提供了便利。提高透明度是当今社会正在倡导的理念，让消费者放心成为了企业获得满意度的前提，这也使得企业多了一份责任感和自我约束力。与此同时，企业借助网络化平台能够与消费者形成有效的互动关系，针对消费者的意见和建议，企业能够及时做出调整，避免因为沟通不足带来的客户流失现象。

（三）数字化技术对产品和服务的影响

随着产品市场的不断成熟，各企业的产品逐渐同质化。产品竞争力开始弱化、产品价值也不断降低，服务成为各大企业创造价值的重点。但随着服务的错配、服务力度的把控不严，依旧造成了企业价值的损失。因此，为缓解该状况，企业需要借助数字化进行更加精细化的服务，为提高服务化水平提供了重要指导。具体来看，数字化技术对产品和服务的影响主要体现在以下三个方面：

（1）个性化。在数字化时代的背景下，消费者的需求偏好发生了巨大的变化，越来越多的人开始追求个性化的产品。为了更好地应对该变化，企业对产品的特性也不再重点关注质量和价格，而是着力打造产品的内涵价值，提升消费者对产品的体验感。此时，数字化的作用就在于能够帮助企业更加高效地识别出客户需求，特别是挖掘消费者的潜在需求。这往往通过网络平台来实现，消费者的行为以数据的方式被记录下来，经过科学化的分析，使企业与消费者的联系更有价值，且降低了获取信息的成本，能够更有针对性地为消费者提供专业化服务。

（2）智能化。一种以数字化为基础的技术转变，企业的产品也突显出智能化和人性化的特点。这种转变主要是通过技术设施来实现，通过传感器、处理设备以及存储设备来运用数据，分析出消费者行为并同时为机器提供一种自主学习的条件。消费者可以根据自己的需求进行自我设置，在使用过程中机器将不断改进，精准把握消费者的偏好，达到最佳的用户体验感。

（3）连接性。数字化的连接并非只停留在人与人、人与物之间，而是扩大到了物与物之间。它将物的角色模拟为人，通过物体之间的数据进行联动，增加了更多的商业机会，增强了客户体验的联系性和一致性。这种“万物互联”方式既为企业提供了产品优化改进的方向，也为消费者的生活提供了便利，还为构建智能化的时代奠定了基础。

(4) 生态化。在数字化转型的新时期，产品的生态属性更被消费者所关注。通过依靠科技促进低碳化发展，实现数字化赋能生态发展。通过数字化赋能，提高效率、节约资源，实现降低能耗，加快重铸产业结构、生产方式、生活方式、空间格局。在这一过程中，生态化的发展对企业数字化转型提供重大的发展契机，消费者对于生态产品的需求能够迫使企业依靠科技创新实现生产技术的更新换代，从而在根本上实现整个行业转型升级，在此基础上，通过搭建数字化平台和管理体系，推动整个产业的数字生态发展。

(四) 数字化技术对业务流程的影响

在传统的业务流程下，组织内部往往会设置大量部门和环节，不仅增加了管理成本，还会使得信息的传递变得缓慢，对决策的效率有重大影响。逐渐地，企业开始意识到改进流程的必要性。

20世纪七八十年代，随着信息技术革命的影响，企业的经营环境和运作方式发生了巨大变化。到20世纪九十年代，业务流程重组（Business Process Reengineering，BPR）概念应运而生，该理论最早是由美国著名企业管理大师迈克尔·汉默（Michael Hammer）提出的，之后美国的一些大公司，如IBM、科达、通用、福特等纷纷推行，试图利用它发展壮大自身，最终实践证明了其选择的成功。业务流程重组的一般定义为通过对企业战略、运营流程以及支撑的系统、政策、组织和结构的重组与优化，达到工作流程和生产力最优化的目的。强调的是以业务流程为改造对象和中心、以关心客户的需求和满意度为目标、对现有的业务流程进行根本的再思考和彻底的再设计，利用先进的制造技术、信息技术以及现代的管理手段、最大限度地实现技术上的功能集成和管理上的职能集成，以打破传统的职能型组织结构，建立全新的过程型组织结构，从而实现企业经营在成本、质量、服务和速度等方面的突破性的改善。

数字化信息系统则是企业重组业务的核心。数字化信息系统的功能在于让企业的工作流程更加便利高效，它可以利用云端，做好知识的前期积淀，实时获取并处理大量信息，为管理者对企业发展的决策赢得了宝贵的机会。同时，它也是一次技术变革，让员工从复杂而低值的工作中解脱出来，为更有价值的工作提供资源和机会。业务流程的信息化也让企业向精准化和专业化迈进了一步，获得数据、构建模型分析、精准匹配再加上优化提升，企业的各个流程将达到一次质的飞跃。

【例19】（多选）下列关于数字化技术对公司战略的影响的表述中，正确的有（　）。

A.数字化技术在业务流程重组中发挥着重要作用

B.数字化技术促使企业组织形态趋于高长化发展

C.数字化技术支持虚拟组织，不支持团队结构

D.数字化技术有助于企业实现对新项目的探索

【答案】AD

【解析】在数字经济时代，组织形态趋于柔性化、扁平化和网络化，并呈现出大平台、小前端的特征，选项B不当选；在数字化技术的支持下，一些组织设计并采用了一些新型的组织结构以增强组织竞争力，其中最为重要的是团队结构和虚拟组织，选项C不当选。因

此，选项A、D当选。

三、数字化战略

(一) 数字化战略的定义

数字化并非革命化，它不是对已有信息建设的否定，而是在原有基础上进行的一种优化提升。以新技术带动旧技术，以新运营管理模式优化组织结构，从而适应数字化转变带来的新要求。数字化战略则是这样一种新理念，立足于企业整体，着眼于企业目标来制定具有持续优化的规划和决策。

(二) 数字化战略转型的主要方面

1.技术变革

技术是变革能否进行的基本条件，随着现代网络技术的高速发展，5G、云计算、人工智能等新技术推动了时代的浪潮，为企业的整体提升带来了无限的机遇和可能。

1）数字化基础设施建设

数字化基础设施建设是企业进行数字化转型的基石。“工欲善其事必先利其器”，企业的数字化转型需要借助一定的基础设施来实现，这里可以简称为“数字基建”。它由一系列网络通信设备构建而成，布局主干网和互联网，并在各个节点和端口配备可运行设施，以高效精准的结果辅助企业进行战略的决策和实施。

2）数字化研发

数字化研发是企业转型升级的主要动力。企业的研发投入和转化率是判断一个企业研发能力的重要指标，尤其是数字化的研发，已经成为了当代企业争相追求的一种发展趋势。企业对研发的重视程度越高，其科技含量可能越高，其数字化技术的提升也可能更快。同时，研发也能带动员工创新能力的提升，使新管理思想能够更快的推广和应用。

3）数字化投入

数字化投入是推动企业数字化转型的重要支持。数字化投入占比是评价企业进行数字化转型力度的一项重要指标，它同样也能反映出企业对数字化转型的重视程度。一般来说，其投入占比越大，企业的重视程度就越高，其转型效果也会越明显。企业需要把握好投入的比例，合理进行投入，进而达到最佳的转型效果。

2.组织变革

根据本章第一节的内容我们知道，企业的组织结构与企业战略息息相关，它的功能在于保证战略的有效实施。与此同时，企业的战略也能在一定程度上推动组织结构的变革。在数字化转型的当下，企业的组织结构同样扮演着这样重要的角色，它能够增强员工之间的信息交流，在数字化的工作环境下，提升了员工的数字化应用能力，也对员工有了新的要求。

1）组织架构

企业组织架构的变化是企业进行数字化转型最明显的变革。企业在数字化的推广下，组织结构逐渐扁平化，它打破了传统部门之间的信息壁垒，加强了各部门员工之间的联系和沟通，使管理层能够更加有效地了解企业真实情况，提高了企业整体运行效率。

2）数字化人才

数字化人才是推动企业数字化转型的关键要素之一。企业的数字化人才占比能够直观反映出该企业的数字化实力，它与研发投入的占比有相似性：企业具备数字化技能的员工人数越多，企业的数字化应用率将越高，从而使企业的转型也会越容易成功。

3.管理变革

企业通过数字化转型变革了整个管理的流程，为提升管理效率奠定了重要基础。

1）业务数字化管理

业务数字化管理是企业数字化转型的重要组成部分。企业的业务管理主要包括采购、销售、运输以及服务等方面，企业可以从电子商务销售率、数字化物流设备占比、业务提升率以及可视化率等指标来反映企业在业务方面的数字化程度。

2）生产数字化管理

生产数字化管理是企业数字化转型的关键业务环节。企业的生产过程对数字化要求较高，产品的生产效率和质量直接影响着企业的发展。这种数字化转型主要体现在设置生产系统、编制自动化作业以及过程数据监控等方面，以数字化管理模式提高生产的效率。

3）财务数字化管理

财务数字化管理是企业数字化转型的后勤支持。业务与财务同时存在是企业的正常状态，随着数字化的推行，企业的财务工作也有了相应的变化，在财务管理方面可使用信息化工具来提高效率。例如，ERP系统的运用使企业生产与管理形成同步，各项数据能够直观反映且实现实时追踪，解决了财务工作的监督和溯源难题。

4）营销数字化管理

数字化为营销管理提供了更加灵活的管控方式。传统的企业以线下实体和人员推销为主要销售方式，占用了大量的成本费用，效果可能也不够理想。而在数字经济时代下，企业的销售方式逐渐开始转变，最明显的变化则是线下向线上发展，通过网络平台或信息媒介来传播和营销，获取的客户群体更加广泛，且通过挖掘客户数据能实行精准营销。由此，数字化的应用使营销管理变得更有价值。

【例20】（单选·2021）传统制造业企业A是一家汽车生产企业，通过扩大ERP覆盖率提高销量，这属于（　）。

A.技术变革　　B.组织变革　　C.管理变革　　D.流动性变革

【答案】C

【解析】管理改革强调企业通过数字化转型打通生产与管理全流程的数据链，促进业务流程变革、生产变革和财务变革，提高产品质量和生产效率。“通过扩大ERP覆盖率提高销量”属于管理变革，选项C当选。

四、数字化战略转型的困难和任务

（一）公司数字化战略转型面临的困难

1.网络安全与个人信息保护问题

安全性往往是企业接纳新事物时需要首要考虑的问题。在网络化推行过程中，数据的安全性尤其重要，特别是在运用云系统之后。由于云空间的边界并不明确，企业的防护机制并不完善，应用的服务器不能达到理想的效果，企业处于较大的安全风险之中，很容易导致数据泄露或被篡改等问题。

公司会根据用户个人信息以及消费记录给用户全方位的消费体验升级，包括推送信息的个性化和消费体验的精确化等，大大增加用户对平台的依赖。但是，不法分子也能通过技术手段入侵个人信息存储平台，盗取用户的个人信息，利用这些信息进行售卖或者篡改个人信息。在一些重大信息填报上，一旦被不法分子篡改选择或是删除某些重要信息，对用户个人所造成的影响难以想象。2016年《中华人民共和国网络安全法》和2021年《中华人民共和国个人信息保护法》的颁布，对维护、加强网络安全和个人信息保护提供了重要的法律保障，但全面实施这两个法律的内容还任重而道远。

2.数据容量问题

在传统的业务流程中，企业的数据存储和分析并不会占用太多的资源，也无需专门设置信息技术部门来管理。但数字化转型使公司的数据量大增，以往的计算机已经无法承载这些数据，需要更加先进的设备来进行处理。与此同时，专门的信息技术部门成了企业运营过程中不可缺少的组成部分。

3.“数据孤岛”问题

由于技术开发的时间与部门各不相同，多个系统或软件之间相互独立，运行模式不统一，形成了企业内部的一种信息隔阂。在企业数字化发展过程中，这种模式会对企业资源的整合带来不利影响，因此，企业需要及时调整差异，并实现信息的共享和交流。

4.核心数字技术问题

企业实行数字化转型一般有两种方式。第一种是自我开发，由企业自行搭建战略架构和技术组织。但由于企业的核心技术能力不足，再加上成本投入较大，企业很难完成整体意义上的转型；第二种则是外包，但由于一般的外包方难以承担咨询、设计以及运营等全面的服务，且存在通用型方案不能满足不同企业需要的问题，同样使转型困难重重。

5.技术伦理与道德问题

数据世界在某种程度上来说是一个由数据形成的超级链接的新维度，其创造力和生产力空前，但某些在技术上可以实现的产物，在数字化世界中是受道德约束的，即技术上“能做”不代表现实中“可行”。数字化道德应受法律规定、数字技术与道德规范共同约束。数字化道德的实施要注重伦理规范和道德判断的编码化，须从一个工程师的思维、一个软件的思维转变到人文主义的思维。

（二）公司数字化战略转型的主要任务

1.构建数字化组织设计，转变经营管理模式

1）制定数字化转型战略

战略是企业发展的一面旗帜，主要由管理层进行制定，能够为企业的转型升级提供明确的规划方向，通过战略定位、战略目标来更加清晰地为各部门层级人员提供导向，管理层可制定企业级的数字化转型战略。

2）建立数字化企业架构

构建新型企业架构是推动企业数字化转型升级的基础，数字化的运行需要依托云平台，将企业相关的数据架构、平台架构以及业务架构进行重新布局，设计出能够将业务层、管理层和应用层相互连接的新型企业结构。

3）推动数字化组织变革

数字化组织变革一般是从上至下的，由相应的变革小组进行指导，根据业务类型和运行模式，建立数字化组织架构，由此构建起围绕业务、灵活机动、分布广泛的新型结构。

2.加强核心技术攻关，夯实技术基础

要构建企业数字化管理体系就必须有技术作为支撑，企业要想跟上互联网、大数据等先进技术的步伐，自身也要具备相应的可操作团队。因此，构建一个能够结合内外部研发技术优势的团队是关键，通过打造一个大型开放式技术研发平台，企业便能够灵活开发新技术，将研发资源得到很好地利用。

3.打破“数据孤岛”，打造企业数字化生态体系

数据需要共享才能实现其最大的价值，将企业的各流程数据以及运营的各参与方数据构成一个综合性生态服务体系，让技术与业务协同发展，推广一种共享共治的合作理念。同时，加入第三方数据，围绕实现数据、技术、流程、组织及统筹协调，加强与上下游合作伙伴的联系，推动业务的提升。

4.加快企业数字文化建设

企业文化是一种潜在的影响因素，在企业推行数字化期间，营造一种学习数字化的良好氛围，从上到下、从里到外，不断推动这种转型意识，并将转变的目的和价值传播到位，从而实现真正意义上的数字化转型。

5.利用新兴技术，提升公司网络安全水平

首先要明确网络安全的重要性，每个企业都应该加强对自身网络的保护措施。对公司内部人员，要管理好各自的权限和账号密码，设置专人专责，定期或不定期检查数据状态，防患于未然，对存在的漏洞也应该及时处理。同时，提升监管的同步性，不断提高技术水平。

6.重视数字伦理，提升数字素养

数字伦理是在数字技术和数字信息的开发、利用和管理等方面应该遵循的要求和准则。企业数字化战略转型不仅仅是纯粹数字技术的运用，还将涉及在数字技术应用中所产生的企业与社会之间的行为规范。一方面，企业要重视数字伦理，即是要重视在数字化转型过程中，数字技术应用所带来的安全问题、隐私保护、数字信息产权等，避免数字技术滥用、用户隐私侵犯、算法歧视与陷阱等数字伦理问题，把握合适的伦理尺度、价值准则与道德规范，为社会创造积极正向价值。另一方面，企业要提高数字素养，合理有效利用数字技术并发挥数字技术的积极作用，强化企业数据思维，提高数据挖掘能力，促进数据价值创造，推动企业数字化战略转型与企业数字素养的相互促进。

案例分析

案例一：组织结构类型

1.职能制组织结构

甲玩具公司已经成立10年，在此过程中，其生产和经营规模逐步扩大，玩具产品的品种也在不断增加。为了提高工作效率并实现规模经济，甲公司最适合采取的组织结构类型是什么。

【分析】在本案例中，甲公司从成立以来已经进入快速发展期，首先排除创业型组织结构。要进一步提高工作效率并实现规模经济，表明需要明确的分工，且规模经济又是职能制组织结构的典型特征。因此，甲公司应采用的组织结构是职能制组织结构。

2.区域事业部制组织结构

东昌公司是一家以生产、销售多种石化产品为主业的企业，它对本公司经营活动和人员按照北方区域和南方区域进行划分，是典型的区域事业部制结构。公司总部负责计划、协调和安排资源，区域分部负责所在区域的所有经营活动、产品销售和客户维护。请列举出东昌公司组织结构的优点。

【分析】区域事业部制组织结构属于最普遍的公司组织结构，区域事业部制组织结构的优点主要包括：（1）在企业与其客户的联系上，区域事业部制能实现更好更快的地区决策；（2）与一切皆由总部来运作相比，建立地区工厂或办事处会削减成本费用；（3）有利于海外经营企业应对各种环境变化。具体来看，东昌公司“区域分部负责所在区域的所有经营活动、产品销售和客户维护”体现了第（1）点的决策优势，总部与分部相对独立体现出第（2）点的成本优势。

3.M型组织结构

百灵公司是一家企业集团，主要从事音响设备、舞台灯具、中国乐器及影视策划等业务，拥有两家全资子公司，三家控股公司。据此分析百灵公司宜采用的组织结构类型。

【分析】“百灵公司是一家企业集团，主要从事音响设备、舞台灯具、中国乐器及影视策划等业务，拥有两家全资子公司，三家控股公司”表明百灵公司拥有多个业务、多个子公司，宜采用M型组织结构。M型组织结构一般适用于在具有较复杂的产品类别或较广泛的地区分布的企业中采用。因此，百灵公司宜采用M型组织结构。

4.全球性产品分部结构

A公司是一家全球化半导体设计与制造企业，以开发、制造、销售半导体和计算机技术闻名于世。它在20多个国家均设有制造、设计和销售机构，在世界范围内推行标准化产品。请指出A公司采用的国际化经营组织结构类型，并列举出该组织结构的特点。

【分析】从A公司在世界范围内推行标准化产品来看，其采用的是与全球化战略相配套的全球性产品分部结构。首先应该明确的是全球化战略概念，全球化战略是向全世界的市场推销标准化的产品和服务，并在较有利的国家中集中地进行生产经营活动，由此形成经验曲线和规模经济效益，以获得高额利润。采用全球性产品分部结构的优势是获得了更高的全球效率，劣势是下属公司对母公司的依赖程度较高，战略自主权较小，母公司与下属公司的互动缺乏创造力，从而导致子公司对当地市场的反应能力受到限制。在本案例中，A公司将产品的制造、设计和销售机构分设各国，是有针对性地选择资源，能够降低成本，提高全球生产效率。

案例二：组织协调机制

育英公司是一家英语培训机构，定位于高端培训。该公司实行纯英文教学，全部课程由外籍教师进行授课，另外配备一名中文教师担任助教，所有教师都须有5年以上的教学经验。据此，请分析育英公司培训活动中的组织协调机制是什么。

【分析】从“高端培训”“由外籍教师进行授课”“5年以上的教学经验”等描述可以判断出育英公司培训活动采取的组织协调机制为技艺（知识）标准化。技艺（知识）标准化，是指组织对其成员所应有的技艺、知识加以标准化。这种协调机制主要是依靠组织成员在任职以前就接受了必要的、标准化的训练，成为具有标准化知识和技能的人才。

案例三：组织的战略类型

甲公司是一家主要从事体育运动器材的生产、销售业务的企业。从去年起，该公司在保留原有业务的同时寻找新的市场机会，开发出适合个人使用的运动健康补测仪并尝试性投放市场。该仪器可随时把使用者在运动中的有关生物指数显示并记录下来，从而帮助使用者了解自己的健康状况并选择适当的运动方式。据此，请分析甲公司适宜采取的组织战略类型是什么。

【分析】从“保留原有业务的同时寻找新的市场机会”“开发……并尝试性投放市场”可以看出，甲公司是在对市场进行深入分析的基础上再进行的市场开发。因此，甲公司适宜采取的组织战略类型为分析型战略组织结构。因为，分析型组织在定义开创性问题时，在寻求新的产品和市场机会的同时，会保持传统的产品和市场，兼顾了开创性和稳定性两种特征。

案例四：企业文化类型

志铭公司是一家小型咨询公司，拥有20多名员工。为确保员工顺利开展工作，公司提供了必要的条件和服务。公司员工既负责从市场上承揽咨询项目，又根据自己的特长和爱好选择并完成咨询任务。据此，请说出志铭公司企业文化的类型。

【分析】根据“公司员工既负责从市场上承揽咨询项目，又根据自己的特长和爱好选择并完成咨询任务”可以明显看出，志铭公司的企业文化类型属于人员导向型。因为人员导向型的企业存在的目的主要是为其成员的需要服务，这类企业为其专业人员提供他们自己不能为自己提供的服务。这一文化常见于俱乐部、协会、专业团体和小型咨询公司，具体情况与志铭公司相符。

案例五：文化与绩效

20年前，欧洲A公司的产品线很长，除移动通信产品外，还生产电视机、电脑、电线甚至胶鞋。1992年，A公司新任总裁O先生一上任就抓住时机达成共识，专注电信业务，推行以移动电话为中心的专业化发展新战略，将造纸、轮胎、电缆、家用电器等业务压缩到最低限度，甚至忍痛砍掉了当时规模已做到欧洲第二的电视生产业务，集中90%的资金和人力加强移动通信器材和多媒体技术的研究和开发。在战略变革中，A公司注重对人的培养，通过各种渠道创造优越条件，让员工去实现其个人价值。A公司始终在寻找和保持一种领导与管理之间的平衡，也就是通过领导的影响力，使企业的价值观渗透到员工的价值观中去。

正是这些组织惯例使得A公司在2G时代以最快的速度和最新的技术为用户研制出最为需要的高质量产品，型号的更新速度更是令人应接不暇，层出不穷的每一款A公司手机都代表着一次经典性创新，最终A公司把欧洲另外两家手机生产企业赶下马，坐稳了全球手机市场老大的位置，成为2G时代当之无愧的市场“霸主”。

伴随着3G时代的到来，各项通信和软件技术有了巨大进步。此时，拥有5000名创新人员和专业研究机构的A公司，不仅早就有人预见到未来手机行业的发展，而且大量被当前的智能终端所普遍采用的技术如纳米科技、可视化、感应器、触控等在A公司的研发都成熟到了可应用的地步。但是，由于企业内部缺乏沟通，对新技术的认识不能在组织内部达成一致，管理层也没有通过集体学习加强信息交流促使组织达成共识，致使A公司产品开发指导思想还停留在做手机的阶段，产品所解决的问题还是如何更好地实现通信功能。公司研发的新技术被束之高阁，甚至出现在竞争对手的产品上，成为竞争对手产品的关键特色。A公司的互联网战略仍然惯性地保持着2G时代的战略思维：做手机意味着卖硬件，互联网是手机式的互联网，要以手机为主导。2003年A公司买入塞班操作系统，但在实践中，A公司发现塞班操作系统不适合3G时代的网络，它扛不住互联网庞大的流量。

在面对以3G为标志的移动互联模式和以“硬件+软件+移动服务”为商业模式的手机行业新的游戏规则面前，A公司显得力不从心。面对发展迅速的中国移动网络的合作要求，A公司也因相当傲慢的态度失去了占据中国3G市场的绝佳时机。

据此，请从文化与绩效的关系角度，简要分析A公司在2G时代和3G时代文化对企业绩效的不同影响。

【分析】

文化与绩效的关系是：文化可能与高绩效相联系，文化也可能损害企业的绩效。

在2G时代，A公司的文化与高绩效相联系。“A公司始终在寻找和保持一种领导与管理之间的平衡，也就是通过领导的影响力，使企业的价值观渗透到员工的价值观中去”这种独特的企业文化，把广大员工凝聚到一起。A公司以其超强的成本控制能力、快速的市场反应、持续的产品创新、严格而完善的质量控制与检验、人性化的售后服务等优势，在手机市场独占鳌头。

而在3G时代，A公司的文化损害企业的绩效。“由于企业内部缺乏沟通，对新技术的认识不能在组织内部达成一致，管理层也没有通过集体学习加强信息交流促使组织达成共识……公司研发的新技术被束之高阁，甚至出现在竞争对手的产品上，成为竞争对手产品的关键特色”。

案例六：战略稳定性与文化适应性

1.以企业使命为基础

鑫茂公司是一家电子商务公司，2020年制定和实施了一项新零售战略，主要对原有业务进行了较大调整，建立了多家商品销售实体店，线下线上业务协同开展。这一变革得到企业固有文化的支持。根据战略稳定性和文化适应性矩阵的要求，请分析该公司在实施上述新战略时最适合应用的关系类型。

【分析】根据“对原有业务进行了较大调整，建立了多家商品销售实体店，线下线上业务协同开展”可以说明组织要素的变化较大；而“这一变革得到企业固有文化的支持”又说明潜在一致性较大，因此，鑫茂公司应采取以企业使命为基础的关系类型。

2.根据文化进行管理

2015年，家电制造商甲公司并购了一家同类企业，在保留被并购企业原有组织的同时实行了新的绩效考核制度，结果遭到被并购企业大多数员工反对。面对该情况，甲公司在处理被并购企业战略稳定性与文化适应性关系时应选择哪种处理方式。

【分析】“并购了一家同类企业，在保留被并购企业原有组织的同时实行了新的绩效考核制度，结果遭到被并购企业大多数员工反对”体现的是组织要素变化少，潜在的一致性小，因此应该根据文化的要求进行管理。在本案例中，由于组织要素变化少，潜在一致性小，甲公司应该充分考虑文化成分，根据文化的要求进行管理。

案例七：战略控制

2020年，小王在市区黄金位置开了一家咖啡店，由于经营有方，小店开业不到一个月就创造了销售佳绩。正在小王准备大干一场时，社会上一场流行性疾病袭来，小店经营陷入困境。小王采取各种措施试图挽救，失败后不得不关闭了咖啡店。请根据战略失效理论，说明小王创业没有达到预期目标的情形属于哪种失效并说明原因。

【分析】由于流行性疾病袭来是难以预料的事件，对小王的咖啡店影响属于偶然因素，因此，小王创业没有达到预期目标的情形属于偶然失效。在战略实施过程中，偶然会因为一些意想不到的因素导致战略失效，这就是偶然失效。

案例八：数字化战略

H公司是一家主营家电及智能电子设备的制造企业，其数字化转型概括为创建五大生态平台。一是HE智家，是物联网时代智慧家庭的生态平台；二是COS工业互联网平台；三是海纳云，是物联网时代的智慧园区和智慧社区的生态平台；四是盈康一生，是物联网时代的智慧健康的生态平台；五是海创汇，是孵化企业家和创业企业的平台。

从传统家电升级到智慧网器的过程，H公司充分运用了原创科技的力量。例如，冰箱的MSA控氧休眠式保鲜技术，能让三文鱼保鲜的程度比同类产品提高8倍，让蔬菜的保鲜度提高13倍，买回家的食材两个星期还新鲜如初，营养不流失等。而只有网器间实现互联互通，才能迭代智慧家庭服务。因此H公司依托人工智能连接技术、通信技术、物联网技术等，建起了HE智家体验云，在用户端提供智家App、音响、智能设备等多模态的用户接口，在云端实现语音控制、自然语言理解、深度学习、大数据处理、用户行为挖掘等，从而能够为用户提供智慧家庭的全场景解决方案，带给用户衣食住娱的全流程无缝体验。当然，没有任何一个厂商能完全满足用户智慧家庭的所有需求，为此H公司不断纳入生态资源方，共建生态平台，打造从网器到场景再到生态的智慧家庭生态平台。

从产品的设计到供应链的管理，从智能制造、物流管理、线上线下一体化销售到售后服务，H公司进行了全流程的数字化转型，尤其在智慧家庭领域，以AI和IT技术为核心，实现了从电器到网器、从智能家电到智慧家庭的转变。

H公司还在组织和管理方式上变革，创新性以人单合一管理模式，将树状的科层制组织打造成网状的扁平化组织，激发每个人和组织的活力和效率，实现个人和企业的价值最大化。未来，H公司将持续创新，用科技的力量引领智慧家庭产业变革，加速实践“场景替代产品、生态覆盖行业”，为亿万家庭提供更多更好的智慧生活服务。

请根据数字化转型的主要方面对H公司进行简要分析。

【分析】数字化转型的主要方面有三个，分别是技术变革、组织变革和管理变革三种。

(1) 技术变革。“从传统家电升级到智慧网器的过程，H公司充分运用了原创科技的力量”“H公司依托人工智能连接技术、通信技术、物联网技术等……带给用户衣食住娱的全流程无缝体验”“以AI和IT技术为核心，实现了从电器到网器、从智能家电到智慧家庭的转变”“H公司将持续创新，用科技的力量引领智慧家庭产业变革，加速实践‘场景替代产品、生态覆盖行业’，为亿万家庭提供更多更好的智慧生活服务”体现出H公司在技术方面的具体变革。

(2) 组织变革。从“创新性以人单合一管理模式，将树状的科层制组织打造成网状的扁平化组织，激发每个人和组织的活力和效率，实现个人和企业的价值最大化”可以体现出H公司在组织方面的具体变革。

(3) 管理变革。“H公司依托人工智能连接技术、通信技术、物联网技术等……在云端实现语音控制、自然语言理解、深度学习、大数据处理、用户行为挖掘等”“不断纳入生态资源方，共建生态平台，打造从网器到场景再到生态的智慧家庭生态平台”体现出H公司在管理方面的具体变革。

知识梳理

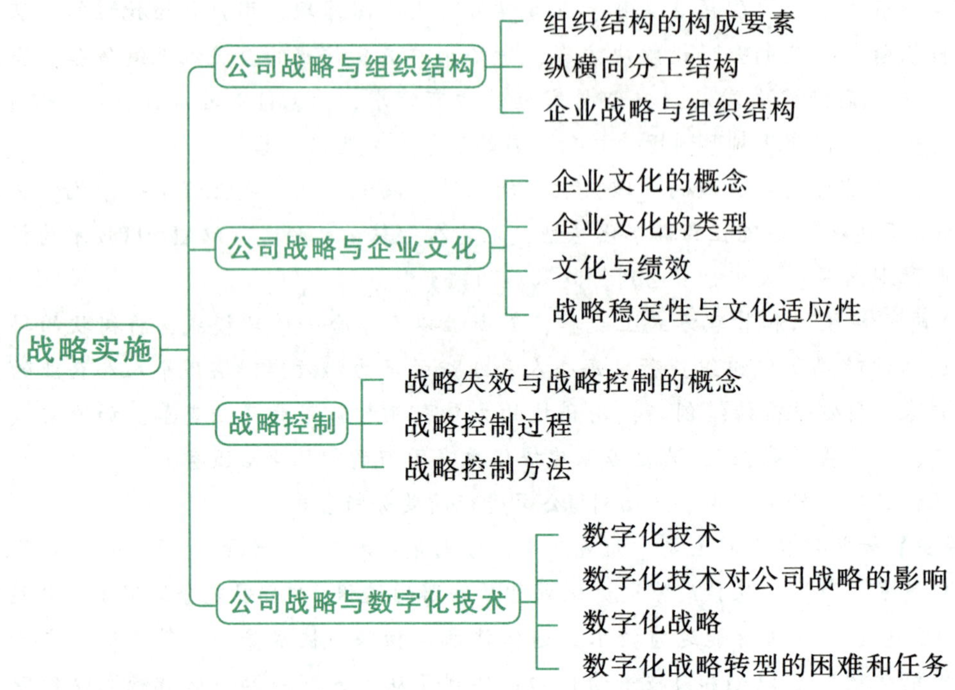
战略实施
公司战略与组织结构
组织结构的构成要素
纵横向分工结构
企业战略与组织结构
公司战略与企业文化
企业文化的概念
企业文化的类型
文化与绩效
战略稳定性与文化适应性
战略控制
战略失效与战略控制的概念
战略控制过程
战略控制方法
公司战略与数字化技术
数字化技术
数字化技术对公司战略的影响
数字化战略
数字化战略转型的困难和任务

第五章 公司治理

本章概述

本章阐述的是公司治理的相关内容，包括公司治理概述，三大公司治理问题，公司内外部治理结构和机制和公司治理的基础设施。本章考题出现在客观题和简答题中，属于次重点章。考生需重点的内容是三大公司治理问题和公司治理的基础设施。

第一节 公司治理概述

一、企业的起源和演进

企业制度可分为古典企业制度（代表：业主制和合伙制）和现代企业制度（代表：公司制）两大阶段。企业形式随着生产经营规模的扩大和资本供应方式的变化，企业形式由业主制发展为合伙制，再由合伙制发展为公司制。企业制度优缺点如表5-1所示。

表5-1 企业制度优缺点

组织形式	说明	优缺点
业主制	由自然人个人成立，不具有法人资格，承担无限责任	(1) 优点：①企业组织形式简单，注册简便，容易创立和解散；②业主享有自主权，企业经营方式灵活；③由于业主承担无限责任，故业主降低经营风险尤其关注预算和成本控制。 (2) 缺点：①难以在资本市场上筹集大量资本以扩大企业规模；②企业存续受业主个人因素影响，企业经营缺乏稳定性；③业主的个体决策可能会影响到组织决策的质量；④为规避风险，业主缺乏主动创新的动力，不利于新产业的发展
合伙制	由两人以上（包括两人）成立，不具有法人资格，对企业债务承担无限责任	(1) 优点：①有利于合伙人之间资源优势的整合，部分缓解了业主制企业人力资本不足的问题；②相对于业主制企业扩大了资金来源，有助于企业扩大规模，部分缓解了业主制企业资金不足的问题；③合伙人共同经营、共享收益、共担风险，在一定程度上分散了经营压力。 (2) 缺点：①企业的存续受合伙人退伙情况的影响；②合伙人之间由决策分歧产生的协调成本使决策效率大大降低；③合伙人之间缺乏有效的制约机制，监督履责困难，容易产生连带风险；④合伙人对企业债务承担无限责任，风险较大

续表

组织形式	说明	优缺点
公司制	具有法人资格，对企业债务承担有限责任	(1) 优点：①股东以出资额为限对公司债务承担有限责任，降低了股东投资风险；②所有权与控制权相分离，所有权流动性强；③融资方式多元化，易于筹集大量资本；④企业不受限制永续经营。 (2) 缺点：①企业存在委托代理问题；②企业创立手续复杂，组建成本高

二、公司治理问题的产生

现代公司由于所有权与经营权分离和股权结构分散化等典型特征，产生了一系列治理问题，现代公司应关注公司治理等核心问题。

当企业所有权与经营权相分离时，会产生委托代理问题，即由于股东与经营管理者目标不一致，产生利益分歧，经营管理者为了自身的利益，会做出有损股东利益的行为。随着企业规模的逐步扩大，股权结构逐渐分散化。由于社会公众持有大量股票，使得公司的股东们无法在决策以及行动上达成一致，从而提高了公司治理成本，同时，弱化了对管理者的监督。由于公司存在大量的小股东，大股东为了集中股权结构往往会以牺牲中小股东利益为代价，来实现自身利益最大化，从而也产生了大股东与小股东的矛盾冲突。

三、公司治理的概念

(一) 公司治理的定义

公司治理分为狭义的公司治理和广义的公司治理，其具体定义如下：

(1) 狭义的公司治理，是指所有者（主要是股东）对经营者的一种监督与制衡机制，即通过一种方法合理配置所有者和经营者的权责关系。借助公司治理结构来实现内部治理，实现股东利益最大化，防止经营者对所有者利益的背离。

(2) 广义的公司治理，是指通过一系列完整的正式或非正式的、内部或外部的制度或机制来协调公司与所有利益相关者之间的利益关系，以保证公司决策的科学性、公正性，保证实现所有利益相关者的利益最大化，从而最终维护公司各方面的利益。

(二) 公司治理的概念理解

公司治理的内涵可以从以下三个方面把握。

1.公司治理结构与机制

(1) 公司治理结构主要侧重于内部治理，是指由公司所有者与各级管理层和员工构成的权责利监督制衡体系。它反映了公司所有者对公司经营管理等方面的监督控制，是一种制度安排，以实现资源的有效配置。主要反映了各参与方权力、责任、利益，相互分工、相互制衡的制度体系。

(2) 公司治理机制，主要指除企业内部的各种监督机制外的各项外部监督约束机制。公司治理机制主要包括权益机制、市场机制和管理机制三大类。

2.从权力制衡到科学决策

传统公司治理理论一般只关注在所有权和经营权分离的情况下，如何通过建立制度体系来降低委托代理成本，减少风险。而在现实生活中，仅仅只关注权力的分配制衡，很难实现利益相关者的利益最大化目标。因此，应当理清各利益相关方权责利的关系，最大限度满足各方利益。公司治理不仅是权责制衡，还是科学决策。

3.公司治理能力

治理结构和治理机制虽然作为企业的两种重要资源，但这两种资源只是公司治理能力的载体和构成要素。公司治理能力在公司治理体系中不是独立存在的，它与公司领导者的个人能力、治理工具、治理环境等要素密切相关。一个完整的公司治理体系包括治理结构、治理机制、治理能力及治理环境等因素。

四、公司治理理论

公司治理理论包括委托代理理论、资源依赖理论和利益相关者理论。

（一）委托代理理论

（1）委托代理理论主要观点是：委托代理理论主要涉及企业资源的提供者与资源的使用者之间的契约关系。其中，授权者是委托人，即资源的所有者；被授权者是代理人，负责使用及控制这些资源。委托代理理论认为，当企业不存在两权分离时，即企业的所有者为企业的经营者，既享有企业资源的所有权，同时具有企业的经营管理权。在这种环境下，就不存在什么代理问题。但是，当所有权和经营权相分离时，由于经营者和所有者利益冲突，经营者有时为了满足一己私利会做出有损所有者利益的行为。因此，公司治理的中心问题就是如何使代理人（经营者）履行对委托人（所有者）的忠诚义务和勤勉义务。

（2）产生委托代理关系的原因，一方面是生产力发展细化了分工，权利所有者不具备足够条件（缺乏足够的知识、能力和精力）行使所有的权利；另一方面是分工的专业化产生了一大批具备足够条件（有知识、能力和精力）行使被委托权利的人。

（3）委托代理问题产生的原因是：①股东不具有监控经营者的客观条件，如时间、精力以及有关的知识和经验；②股东主观上倾向于坐享其成，免费“搭便车”。对某个股东来说，如果他要监控经营者，他就要独自承担所带来的成本，他享受到的收益却只能按其所持有的股票份额来确定，而其他股东不必付出成本也能享受到监控经营者带来的收益，这对他来说得不偿失。只要收益低于成本，他就不会有动力去实施；③代理人与委托人的利益目标不同；④代理人的行为存在机会主义风险，他们为满足自身利益最大化可能会损害委托人的利益。

（二）资源依赖理论

资源依赖理论指出，企业要维持生存，就需要不停与外界交换资源，如果仅靠自给自足，企业将无法在现代环境中生存。资源的稀缺程度、企业对资源的需要程度等因素均影响着企业内部的权力分配。企业对参与者提供的资源依赖性越高，该参与者所拥有的话语权往往越大。

董事会的产生可以有效降低企业的依赖性。董事会的规模是对外部环境的理性反映，董事会的构成随着环境的改变而改变。董事会主要作用是可以为公司带来相关建议；成为公司沟通外部环境信息的媒介；提升企业合法性；取得资源的优先条件。

（三）利益相关者理论

企业的利益相关者不仅包括企业资本的提供者股东，还包括与企业决策及利益直接、间接相关的群体。利益相关者理论强调企业在进行战略决策时需要考虑各方利益相关者的利益，要在他们之间作出权衡，优先保证某类利益相关者的利益。虽然有些利益相关者不会受企业决策的直接影响，但是也承担着不同的风险。企业在社会中，与其他成员存在着密不可分的联系，因此如何实现各利益相关者的目标，处理各利益相关者之间的关系对于企业在生存发展的过程是非常重要的。

利益相关者理论的要点主要体现在以下方面：

（1）现代公司中，股东并不是企业唯一所有者，不应承担一切的权力和责任。

（2）除了股东，职工、债权人等利益相关者都可能是剩余风险承担者，所有的利益相关者均应参与到公司治理当中。

（3）该理论强调了重视除股东外利益相关者的必要性。

（4）该理论从产权角度论证了法人财产是相对独立的这一观念的合理性。

五、公司治理与战略管理

公司治理作为现代企业制度的核心，通过合理的利益与风险的分配以及有效的监督机制、激励机制和权力制衡机制，能够在很大程度上解决由于契约的不完整性而产生的委托代理问题，从而为公司进行有效的战略管理提供了制度基础和根本保障。

（一）公司治理直接影响战略管理主体行使战略管理权限和职能

战略管理主体是指参与企业战略管理过程的所有组织、机构和人员。公司治理的不同模式或结构会赋予这些战略管理主体不同的权限和职能，从而影响他们对战略管理的参与度和影响力。公司治理扭曲或流于形式，是导致企业战略管理失误、失败的最重要的原因之一。

（二）公司治理影响企业战略目标

战略目标是企业各利益主体进行利益博弈与平衡的结果，而公司治理结构与治理机制直接决定了企业各利益主体在利益博弈中的地位，制约着他们对自身利益的追求和对企业战略目标的选择。

（三）公司治理模式对战略实施过程有重大影响

公司治理作为一种权力制衡和监督机制，对战略实施过程起着监督、控制作用。企业如果选择内部治理模式，这种监督、控制责任就由董事会履行。企业如果选择外部治理模式，对战略实施的监督、控制则通过外部市场实现。如果公司治理失效，市场上的投资者就会通过“用脚投票”的方式抛售企业股票，董事会或相关高级管理层会因此受到相应的惩罚。

第二节 三大公司治理问题

一、“内部人控制”问题

(一)“内部人控制”问题概述

内部人控制现象是企业内部人员（包括管理人员或员工等）通过对企业的实际控制权，参与企业的战略决策，为自己谋取利益，而侵蚀企业所有者的权益。其原因在于企业间由于所有权和控制权相分离，实际控制人与企业所有者的目标利益不一致且信息不对称，导致利益冲突。同时，公司治理机制的不完善使得股东大会流于形式，难以实施有效的监督，从而导致内部人控制问题的出现。

(二)“内部人控制”问题主要表现

“内部人控制”问题主要在于经理人在企业经营管理中违背忠诚和勤勉义务。主要表现如表5–2所示。

表5–2 违背忠诚义务和勤勉义务的主要表现

分类	主要表现
违背忠诚义务	(1) 盲目投资，经营行为短期化； (2) 一揽大权； (3) 侵占、转移资产； (4) 会计信息作假，财务信息作假； (5) 过高的在职消费； (6) 追求个人高收入，侵占利润
违背勤勉义务	(1) 信息披露不完整、不及时； (2) 追求稳健经营、缺乏创新等； (3) 追求低风险，债权筹资过度保守； (4) 敷衍偷懒不作为

(三)“内部人控制”问题的对策

应对内部人控制问题的措施，可以从公司内外部的监督体系入手：

(1) 完善公司治理体系，加大监督力度。明确管理层职责，使其工作流程规范运作，信息公开透明，为构建良好的激励机制提供条件。

(2) 强化监事会的监督职能，形成企业内部权力制衡体系。公司独立董事职位可选择专业胜任能力强和素质良好的外部人员来担任，以加强对企业管理者的监督，从而形成对企业内部不同利益集团的监督制衡机制。

(3) 加强内部审计工作，发挥审计监督职能，构建一个完善的内部监督约束机制。

(4) 完善和加强公司的外部监督体系，将利益相关者纳入监督企业经营管理者的体系，构建一个较完善的外部监督机制。

二、“隧道挖掘”问题

（一）“隧道挖掘”问题的成因

“隧道挖掘”问题的成因是由于大股东掌握着公司的实际控制权，相较于小股东，大股东对公司有更大的控制力。第一大股东和其他大股东之间通常具有关联关系或形成控制联盟。当资本市场缺乏保护小股东利益的有效机制时，大股东就更加容易通过侵害小股东利益来满足自身利益，实现自身利益最大化，从而产生“隧道挖掘”的行为。

大股东通过掌握的权利使其获得的收益大于承担责任产生的成本，即大股东“隧道挖掘”行为产生的收益大于成本。

（二）“隧道挖掘”问题的表现

1.滥用公司资源

滥用公司资源，是指并非以占有公司资源为目的，但也未按照公司整体目标为行动导向的行为。控股股东不会为了股东共同利益而改善公司经营管理、进行战略决策和监督经理人不作为或乱作为。企业所有者通常会采取与企业发展不符的经营策略，从而违背其作为代理人的勤勉义务。

2.占用公司资源

占用公司资源，是指终极股东采取一系列方法将公司的利益输送给自己的行为，违背了其作为代理人的忠实义务。占用公司资源又可以分为直接占用资源、掠夺性财务活动和关联性交易活动三类。

1）直接占用资源

直接占用资源，是指终极股东直接从公司将利益输送给自己。例如，直接借款、通过控股子公司借款、代垫费用、代发工资、违规担保、虚假出资等。终极股东及其他关联方也可通过预付账款来作为直接占用资源的途径。除此之外，直接占用资源还包括终极股东占用公司商标、品牌、专利等无形资产，以及抢占公司的商业机会等行为。

2）掠夺性财务活动

掠夺性财务活动可分为掠夺性资本运作、内幕交易、掠夺性融资、和超额股利等。

（1）掠夺性资本运作。例如，上市公司通过高价收购其终极股东持有的其他公司股权，导致公司利益流向终极股东。

（2）内幕交易。终极股东利用信息优势，通过获取内幕信息买卖证券或者帮助他人谋取不当利益。内幕交易违反了证券市场交易原则，损害证券市场秩序。

（3）掠夺性融资。一些上市公司为获取融资，通常采用财务造假、虚假包装等手段，从而损害了中小投资者的利益。掠夺性资本融资行为也包括向终极股东低价增发股票。

（4）超额股利。以终极股东的利益为导向实施股利政策，向终极股东进行利益输送。

【例1】（单选·2019）甲公司在2017年完成发行上市后的首次定向增发，以每股1元的价格向两名控股股东发行5000万股。当时该公司股价为每股5元。甲公司披露的2017年报显示，当时有净利润1.2亿元，市盈率为2.8倍。从终极股东对于中小股东的“隧道挖掘”问题角度看，甲公司的上述做法属于掠夺性财务活动中的是（　）。

A.内幕交易　　B.掠夺性融资　　C.直接占用资源　　D.超额股利

【答案】B

【解析】根据题干可知，甲公司的做法属于低价定向增发行为，本质上是向大股东进行利益输送，属于掠夺性融资，选项B当选。

3）关联性交易。

终极股东通常以非市场价格来进行正常经营管理业务的交易活动，从而进行非正常的利益输送。正常经营管理业务的交易活动分为商品服务交易活动、资产租用和交易活动以及费用分摊活动。

（1）商品服务交易活动。由于国内许多上市公司与母公司国有企业之间存在紧密的购销关系，控股股东经常通过“低买高出”的方式购销商品，以赚取差价的方式进行利益输送。

（2）资产租用和交易活动。资产租用和交易活动与商品服务交易活动的区别仅在于交易的标的物不同。资产租用和交易活动的标的物包括有形资产（如房屋、机器设备）和无形资产（如土地使用权、专利和商标等）。其中，资产租用和交易活动也包括托管经营活动中的非市场交易。

（3）费用分摊活动。上市公司在经营中，通常需要与控股母公司共同分摊诸如广告费、离退员工费、各类员工福利、交通费等一系列费用。这些的分摊并没有统一的标准且属于公司内部信息并不对外公开，因此终极股东会通过费用分摊的方式变相进行利益输送。如终极股东可通过安排人员担任上市公司董监高，将相关在职消费、奖金等分摊到上市公司进行利益输送。

【例2】（多选·2021）亚奥公司是一家生产各类工程机械的上市公司，其终极股东为尚荣公司，2015–2016年间，亚奥公司存在的“内部人控制”问题多次被媒体曝光。下列各项中，属于该公司“内部人控制”问题表现的有（　）。

A.将其生产的挖掘机、起重机以低于市场价格的价格出售给尚荣公司

B.未经正常审批程序投资房地产业，造成巨额亏损

C.部分关联交易未向投资者和社会公众披露

D.为尚荣公司对外借款违规担保人民币2亿元

【答案】BC

【解析】内部人控制问题是股东与经理之间的委托代理问题，隧道挖掘问题是终极股东与中小股东之间的代理问题。本题中尚荣公司作为终极股东，其与亚奥公司之间的问题就属于隧道挖掘问题，选项A、D不当选。

【例3】（单选）2020年2月，深交所向曾经的“消防第一股”天广中茂发出关注函，要求其说明子公司中茂园林及中茂生物为公司大股东邱茂国提供违规担保一事。这一违规行为未经股东大会审议，涉及资金1亿元，侵害了其他中小股东的利益。根据案例信息判断，天广中茂大股东侵占中小股东利益的方式是（　）。

A.直接占用资源　　B.关联性交易　　C.掠夺性融资　　D.内幕交易

【答案】A

【解析】终极股东对于中小股东的“隧道挖掘”问题中的直接占用资源指终极股东直接从公司将利益输送给自己。利用上市子公司为终极股东违规担保属于直接占用资源的具体表现之一，选项A当选。

（三）如何保护中小股东的利益

中小股东权益保护措施如表5-3所示。

表5-3 中小股东权益保护措施

方法	内容
建立股东退出机制	建立股东退出机制，是指当公司被终极股东控制时，为了降低中小股东的投资风险，降低其受剥夺的程度，作为少数的中小股东选择退出公司作为其降低风险的最后退路。该机制包括转股和退股两种方式： (1) 转股也称“用脚投票”，指股东向他人转让股份而退出公司； (2) 退股源于中小股东的一种特定解约机制，指股东在特定条件下有权要求公司以合理价格水平来回购其股份，从而达到退出公司的目的
建立表决权排除制度	建立表决权排除制度也称表决权回避制度，是指当某一股东与股东大会讨论的决议事项有特别的利害关系时，该股东或其代理人均不得就其持有的股份行使表决权的制度。该制度旨在限制终极股东进行关联交易产生“隧道挖掘”问题，侵害中小股东权益的行为。在关联交易中，存在利害关系的往往是终极股东。而该制度限制有利害关系的股东参与表决，可以有效保护中小股东权益，维护公司整体利益
建立有效的股东民事赔偿制度	建立有效的股东民事赔偿制度，是指公司股东滥用权利给公司和其他股东造成损失的，应当依法承担赔偿责任。该制度可以有效监控股东滥用权力的行为
完善小股东的代理投票权	完善小股东的代理投票权，是指股东可以委托代理人出席股东大会，代理人应当向公司提交股东授权委托书，并在授权范围内行使表决权。表决权代理可分为本人主动委托和他人劝诱委托两类
累积投票制	累积投票制，是指当股东行使表决权时，每一股份拥有与待选人数相同的表决权，股东可以将票数以任一组合方式投出。运用该方法，中小股东可以将选票集中起来全部投给自己或自己最信任的候选人。从而形成与终极股东制衡的效果，大大提高了中小股东的话语权，提高了中小股东权益的保护水平

三、企业与其他利益相关者之间的关系问题

传统企业理论认为应当强调股东利益的最大化，这种理论忽视了诸如供应商、债权人、客户、员工等其他利益相关者的利益。而各利益相关者对公司发展越来越重要，其投入的专用性投资构成了企业发展的资源，并且各方利益相关者的加入在一定程度上分散了经营风险，为企业可持续发展提供了重要保障。现代公司处在一个整体当中，不能脱离外部环境独立生存。只有合理配置和满足各利益相关者的利益时，才能形成一个良好的外部环境。因此企业必须重视利益相关者，将利益相关者纳入企业治理体系中，融入企业治理模式，共同参与公司治理。

但是盲目地将利益相关者纳入到公司治理中，有可能会产生“泛利益相关者治理”的困境。企业应当依据因企业破产承担风险大小、对稀缺资源的贡献程度、权力大小、利益诉求等因素来选择利益相关者。利益相关者的重要性及其各自的利益诉求并非一成不变，

它们会随着政治经济或社会环境的变化而变化。《上市公司治理准则》中部分规定与国际主要资本市场的ESG（环境、社会责任与公司治理）信息披露发展保持了同步，有利于提高我国上市公司的ESG评级，提升我国资本市场的国际竞争力。

【例4】（单选·2019）佳宝公司是一家上市公司，最近连续两年亏损，经营陷入困境。经审计发现，佳宝公司的重大决策权一直被控股股东控制，控股股东把佳宝公司当作“提款机”，占用佳宝公司的资金累计高达10亿元。佳宝公司存在的公司治理问题属于（　）。

A.“内部人控制”问题

B.代理型公司治理问题

C.企业与其他利益相关者之间的关系问题

D.剥夺型公司治理问题

【答案】D

【解析】“控股股东把佳宝公司当作提款机，占用佳宝公司的资金累计高达10亿元”体现的是终极股东对于中小股东的“隧道挖掘”问题，属于剥夺型公司治理问题，选项D当选。

【例5】（单选）2020年1月，美国对冲基金浑水指控瑞幸财务造假，遭到瑞幸否认，但在随后的4月份，瑞幸公告称通过自查发现公司首席运营官刘剑财务造假，牵涉约22亿元的虚假交易。消息一出，瑞幸盘中触发六次熔断，给股东们造成巨额损失。根据以上信息可以判断，瑞幸存在的公司治理问题是（　）。

A.企业与其他利益相关者之间的关系问题

B.剥夺型公司治理问题

C.经理人对于股东的“内部人控制”问题

D.终极股东对于中小股东的“隧道挖掘”问题

【答案】C

【解析】经理人财务作假属于经理人对于股东的“内部人控制”问题中违背忠诚义务的表现，选项C当选。

第三节　公司内部治理结构和外部治理机制

一、公司内部治理结构

公司内部治理结构是一种权责利相互制衡的制度体系，主要包括股东大会、董事会（监事会）、高级管理团队以及公司员工之间的制衡。一个合理的内部治理结构能够使公司有效运作，能约束经理人不良行为，避免出现越级管理等问题。

（一）公司内部治理结构的不同模式

依据董事会权责特征和其他监督机构与董事会的权责关系，将公司内部治理结构划分为单层董事会、双重董事会和复合结构三种模式。不同模式下，公司治理结构的股东会、董事会（监事会）、经理班子的设置、组成和功能有所不同，但最高权力机构均为股东大会。

1.单层董事会制

单层董事会制董事会既有监督职能又有决策职能。公司内部不设单独的监事会，相应的监督职能由董事会中的独立董事发挥。董事会结构由执行董事和非执行董事组成，执行董事是指参与公司经营管理的董事，非执行董事是指除董事身份外不在本公司内部任职的董事会成员，包括在股东及关联单位任职的非执行董事和独立第三方的非执行董事（即独立董事）。

2.双层董事会制

双层董事会制以一般设置一个由非执行董事会成员组成的监事会和完全由执行董事组成的管理董事会，且监事会的权力在董事会之上，监事会具有任命和监督董事会成员的权力。这种治理结构模式下，监事会、董事会分别行使监督、管理职能，监事与董事不得兼任。

3.复合结构制

复合结构制将单层董事会制和双层董事会制结合起来，在公司内部设立董事会和监事会，且监事会与董事会是平行机构。这种模式下的董事会具有决策职能，但由于董事会大多由执行董事构成，同时具有执行职能。同时，为了避免监督者监督自己，法律规定由股东大会选举法定审计人或监事，对董事和经理层进行监督。

（二）公司内部治理结构各方主体的权利和义务

1.股东大会

1）股东及股东权利

股东是出资设立公司并对公司债务负责的人，可以是自然人，也可以是各种类型的法人实体。股东还可以进一步细分为普通股股东和优先股股东。

（1）普通股股东。股份公司发行的最基本、最标准且无特别权利的股份，称为普通股。普通股票面价值由公司章程规定。持有普通股的股东享有的权利和义务都是相同的，普通股股东主要享有以下权利：

①剩余收益请求权和剩余财产清偿权。由于公司普通股股东享有公司的投资收益是公司经营所得分配给其他利益相关者后剩余的部分，所以该权利也称为剩余收益请求权。同样，对于公司财产的清偿，也是先满足其他利益相关者的清偿要求后才满足普通股股东的财产清偿要求，故也称为剩余财产清偿权。因此普通股股东所承担了比较高的风险，其所要求的必要报酬率也相应较高，普通股资本成本一般也是最高的。

②优先认股权。当公司增发新股时，普通股股东为了其股权不被稀释，有权按其持股比例优先认购一定比例的新股。

③监督决策权。普通股股东的监督决策权是“用手投票”的途径和体现。一个公司经营业绩的好坏直接影响着普通股股东的收益，这是由于普通股股东享有的“剩余收益请求权”所决定的，普通股股东承担着公司的经营风险。这就要求普通股股东对公司重大经济

活动进行监督或参与决策，通过选举公司董事，参与公司合并分立等重大事项决定公司的发展，影响公司经营业绩等。

④股票转让权。这是普通股股东"用脚投票"的途径和体现。上市公司普通股股东有权按自己意愿，通过证券交易所转让自己持有的公司股票，非上市公司普通股股东可通过场外转让手中的股票。

（2）优先股股东。优先股股东相较于普通股股东具有的优先权体现在以下几个方面：

①公司收益分配。公司的利润在分配了优先股股东股利后才能将剩余利润分配给普通股股东。

②财产清算方面。公司破产清算时，优先股股东相较于普通股股东优先取得剩余财产。

但是优先股股东不得在公司成立后抽回对公司的投资，一般也不享有股东大会投票权，除非是与优先股相关的投票决策。优先股股东的权利可从以下方面得知：

①剩余财产清偿权。公司破产清算时，优先股股东可按照票面价值先于普通股股东获得财产清偿，这是由于优先股具有产权凭证和收益凭证的双重属性。

②利润分配权。优先股股东可先于普通股股东获得固定比例的股利。有些公司还规定某些特殊情况不得发放普通股股利，例如，当流动比率较低且低于某一值。

③管理权。优先股股东在参与优先股相关问题的决策时具有表决权，其他情况下，在股东大会上，一般不具有表决权。

2）股东大会

股东大会是股东行使权力和决策的机构。股东通过在股东大会行使权力来决定公司重大事项，例如，决定公司合并、分立、解散、董事会成员、利润分配、年度决算等事项。因此股东大会属于公司内部最高权力机构和决策机构，并且是非常设机构，它只出现在每年的例会和特别会议中。在公司内部机构中，股东大会是权力机构，董事会是决策机构，大股东完全有权力通过股东大会和董事会侵害小股东权益。因此需要借助法律的手段来保护小股东的权益，而股东大会对于小股东来说，只有法律上的意义。

股东通过股东大会作出公司经营决策，通过董事会监督公司内部管理人员，避免出现经理人员侵害股东利益情况的发生。

股东大会应当每年召开1次，于当年6月份之前召开，按是否定期召开可分为定期召开、非定期召开和因特殊事项临时召开。当出现下列情形时，公司应当于2个月内召开临时股东大会：

（1）董事人数不足《公司法》规定的人数或者公司章程所定人数的2/3。

（2）公司未弥补的亏损达股本总额1/3。

（3）持有公司股份10%以上的股东请求。

（4）董事会认为必要。

（5）监事会提议召开。

股东大会行使的职权如表5–4所示。

表5-4 股东大会行使的职权

机构	职权
股东大会	(1) 审议批准监事会或者监事的报告； (2) 选举和更换非由职工代表担任的董事、监事，决定有关董事、监事的报酬事项； (3) 审议批准董事会的报告； (4) 决定公司的经营方针和投资计划； (5) 对公司增加或者减少注册资本作出决议； (6) 审议批准公司的利润分配方案和弥补亏损方案； (7) 审议批准公司的年度财务预算方案、决算方案； (8) 对发行公司债券作出决议； (9) 对公司合并、分立、解散、清算或者变更公司形式作出决议； (10) 修改公司章程； (11) 公司章程规定的其他职权

3）机构投资者

机构投资者属于法人机构，通过运用自有资金或者募集公众资金进行有价证券投资活动。商业保险公司、社保基金、证券投资基金和各种投资公司等都属于机构投资者。

机构投资者比个人投资者拥有更大的资金量，随着规模的扩大，机构投资者可通过股东大会参与公司的治理。我国主要的机构投资者有下列几类：（1）保险公司；（2）信托投资公司；（3）证券公司；（4）社保基金；（5）财务公司；（6）证券投资基金；（7）合格的外国机构投资者（QFII）；（8）国有企业、国有控股企业、上市公司。

机构投资者主要包括以下特征：

(1) 机构投资者往往奉行稳健的价值投资理念，投资具有中长期投资价值的股票。机构投资者偏好投资那些具有中长期价值的股票，因此机构投资者比个人投资者更注重公司的基本面情况。

(2) 相对个人投资者而言，机构投资者具有显著的人才优势。机构投资者拥有各类分析专家，从宏观、微观等方面对公司进行分析研究。

(3) 相对个人投资者而言，机构投资者可以利用股东身份，更加可能参与上市公司的治理。由于机构投资者拥有的股票数量超过一般个人投资者，并且具有人才优势。机构投资者可通过其股东的身份参与公司经营，提升公司内部治理水平，改善经营状况，提高盈利水平等，最终获得利润回报。

机构投资者主要可通过“用手投票”“用脚投票”两种途径提升公司治理水平。

(1) “用手投票”，是指机构投资者通过董事会和股东大会参与公司重大事项的经营决策，直接对董事会和管理层行为施加影响。

(2) “用脚投票”，是指机构投资者通过买卖股票向市场传递信息，约束董事会或经理层的管理的行为。

【例6】（单选）2019年4月，格力电器有意引入私募股权公司厚朴投资作为其新的机构投资者。新股东入驻董事会后，将对公司管理层进行改组，这将有望提升管理层股权激励和薪酬待遇，从而推动格力电器的运营能力和市场潜力的爆发。上述信息体现出机构投资者参与公司治理的途径是（ ）。

A.“用脚投票” B.“用手投票” C.市场干预 D.行政干预

【答案】B

【解析】机构投资者主要通过以下两种途径参与公司治理：①“用脚投票”；②“用手投票”。“用手投票”就是机构投资者通过董事会选举获取董事会席位，入驻董事会和出席股东大会，对公司投资、融资、人事、分配等重大问题议案进行表决或否决，参与公司的重要决策，直接对公司董事会和经理层的行为施加影响。“新股东入驻董事会后，将对公司管理层进行改组，这将有望提升管理层股权激励和薪酬待遇，从而推动格力电器的运营能力和市场潜力的爆发”体现出机构投资者通过“用手投票”参与公司治理，选项B当选。

【例7】（单选）2019年年报披露后，科创板上市公司金山办公同时获得基金、保险、社保等各类机构投资者重仓买入。关于机构投资者的特征，下列说法不正确的是（ ）。

A.机构投资者具有显著的人才优势

B.机构投资者往往奉行稳健的价值投资理念

C.机构投资者投资具有中短期投资价值的股票

D.机构投资者可以利用股东身份，更加可能参与上市公司的治理

【答案】C

【解析】机构投资者投资具有中长期投资价值的股票，选项C当选。

2.董事会

董事会是由股东大会选举产生，对股东大会负责，负责指挥与管理公司及公司的经营活动。董事会是股东大会闭幕期间常设权力机构，必须执行股东大会作的公司重大事项的决定。

1）董事会的职能

董事会的职能如表5-5所示。

表5-5 董事会职能

机构	职能
董事会	(1) 聘任或者解聘公司经理，根据经理的提名，聘任或者解聘公司副经理、财务负责人，决定其报酬事项； (2) 负责召集股东大会，并向股东大会报告工作； (3) 制定公司的基本管理制度； (4) 制订公司增加或者减少注册资本的方案以及发行公司债券的方案； (5) 决定公司内部管理机构的设置； (6) 制订公司的年度财务预算方案、决算方案； (7) 拟订公司合并、分立、解散的方案； (8) 制订公司的利润分配方案和弥补亏损方案； (9) 执行股东大会的决议； (10) 决定公司的经营计划和投资方案

2）董事的定义及分类

(1) 董事的定义。董事，是指由公司股东大会选举产生的具有实际权力和权威的管理

公司事务的人员，是公司内部治理的主要力量，管理内部公司事务，代表公司进行外部经济活动。董事会成员可以是自然人，也可以是法人。但法人充当公司董事时，应指定一名代理人，该代理人须是具有行为能力的自然人。

（2）董事的分类。董事按其与公司的关系可分为内部董事（也称执行董事）和外部董事，其中外部董事按与公司是否有利益关系可进一步分为关联董事和独立董事。

①内部董事，主要指担任董事的本公司管理人员，如总经理等。

②外部董事，是指不在公司担任除董事以外的其他职务的董事，如其他上市公司总裁、公司咨询顾问和大学教授等。其中，关联董事，是指与公司保持着利益关系的董事，但是其未在公司担任除董事以外的其他职位，如公司关联机构的雇员或咨询顾问等；独立董事是真正具有独立性的董事，他们不仅是公司的外部董事，而且还需要与公司或公司经营管理者保持重要的业务联系或专业联系，并对公司事务作出独立判断，如大学的教授、退休的政府官员等。

3）董事的权利义务

董事的权利如表5–6所示。

表5–6 董事的权利

名称	内容
董事	（1）出席董事会会议。《公司法》规定，董事会会议应由董事本人出席。董事如无法出席，可以书面委托其他董事代为出席董事会，并且需要在委托书中明确授权范围； （2）表决权。董事在董事会议上，有权对所议事项进行表决； （3）董事会临时会议召集的提议权。《公司法》规定董事会可以召开临时会议，但未就召集方式做明确规定。董事长可视情况主动召集，也可以根据一定人数的董事的提议而召集； （4）通过董事会行使职权而行使权利。董事会的职权不能由董事分别行使，董事可以通过行使决议权影响董事会的决定

董事义务又称作勤勉义务或专项，主要包括善管义务和竞业禁止义务。董事的义务如表5–7所示。

表5–7 董事的义务

名称及分类		内容
董事	善管义务	（1）董事必须忠实于公司。董事不得利用职权收受贿赂或者其他非法收入，不得侵占公司的财产，不得擅自泄露公司秘密； （2）董事必须维护公司资产。不得将公司资金以其个人名义或者以其他个人名义开立账户存储，不得挪用公司资金，不得将公司资金借贷给他人或者以公司财产为他人提供担保； （3）董事在董事会上有审慎行使决策权的义务
	竞业禁止义务	董事与公司间的竞业禁止义务。董事未经股东大会同意，不得利用职务便利为自己或者他人谋取属于公司的商业机会，不得自营或者为他人经营与所任职公司同类的业务。上述行为给公司造成损失的，应当承担赔偿责任

4）几个专门委员会

为了更有效地解决公司内部治理问题，董事会一般可以下设几个专门委员会，最常见的包括薪酬与考核委员会、审计委员会、战略决策委员会和提名委员会。

上述专门委员会主要职责如表5-8所示。

表5-8 专门委员会主要职责

名称	主要职责
薪酬与考核委员会	(1) 负责制定、审查董事、监事、高级管理人员的薪酬政策与方案; (2) 负责制定董事、监事与高级管理人员考核的标准，并进行考核
审计委员会	(1) 对公司的内部控制进行考核; (2) 对内部审计人员及其工作进行考核; (3) 与公司外部审计机构进行交流; (4) 检查公司会计政策、财务状况和财务报告程序; (5) 检查公司遵守法律、法规的情况; (6) 检查、监督公司存在或潜在的各种风险
战略决策委员会	(1) 监督、核实公司重大投资决策等; (2) 制定公司长期发展战略
提名委员会	(1) 广泛搜寻合格的董事候选人; (2) 对股东、监事会提名的董事候选人进行形式审核; (3) 分析董事会构成情况，明确对董事的要求; (4) 制定董事选择的标准和程序; (5) 确定董事候选人，提交股东大会表决

【例8】（单选·2015）审计委员会作为公司治理的主要参与方，其职责不包括（　）。

A.对内部审计人员及其工作进行考核

B.检查、监督公司存在或潜在的各种风险

C.检查公司会计政策、财务状况和财务报告程序

D.制定公司长期发展战略

【答案】D

【解析】审计委员会的主要职责有：①检查公司会计政策、财务状况和财务报告程序，选项C不当选；②与公司外部审计机构进行交流；③对内部审计人员及其工作进行考核，选项A不当选；④对公司的内部控制进行考核；⑤检查、监督公司存在或潜在的各种风险，选项B不当选；⑥检查公司遵守法律、法规的情况。选项D当选。

【例9】（单选）奕瑞光电子的实际控制人曹红光是奕瑞光电子的创业元老兼董事长，同时也在TCL集团旗下医疗公司担任副董事长，两家公司有着竞争的关系，曹红光违反了董事的（　）。

A.善管义务　　B.竞业禁止义务　　C.信息披露义务　　D.职业审慎义务

【答案】B

【解析】因为曹红光任职的两家公司有着竞争关系，所以其违反了竞业禁止义务。选项B当选。

【例10】（多选）申通地铁召开2018年第一次临时股东大会，同意设立战略决策委员会，并以90%的得票率通过《董事会下设战略决策委员会的议案》。战略决策委员会的主要职责包括（　）。

A.制定公司长期发展战略

B.监督、核实公司重大投资决策

C.制定董事、监事与高级管理人员考核的标准，并进行考核

D.制定、审查董事、监事、高级管理人员的薪酬政策与方案

【答案】AB

【解析】选项A、B属于战略决策委员会的主要职责；选项C、D属于薪酬与考核委员会的主要职责。选项A、B当选。

3.监事会

我国《公司法》第五十一条规定：有限责任公司，经营规模较大的，设立监事会，其成员不得少于3人。监事会应在其组成人员中推选1名召集人。监事会由股东代表和适当比例的公司职工代表组成，具体比例由公司章程规定。监事会中的职工代表由公司职工民主选举产生。有限责任公司，股东人数较少和规模较小的，可以设1~2名监事。董事、经理及财务负责人不得兼任监事。《公司法》第一百一十七条规定：股份有限公司设监事会，其成员不得少于3人。关于监事会组成和人员产生方式的要求与有限责任公司相同。

4.经理层

1）经理层定义

经理人由公司董事会聘任，在法律、法规及公司章程规定和董事会授权范围内，是公司日常经营管理和行政事务的负责人，代表公司从事业务活动的高级管理人员。

2）经理层职权

公司经理人员的职权如表5–9所示。

表5–9 经理层的职权

名称	职权
经理层	（1）决定聘任或者解聘除应由董事会决定聘任或者解聘以外的负责管理人员； （2）拟订公司内部管理机构设置方案； （3）组织实施公司年度经营计划和投资方案； （4）提请聘任或者解聘公司副经理、财务负责人； （5）制定公司的具体规章； （6）拟订公司的基本管理制度； （7）主持公司的生产经营管理工作，组织实施董事会决议； （8）董事会授予的其他职权

【提示】总经理虽然受聘于董事会，但其职权的主体部分却不为董事会所授权，而是由《公司法》明文规定。

3）经理层的薪酬激励

合理的薪酬机制有助于使管理者更努力工作，从而为企业创造更大的价值。激励方式主要有年薪制和股权激励两种。

5.国有企业各级党委（党组）

加强公司党建工作是全面从严治党的必然要求，把加强党的领导和完善公司治理统一起来是中国特色公司治理的重要内容。《中国共产党国有企业基层组织工作条例（试行）》明确规定，国有企业的公司章程应写明党组织的职责权限、机构设置、运行机制、基础保

障等重要事项，落实党组织在公司治理结构中的法定地位。

经党中央批准，中管企业一般设立党组，中管金融企业设立党组性质党委。国有企业党员人数为100人以上的，设立党的基层委员会（简称党委）。党员人数不足100人、确因工作需要的，经上级党组织批准，也可以设立党委。党员人数50人以上、100人以下的，设立党的总支部委员会（简称党总支）。党员人数不足50人、确因工作需要的，经上级党组织批准，也可以设立党总支。

国有企业党委（党组）应当发挥领导作用，把方向、管大局、保落实，重大经营管理事项必须经党委（党组）研究讨论后，再由董事会或者经理层做出决定。研究讨论的事项主要包括：

（1）贯彻党中央决策部署和落实国家发展战略的重大举措；

（2）企业发展战略、中长期发展规划，重要改革方案；

（3）企业资产重组、产权转让、资本运作和大额投资中的原则性、方向性问题；

（4）企业组织架构设置和调整，重要规章制度的制定和修改；

（5）涉及企业安全生产、维护稳定、职工权益、社会责任等方面的重大事项；

（6）其他应当由党委（党组）研究讨论的重要事项。

国有企业党委一般由5至9人组成，最多不超过11人，其中书记1人、副书记1至2人。设立常务委员会的，党委常务委员会委员一般为5至7人，最多不超过9人，党委委员一般为15至21人。国有企业党委由党员大会或者党员代表大会选举产生，每届任期一般为5年。党总支和支部委员会由党员大会选举产生，每届任期一般为3年。任期届满应当按期进行换届选举。

国有企业坚持和完善“双向进入、交叉任职”领导体制，符合条件的党委（党组）班子成员可以通过法定程序进入董事会、监事会、经理层，董事会、监事会、经理层成员中符合条件的党员可以依照有关规定和程序进入党委（党组）。党委（党组）书记、董事长一般由一人担任，党员总经理担任副书记。确因工作需要由上级企业领导人员兼任董事长的，根据企业实际，党委书记可以由党员总经理担任，也可以单独配备。

二、公司外部治理机制

外部治理机制，主要是指除企业内部的各种监控机制外的各个市场机制对公司的监控和约束，主要包括产品市场、资本市场和经理人市场。

（一）产品市场

在充分竞争的市场下，只有高效率的企业才能在竞争中处于优势地位，而低效率的企业则面临被淘汰的风险，这无疑给予经理人员较大的职业压力。在这种市场机制下，企业只有取得更高的投资效率、不断优化产品结构、提升产品质量、拓展市场才能被市场认可，提升其在市场上的竞争力。所以产品市场竞争越激烈，经理人员败德行为的空间就越小。

产品市场机制同时也为经理人员的激励机制提供依据。通过市场上同行业之间企业成本效益的对比分析，可以更加客观地评判经理人员的工作好坏，从而将其与经理人员的绩效相关联，给予经理人员一定的压力和激励，激励其为企业创造更大的价值。

（二）资本市场

资本市场机制，也称外部接管机制，是指公司经营者如果经营管理不善，造成公司股价下跌，从而通过资本市场被收购，转移公司的控制权的机制。外部接管机制对经营者有着巨大的潜在约束力。如若收购失败，公司控制权未转移，管理者同样面临被替代的风险。因此在这种机制下管理者为了维护自身的利益规避被替代的威胁，会较好的维护所有者的利益，使自身利益与股东和企业价值最大化趋于一致。收购和重组的威胁被认为是控制经理人员行为的最有效方法之一。

（三）经理人市场

经理人市场机制，也称声誉激励机制。经理人如果工作不努力，其业绩就会不佳，声誉就会下降，在同行中会缺失相应的机会。所以经理人个人价值受制于个人的声誉，只有声誉好，经理人才可能获得更好的工作机会并获得更高的报酬。

【例11】（单选）京东在2018年第三季度活跃用户数首次出现下跌的公告公布后，公司的股价应声大跌导致企业出现并购危机。从外部治理的角度来看，这体现了（　）对公司的监控和约束。

A.资本市场　　B.经理人市场　　C.产品市场　　D.期权市场

【答案】A

【解析】资本市场机制，也称外部接管机制，是指公司经营者如果经营管理不善，造成公司股价下跌，从而可能出现并购危机。京东2018年第三季度股价的波动导致并购危机体现了资本市场对公司的监控和约束，选项A当选。

第四节　公司治理的基础设施

一、公司治理基础设施

公司治理是一个综合性的话题，公司内部治理结构、外部治理机制和公司治理基础均会影响公司治理的效率。其中公司治理基础主要包括保护投资者利益的**法律法规**、评价公司财务信息和治理水平的信用**中介机构**、**政府监管**、**媒体和专业人士的舆论监督**以及**公司信息披露制度**等。

（一）保护投资者利益的法律法规

我国公司治理需以法治为基础进行，其中《公司法》《银行法》《证券法》《破产法》《劳工法》等各法律均会对公司治理产生重大影响。当国家的法律法规对投资者的保护条款等得到很好的执行，企业价值也会得到相应的提高。

（二）评价公司财务信息和治理水平的信用中介机构

评价公司财务信息和治理水平的信用中介机构主要包括会计师事务所、律师事务所和投资银行。它们对于公司治理的作用体现在保证公司披露信息的质量，减少利益相关者的信息不对称程度。同时中介机构的独立性也起到至关重要的作用。通过制定相关法律法规或建立二级信用评价中介机构可以提高中介机构的独立性。

（三）政府监管

政府监管主要是为了解决信息不对称导致的市场失灵和法律的不完备。有效的政府监管体系应包括法律监管、行政监管、信息披露监管和市场环境监管四个方面。

1.法律监管

法律监管，是指由于法律具有强制性和权威性，因此法律监管对约束公司治理中主、客体的行为具有最高权威。法律监管一般需要进行立法监管以及司法的介入。

2.行政监管

行政监管，是法律监管的补充，指各级行政机关依法律的授权和规定对公司治理中各主体和客体的行为进行的监督。

3.信息披露监管

上市公司信息披露监管机制，是针对上市公司信息披露行为所采取的管理机制（包括管理体系、管理结构和管理手段），是管理体制的重要组成部分，主要包括证券主管机关和证券交易所。

4.市场环境监管

市场环境监管，是指政府通过建设良好的市场体系达到公司治理的目的，包括建设竞争的资本市场、经理人市场、产品市场、健康的破产机制、劳动力市场等。

（四）媒体、专业人士的舆论监督

媒体、专业人士的舆论监督，是指公众和媒体层次对公司治理的主体和客体进行全方位的、独立的和专业的监督。

媒体监督能够通过揭露公司的一些重大违法事件提高监督效率和通过对公司违法违规行为进行调查披露，迫使行政监管部门、立法机关加强行政监管或加快立法进程等提高行政和法律监管的效率。

公众监督主要通过社会公众来监督、评价上市公司虚假信息披露或内部治理等情况。他们中不乏公司治理、财务等方面的专家，能够对公司治理和监督发挥积极作用。

【例12】（多选）2013年4月10日，《京华时报》连续27天利用67个版面报道农夫山泉所采取的桶装水标准问题，最终导致农夫山泉桶装水在北京质监局的介入下停产。这体现了公司治理基础设施中的（　）。

A.信息披露制度　　B.中介机构

C.政府监管　　D.媒体、专业人士的舆论监督

【答案】CD

【解析】"在北京质监局的介入下停产"体现了政府监管，选项C当选；"《京华时报》连续27天利用67个版面报道农夫山泉所采取的桶装水标准问题"体现了媒体、专业人士的舆论监督，选项D当选。

二、公司治理原则

公司治理原则主要包括以下六项内容。

（一）董事会的义务和主要职责

董事会应对公司忠诚，对股东负责，指导公司战略，监督公司管理层。董事会的义务应包括以下内容：

（1）董事会成员应最大程度地维护公司和股东的利益，诚实、尽职、谨慎地开展工作。

（2）董事会应公平对待所有股东。

（3）董事会应具备高度的道德准则，并考虑利益相关者的利益。

（4）董事会应能够在公司事务中作出客观独立的判断，主要包括以下内容：①董事会应考虑委派相当数量的非执行董事对可能存在利益冲突的事项进行判断。②专门的委员会的职责、组成和工作程序应予以明确并由董事会进行披露。③董事会成员应有足够的精力和时间履行职责。

（5）董事会成员应能够及时、准确地获取有关的信息，以便更好地履行职责。

（6）如果在董事会中设置员工代表是一项强制规定，董事会应当制定促进员工代表知情权和培训权的机制，以便员工代表有效地行使权利，最大程度地促进董事会有效性、知情权和独立性。

（7）董事会应履行相应职责。

董事会应履行的主要职责如表5-10所示。

表5-10 董事会主要职责

名称	主要职责
董事会	（1）确保董事会成员的提名和选举过程的正规性和透明度； （2）促使主要行政人员和董事会成员的报酬与公司的长期利益相一致； （3）对公司治理的有效性进行监督并根据实际需要加以调整； （4）选举主要经理人员，确定其薪酬，监督他们的行为和业绩，在必要的时候更换新的人员并对他们职务的交接进行监督； （5）审查和指导公司的战略、重要行动计划、风险政策、年度预算和商业计划；设定公司的业绩目标；监督业绩目标的执行情况和公司的行为；监督重大的资本支出、并购和出售等行为； （6）监督信息披露和对外交流的过程； （7）确保包括独立审计在内的公司会计和财务报告系统诚实可靠；确保公司具备恰当的控制制度，特别是风险管理制度、财务和营运控制制度等；确保公司的行为不违反法律和相关的准则等； （8）对管理层、董事会成员和股东之间的潜在的利益冲突进行监督和管理，其中包括滥用公司资产和不当关联方交易

（二）利益相关者在公司治理中的作用

利益相关者参与到公司治理中可以促进财务的持续稳定并为企业创造价值。利益相关者权利有关的内容如表5-11所示。

表5-11 利益相关者在公司治理中的权利

名称	内容
利益相关者在公司治理中的权利	(1) 在利益相关者的权利受法律保护的前提下，当利益相关者在权利受到侵害时应能够获得有效的赔偿； (2) 利益相关者（包括个人雇员及其代表团体）应有权自由地同公司董事会及当地主管政府机构就公司的非法或不道德的做法进行交流，并不得因行使该权利而妨碍其他权利的行使； (3) 经法律或共同协议而确立的利益相关者的权利应得到尊重； (4) 如果利益相关者参加了公司治理程序，则他们有权及时、定期的获取与其权利有关的充分信息； (5) 公司治理框架应以有作用、有效率的破产制度框架和有效的债权人权利执行机制作为补充； (6) 应允许开发那些有利于业绩提升的员工参与机制

(三) 信息披露和透明度

公司治理框架应确保诸如财务状况、业绩、所有权及公司的治理情况等重大事件，及时、准确地披露。

公司所有重大信息的披露要求有以下几个方面：

(1) 外部审计人员应当对向股东负责，并负有在审计中发挥应有的职业审慎的义务。

(2) 应当披露公司的财务和业绩状况、公司经营目标和非财务信息、关联方交易等重大信息。

(3) 信息传播的途径应确保信息使用人能够平等、及时、低成本地获取有关信息。

(4) 公司每年应聘请独立、尽职、有执业资格的审计人员出具年度审计报告，为信息使用者提供更加客观的信息。

(5) 应当基于会计、财务和非财务披露的高质量标准进行信息披露。

(四) 股东权利公平待遇和关键所有权功能

公司治理框架应该保护和促进股东权利的行使。

(1) 股东的基本权利包括：①可靠的所有权登记办法；②委托他人管理股份或向他人转让股份；③及时、定期地获得公司的实质性信息；④参加股东大会和参与投票表决；⑤选举和罢免董事会成员；⑥分享公司利润。

(2) 股东有权批准或参与涉及公司重大变化的决策并为此获得充分信息，这些重大变化包括：①修改公司规章或其他类似的公司治理文件；②授权增发股份；③重大交易，包括转让全部或大部分资产而造成公司被出售的结果。

(3) 股东应有机会参加股东大会并行使投票权，有权了解包括投票程序在内的股东大会的有关规则。

(4) 应为包括机构投资者在内的所有股东行使权利创造有利条件，从而使包括机构投资者在内的股东能就本《原则》中所界定的股东基本权利有关的事宜相互进行协商。

(5) 同类同系列的股东应享有同待遇。对于使特定股东获得与其股票所有权不成比例的某种支配力或控制权的资本结构和安排，应当予以披露。

(6) 关联交易的批准和执行，应确保对利益冲突进行适当管理，并保护公司和股东利益。

(7) 少数股东应受到保护，使其不受控股股东直接或间接滥用权力，或他人为控股股东的利益而滥用权力的侵害，并应当享有有效的补救手段。

(8) 应允许公司控制权市场以有效和透明的方式运行。

(五) 机构投资者、证券交易所和其他中介机构

公司治理框架应当在投资链条的每一环节中都提供健全的激励因素，并规定证券交易所的运行应当有利于促进良好公司治理实践。

(1) 作为受托人时，机构投资者应当披露与其投资有关的公司治理及投票政策，包括决定使用投票权的相关程序。

(2) 存管人或代理人应按照股份受益人的指示进行投票。

(3) 作为受托人时，机构投资者应当披露如何管理可能会影响所投项目之关键所有权行使的重大利益冲突。

(4) 公司治理框架应当要求委托投票代理顾问、分析师、经销商、评级机构，以及为投资人决策提供分析或建议的其他人员，披露可能会损及其分析或建议公正性的利益冲突，并将相应冲突控制在最低限度。

(5) 内幕交易和市场操纵应当予以禁止，适用的规则应当予以执行。

(6) 对于在注册地以外司法管辖区上市的公司，应当明确披露其适用的公司治理法律法规。

(7) 证券交易所应当发挥公平高效的价格发现功能，以利于改善公司治理效果。

(六) 确保有效的公司治理框架的基础

公司治理框架应当促进市场的透明度和公平性，促进资源的高效配置，符合法治原则，并为有效的监督和执行提供支持。

(1) 监督、管理和执行当局应当拥有相关的权力、操守和资源，以专业、客观的方式行使职责，对他们的决定应给予及时、透明和全面的解释。

(2) 监管当局的责任划分应明确并且确保维护公众的利益。

(3) 影响公司治理实践的法律和监管应符合法治原则，并且具有透明性和可执行性。

(4) 公司治理框架的构建应着眼于其对于整体经济运行的影响、对市场参与者的激励和提升市场的透明度和效率。

(5) 证券交易所的监管应为有效的公司治理提供支持。

(6) 应增强跨境合作，利用双边及多边安排促进信息交换。

【例13】(多选) 2018年有财经媒体质疑康美药业存在多种经营违规行为。该报道在微博等网络平台上成为热门话题后，中国证监会迅速反应，立案调查，并发现康美药业披露的2016—2018年财务报告存在重大虚假信息。2019年5月17日，中国证监会发布的调查报告坐实康美药业财务造假。康美药业2016年年报和2017年年报经过注册会计师审计后，出具的均是标准无保留意见。2018年年报给出的是保留意见。2019年5月21日，中诚信证评发布公告称，决定将康美药业的主体信用等级由AA+下调至A。根据上述信息，在本案例中涉及

的公司治理基础设施有（ ）。

A.信息披露制度　　B.政府监管

C.中介机构　　D.媒体的舆论监督

【答案】ABCD

【解析】①信息披露制度。“康美药业披露的2016—2018年财务报告存在重大虚假信息”。②中介机构。“康美药业2016年年报和2017年年报经过注册会计师审计后，出具的均是标准无保留意见。2018年年报给出的是保留意见”“中诚信证评发布公告称，决定将康美药业的主体信用等级由AA+下调至A”。③政府监管。“中国证监会迅速反应，立案调查”“中国证监会发布的调查报告坐实康美药业财务造假”。④媒体、专业人士的舆论监督。“2018年有财经媒体质疑康美药业存在多种经营违规行为。该报道在微博等网络平台上成为热门话题”。选项A、B、C、D均当选。

案例分析

案例一：三大公司治理问题

甲集团公司治理问题

甲集团是一家专门从事基础设施研发与建造、房地产开发及进出口业务的公司，1990年11月21日在证券交易所正式挂牌上市。2014年8月8日，甲集团收到证监局《行政监管措施决定书》，甲集团一系列违规问题被披露出来。

（1）未按规定披露重大关联交易，甲集团监事同时担任F公司的董事长、法定代表人；监事的配偶担任H贸易公司的董事、总经理、法定代表人。2012年度甲集团与F公司关联交易总金额6712万元，与H贸易公司的关联交易总金额87306万元，2013年度，甲集团与H贸易公司的关联交易总金额为215395万元。这些关联交易均超过3000万元且超过甲集团最近一期经审计净资产的5%。根据证监会的规定，这些交易属于应当在年报中披露的重大关联交易。但是甲集团均未在这两年的年度报告中披露上述重大关联交易。

（2）违规在关联公司间进行频繁的资金拆借，非法占用上市公司资金，甲集团无视证监会关于禁止上市公司之间资金相互拆借的有关规定，2012年4月至2014年8月，向关联公司H贸易公司、F公司拆借和垫付资金6笔，共27250万元。

（3）通过派发高额工资等方式变相占用上市公司非经营性资金，甲集团近年来效益很不佳，连续多年没有分红，公司股价也一直处于低迷状态。然而，2011—2013年，包括董事长在内的公司高管人数分别为17名、19名和16名，合计从公司领走1317万元、1436万元和1447万元薪酬，均超过同期甲集团归属于母公司股东的净利润水平。

（4）连续多年向公司董事、监事和高级管理人员提供购房借款。截止2013年12月31日，甲集团向公司董事、监事和高级管理人员提供购房借款金额达到610万元。上述行为违反了《公司法》关于“公司不得直接或通过子公司向董事、监事高级管理人员提供借款”的相关规定。

(5) 利用上市公司信用为关联公司进行大量违规担保。甲集团2011—2014年为公司高管所属的公司提供担保的金额分别为0.91亿元、5.2亿元、5.6亿元、7.7亿元。公司管理层将甲集团当作融资工具，为自己所属公司解决资金需求，一旦这些巨额贷款到期无法偿还，甲集团就必须承担起还款的责任。

甲集团管理层频繁的违规行为，导致甲集团的发展陷入举步维艰的地步。公司2011—2014年的经营状况不佳，扣除非经常性损益后的净利润出现连续大额亏损的状况，公司连续多年资产负债率高达70%以上，且流动资产和流动负债相差无几。财务风险很大，甲集团的每股收益连续多年走低，远低于上市公司平均水平，反映甲集团股东的获利水平很低。

要求：

(1) 依据“三大公司治理问题”简要分析甲集团存在的公司治理问题的类型与主要表现。

(2) 依据《企业内部控制应用指引第6号——资金活动》，简要分析甲集团资金活动存在的主要风险。

【分析】

(1) 三大公司治理问题分别为：①经理人对于股东的“内部人控制”问题；②终极股东对于中小股东的“隧道挖掘”问题；③企业与其他利益相关者之间的关系问题。

甲集团存在的公司治理问题为终极股东对于中小股东的“隧道挖掘”问题。主要表现为：通过资产购销、产品购销的关联交易，以对控股大股东有利的形式转移定价，债务担保，对公司投资机会进行侵占。“2012年度甲集团与F公司关联交易总金额6712万元……超过甲集团最近一期经审计净资产的5%”。

利用各种金融手段直接实现利益侵占，“通过派发高额工资等方式变相占用上市公司非经营性资金”“根据证监会的规定，这些交易属于应当在年报中披露的重大关联交易，但是甲集团均未在这两年的年度报告中披露上述重大关联交易”。

(2) ①资金调度不合理、营运不畅，可能导致企业陷入财务困境或资金冗余。具体表现为：“2012年4月至2014年8月，向关联公司H贸易公司、F公司拆借和垫付资金 6 笔，共27250万元”。

②资金活动管控不严，可能导致资金被挪用、侵占、抽逃或遭受欺诈。具体表现为：“连续多年向公司董事、监事和高级管理人员提供购房借款……提供购房借款金额达到610万元”。

案例二：三大公司治理问题

太阳公司的公司治理问题

太阳公司是G省一家于2013年挂牌上市的公司，主营水泥及水泥制品的生产和销售。2018 年5月，某财经媒体深度报道了太阳公司存在的多种违规经营行为。该报道在微博等网络平台上成为热话题后，G省证监局迅速反应，立案调查。

根据证监局的调查结果，太阳公司经营违规行为主要有以下几点：

(1) 2016年9月，太阳公司与银行签署一笔担保合同，为大股东星科集团5000万元的贷款提供担保，承担连带保证责任。2016年11月，星科集团向龙辉公司借款2亿元，太阳公司为该笔借款提供担保，到期后星科集团没有偿还借款，龙辉公司向法院提起诉讼，法院做出判决，太阳公司作为该笔借款担保方，须和星科集团共同偿还债务本金和利息。这两笔担保均没有在2016年年报中进行信息披露。

（2）太阳公司从甲公司购进熟料等重要原材料，双方签订了长期供应合同，价格比市场价高40%。太阳公司还从乙公司以租赁的方式引入一台机器设备，租赁费用每年5000万元，同样的设备市场租赁价格为4000万元。经查，甲公司和乙公司均为星科集团全资控制的子公司。

（3）太阳公司在2017年年底向星科集团以每股6元价格定向增发1亿股，当时太阳公司股价为每股12元，相当于5折进行定向增发。

（4）太阳公司发布公告，拟购买丙公司100%股权。由于丙公司拥有物联网概念，所以太阳公司发布公告后10个交易日内，股价大涨70%。发布公告前几天，星科集团实际控制人刘某买入太阳公司股票100万股，在公告发布后卖出，获利600万元。经查，刘某买卖股票的时间都属于证监会认定的敏感期。

（5）2017年5月，太阳公司收购了大股东星科集团持有的丁公司的全部股权，收购价格为20亿元，而丁公司账目净资产为5000万元，盈利能力较差，业内专家质疑是超溢价收购。

（6）2016年太阳公司1.4亿元的销售费用未及时入账，造成2016年年度报告虚假记载。此外，与星科集团多笔资金往来事项并未披露和记账，导致太阳公司在2016年和2017年年报中存在信息不实、虚假记载的情况。而太阳公司，上述年报经过注册会计师审计后，审计师都出具了标准无保留的审计意见。

证监局对太阳公司及其大股东星科集团立案调查后，依法对其进行行政处罚及公开谴责。

要求：

（1）依据“三大公司治理问题”，简要分析太阳公司存在的终极股东“隧道挖掘”的利益输送行为的主要表现。

（2）简要分析公司治理基础设施在本案例中发挥作用的情况。

【分析】

（1）①直接占用资源。“2016年9月，太阳公司与银行签署一笔担保合同，为大股东星科集团5000万元的贷款提供担保，承担连带保证责任。2016年11月，星科集团向龙辉公司借款2亿元，太阳公司为该笔借款提供担保，到期后星科集团没有偿还借款，龙辉公司向法院提起诉讼，法院作出判决，太阳公司作为该笔借款的担保方，须与星科公司共同偿还债务本金和利息”。

②通过关联交易进行利益输送。“太阳公司从甲公司购进熟料等重要原材料，双方签订了长期供应合同，价格比市场价高40%。太阳公司还从乙公司以租赁的方式引入一台机器设备，租赁费用每年5000万元，同样的设备市场租赁价格为4000万元。经查，甲公司和乙公司均为星科集团全资控制的子公司”。

③掠夺性财务活动。

a.掠夺性融资。“太阳公司在2017年年底向星科集团以每股6元价格定向增发1亿股，当时太阳公司股价为每股12元，相当于5折进行定向增发”。

b.内幕交易。“太阳公司发布公告，拟购买丙公司100%股权，由于丙公司拥有物联网概念，所以太阳公司发布公告后10个交易日内，股价大涨70%，发布公告前几天，星科集团实际控制人刘某买入太阳公司股票100万股，在公告发布后卖出，获利600多万元。经查，刘某买卖股票的时间都属于证监会认定的敏感期”。

c.掠夺性资本运作。“2017年5月，太阳公司收购了大股东星科集团持有的丁公司的全部股权，收购价格为20亿元，而丁公司账目净资产为5000万元，盈利能力较差，业内专家质疑是超溢价收购”。

（2）本案例中公司治理的基础设施主要体现在信息披露制度、中介机构、政府监管以及媒体、专业人士的舆论监督。

①信息披露制度。“这两笔担保均没有在2016年年报中进行信息披露”“2016年太阳公司1.4亿元的销售费用未及时入账，造成2016年年度报告虚假记载。此外，与星科集团多笔资金往来事项并未披露和记账，导致太阳公司在2016年和2017年年报中存在信息不实、虚假记载的情况”。

②中介机构。“太阳公司上述年报经过注册会计师审计后，审计师都出具了标准无保留的审计意见”。

③政府监管。“G省证监局迅速反应，立案调查”“证监局对太阳公司及其大股东星科集团立案调查后，依法对其进行行政处罚及公开谴责”。

④媒体、专业人士的舆论监督。“2018年5月，某财经媒体深度报道了太阳公司存在的多种经营违规行为。该报道在微博等网络平台上成为热门话题后”。

知识梳理

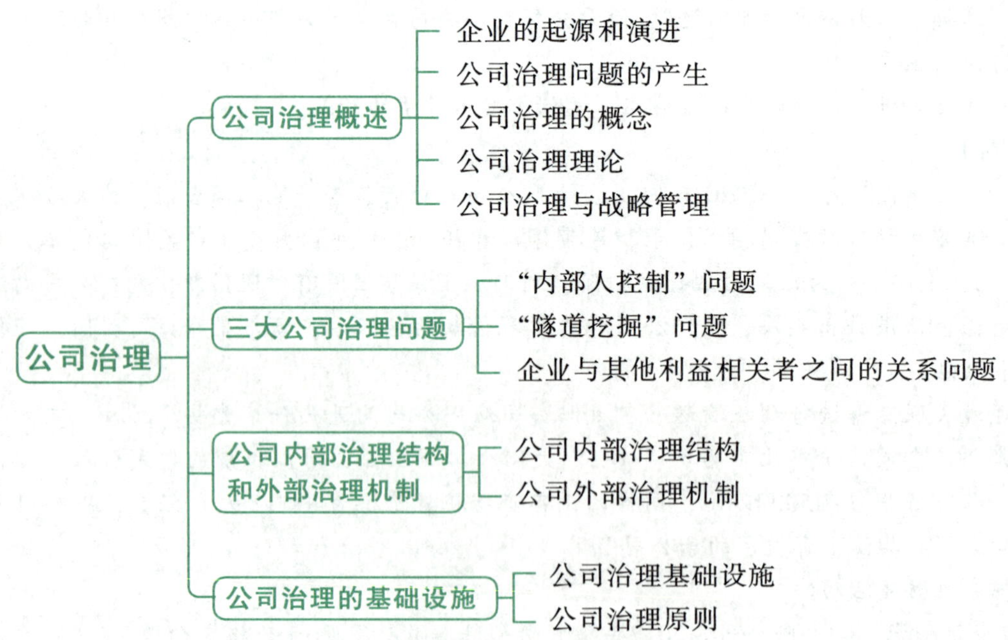

第六章 风险与风险管理

本章概述

本章主要介绍了企业风险与风险管理，包括企业面对的风险种类、风险管理基本流程、风险管理体系、风险管理技术与方法等。本章题型一般是客观题、简答题和综合题，属于重要章节。本章内容难度适中，需要考生重点掌握企业风险种类、内控角度的主要财务风险、运营风险等内容。

第一节 风险与风险管理概述

一、风险的概念与构成要素

（一）风险的概念

国务院国有资产监督管理委员会2006年发布的《中央企业全面风险管理指引》将企业风险定义为“未来的不确定性对企业实现其经营目标的影响”。风险带来的影响可能是积极的影响，也可能是消极的影响，或者两者兼有。理解风险可以从以下四个方面入手：

（1）风险与企业战略相关。企业战略目标决定了企业的行动方向和行动计划，企业风险会影响企业战略目标的实现。若企业经营战略目标不同，则其遇到的风险也就不同。

（2）风险是一系列可能发生的结果，不能简单理解为最有可能的结果。风险导致的结果不是相同且单一的，同一风险可能导致一系列的结果。

（3）风险既有客观性，又有主观性。风险的客观性，是指事件本身就具有不确定性；风险的主观性，是指人可以选择可能要面临的风险种类。

（4）风险总是与机遇并存。风险具有两面性，风险可能会带来各种不利于企业经营的事件，但是与此同时，敢于冒着风险行事，就有可能会带来机遇。

（二）风险的构成要素

风险由风险因素、风险事件（事故）、损失三个基本要素构成。

1.风险因素

风险因素，是不能事先加以控制的因素。例如，投资方案的决策取决于评价数据的计算，而其中有相当一部分数据是主观估计的。这样，就会出现计算的结果与未来发生的客观实际不相符的情况。这是因为事物的演变非决策者所能全部掌握或加以预料。一个投资行动常会出现多种结果，为此，决策者选择任何一个方案都会承担一定的风险。这类风险存在的原因是由于决策者所不能控制的那些因素造成的。例如，人的心理和自然界的变化等。

影响损失产生的可能性和程度的风险因素有两类：有形风险因素和无形风险因素。

(1) 有形风险因素，是指导致损失发生的物质方面的因素，如财产所在的地域、建筑结构和用途等。例如，南方地域要比北方地域发生洪灾的可能性大；木质结构的房屋要比水泥结构的房屋发生火灾的可能性大；机动车从事营运的要比非营运的发生交通事故的可能性大。

(2) 无形风险因素。文化、习俗和生活态度等一类非物质形态的因素也会影响损失发生的可能性和受损的程度。无形风险因素包括道德风险因素和行为风险因素两种。道德风险因素，是指人们以不诚实、不良企图、欺诈行为故意促使风险事故发生，或扩大已发生的风险事故所造成的损失的因素。行为风险因素，是指由于人们行为上的粗心大意和漠不关心，易于引发风险事故发生的机会和扩大损失程度的因素。

2.风险事件（事故）

风险事件也称风险事故，是指酿成事故和损失的直接原因和条件。风险一般只是一种潜在的危险，而风险事件的发生使潜在的危险转化成为现实的损失。从这个意义上来说风险事件是损失的媒介。

风险事件是造成生命、财产损害的偶发事件，是造成损害的直接原因。只要发生风险事件，就会导致损失。风险事件意味着风险的可能性转化成了现实性。对于某一事件，在一定条件下，如果它是造成损失的直接原因，它就是风险事件；而在其他条件下，如果它是造成损失的间接原因，它便是风险因素。如下冰雹使得路滑而发生车祸，造成人员伤亡，这时冰雹是风险因素，车祸是风险事件。假如冰雹直接将行人砸成重伤，冰雹就是风险事件本身。

3.损失

风险损失，是指非故意的，非预期的和非计划的经济价值的减少和灭失，包括直接损失和间接损失。风险损失是由于一个或多个意外事件的发生，在某一特定条件和特定企业内外产生的多种损失的综合。产生于企业内部的损失，称企业风险损失；其余称企业外部风险损失。

(1) 意外事件是产生风险损失的直接原因。防范风险损失的关键在于预测、预防、防止意外事件的发生。预测，是指注重风险预测，变意料之外为意料之中；预防，是指在预测的基础上，预先做好各种应变准备；防止，则是指对可避免的不利的意外事件，通过全面管控，使其消除在萌芽状态。

(2) 风险损失是由意外事件引起的企业内外多种损失的综合。这实际上是强调风险损失构成的复杂性及与非企业风险损失的区别。企业在正常生产经营条件下，也会产生各种损失，诸如正常的停工损失、废品损失等，这些不是风险损失侧重研究的内容。所谓风险损失，是特指意料之外的有关损失。

4.风险因素、风险事件（事故）、损失三者的关系

风险是由风险因素、风险事故和损失三者构成的统一体，它们之间存在一种因果关系，这种关系可归纳为：风险因素引发风险事故，风险事故导致损失。

二、风险管理的概念和目标

（一）风险管理的概念

1.风险管理的定义

《中央企业全面风险管理指引》对风险管理给出如下定义："全面风险管理，指企业围绕总体经营目标，通过在企业管理的各个环节和经营过程中执行风险管理的基本流程，培育良好的风险管理文化，建立健全全面风险管理体系，包括风险管理策略、风险理财措施、风险管理的组织职能体系、风险管理信息系统和内部控制系统，从而为实现风险管理的总体目标提供合理保证的过程和方法。"

2.风险管理的特征

企业风险管理有以下五个主要特征：

（1）战略性。战略性，是指企业全面风险管理是站在企业战略管理的角度进行的风险管理，企业各项业务活动都涉及到风险管理，风险管理是企业日常管理的一部分。

（2）全员性。全员性，是指上至企业治理层、管理层，下到所有员工，都参与到企业全面风险管理中。全面风险管理是一个过程，使全体员工具有风险意识，自觉地参与到风险管理中来。

（3）专业性。专业性，是指聘用专业的风险管理的人才实施专业化管理。

（4）二重性。企业全面风险管理的目标有：①损失最小化管理；②不确定性管理；③绩效最优化管理。当风险损失无法避免时，我们可以努力将风险损失降至最低。全面风险管理包括管理纯粹的风险和管理机会风险。

（5）系统性。系统性，是指全面风险管理拥有一套系统的、规范的管理方法和健全的全面风险管理体系，包括风险管理策略、风险理财措施、风险管理的组织职能体系、风险管理信息系统和内部控制系统，从而为实现风险管理的总体目标提供合理的保证。

3.风险管理的新旧理念对比

传统风险管理与全面风险管理在概念、目标、内容以及公司风险管理文化上都不同，风险管理新旧之间的差异主要表现在以下六个方面：

（1）涉及面。传统风险管理，主要是财务会计主管和内部审计等部门负责，就单个风险个体实施风险管理，主要是可保风险和财务风险；全面风险管理，在高层的参与下，每个成员都承担与自己行为相关的风险管理责任；从总体上集中考虑和管理所有风险（包括纯企业风险和机会风险）。

（2）连续性。传统风险管理只有管理层认为必要时才进行；全面风险管理是企业系统的、有重点的、持续的行为。

（3）态度。传统风险管理被动地将风险管理作为成本中心；全面风险管理主动积极地将风险管理作为价值中心。

(4) 目标。传统风险管理与企业战略联系不紧，目的是转移或避免风险；全面风险管理紧密联系企业战略，目的是寻求风险优化措施。

(5) 方法。传统风险管理是事后反应式的风险管理方法，即先检查和预防经营风险，然后采取应对措施；全面风险管理是事前风险防范，事中风险预警和及时处理，事后风险报告、评估、备案及其他相应措施。

(6) 注意焦点。传统风险管理关注纯粹和灾害性风险；全面风险管理关注所有利益相关者的共同利益最大化。

4.风险偏好与风险承受度

风险偏好也称风险态度，是指组织或个人对风险所采取的态度，是基于对目标有影响之正面或负面的不确定性所选择的一种心智状态。

风险承受度也称风险容忍度，是指在企业目标实现过程中对差异的可接受程度，是企业在风险偏好的基础上设定的对相关目标实现过程中所出现差异的可容忍限度。风险容忍度较大，说明企业承受风险的能力较强，在容忍度范围内的小风险通常可以采取日常应对措施。

全面风险管理的理念认为风险具有二重性，即风险总是与机遇并存。企业风险管理要在机遇和风险中寻求平衡点，实现企业价值最大化的目标。

尽管风险偏好与风险承受度有密切的联系，但是两者说明的是完全不同的问题。风险偏好说明的是人们在承担风险时获得效用的状况，获得正效用的是风险爱好者，正效用越大对风险越爱好；获得负效用的是风险厌恶者，负效用越大对风险越厌恶。风险承受度说明是风险承担者，尤其是作为风险厌恶者的投资者对风险的忍耐程度，它实际上描述的是投资者对风险承担的意愿和能力，其本身并不直接说明对风险爱好或厌恶的程度，因为决定投资者风险忍耐度的因素除了主观的风险偏好因素（即投资者的风险厌恶程度）以外，还有一些决定投资者风险承担能力的客观因素，主要是资本金规模和管理风险的能力。因此，激进投资者风险胃口大，风险忍耐度高，但并不意味着该投资者爱好风险，相反，作为投资者，其风险偏好只能是风险厌恶，从而要求投资具有风险溢价来补偿承担风险带来的负效用。

【例1】（单选·2018）甲公司是一家餐饮公司。2018年，一场传染病的流行使餐饮业进入“寒冬”。该公司在进行风险评估后认为，这场传染病的流行将使消费者的健康饮食意识大大增强，于是组织员工迅速开发并推出系列健康菜品，使公司营业额逆势上升。甲公司的上述做法体现的风险管理特征是（　）。

A.专业性　　B.战略性　　C.系统性　　D.二重性

【答案】D

【解析】传染病的流行是风险，而甲公司将风险转化为增进企业价值的机会，体现了风险管理二重性的特征，选项D当选。

（二）风险管理的目标

风险管理目标，是指风险管理所要达到的客观效果，即运用风险处理的各种方法，做到在损失发生前预防，损失发生后进行有效控制，以尽量增大社会效益。

我国《中央企业全面风险管理指引》设定了企业开展全面风险管理要努力实现以下风险管理总体目标：

（1）确保将风险控制在与公司总体目标相适应并可承受的范围内。

（2）确保内外部，尤其是企业与股东之间实现真实、可靠的信息沟通，包括编制和提供真实、可靠的财务报告。

（3）确保遵守有关法律法规。

（4）确保企业有关规章制度和为实现经营目标而采取重大措施的贯彻执行，保障经营管理的有效性，提高经营活动的效率和效果，降低实现经营目标的不确定性。

（5）确保企业建立针对各项重大风险发生后的危机处理计划，保护企业不因灾害性风险或人为失误而遭受重大损失。

三、风险管理的演进和新发展

（一）风险管理的演进

风险管理起先是由于20世纪初，随着股份制企业不断发展，出现了各种问题。例如，因公司组织规模和内部结构复杂导致的管理难度加大等问题。企业为了提高公司经营效率，保护资产安全，开始建立内部控制措施，并通过实践，经过不断演化，最终形成现代内部控制理论。

（二）风险管理的新发展

自1992年COSO框架建立以来，外部环境不断变化，出现了许多新型风险。为应对新型风险，2010年，COSO委员会决定对原COSO框架进行更新。COSO委员会于2013年12月正式发布新内控框架。新COSO框架扩大了内控目标的范畴，强化了公司治理的概念。

第二节 企业面对的主要风险

企业面对的主要风险分为两大类：外部风险和内部风险。外部风险主要包括政治风险、法律风险与合规风险、社会文化风险、技术风险、市场风险；内部风险主要包括战略风险、运营风险、财务风险。

一、外部风险

（一）政治风险

政治风险，一般指因政治因素的不确定性而对经营环境中的企业造成的影响，这种不确定性可能是正面影响，也可能是负面影响。

政治风险常表现为以下几个方面：

（1）限制投资领域。为了保护本国某些产业的持续稳定发展，大多数国家都会限制外国企业在本国的投资领域。例如，A国政府出台法规，限制B国企业对A国的敏感技术领域进行投资。

(2) 设置贸易壁垒。贸易壁垒又称贸易障碍，是对国与国间商品、劳务交换所设置的人为限制，主要是指一国对外国商品、劳务进出口所实行的各种限制措施。例如，U国政府制定政策，限制本国高新技术产品（包括半导体、计算机、芯片等）出口。

(3) 外汇管制规定。外汇管制，是指一国政府为平衡国际收支和维持本国货币汇率而对外汇进出实行的限制性措施。例如，C国政府通过法令对外汇汇出境外进行限制。

(4) 进口配额和关税。规定进口配额可以限制在东道国内的子公司从其控股公司购买以投放到国内市场上销售的商品数量。例如，E国政府对我国出口该国的相关产品征收高额进口关税。

(5) 组织结构及要求最低持股比例。东道国的投资人必须持有外资公司的一定比例的股权，甚至可以决定企业的组织结构。例如，C国政府要求合资企业中本土企业持股比例不低于50%。

(6) 限制向东道国的银行借款。限制甚至包括禁止外资企业向东道国的银行和发展基金按最低利率借款。例如，W国政府限制本国银行向外资企业提供贷款。

(7) 没收资产。出于国家利益的考虑，东道国可能会没收外国财产。例如，2017年4月20日，通用汽车公司宣布，将关闭委内瑞拉的业务。委内瑞拉出于国家利益考虑，没收了其在该国的资产。

(二) 法律风险与合规风险

法律风险，是指在法律实施过程中，由于企业外部的法律环境发生变化，或由于包括企业自身在内的各种主体未按照法律规定或合同约定行使权利、履行义务，而对企业造成负面法律后果的可能性。通过对各种法律风险的有效管控帮助企业实现战略目标和经营目标，法律风险的管理策略有规避、承担、转换等多种方式，企业采取何种管理策略需要在收益和风险之间权衡，并服从于企业的战略目标。法律风险管理侧重于商事活动，主要是依据普适性的法律风险规定，如《民法典》等。与合规相比，外部监管关联性比较弱。法律风险侧重于行为人对民事责任的承担。

合规风险，是指因未能遵循法律法规、监管要求、规则、自律性组织制定的有关准则以及适用于自身活动的行为准则，而可能遭受法律制裁或监管处罚、重大财务损失或声誉损失的风险。合规风险的目标是遵循、符合企业内外部的强制性规定和自愿性承诺。合规要求严格，对违规事件是零容忍、没有协商余地的。合规风险突出表现在监管机关的行政处罚、重大财产损失和声誉损失，如吊销营业执照、许可证；对高管个人责任的追究等。

合规风险和法律风险两者既有重合，又各有侧重。

根据《中央企业全面风险管理指引》的规定，法律风险与合规风险需要考虑的方面包括但不限于以下几点：

(1) 国内外与企业相关的政治、法律环境可能引发的风险。

(2) 影响企业的新法律法规和政策可能引发的风险。

(3) 员工的道德操守可能引发的风险。

(4) 企业签订的重大协议和有关贸易合同可能引发的风险。

(5) 企业发生重大法律纠纷案件可能引发的风险。

(6) 企业和竞争对手的知识产权可能引发的风险。

(三) 社会文化风险

社会文化风险，是指文化这一不确定性因素的影响给企业经营活动带来损失的可能。企业经营中的文化风险直接作用于产品和市场，从其成因来看，文化风险则存在并作用于企业经营的更深领域，主要有以下几个方面：

(1) 跨国经营活动引发的文化风险。跨国经营使企业面临东道国文化与母国文化的差异，这种文化的差异直接影响着管理的实践，构成经营中的文化风险。将在一种特定文化环境中行之有效的管理方法，应用到另一种文化环境中，也许会产生截然相反的结果。随着经济全球化进程的加快，各国公司、企业跨文化的经济活动日益频繁，大量跨国公司的出现使一个公司内部的跨文化经营管理活动大量增加。由于文化的不同，跨国经营管理中产生了许多误会和不必要的摩擦，影响了公司工作的有效运行。如20世纪70年代，肯德基首次进入香港市场的失败，迫使其重视和利用文化因素，注重将自身产品和服务与当地民族文化、地区文化结合。正如英国市场营销专家史狄尔先生所评价的："当年肯德基进入香港市场，是采用与美国一样的方式。然而，当地的情况，要求它必须修改全球性的战略来适应当地的需求。产品的用途和对产品的接受程度，受到当地的风土人情影响，食物和饮品类产品的选择亦取决于这一点。当年的鸡类产品不能满足香港人的要求，宣传的概念亦不适当。"文化因素是各国企业特别是跨国经营企业走向经济全球化时面临的巨大挑战，企业必须具备识别和处理文化风险的能力，才能立于不败之地。

(2) 企业并购活动引发的文化风险。并购活动导致企业双方文化的直接碰撞与交流。近年来企业并购活动异常活跃。以我国企业为例，既有一国之内的企业并购，也有跨国并购，如海尔自1995年兼并青岛红星电器，到1998年年底总共成功兼并了18家亏损企业；2004年年末，联想以17.5亿美元的价格并购了IBM公司的PC业务。企业并购能够更有效地配置社会经济资源，然而并购成功与否取决于多种因素。在并购活动中许多企业往往把注意力集中在金融财务和法律方面，很少关注组织文化可能带来的问题，而许多并购案例证明，文化整合恰恰是并购过程中最困难的任务，尤其对于跨国并购而言，面临组织文化与民族文化的双重风险。因为一个组织的文化是其所有成员共同遵循的行为模式，是保证其成员的行为能够确定地指向组织目标的某种思想体系。如果一个组织之中存在两种或两种以上的组织文化，对于任何一个成员来说，识别组织的目标都将是困难的。同样，在为达成组织目标而努力时，判断针对不同情景应当做出何种行为也会是困难的，因为在这种情况下，组织的价值观直至其行动惯例都会是模糊不清的。所以企业并购活动中，如何正确评估所面临的文化差异的基本特征及风险，探寻科学有效的管理策略，是企业并购必须面对和解决的一个重要现实问题。

(3) 组织内部因素引发的文化风险。组织文化的变革、组织员工队伍的多元文化背景会导致个人层面的文化风险。越来越多的组织从不同的国家和地区招募员工，广泛开展跨国跨地区的经济合作与往来，从而使组织内部的价值观念、经营思想与决策方式不断面临冲击、更新与交替，进而在组织内部引发多种文化的碰撞与交流。即使没有并购和跨国经营，企业也会面临组织文化与地区文化、外来文化的交流问题以及组织文化的更新问题。所以，由于员工队伍多元化、组织文化变革等内部因素引发的文化风险虽然不如并购和跨国经营中的风险显著，但由于其具有潜伏性和持续性，也会给企业的经营活动造成十分重要的影响。

【例2】（单选·2016）我国某纺织生产企业甲公司向欧洲H国出口"双羊"牌高档羊绒被，其英文名为"Goats"，该产品虽然质量上乘，但在H国一直销路不佳。甲公司进行详细调查后发现，在H国，"Goats"除了有山羊的意思以外，还有其他的贬义，一些消费者因此产生不好的联想，影响了产品的销售。这个案例表明，企业跨国营销可能面临（　）。

A.市场风险　　B.环境风险　　C.品牌风险　　D.社会文化风险

【答案】D

【解析】题中甲公司因为没有了解到"Goats"在H国的贬义的意思，这是文化差异造成的，所以是社会文化风险，选项D当选。

（四）技术风险

1.技术风险的定义

企业面临的技术风险有广义和狭义之分。广义的技术风险，是指某一种新技术给某一行业或某些企业带来增长机会的同时，可能对另一行业或另一些企业形成巨大的威胁。狭义的技术风险，是指技术在创新过程中，由于技术本身的复杂性和其他相关因素变化的不确定性而导致技术创新遭遇失败的可能性。

2.技术风险的类别

从技术活动过程所处的不同阶段考察，技术风险可以划分为技术设计风险、技术研发风险和技术应用风险。

（1）技术设计风险，是指由于技术方案或系统总体设计不合理致使技术及技术系统存在先天"缺陷"或创新能力不足，也就是说由于技术缺乏先进性、可行性而引发的各种风险。

（2）技术研发风险，是指在研究开发过程中，研发方虽作出了最大限度努力，但由于现有的认识水平、技术水平、科学知识及其他现有条件的限制，仍然发生了无法预见、无法克服的技术困难，导致研发全部或部分失败的风险。

（3）技术应用风险，是指由于技术成果在产品化、产业化的过程中所带来的一系列不确定的负面影响或效应。例如，市场对新技术的接受程度不高、他人的技术模仿行为、市场准入的技术门槛低导致大量企业涌入致使竞争加剧、技术侵权盗版等。

【例3】（单选·2018）甲公司开发出一种用于少儿英语学习的智能机器人，该产品投放市场不久，便被其他公司仿制。从技术活动过程所处的不同阶段考察，甲公司面临的技术风险属于（　）。

A.技术选择风险　　B.技术设计风险　　C.技术应用风险　　D.技术研发风险

【答案】C

【解析】"该产品投放市场不久，便被其他公司仿制"，说明产品在市场投入后（产品化、产业化的过程中）面临他人的技术模仿，属于技术应用风险，选项C当选。

【例4】（单选·2017）亚洲R国H公司推出了一个名为"东大机器人"的项目，该项目的目标是通过R国顶级学府J大学的入学考试。2013年以来，“东大机器人”每年都参加J大学的入学考试，但连续3年的得分均低于J大学的录取分数线。H公司于2016年11月正式宣布因项目过于复杂而最终放弃该项目。根据上述描述，H公司研发“东大机器人”项目面临的风险是（ ）。

A.战略风险　　B.市场风险　　C.技术风险　　D.法律风险

【答案】C

【解析】狭义的技术风险，是指技术在创新过程中，由于技术本身复杂性和其他相关因素变化的不确定性而导致技术创新遭遇失败的可能性。“H公司于2016年11月正式宣布因项目过于复杂而最终放弃该项目”表明H公司面临的是技术风险，选项C当选。

（五）市场风险

市场风险，是指由于市场及相关的外部环境的不确定性而导致企业市场萎缩、达不到预期的市场效果乃至影响企业生存与发展的一种可能性。对于企业来说，市场风险可导致企业投资活动失败，引发投资风险等一系列的问题。依据《中央企业全面风险管理指引》，市场风险至少要考虑以下几个方面：

（1）产品或服务的价格及供需变化带来的风险。

（2）能源、原材料、配件等物资供应的充足性、稳定性和价格的变化带来的风险。

（3）主要客户、主要供应商的信用风险。

（4）税收政策和利率、汇率、股票价格指数的变化带来的风险。

（5）潜在进入者、竞争者与替代品的竞争带来的风险。

【例5】（单选·2016）甲公司以公开招标方式采购一批设备，乙公司以最低价中标。在签订正式采购合同前，乙公司发现钢材等原材料价格突然暴涨，如继续以中标价格签订合同，公司将蒙受重大损失。乙公司与甲公司商议能否提高合同价格，遭到甲公司拒绝。于是乙公司放弃了该项目，甲公司则根据约定没收了乙公司的投标保证金。在上述案例中甲公司采购设备时面临的风险是（ ）。

A.市场风险　　B.运营风险　　C.技术风险　　D.法律风险

【答案】A

【解析】甲公司面临的主要是供应商的信用风险，属于市场风险，选项A当选。

二、内部风险

（一）战略风险

战略风险，是指企业整体损失的不确定性，影响整个企业的发展方向、企业文化、信息和生存能力或企业效益的因素，这些因素对企业发展目标、资源、竞争力或核心竞争力、企业效益产生重要影响。

1.战略风险所要考虑的主要方面

依据《中央企业全面风险管理指引》，战略风险至少要考虑以下几个方面：

（1）国内外宏观经济政策和经济运行情况、企业所在产业的状况、国家产业政策可能引发的风险。

(2) 科技进步、技术创新可能引发的风险。

(3) 市场对企业产品或服务的需求可能引发的风险。

(4) 与企业战略合作伙伴的关系、寻求战略合作伙伴可能引发的风险。

(5) 企业主要客户、供应商及竞争对手可能引发的风险。

(6) 与主要竞争对手相比，企业实力与差距可能引发的风险。

(7) 企业编制发展战略和规划、投融资计划、年度经营目标、经营战略可能引发的风险。

(8) 企业对外投融资过程中曾发生或易发生错误的业务流程或环节可能引发的风险。

2.从内部控制角度展开战略风险的具体体现

我国《企业内部控制应用指引第2号——发展战略》从企业制定与实施发展战略角度阐明企业战略风险具体体现在以下三个方面：

(1) 缺乏明确的发展战略或发展战略实施不到位，可能导致企业盲目发展，难以形成竞争优势，丧失发展机遇和动力。

(2) 发展战略过于激进，脱离企业实际能力或偏离主业，可能导致企业过度扩张，甚至经营失败。

(3) 发展战略因主观原因频繁变动，可能导致资源浪费，甚至危及企业的生存和持续发展。

【例6】 (多选·2018) 甲公司是一家钢铁生产企业。2015年上半年，甲公司把通过银行贷款取得的大部分技改项目基金投入股市。后来，由于政府宏观管理措施的出台和股市的暴跌，甲公司投入的资金无法收回，在上述案例中，甲公司面临的风险有（　）。

A.技术风险　　B.政治风险　　C.战略风险　　D.法律合规风险

【答案】BCD

【解析】政府宏观管理措施的出台属于政治风险，选项B当选；甲公司把资金投入股市存在偏离主业的问题，属于战略风险，选项C当选；甲公司把通过银行贷款取得的大部分技改项目基金投入股市，存在法律合规风险，选项D当选。

【例7】 (单选·2017) 思达集团原是一家房地产企业。2016年，思达集团以银行贷款为主要资金来源，开始大举并购一些发达国家的酒店和娱乐、体育健身等方面的业务。最近，思达集团由于收购规模过大，资金出现短缺。同时银行收紧了银根，不再向思达集团发放贷款。因此，思达集团被迫中止了收购活动，并为弥补资金漏洞出售了一些已购的业务。根据《企业内部控制应用指引第2号——发展战略》，思达集团在制定和实施发展战略方面存在的主要风险是（　）。

A.发展战略实施不到位

B.缺乏明确的发展战略

C.发展战略因主观原因频繁变动

D.发展战略过于激进，脱离企业实际能力或偏离主业

【答案】D

【解析】"思达集团由于收购规模过大……不再向思达集团发放贷款"表明思达集团发展战略过于激进，脱离企业实际能力或偏离主业，选项D当选。

（二）运营风险

运营风险，是指企业在正常生产运营过程中，对环境的认知能力和适应能力是有限的，可能会由于适应不了内外部环境的复杂多变而导致企业运营失败或使运营活动达不到预期的目标而带来损失。

1.运营风险所要考虑的主要方面

依据《中央企业全面风险管理指引》，运营风险至少要考虑以下几个方面：

（1）企业产品结构、新产品研发方面可能引发的风险。

（2）企业新市场开发，市场营销策略（包括产品或服务定价与销售渠道，市场营销环境状况等）方面可能引发的风险。

（3）企业组织效能、管理现状、企业文化，高、中层管理人员和重要业务流程中专业人员的知识结构、专业经验等方面可能引发的风险。

（4）期货等衍生产品业务中发生失误带来的风险。

（5）质量、安全、环保、信息安全等管理中发生失误导致的风险。

（6）因企业内、外部人员的道德风险或业务控制系统失灵导致的风险。

（7）给企业造成损失的自然灾害等风险。

（8）企业现有业务流程和信息系统操作运行情况的监管、运行评价及持续改进能力方面引发的风险。

2.从内部控制角度展开十四个主要运营风险

（1）组织架构。据《企业内部控制应用指引第1号——组织架构》，组织架构设计与运行中需关注的主要风险包括：①治理结构形同虚设，缺乏科学决策、良性运行机制和执行力，可能导致企业经营失败，难以实现发展战略；②内部机构设计不科学，权责分配不合理，可能导致机构重叠、职能交叉或缺失、推诿扯皮，运行效率低下。

（2）人力资源。依据《企业内部控制应用指引第3号——人力资源》，人力资源管理需关注的主要风险包括：①人力资源缺乏或过剩、结构不合理、开发机制不健全，可能导致企业发展战略难以实现；②人力资源激励约束制度不合理、关键岗位人员管理不完善，可能导致人才流失、经营效率低下或关键技术、商业秘密和国家机密泄露；③人力资源退出机制不当，可能导致法律诉讼或企业声誉受损。

（3）社会责任。依据《企业内部控制应用指引第4号——社会责任》，履行社会责任方面需关注的主要风险包括：①安全生产措施不到位，责任不落实，可能导致企业发生安全事故；②产品质量低劣，侵害消费者利益，可能导致企业巨额赔偿、形象受损，甚至破产；③环境保护投入不足，资源耗费大，造成环境污染或资源枯竭，可能导致企业巨额赔偿、缺乏发展后劲，甚至停业；④促进就业和员工权益保护不够，可能导致员工积极性受挫，影响企业发展和社会稳定。

（4）企业文化。依据《企业内部控制应用指引第5号——企业文化》，企业文化建设需关注的主要风险包括：①缺乏积极向上的企业文化，可能导致员工丧失对企业的信心和认同感，企业缺乏凝聚力和竞争力；②缺乏开拓创新、团队协作和风险意识，可能导致企业发展目标难以实现，影响可持续发展；③缺乏诚实守信的经营理念，可能导致舞弊事件的发生，造成企业损失，影响企业信誉；④忽视企业间的文化差异和理念冲突，可能导致并购重组失败。

（5）采购业务。依据《企业内部控制应用指引第7号——采购业务》，采购业务需关注的主要风险包括：①采购计划安排不合理，市场变化趋势预测不准确，造成库存短缺或积压，可能导致企业生产停滞或资源浪费；②供应商选择不当，采购方式不合理，招投标或定价机制不科学，授权审批不规范，可能导致采购物资质次价高，出现舞弊或遭受欺诈；③采购验收不规范，付款审核不严，可能导致采购物资、资金损失或信用受损。

（6）资产管理。依据《企业内部控制应用指引第8号——资产管理》，资产管理需关注的主要风险包括：①存货积压或短缺，可能导致流动资金占用过量、存货价值贬损或生产中断；②固定资产更新改造不够、使用效能低下、维护不当、产能过剩，可能导致企业缺乏竞争力、资产价值贬损、安全事故频发或资源浪费；③无形资产缺乏核心技术、权属不清、技术落后、存在重大技术安全隐患，可能导致企业法律纠纷、缺乏可持续发展能力。

（7）销售业务。依据《企业内部控制应用指引第9号——销售业务》，销售业务需关注的主要风险包括：①销售政策和策略不当，市场预测不准确，销售渠道管理不当等，可能导致销售不畅、库存积压、经营难以为继；②客户信用管理不到位，结算方式选择不当，账款回收不力等，可能导致销售款项不能收回或遭受欺诈；③销售过程存在舞弊行为，可能导致企业利益受损。

（8）研究与开发。依据《企业内部控制应用指引第1号——研究与开发》，开展研发活动需关注的主要风险包括：①研究项目未经科学论证或论证不充分，可能导致创新不足或资源浪费；②研发人员配备不合理或研发过程管理不善，可能导致研发成本过高、舞弊或研发失败；③研发成果转化应用不足、保护措施不力，可能导致企业利益受损。

（9）工程项目。依据《企业内部控制应用指引第11号——工程项目》，工程项目需关注的主要风险包括：①立项缺乏可行性研究或者可行性研究流于形式，决策不当，盲目上马，可能导致难以实现预期效益或项目失败；②项目招标“暗箱”操作，存在商业贿赂，可能导致中标人实质上难以承担工程项目、中标价格失实及相关人员涉案；③工程造价信息不对称，技术方案不落实，预算脱离实际，可能导致项目投资失控；④工程物资质次价高，工程监理不到位，项目资金不落实，可能导致工程质量低劣，进度延迟或中断；⑤竣工验收不规范，最终把关不严，可能导致工程交付使用后存在重大隐患。

（10）担保业务。依据《企业内部控制应用指引第12号——担保业务》，担保业务需关注的主要风险包括：①对担保申请人的资信状况调查不深，审批不严或越权审批，可能导致企业担保决策失误或遭受欺诈；②对被担保人出现财务困难或经营陷入困境等状况监控不力，应对措施不当，可能导致企业承担法律责任；③担保过程中存在舞弊行为，可能导致经办审批等相关人员涉案或企业利益受损。

（11）业务外包。依据《企业内部控制应用指引第13号——业务外包》，企业的业务外包需关注的主要风险包括：①外包范围和价格确定不合理，承包方选择不当，可能导致企业遭受损失；②业务外包监控不严、服务质量低劣，可能导致企业难以发挥业务外包的优势；③业务外包存在商业贿赂等舞弊行为，可能导致企业相关人员涉案。

(12) 合同管理。依据《企业内部控制应用指引第16号——合同管理》，合同管理需关注的主要风险包括：①未订立合同、未经授权对外订立合同、合同对方主体资格未达要求、合同内容存在重大疏漏和欺诈，可能导致企业合法权益受到侵害；②合同未全面履行或监控不当，可能导致企业诉讼失败、经济利益受损；③合同纠纷处理不当，可能损害企业利益、信誉和形象。

(13) 内部信息传递。依据《企业内部控制应用指引第17号——内部信息传递》，内部信息传递需关注的主要风险包括：①内部报告系统缺失、功能不健全、内容不完整，可能影响生产经营有序运行；②内部信息传递不通畅、不及时，可能导致决策失误、相关政策措施难以落实；③内部信息传递中泄露商业秘密，可能削弱企业核心竞争力。

(14) 信息系统。依据《企业内部控制应用指引第18号——信息系统》，信息系统需关注的主要风险包括：①信息系统缺乏或规划不合理，可能造成信息孤岛或重复建设，导致企业经营管理效率低下；②系统开发不符合内部控制要求，授权管理不当，可能导致无法利用信息技术实施有效控制；③系统运行维护和安全措施不到位，可能导致信息泄露或毁损，系统无法正常运行。

(三) 财务风险

财务风险，是指在各项财务活动过程中，由于各种难以预料或控制的因素影响，导致财务状况具有不确定性，从而使企业有蒙受损失的可能性。按财务活动的主要环节，财务风险可以分为流动性风险、信用风险、筹资风险、投资风险。按可控程度分类，财务风险可分为可控风险和不可控风险。财务风险是一种系统性风险，企业只能想办法降低财务风险，而不可能完全消除财务风险。

1.财务风险所要考虑的主要方面

依据《中央企业全面风险管理指引》，财务风险至少要考虑以下几个方面:

(1) 企业负债、负债率、偿债能力方面可能引发的风险。

(2) 现金流、应收账款及其占销售收入的比重、资金周转率方面可能引发的风险。

(3) 产品存货及其占销售成本的比重、应付账款及其占购货额的比重方面可能引发的风险。

(4) 制造成本和管理费用，财务费用、营业费用方面可能引发的风险。

(5) 盈利能力方面可能引发的风险。

(6) 成本核算、资金结算和现金管理业务中曾发生或易发生错误的业务流程或环节可能引发的风险。

(7) 与企业相关的产业会计政策、会计估算，与国际会计制度的差异与调节（如退休金、递延税项等）等信息方面可能引发的风险。

2.从内部控制角度展开以下三个主要财务风险

(1) 全面预算。依据《企业内部控制应用指引第15号——全面预算》，实行全面预算管理需关注的主要风险包括：①不编制预算或预算不健全，可能导致企业经营缺乏约束或盲目经营；②预算目标不合理、编制不科学，可能导致企业资源浪费或发展战略难以实现；③预算缺乏刚性、执行不力、考核不严，可能导致预算管理流于形式。

(2) 资金活动。依据《企业内部控制应用指引第6号——资金活动》，资金活动需关注的主要风险包括：①筹资决策不当，引发资本结构不合理或无效融资，可能导致企业筹资成本过高或债务危机；②投资决策失误，引发盲目扩张或丧失发展机遇，可能导致资金链断裂或资金使用效益低下；③资金调度不合理、营运不畅，可能导致企业陷入财务困境或资金冗余；④资金活动管控不严，可能导致资金被挪用、侵占、抽逃或遭受欺诈。

(3) 财务报告。依据《企业内部控制应用指引第14号——财务报告》，编制、对外提供和分析利用财务报告需关注的主要风险包括：①编制财务报告违反会计法律法规和国家统一的会计准则制度，可能导致企业承担法律责任和声誉受损；②提供虚假财务报告，误导财务报告使用者，造成决策失误，干扰市场秩序；③不能有效利用财务报告，难以及时发现企业经营管理中存在的问题，可能导致企业财务和经营风险失控。

企业面对的主要风险如图6-1所示。

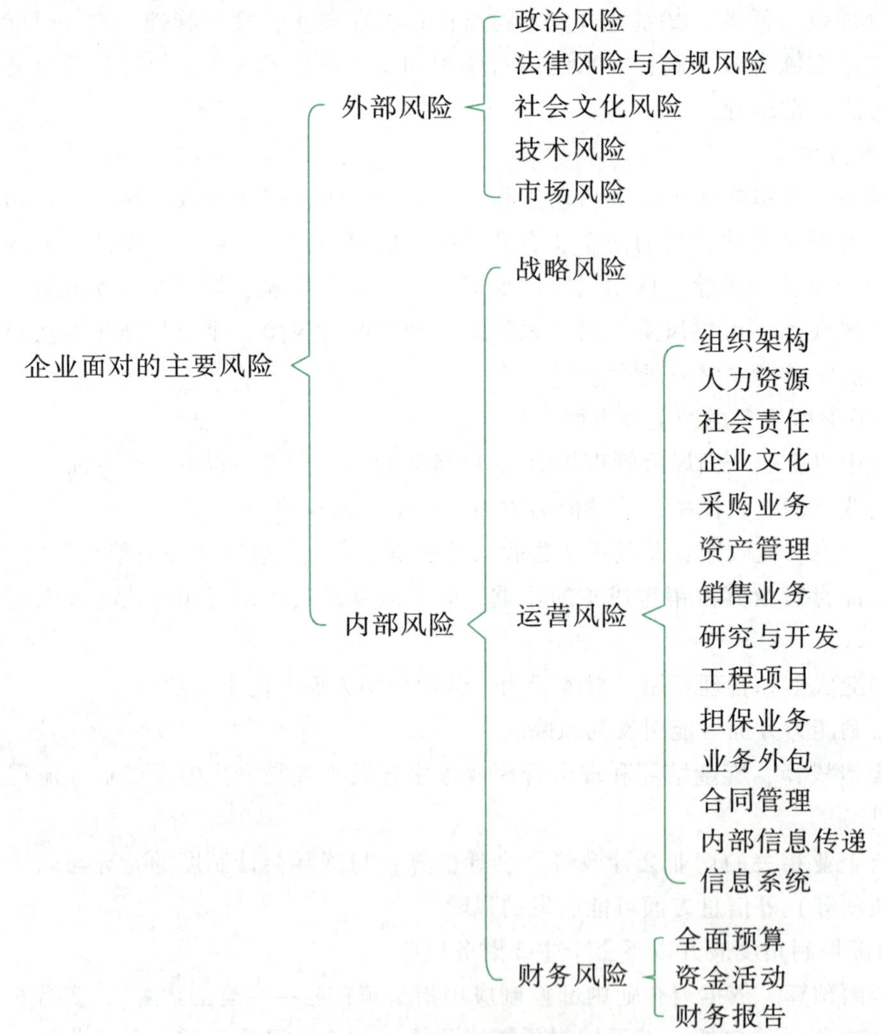

图6-1 企业面对的主要风险

【例8】(多选·2021) 燕州公司是一家肉鸭养殖加工企业，该公司于2017年从国外引进著名的番鸭。全面替代原有鸭种，基于番鸭饲养成本是原有鸭种的三倍多，加上番鸭熟制品不太适合国内消费者的口味，因而该公司此后的经营持续入不敷出，逐渐陷入困境。本案例中，燕州公司面临的风险有（ ）。

A.运营风险　　B.战略风险　　C.市场风险　　D.技术风险

【答案】ABC

【解析】“全面替代原有鸭种，基于番鸭饲养成本是原有鸭种的三倍多，加上番鸭熟制品不太适合国内消费者的口味”体现了战略风险和市场风险。“因而该公司此后的经营持续入不敷出，逐渐陷入困境”体现了运营风险。选项A、B、C当选。

【例9】（多选·2021）德勒公司是一家研发和制造大型游乐设施的企业。从风险管理基本流程来看，下列各项中，属于该公司为分析其所面临的运营风险需要收集的重要初始信息的有（ ）。

A.公司风险管理的现状与能力

B.与主要竞争对手相比，该公司的实力与差距

C.替代品情况

D.产品结构、新型游乐设施的研发情况

【答案】AD

【解析】分析运营风险，企业应至少收集与本企业、所在行业相关的以下信息：①产品结构、新产品研发情况（选项D）；②新市场开发情况，市场营销策略包括产品或服务定价与销售渠道、市场营销环境状况；③企业组织效能、管理现状、企业文化，高、中层管理人员和重要业务流程中专业人员的知识结构、专业经验；④期货等衍生产品业务中曾发生或易发生失误的流程和环节；⑤质量、安全、环保、信息等管理中发生或易发生失误的业务流程或环节；⑥因企业内、外部人员的道德风险致使企业遭受损失或业务控制系统失灵的情况；⑦给企业造成损失的自然灾害以及除上述有关情形之外的其它纯粹风险；⑧对现有业务流程和信息系统操作运行情况的监管、运行评价及持续改进能力；⑨企业风险管理的现状和能力（选项A）。选项B属于分析战略风险应至少收集与本企业相关的重要信息，选项C属于分析市场风险应至少收集与本企业相关的重要信息。选项A、D当选。

第三节 风险管理基本流程

风险管理基本流程包括以下主要工作：（1）收集风险管理初始信息；（2）进行风险评估；（3）制定风险管理策略；（4）提出和实施风险管理解决方案；（5）风险管理的监督与改进。

风险管理五大基本流程如图6-2所示。

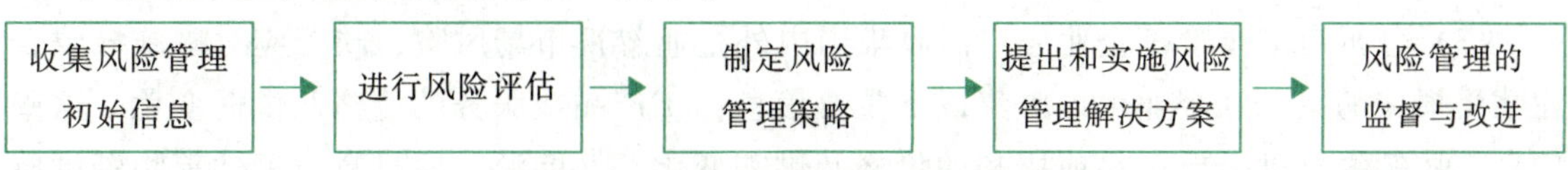

图6-2 风险管理五大基本流程

一、收集风险管理初始信息

收集风险管理初始信息是风险管理基本流程的第一步。企业要大范围地、持续地收集与本企业相关的内外部的各种初始信息，这些初始信息既包括历史数据，又包括预测未来的相关信息。企业应该将收集信息的任务安排布置到各有关的职能部门和业务单位。

收集初始信息根据不同的风险类型而展开工作，具体如下：

(1) 分析战略风险，企业应广泛收集国内外企业战略风险失控导致企业蒙受损失的案例，企业可以收集以下重要信息：①国内外宏观经济政策以及经济运行情况、企业所在产业的状况、国家产业政策等。这些信息属于战略分析中的外部环境分析，PEST分析模型中的政治和法律因素、经济因素以及产业环境分析的相关内容。②科技进步、技术创新的有关内容。这些信息属于战略分析中的外部环境分析，PEST模型中分析的技术因素相关内容。③市场对该企业产品或服务的需求。这些信息属于战略分析中的外部环境分析中的产业环境分析相关内容。④与企业战略合作伙伴的关系，未来寻求战略合作伙伴的可能性。这些信息是企业发展战略中的实施途径战略联盟的相关内容。⑤该企业主要客户、供应商及竞争对手的有关情况。这些信息属于战略分析中的外部环境分析中的产业环境分析相关内容，涉及波特五种竞争力模型中的对供应者讨价还价的能力、购买者讨价还价的能力以及产业中现在的竞争者。⑥与主要竞争对手相比，该企业实力与差距。这些信息属于战略分析中的内部环境分析的相关内容，即企业自身相对于竞争对手，企业所拥有的优劣势。⑦本企业发展战略和规划、投融资计划、年度经营目标、经营战略，以及编制这些战略、规划、计划、目标的有关依据。这些信息涉及到企业自身的战略、目标及其制定依据。⑧企业对外投融资流程中曾发生或易发生错误的业务流程或环节。这些信息涉及到企业对外投融资过程中存在的缺陷及主要风险。

(2) 分析财务风险，企业应广泛收集国内外企业财务风险失控导致危机的案例，企业可以收集以下重要信息：①负债、负债率、偿债能力。这些数据能评估企业的偿债能力，偿债能力与企业持续健康发展息息相关。②现金流、应收账款及其占销售收入的比重、资金周转率。现金流对于企业来说至关重要，若企业出现现金流断裂的问题，很容易引起企业经营失败。③产品存货及其占销售成本的比重、应付账款及其占购货额的比重。企业存货和应付账款应该维持在一个正常的比例，并非越低越好。④制造成本和管理费用、财务费用、营业费用。这些费用和成本，与企业的利润率密切相关。⑤盈利能力。企业的盈利能力越强，经营风险就越低；企业的盈利能力越弱，经营风险就越高。⑥成本核算、资金结算和现金管理业务中曾发生或易发生错误的业务流程或环节。这些环节涉及到企业资金财产管理过程中存在的缺陷及主要风险。⑦与企业相关的产业会计政策、会计估算、与国际会计制度的差异及调节等信息（如退休金、递延税项等）。这些信息与企业真实的财务状况相关。

(3) 分析市场风险，企业应广泛收集国内外企业忽视市场风险、缺乏应对措施导致企业蒙受损失的案例，企业可以收集以下重要信息：①产品或服务的价格及供需变化。这些信息是从销售角度分析产品或服务的价格及供需变化。②能源、原材料、配件等物资供应的充足性、稳定性和价格变化。这些信息是从采购角度分析产品或服务的价格及供需变化。③主要客户、主要供应商的信用情况。这些信息是从供销角度分析主要客户、主要供应商的信用状况。④税收政策和利率、汇率、股票价格指数的变化。这些信息是从税收政策和利率、汇率、股票价格指数的变化角度分析其对企业成本、收益的影响。⑤潜在竞争者、竞争者及其主要产品、替代品情况。这些信息是从波特五力模型中的“三力”，即潜在竞争者、竞争者及其主要产品、替代品情况来分析对企业经营的影响。

(4) 分析运营风险，企业应至少收集与本企业、所在行业相关的以下信息：①产品结构、新产品研发情况。这些信息是从营销策略中的产品策略来分析企业的运营情况。②新市场开发情况、市场营销策略，包括产品或服务定价与销售渠道、市场营销环境状况。这些信息是从营销策略中的定价策略、促销策略和分销策略来分析企业的运营情况。③企业组织效能、管理现状、企业文化，高、中层管理人员和重要业务流程中专业人员的知识结构、专业经验。这些信息能反映企业管理水平、企业文化和人力资源情况等。④期货等衍生产品业务中曾发生或易发生失误的流程和环节。这些信息是为了对冲市场风险在衍生工具中易发生失误的流程或环节。⑤质量、安全、环保、信息等管理中曾发生或易发生失误的业务流程或环节。这些信息能反映影响企业正常营运的质量、安全、环保和信息等管理。⑥因企业内、外部人员的道德风险致使企业遭受损失或业务控制系统失灵的情况。这些信息能反映企业内外部欺诈及内部控制缺陷等情况。⑦给企业造成损失的自然灾害以及除上述有关情形之外的其他纯粹风险。这些信息能反映影响企业正常营运活动的纯粹风险。⑧对现有业务流程和信息系统操作运行情况的监管、运行评价及持续改进能力。这些信息能反映企业业务流程和信息系统运行效率和效果的评价、完善和改进的情况。⑨企业风险管理的现状和能力。这些信息能反映企业风险管理意识、风险管理组织职能体系等。

(5) 分析法律风险，企业应广泛收集国内外企业忽视法律法规风险、缺乏应对措施导致企业蒙受损失的案例，企业可以收集以下重要信息：①企业和竞争对手的知识产权情况。②员工的道德操守。③影响企业的新法律法规和政策。④企业发生重大法律纠纷案件的情况。⑤国内外与企业相关的政治、法律环境。⑥企业签订的重大协议和有关贸易合同。

为了方便风险评估，企业还需要对收集的初始信息进行必要的筛选、提炼、对比、分类、组合。

【例10】(多选·2019) 宝胜公司是一家全球性的手机生产企业。近年来公司在高速发展的同时，面临的风险也与日俱增。为了更好地分析面临的市场风险，宝胜公司应该至少收集的与该公司相关的重要信息有（　）。

A.全球汇率变动状况

B.全球手机价值链生产供应状况

C.各国手机的价格及供需变化

D.各国对手机及其零部件进出口的政策导向

【答案】ABC

【解析】分析市场风险，企业应广泛收集国内外企业忽视市场风险、缺乏应对措施导致企业蒙受损失的案例，并至少收集与本企业相关的以下重要信息：①产品或服务的价格及供需变化，选项C当选；②能源、原材料、配件等物资供应的充足性、稳定性和价格变化，选项B当选；③主要客户、主要供应商的信用情况；④税收政策和利率、汇率、股票价格指数的变化，选项A当选；⑤潜在竞争者、竞争者及其主要产品、替代品情况。选项D属于分析法律风险应收集的信息，选项D不当选。

【例11】（多选·2017）分析企业运营风险，企业应至少收集与该企业、本行业相关的信息，其中包括（　）。

A.企业风险管理的现状和能力

B.潜在竞争者、竞争者及其主要产品、替代品情况

C.期货等衍生产品业务曾发生或易发生失误的流程和环节

D.新市场开发、市场营销策略

【答案】ACD

【解析】选项B属于分析市场风险应收集的信息，选项A、C、D当选。

二、进行风险评估

进行风险评估是风险管理基本流程的第二步，完成了第一步风险管理初始信息收集之后，企业就需要对收集的信息和企业各项业务管理及重要业务流程进行风险评估。风险评估包括风险辨识、风险分析、风险评价三个步骤。

风险辨识，是指查找企业各业务单元、各项重要经营活动及重要业务流程中有无风险，有哪些风险。风险分析，是对辨识出的风险及其特征进行明确的定义描述，分析和描述风险发生可能性的高低、风险发生的条件。风险评价，是评估风险对企业实现目标的影响程度、风险的价值等。

进行风险辨识、分析、评价，应将定性与定量方法相结合。定性方法包括问卷调查、集体讨论、专家咨询、情景分析、政策分析、行业标杆比较、管理层访谈、由专人主持的工作访谈和调查研究等。定量方法包括统计推论（如集中趋势法）、计算机模拟（如蒙特卡洛分析法）、失效模式与影响分析、事件树分析等。这些方法的具体内容在本章第四节展开。进行风险定量评估时，应统一制定各风险的度量单位和风险度量模型，并通过测试等方法，确保评估系统的假设前提、参数、数据来源和定量评估程序的合理性和准确性。要根据环境的变化，定期对假设前提和参数进行复核和修改，并将定量评估系统的估算结果与实际效果对比，据此对有关参数进行调整和改进。

风险分析应包括风险之间的关系分析，以便发现各风险之间的自然对冲、风险事件发生的正负相关性等组合效应，从风险策略上对风险进行统一集中管理。

企业在评估多项风险时，应根据对风险发生可能性的高低和对目标的影响程度的评估，绘制风险坐标图，对各项风险进行比较，初步确定对各项风险进行管理的先后顺序和策略。

风险评估应由企业组织有关职能部门和业务单位实施，也可聘请有资质、信誉好、风险管理专业能力强的中介机构协助实施。

企业应对风险管理信息实行动态管理，定期或不定期实施风险辨识、分析、评价，以便对新的风险和原有风险的变化重新评估。

【例12】（多选·2016）下列各项关于风险评估的表述中，正确的有（ ）。

A.风险评估包括风险辨识、风险分析和风险评价三个步骤

B.风险定性评估时应统一制定各风险的度量单位和度量模型

C.企业应当定期或不定期对新风险或原有风险的变化进行重新评估

D.风险评估应当将定性方法和定量方法相结合

【答案】ACD

【解析】进行风险定量评估时，应统一制定各风险的度量单位和风险度量模型，选项B错误。

三、制定风险管理策略

风险管理基本流程的第三步是制定风险管理策略。风险管理策略，是指企业根据自身条件和外部环境，围绕企业发展战略，确定风险偏好、风险承受度、风险管理有效性标准，选择风险承担、风险规避、风险转移、风险转换、风险对冲、风险补偿、风险控制等适合的风险管理工具，并确定风险管理所需人力和财力资源的配置原则的总体策略。这些风险管理策略的具体内容在本章第三节展开。

企业在制定风险管理策略时，要根据风险的不同类型选择适宜的风险管理策略。例如，一般认为，对战略、财务、运营、政治、法律风险等，可采取风险承担、风险规避、风险转换、风险控制等方法。对能够通过保险、期货、对冲等金融手段进行理财的风险，可以采用风险转移、风险对冲、风险补偿等方法。

企业制定风险管理策略的一个关键环节是应根据不同业务特点统一确定风险偏好和风险承受度，即企业愿意承担哪些风险，明确风险的最低限度和不能超过的最高限度，并据此确定风险的预警线及相应采取的对策。确定风险偏好和风险承受度，要正确认识和把握风险与收益的平衡，防止和纠正两种错误倾向：一是忽视风险，片面追求收益而不讲条件、范围，认为风险越大、收益越高的观念和做法；二是单纯为规避风险而放弃发展机遇。

在制定风险管理策略时，还应根据风险与收益相平衡的原则以及各风险在风险坐标图上的位置，进一步确定风险管理的优先顺序，明确风险管理成本的资金预算和控制风险的组织体系、人力资源、应对措施等总体安排。

对于已经制定和实施的风险管理策略，企业应定期总结和分析其有效性和合理性，结合实际不断修订和完善。其中，应重点检查依据风险偏好、风险承受度和风险控制预警线实施的结果是否有效，并提出定性或定量的有效性标准。

四、提出和实施风险管理解决方案

企业应根据风险管理策略，针对各类风险或每一项重大风险制定风险管理解决方案。方案一般应包括风险解决的具体目标，所需的组织领导，所涉及的管理及业务流程，所需的条件、手段等资源，风险事件发生前、中、后所采取的具体应对措施以及风险管理工具(如关键风险指标管理、损失事件管理等)。

（一）风险管理解决方案的两种类型

1.外部解决方案

外部解决方案，也就是外包，是指将一些专业化的工作外包给专业的机构，这样可以提高企业的经营效率。企业的部分风险管理工作可以外包给信用评级公司、保险公司、律师事务所、会计师事务所等专业机构。外包可以规避一些风险，但同时又会带来其他的风险，所以应当加以控制。

企业制定风险管理解决的外包方案，应注重成本与收益的平衡、外包工作的质量、自身商业秘密的保护以及防止自身对风险解决外包产生依赖性风险等，并制定相应的预防和控制措施。

2.内部解决方案

企业制定风险解决的内控方案，应满足合规的要求，坚持经营战略与风险策略一致、风险控制与运营效率及效果相平衡的原则，针对重大风险所涉及的各管理及业务流程，制定涵盖各个环节的全流程控制措施；对其他风险所涉及的业务流程，要把关键环节作为控制点，采取相应的控制措施。

内部控制，是在一定的环境下，单位为了提高经营效率，充分有效地获得和使用各种资源，达到既定管理目标，而在单位内部实施的各种制约和调节的组织、计划、程序和方法。

企业制定内控措施，一般至少包括以下内容：

（1）建立内控岗位授权制度。对内控所涉及的各岗位明确规定授权的对象、条件、范围和额度等，任何组织和个人不得超越授权作出风险性决定。

（2）建立内控报告制度。明确规定报告人与接受报告人，以及报告的时间、内容、频率、传递路线、负责处理报告的部门和人员等。

（3）建立内控批准制度。对内控所涉及的重要事项，明确规定批准的程序、条件、范围和额度、必备文件以及有权批准的部门和人员及其相应责任。

（4）建立内控责任制度。按照权利、义务和责任相统一的原则，明确规定各有关部门和业务单位、岗位、人员应负的责任和奖惩制度。

（5）建立内控审计检查制度。结合内控的有关要求、方法、标准与流程，明确规定审计检查的对象、内容、方式和负责审计检查的部门等。

（6）建立内控考核评价制度。具备条件的企业应把各业务单位风险管理执行情况与绩效薪酬挂钩。

（7）建立重大风险预警制度。对重大风险进行持续不断的监测，及时发布预警信息，制定应急预案，并根据情况变化调整控制措施。

（8）建立健全以总法律顾问制度为核心的企业法律顾问制度。大力加强企业法律风险防范机制建设，形成由企业决策层主导、企业总法律顾问牵头、企业法律顾问提供业务保障、全体员工共同参与的法律风险责任体系。完善企业重大法律纠纷案件的备案管理制度。

（9）建立重要岗位权力制衡制度，明确规定不相容职责的分离。主要包括：授权批准、业务经办、会计记录、财产保管和稽核检查等职责。对内控所涉及的重要岗位可设置一岗双人、双职、双责，相互制约；明确该岗位的上级部门或人员对其应采取的监督措施和应负的监督责任；将该岗位作为内部审计的重点等。

（二）关键风险指标管理

一项风险事件发生可能有多种成因，但关键成因往往只有几种。关键风险指标管理是对引起风险事件发生的关键成因指标进行管理的方法。关键风险指标可用于监测可能造成损失事件的各项风险及控制措施，并作为反映风险变化情况的早期预警指标（高级管理层可据此迅速采取措施），具体指标如每亿元资产损失率、超过一定期限尚未确认的交易数量、员工流动率等。

1.关键风险指标管理的步骤

关键风险指标具体操作步骤如下：

（1）分析风险成因，从中找出关键成因。

（2）将关键成因量化，确定其度量，分析确定导致风险事件发生（或极有可能发生）时该成因的具体数值。

（3）以具体数值为基础，以发出风险信息为目的，加上或减去一定数值后形成新的数值，该数值即为关键风险指标。

（4）建立风险预警系统。即当关键成因数值达到关键风险指标时，发出风险预警信息。

（5）制定出现风险预警信息时应采取的风险控制措施。

（6）跟踪监测关键成因的变化，一旦出现预警，即实施风险控制措施。

该方法既可以管理单项风险的多个关键成因指标，也可以管理影响企业主要目标的多个主要风险。使用该方法，要求风险关键成因分析准确，且易量化、易统计、易跟踪监测。

2.关键风险指标分解

关键风险指标分解，是指将企业的关键风险指标分解到企业的各个职能部门和业务单位。在对关键风险指标进行分解时，要协调好各个职能部门和业务单位之间的关系，应在企业统一领导和整体战略的指导下进行部门和业务单位间的协调，要从企业的整体利益出发，不能仅为了提高自己的成绩而损害其他部门的利益。

（三）落实风险管理解决方案

企业应当按照各有关部门和业务单位的职责分工，认真组织实施风险管理解决方案，确保各项措施落实到位。落实风险管理解决方案应做到以下几个方面：

（1）风险管理是能为企业创造价值，企业应高度重视风险管理，认识到风险管理的重要性。

（2）全面风险管理具有全员性，全体员工都应该参与到风险管理的工作中来。

（3）将风险管理方案落实到各级各类组织，明确分工和责任。

（4）对风险管理解决方案的实施进行持续监控改进，并把实施情况与绩效考核联系起来，以确保工作的效果。

【例13】（单选·2017）下列各项关于风险管理解决方案的表述，错误的是（　）。

A.风险管理解决方案中的外部解决方案一般指外包

B.风险管理解决方案应有风险解决的具体目标和风险管理工具等方面的内容

C.落实风险管理解决方案必须认识到风险管理是企业价值创造的根本源泉

D.风险管理解决方案中的内部解决方案一般指风险管理策略

【答案】D

【解析】风险管理解决方案中的内部解决方案是指风险管理体系的运转，选项D当选。

五、风险管理的监督与改进

风险管理的监督与改进是风险管理基本流程的最后一步。监督和改进的实质是关注风险管理的目标、深思熟虑的对风险管理进行分析，集中发现关于重大风险、重大事件、重要管理及业务流程的缺陷，并根据变化情况进行改进，持续提升风险管理水平。企业可以采用压力测试、返回测试、穿行测试以及风险控制自我评估等方法对风险管理的有效性进行检验。

企业应建立贯穿于整个风险管理的基本流程，连接各上下级、各部门和业务单位的风险管理信息传递渠道，确保信息沟通的及时、准确、完整，为风险管理监督与改进奠定基础。

企业各有关部门和业务单位应定期对风险管理工作进行自查和检验，及时发现缺陷并改进，其检查、检验报告应及时报送企业风险管理职能部门。

企业风险管理职能部门应定期对各部门和业务单位风险管理工作的实施情况和有效性进行检查和检验，要根据在制定风险管理策略时提出的有效性标准对风险管理策略进行评估，对跨部门和业务单位的风险管理解决方案进行评价，提出调整或改进建议，出具评价和建议报告，及时报送企业总经理或其委托分管风险管理工作的高级管理人员。

企业内部审计部门应每年至少一次对包括风险管理职能部门在内的各有关部门和业务单位能否按照有关规定开展风险管理工作及其工作效果进行监督评价，监督评价报告应直接报送董事会或董事会下设的风险管理委员会和审计委员会。此项工作也可结合年度审计、任期审计或专项审计工作一并开展。

企业可聘请有资质、信誉好、风险管理专业能力强的中介机构对企业全面风险管理工作进行评价，出具风险管理评估和建议专项报告。报告一般应包括以下四个方面的实施情况、存在缺陷和改进建议：

（1）风险管理基本流程与风险管理策略。

（2）企业重大风险、重大事件和重要管理及业务流程的风险管理及内部控制系统的建设。

（3）风险管理组织体系与信息系统。

（4）全面风险管理总体目标。

第四节 风险管理体系

企业风险管理体系包括风险管理策略、风险理财措施、风险管理的组织职能体系、风险管理信息系统和内部控制系统五大体系。

一、风险管理策略

（一）风险管理策略的总体定位与作用

1.风险管理策略的总体定位

风险管理策略，是指企业根据自身条件和外部环境，围绕企业发展战略，确定风险偏好、风险承受度、风险管理有效性标准，选择风险承担、风险规避、风险转移、风险转换、风险对冲、风险补偿、风险控制等适合的风险管理工具的总体策略，并确定风险管理所需人力和财力资源的配置原则。

2.风险管理策略的作用

风险管理策略的作用主要是为企业的总体战略服务，保证企业经营目标的实现；分解为各领域的风险管理指导方针；连接企业的整体经营战略和运营活动；指导企业的一切风险管理活动。

（二）风险管理策略的组成部分和工具

1.风险管理策略的组成部分

（1）风险偏好和风险承受度。风险偏好，是指个体承担风险的基本态度，是个人感知决策情景及制定风险决策的重要前导因素。风险管理策略要求明确公司对风险的偏好，要承担多大的风险，承担风险的性质。

（2）全面风险管理的有效性标准。风险管理策略要求明确以什么方式来衡量风险管理工作的效果。

（3）风险管理的工具选择。风险管理策略要求企业确定使用哪种风险管理工具来处理重大风险。

（4）全面风险管理的资源配置。风险管理策略要求企业明确如何配置风险管理资源。

2.风险管理策略的工具

风险管理策略的工具包括风险规避、风险转换、风险承担、风险对冲、风险转移、风险控制和风险补偿。

1）风险规避

风险规避，是指企业为了避免成为风险承担者而回避有风险的商业环境或拒绝参与有风险的商业活动。主要包括以下情形：

（1）拒绝与信用不好的客户交易。

（2）外包风险较高的工作。

（3）禁止投机行为。

（4）禁止员工访问不安全网站。

（5）退出激烈竞争市场。

（6）停止有隐患商品的生产。

2）风险转换

风险转换，是指企业将一种风险转换为另一种风险。它不会改变总的风险，可以无成本或低成本完成。企业可以通过调整多个风险，使风险达到最佳配置效果。

3）风险承担

风险承担亦称风险保留、风险自留，是指企业自己非理性或理性地主动承担风险后果。企业在识别风险的过程中，无法识别出所有风险。企业只能采用风险承担的方法来应对未识别的风险，对于识别出的风险企业一般采用其他风险管理工具来应对，但以下情况除外：

（1）无法主动管理的风险。

（2）无备选方案。

（3）选择风险承担是最合适的。

4）风险对冲

风险对冲，是指通过投资或购买与标的资产收益波动负相关的某种资产或衍生产品，来冲销标的资产潜在的风险损失的一种风险管理策略。风险对冲是管理利率风险、汇率风险、股票风险和商品风险非常有效的办法。与风险分散策略不同，风险对冲可以管理系统性风险和非系统性风险，还可以根据投资者的风险承受能力和偏好，通过对冲比率的调节将风险降低到预期水平。利用风险对冲策略管理风险的关键问题在于对冲比率的确定，这一比率直接关系到风险管理的效果和成本。

风险对冲方式包括使用金融资产衍生工具进行套期保值，如期货，也可利用不同行业的经济周期来对冲风险。

5）风险转移

风险转移，是指通过合同或非合同的方式将风险转嫁给另一个人或单位的一种风险处理方式。风险转移是对风险造成的损失的承担的转移，在国际货物买卖中具体是指原由卖方承担的货物的风险在某个时候改归买方承担。在当事人没有约定的情况下，风险转移的主要问题是风险在何时由卖方转移给买方。风险可以通过保险、非保险、风险证券化的方式进行转移。

6）风险控制

风险控制，是指风险管理者采取各种措施和方法，消灭或减少风险事件发生的各种可能性，或风险控制者减少风险事件发生时造成的损失。

一般情况下，对战略、财务、运营和法律风险，可采取风险承担、风险规避、风险转换、风险控制等方法。对能够通过保险、期货、对冲等金融手段进行理财的风险，可以采用风险转移、风险对冲、风险补偿等方法。

不过并非所有事项均可控制，风险总是存在的。作为管理者会采取各种措施减小风险事件发生的可能性，或者把可能的损失控制在一定的范围内，以避免在风险事件发生时带来难以承担的损失。

7）风险补偿

风险补偿，是指事前（损失发生以前）对风险承担的价格补偿。

对于那些无法通过风险分散、风险对冲或风险转移进行管理，而且又无法规避、不得不承担的风险，投资者可以采取在交易价格上附加风险溢价，即通过提高风险回报的方式，获得承担风险的价格补偿。

商业银行可以预先在金融资产定价中充分考虑到各种风险因素，通过价格调整来获得合理的风险回报。

风险补偿形式包括财务、人力、物资补偿等。财务补偿即损失融资，包括企业自身风险准备金或应急资本等。

【提示】传统的风险管理策略是将不同的风险分开进行管理，风险应对策略只包括风险承担、风险规避、风险转移和风险控制，这种风险管理策略较为片面，没有与整体战略相结合。一般情况下，风险转换、风险规避、风险承担、风险控制等方法适用于财务、战略、法律和运营风险；风险转移、风险对冲、风险补偿等方法适用于保险、期货等理财风险。

【例14】（单选·2020）庆云公司是国内一家研发、生产抗癌药品的企业。面对M国F公司生产的疗效和安全性更高的同类药品被越来越多的患者接受，庆云公司将业务转型为与F公司合作研发新一代抗癌药品，并销售F公司的产品，取得比转型前更好的经营业绩。庆云公司采取的风险管理策略是（　）。

A.风险转移　　B.风险规避　　C.风险补偿　　D.风险转换

【答案】B

【解析】风险规避，是指企业回避、停止或退出蕴含某一风险的商业活动或商业环境，避免成为风险的所有人。庆云公司停止抗癌药品的自主研发转而与F公司合作，表明庆云公司采取的风险管理策略属于风险规避，选项B当选。

【例15】（单选·2018）M国某地区位于地震频发地带，那里的居民具有较强的防震意识，住房通常采用木质结构，抗震性能更优越。不少家庭还加装了地震时会自动关闭煤气的仪器，以防范地震带来的相关灾害。根据上述信息，该地区居民采取的风险管理策略工具是（　）。

A.风险控制　　B.风险转移　　C.风险规避　　D.风险转换

【答案】A

【解析】控制风险事件发生的动因、环境、条件等，来达到减轻风险事件发生时的损失或降低风险事件发生的概率的目的，本题体现的是风险控制，选项A当选。

【例16】（多选·2017）星云公司制造手机所需要的部分零部件由奇象公司提供。星云公司为了防范和应对采购过程中可能出现的风险，与奇象公司签订了严格而规范的合同，其中一项规定是如果由于外界不可抗力因素造成奇象公司不能按时供货并给星云公司带来损失，只要损失额超过一定数量，那么超过的部分由奇象公司予以赔偿。在上述案例中，星云公司采取的风险管理工具有（　）。

A.风险规避　　B.风险转移　　C.风险补偿　　D.风险承担

【答案】BD

【解析】“与奇象公司签订了严格而规范的合同，其中一项规定是如果由于外界不可抗力因素造成奇象公司不能按时供货并给星云公司带来损失，只要损失额超过一定数量，那么超过的部分由奇象公司予以赔偿”，说明星云公司采取的风险管理工具有非保险型的风险转移（超过的部分由奇象公司予以赔偿）和风险承担（损失额未超过规定数量），选项B、D当选。

【例17】（单选·2016）下列各项中，属于企业一般不应把风险承担作为风险管理策略的情况是（ ）。

A.企业管理层及全体员工都未辨识出风险

B.企业以成本效益考虑，认为选择风险承担是最适宜的方案

C.企业面临影响企业目标实现的重大风险

D.企业缺乏能力对已经辨识出的风险进行有效管理与控制

【答案】C

【解析】对于重大风险，一般不应采用风险承担，选项C当选。

（三）确定风险偏好和风险承受度

风险偏好，是指个体承担风险的基本态度，是个人感知决策情景及制定风险决策的重要前导因素。风险承受度，是组织或个人能够承担的风险限度，泛指各方面风险承受能力和水平。平衡风险与收益之间的关系是确定风险偏好和风险承受度的前提，即防止只追求收益而忽视风险，规避风险而放弃机遇。

确定企业风险偏好需要考虑的因素如下：

（1）整体形状。一个企业整体风险偏好和风险承受度是由单个风险的风险偏好和风险承受度组成。

（2）行业隐私。风险偏好在不同行业各不相同。

（3）风险个体。对于单个风险均可以确定它的风险偏好和风险承受度。

（4）相互关系。要同时考虑同一个风险在不同业务之间的分配关系和不同风险之间的关系。

风险偏好和风险承受度一般适用于公司的重大风险，它们依赖于企业的风险评估，其相关决策应由董事会决定。

（四）风险度量

所有的风险都是可以度量的，风险偏好可用定性或定量的方式来衡量，风险承受度必须以定量的方式来衡量。

风险度量包括以下几种方法：

1.概率值

概率值，是指发生风险事件或造成损失的概率。概率值可以用于主观概率的判断和客观频率，但要区分运用场合。

2.期望值

期望值，是指在一个离散型随机变量试验中每次可能出现的概率乘以其结果的总和，即概率的加权平均值。

3.最大可能损失

最大可能损失，一般是指损失的上限，如财产损失等。企业使用最大可能损失来定义风险承受度最差的情形，适用于企业无法判断和无须判断发生概率的事件。

4.直观方法

直观方法，是指不依赖于概率统计结果的度量方法，即人们直观判断的方法，如专家意见法、层次分析法（AHP）等。

5.波动性

波动性反映数据的离散程度，通常使用方差或均方差来描述。一般用来衡量资产风险的常用方法是波动性。抵御风险的保险费用直接依赖于波动性。使用波动性来衡量风险与保险费用是类似的。例如，一种股票的波动性越大，其可能产生结果的区间范围越大，收益在区间边缘的概率也越大。

6.在险值

在险值又称VaR，是指在一定概率水平（置信度）下，某一金融资产或证券组合价值在未来特定时期内的最大可能损失。

【提示】统计和直观方法可以综合使用，也可单独使用。当数据不足或需要度量的结果包括人们的偏好时，可以使用直观方法。

企业应根据不同风险种类选择适用的度量模型。例如，市场指标、景气指数等度量模型适用外部风险；各种质量指标、安全指数、执行结果等度量模型适用内部运营风险。

风险量化的困难包括以下几个方面：

（1）信息系统。信息传达不理想，导致未能及时送达。

（2）数据。风险数据不足，数据质量不够好。

（3）整合管理。数据和管理水平不能与现实的管理连接。

（4）方法误差。企业实际情况复杂，风险度量不能准确反映。

【例18】（单选·2019）甲基金公司在对基金管理、受托资产管理、基金销售和咨询等业务活动进行风险度量时，首先对所有事件中每一事件发生的概率乘以该事件的影响，然后将这些乘积相加得到风险数值。甲基金公司采用的风险度量方法是（　）。

A.概率值　　B.最大可能损失　　C.期望值　　D.在险值

【答案】C

【解析】期望值通常指的是数学期望，即以概率为权数的加权平均值，选项C当选。

【例19】（单选·2019）厨具生产商佳乐公司为了分散经营风险，开展多元化经营，投资了一个环保项目。由于对该项目的前期调研不够充分，相关信息搜索不足，公司管理人员在分析项目运营风险时，无法判断风险发生的概率。在这种情况下，佳乐公司应采取的风险度量方法是（　）。

A.期望值　　B.在险值　　C.最大可能损失　　D.概率值

【答案】C

【解析】企业一般在无法判断发生概率或无须判断概率的时候，使用最大可能损失作为风险的衡量，选项C当选。

（五）风险管理的有效性标准

风险管理的有效性标准，是指企业衡量企业风险管理是否有效的标准。

1.风险管理有效性标准的作用

风险管理有效性标准的作用是帮助企业了解以下两个方面：

（1）企业现在的风险是否在风险承受度范围之内，即风险是否优化。

（2）企业风险状况的变化是否是所要求的，即风险的变化是否优化。

量化的企业风险管理的有效性标准与企业风险承受度有相同的度量基础。

2.风险管理有效性标准的原则

风险管理有效性标准的原则如下：

（1）要针对企业的重大风险，能够反映企业重大风险管理的现状。

（2）应当对照全面风险管理的总体目标，在所有五个方面保证企业的运营效果。

（3）应当在企业的风险评估中应用，并根据风险的变化随时调整。

（4）应当用于衡量全面风险管理体系的运行效果。

（六）风险管理的资源配置

风险管理是一个综合性的课题，涉及面广，而企业进行风险管理运用的资源一般是多方面的，包括内外部各类资源，如人才、政策、设备、经验（内部资源）、技能（外部资源）、知识（外部资源）、信息系统（外部资源）、组织设置、资金、物资等可利用的资源。因此企业需要统筹兼顾，合理配置资源，将必要的资源运用于需要优先应对的重大风险。

（七）确定风险管理的优先顺序

企业在对风险管理资源进行合理配置时需要确定优先顺序，即优先处理哪些风险。找到一种确定优先顺序的普适性方法是很困难的，企业应根据风险与收益相平衡的原则以及各风险在风险坐标图上的位置，进一步确定风险管理的优选顺序，明确风险管理成本的资金预算和控制风险的组织体系、人力资源、应对措施等总体安排。企业通常需要优先处理能对企业持续发展造成严重影响的重大风险。

确定风险管理优先顺序需要考虑的因素包括：

（1）风险事件发生的可能性和影响。

（2）合规的需要。

（3）风险的价值或风险管理可能带来的收益。

（4）对企业技术、设备、人力、资金的需求。

（5）利益相关者的要求。

（6）风险管理的难度。

（八）风险管理策略检查

企业应定期总结和分析已制定的风险管理策略的有效性和合理性，结合实际不断修订和完善。其中，企业应重点检查依据风险偏好、风险承受度和风险控制预警线实施的结果是否有效，并提出定性或定量的有效性标准。

风险管理策略是动态的、不断变化的，制定风险管理策略需要考虑以下三个方面：

（1）相关职能支撑、经济、技术是否可行等因素，风险管理策略一般是在完善解决方案之后确定。

（2）提出相关标准，用以评价风险偏好、风险承受度和风险控制警戒线的实施效果是否有效。

（3）定期总结和分析风险管理策略的有效性和合理性，并不断修正和完善。

二、风险理财措施

（一）风险理财概述

1.风险理财的一般概念

风险理财，是指运用金融手段来管理风险，主要包括以下几个方面：

（1）保险。如购买自然灾害保险。

（2）套期保值。例如，运用外币套期保值，对冲汇兑损失；对期货进行套期保值，应对原材料价格波动。

（3）与银行签订应急资本合同，应对突发事件造成的资金需求。

2.风险理财的必要性

风险理财对于可控风险和不可控风险均适用。风险理财随着经济发展，形式越来越多变，覆盖面越来越广，成为企业经营中不可缺少的重要内容，也是企业全面风险管理的重要组成部分。

3.风险理财的特点

（1）风险理财不会改变风险事件的客观情况（发生概率和损失大小）。

（2）风险理财量化标准高。

（3）风险理财通常不包括难以衡量价值的风险，也难以消除战略失误带来的损失。

（4）风险理财手段技术性强，使用不当容易造成损失。

4.风险理财与公司理财的关系

风险理财超越公司理财的范畴，具体表现在以下三个方面：

（1）注重风险对现金流的影响。

（2）以最佳的资本结构获得现金流。

（3）风险理财的结果影响公司整体价值，为公司战略的重要组成部分。

5.风险理财创造价值

与传统的风险理财相反，现代公司风险理财可能通过各种金融手段改善公司财务状况，为公司创造价值。例如，通过期货买卖，降低风险，提高收益。

（二）选择风险理财策略与方案的原则和要求

风险管理策略是运用金融手段来实施的。

1.选择风险理财策略的原则

（1）与公司整体风险策略一致。企业在选择风险理财策略时，需要基于整体风险管理策略的相关考虑，根据风险偏好和风险承受度等因素来确定。

（2）成本与收益的平衡。

（3）与公司所面对风险的性质相匹配。

2.选择风险理财策略的要求

风险理财工具包括：应急资本、期货、准备金、期权、保险、衍生工具等，企业在选择风险理财工具时，应当考虑以下几点：

(1) 可操作性。

(2) 合规的要求。

(3) 企业的熟悉程度。

(4) 法律法规环境。

(5) 风险特性等。

(三) 两类主要的风险理财措施

1.损失事件管理

损失事件管理，是指对可能造成企业重大损失的风险事件进行管理，包括保险、专业自保、应急资本、损失融资、风险资本。

1) 保险

保险，是分摊意外事故损失的一种合同安排，是企业实现风险转移的传统手段。保险适用于纯粹风险，不适用于机会风险。

2) 专业自保

专业自保公司，是指那些由其母公司拥有的，主要业务对象（即被保险人）为其母公司的保险公司。它是一种由其组织上隶属的母公司紧密控制的，专为其母公司提供保险服务的组织机构。母公司直接影响并支配着该专业自保公司的运营，包括承保、索赔处理的政策和投资行为等。专业自保公司是决定自留风险的企业避免不合理税收的技术性产物，也是企业利用内部基金进行风险融资的高级形式。

专业自保公司的优点包括以下几个方面：

(1) 保障项目更多。

(2) 国外课税扣除和流通转移。

(3) 降低运营成本。

(4) 公平的费率等级。

(5) 减少规章的限制。

(6) 直接进行再保险。

(7) 提高服务水平。

(8) 改善公司现金流。

(9) 保障的稳定性。

专业自保公司的缺点包括以下四个方面：

(1) 损失储备金不足。

(2) 减少其他保险的可得性。

(3) 提高内部管理成本。

(4) 增加资本投入。

3) 应急资本

应急资本又称或有资本和承诺资本，是指当企业发生了特定事件陷入财务困境后，可以根据事先的承诺合同，以优先债务、优先股或次优先股等方式获得企业所需要的资本。

应急资本具有如下特点：

(1) 应急资本是综合运用了保险和资本市场设计和定价的产品，但不涉及风险转移。

(2) 应急资本是企业的一种融资选择权。

(3) 应急资本可以保证企业持续经营。

(4) 应急资本提供方不承担事件发生风险，只提供风险事件发生后的损失补偿金。

4）损失融资

损失融资，是指为风险事件造成的财物损失融资，是一种事后管理。损失融资按能否预期通常分为预期损失融资（营运资本）和非预期损失融资（风险资本）。

5）风险资本

风险资本，是描述在一定的置信度水平上，在一定时间内（如一年），为了弥补企业的非预计损失所需要的资本。它是根据企业资产的风险程度的大小计算出来的，取决于企业风险偏好。

【例20】（单选·2020）甲公司每年最低运营资本是5000万元，有10%的可能性维持运营需要5800万元；有5%的可能性维持运营需要6200万元。若甲公司风险资本为1000万元，则该公司的生存概率为（　）。

A.10%　　B.90%~95%　　C.95%以上　　D.90%

【答案】B

【解析】当甲公司风险资本为800万元时，其生存概率是90%；当甲公司风险资本为1200万元时，其生存概率是95%。因此，当甲公司风险资本为1000万元时，其生存概率为90%~95%，选项B当选。

【例21】（单选·2020）为了对可能给企业造成重大损失的风险事件进行有效管理，南方石油公司成立了自己的专属保险公司，为母公司提供保险，并由母公司筹集总计10亿元的保险费，建立损失储备金。下列各项中，属于南方石油公司采用的上述损失事件管理办法的优点的是（　）。

A.降低内部管理成本　　B.改善公司现金流

C.增加了其他保险的可得性　　D.损失储备金充足

【答案】B

【解析】“南方石油公司成立了自己的专属保险公司，为母公司提供保险，并由母公司筹集总计10亿元的保险费，建立损失储备金”属于专业自保，改善公司现金流属于专业自保的优点，选项B当选。

【例22】（单选·2019）甲公司每年最低运营资本是10亿元，但有5%可能需12亿元维持运营，该公司筹集了12亿元，将生存概率提高到95%管理损失事件方法为（　）。

A.风险资本　　B.损失融资　　C.保险　　D.专业自保

【答案】A

【解析】风险资本是企业除经营所需的资本之外，还需要额外的资本用于补偿风险造成的财务损失。甲公司筹集的12亿元中，10亿元为最低运营资本，2亿元为风险资本，其采取的管理损失事件的方法为风险资本，选项A当选。

【例23】（多选·2018）2017年年初，甲公司与乙银行签订一份协议，约定甲公司一旦发生特定事件引起财务危机时，有权从乙银行取得500万贷款来应对风险。在协议中，双方明确了甲公司归还贷款的期限以及获得贷款应当支付的利息和费用。关于上述协议，下列各项中表述正确的有（　）。

A.甲公司采取的风险理财策略为其可持续经营提供了保证

B.甲公司采取的风险理财策略不涉及风险补偿

C.乙银行向甲公司提供贷款不承担甲公司发生特定事件的风险

D.甲公司采取的风险理财策略是一个在一定条件下的融资选择权

【答案】ACD

【解析】“在协议中，双方明确了甲公司归还贷款的期限以及获得贷款应当支付的利息和费用。”说明该协议不涉及风险的转移，甲公司需要向银行支付相应的对价，属于企业风险补偿策略的一种方式，选项B不当选。

【例24】（单选·2017）宏远海运公司为了加强对损失事件的管理成立了一家附属机构，这家附属机构的职责是用母公司提供的资金建立损失储蓄金，并为母公司提供保险。宏远海运公司管理损失事件的方法属于（　）。

A.损失融资　　B.专业自保　　C.应急资本　　D.保险

【答案】B

【解析】专业自保是非保险公司的附属机构，为母公司提供保险，并由其母公司筹集保险费，建立损失储备金，“宏远海运公司成立了一家附属机构，这家附属机构的职责是用母公司提供的资金建立损失储蓄金”，说明其运用的管理损失事件的方法为专业自保，选项B当选。

2.套期保值

1）金融衍生产品

金融衍生品又称金融衍生工具，是从原生性金融工具（股票、债券、存单、货币等）派生出来的金融工具，其价值依赖于基础标的资产或指数。金融衍生品在形式上表现为一系列的合约。目前较为普遍的金融衍生品合约有期货、期权、互换交易、远期合约等。

运用衍生产品进行风险管理的主要思路是根据自己意愿增加、减少或消除承担的风险以及转换不同的风险。

衍生产品及其交易的特点包括以下内容：

（1）灵活性。金融衍生产品种类繁多，具有较高灵活性。

（2）未来性。金融衍生产品交易是对未来可能产生的结果进行交易。

（3）虚拟性。金融衍生产品本身没有价值，是一种虚拟的获取收益的凭证。

（4）杠杆性。交易者运用金融衍生产品进行交易，即使使用较少的资金也能达到更大资金的效果。

（5）风险性。金融衍生产品在其内在杠杆和交易的因素和外在不稳定的环境决定了它的高风险性质。

运用衍生产品进行风险管理需要满足的条件包括：合格的操作人员；建立完善的内部

控制措施和信息沟通机制；采用能够准确反映风险状况的风险计量方法；合法合规；与公司的业务和发展战略保持一致。

(1) 期货。期货与现货完全不同，现货是实实在在可以交易的货（商品），期货主要不是货，而是以某种大众产品如棉花、大豆、石油等及金融资产如股票、债券等为标的标准化可交易合约。因此，这个标的物可以是某种商品（例如，黄金、原油、农产品），也可以是金融工具。交收期货的日子可以是一星期之后，一个月之后，三个月之后，甚至一年之后。买卖期货的合同或协议叫做期货合约。买卖期货的场所叫做期货市场。投资者可以对期货进行投资或投机。

(2) 期权。期权，是指一种合约，源于十八世纪后期的美国和欧洲市场，该合约赋予持有人在某一特定日期或该日之前的任何时间以固定价格购进或售出一种资产的权利。期权定义的要点如下：

①期权是一种权利。期权合约至少涉及买家和出售人两方。持有人享有权利但不承担相应的义务。

②期权的标的物。期权的标的物，是指选择购买或出售的资产。它包括股票、政府债券、货币、股票指数、商品期货等。期权是这些标的物“衍生”的，因此称衍生金融工具。值得注意的是，期权出售人不一定拥有标的资产。期权是可以“卖空”的。期权购买人也不一定真的想购买资产标的物。因此，期权到期时双方不一定进行标的物的实物交割，而只需按价差补足价款即可。

③到期日。双方约定的期权到期的那一天称为“到期日”，如果该期权只能在到期日执行，则称为欧式期权；如果该期权可以在到期日及之前的任何时间执行，则称为美式期权。

④期权的执行。依据期权合约购进或售出标的资产的行为称为“执行”。在期权合约中约定的、期权持有人据以购进或售出标的资产的固定价格，称为“执行价格”。

期权分为看涨期权和看跌期权。看涨期权又称认购期权、买进期权、买方期权、买权、延买期权或敲进，是指期权的购买者拥有在期权合约有效期内按执行价格买进一定数量标的物的权利。看涨期权是一种合约，它给合约持有者（即买方）按照约定的价格从对手手中购买特定数量的特定交易标的物的权利。看跌期权又称卖权选择权、卖方期权、卖权、延卖期权或敲出，是指期权的购买者拥有在期权合约有效期内按执行价格卖出一定数量标的物的权利，但不负担必须卖出的义务。

(3) 互换交易。互换交易，主要指对相同货币的债务和不同货币的债务通过金融中介进行互换的一种行为。互换交易的种类包括利率互换、商品互换和其他互换等。

(4) 远期合约。远期合约，是指交易双方约定在未来的某一确定时间，以确定的价格买卖一定数量的某种金融资产的合约。合约规定交易的标的物、有效期和交割时的执行价格等内容，是一种保值工具，主要种类有远期外汇合约、远期股票合约和远期利率合约。远期合约是现金交易，买方和卖方达成协议在未来的某一特定时期交割一定质量和数量的商品。商品的价格可以预先确定或在交割时确定。远期合约是场外交易，交易双方都存在风险。如果即期价格低于远期价格，市场状况被描述为正向市场或溢价；如果即期价格高于远期价格，市场状况被描述为反向市场或差价。

期权的买方只享有权利而不负有义务，理论上承担的风险有限，获利水平无限。相对于买方，卖方则完全相反，卖方只负有义务而不享有权利，理论上承担的风险无限，获利水平有限。

【例25】（单选·2021）甲公司签订合同承诺10月份向客户出售20吨白糖，并以5600元/吨的价格购入现货白糖20吨，同时在期货交易所以5700元/吨的价格卖出10月份到期的白糖期货20吨。10月份合同到期时，白糖现货和当月期货市场价格均为5500元/吨，甲公司以该价格向客户售出白糖20吨，并买入当月期货20吨。甲公司的上述风险理财策略是（　）。

A.期货多头套期保值　　B.期货空头套期保值

C.买方期权套期保值　　D.卖方期权套期保值

【答案】B

【解析】空头期货套期保值是指如果某公司要在未来某时出售资产，可以通过持有该资产期货合约的空头来对冲风险。“甲公司签订合同承诺10月份向客户出售20吨白糖……同时在期货交易所以5700元/吨的价格卖出10月份到期的白糖期货20吨”表明甲公司采取的是期货空头套期保值，选项B当选。

2）套期保值

套期保值，又称对冲贸易，是指交易人在买进（或卖出）实际货物的同时，在期货交易所卖出（或买进）同等数量的期货交易合同作为保值。它是一种为避免或减少价格发生不利变动的损失，而以期货交易临时替代实物交易的一种行为。

套期保值与投机的区别主要在于风险方面，套期保值的目的是降低风险、降低损失，而投机行为是为了承担更大的风险盈利。

3）期货套期保值

（1）期货套期保值，是指把期货市场当作转移价格风险的场所，利用期货合约作为将来在现货市场上买卖商品的临时替代物，对其现在买进准备以后售出商品或对将来需要买进商品的价格进行保险的交易活动。

（2）期货套期保值可以分为以下两类：

①空头套期保值，又称卖出套期保值，是指交易者先在期货市场卖出期货，当现货价格下跌时以期货市场的盈利来弥补现货市场的损失，从而达到保值的一种期货交易方式。空头套期保值为了防止现货价格在交割时下跌的风险而先在期货市场卖出与现货数量相当的合约所进行的交易方式。持有空头头寸，来为交易者将要在现货市场上卖出的现货而进行保值。因此，卖出套期保值又称为“卖空保值”或“卖期保值”。

②多头套期保值，又称买入套期保值，是指交易者先在期货市场买进期货，以便在将来现货市场买进时不至于因价格上涨而给自己造成经济损失的一种期货交易方式。因此又称为“多头保值”或“买空保值”。

（3）期货投机，是指在期货市场上以获取价差收益为目的的期货交易行为。投机者在期货交易中发挥至关重要的作用，发现远期价格，引领产业均衡，提高市场流动性，承担市场价格风险。所以，要正确认识期货市场运行机制及其经济功能，必须正确认识和理解期货投机。

4）期权套期保值

（1）期权套期保值，是指通过购买外汇看跌或看涨期权，以规避汇率风险的方法。

（2）远期外汇合同和期权合同都是对外汇风险进行套期保值的方法。应用远期外汇合同进行套期保值可以规避外汇风险，但是远期外汇合同一旦签订，公司必须执行，否则就是违约。如果未来外汇市场的汇率向有利方向变化，但公司却毫无回旋余地，就无法享受未来即期汇率与远期汇率不同时，汇率发生有利变化所带来的好处，因此具有一定的局限性。外汇期权之所以优于远期外汇合同是因为它具有选择权，一旦市场汇率朝有利方向变动，在弥补期权费的基础上能够获利，就可选择放弃，并能限制损失的程度。

利用期权套期保值有保险的作用，但用于投资则承担的风险更大。

【提示】①风险理财是风险管理策略重要组成部分；②运用风险理财工具形式多样；③风险理财专业性强；④风险理财使用不当则可能带来巨大损失。

三、风险管理的组织职能体系

企业应建立健全风险管理组织体系，主要包括规范的公司法人治理结构，风险管理职能部门、内部审计部门和法律事务部门以及其他有关职能部门、业务单位的组织领导机构及其职责。

具备条件的企业可建立以下风险管理三道防线：

（1）有关职能部门和业务单位为第一道防线。

（2）风险管理职能部门和董事会下设的风险管理委员会为第二道防线。

（3）内部审计部门和董事会下设的审计委员会为第三道防线。

企业应建立健全规范的公司法人治理结构，股东（大）会（对于国有独资公司或国有独资企业，即指国资委，下同）、董事会、监事会、经理层依法履行职责，形成高效运转、有效制衡的监督约束机制。

（一）董事会

国有独资公司和国有控股公司应建立外部董事、独立董事制度，外部董事、独立董事人数应超过董事会全部成员的半数，以保证董事会能够在重大决策、重大风险管理等方面作出独立于经理层的判断和选择。

董事会就全面风险管理工作的有效性对股东（大）会负责。董事会在全面风险管理方面主要履行以下职责：

（1）审议并向股东（大）会提交企业全面风险管理年度工作报告。

（2）确定企业风险管理总体目标、风险偏好、风险承受度，批准风险管理策略和重大风险管理解决方案。

（3）了解和掌握企业面临的各项重大风险及其风险管理现状，做出有效控制风险的决策。

（4）批准重大决策、重大风险、重大事件和重要业务流程的判断标准或判断机制。

（5）批准重大决策的风险评估报告。

（6）批准内部审计部门提交的风险管理监督评价审计报告。

(7) 批准风险管理组织机构设置及其职责方案。

(8) 批准风险管理措施，纠正和处理任何组织或个人超越风险管理制度做出的风险性决定的行为。

(9) 督导企业风险管理文化的培育。

(10) 全面风险管理其他重大事项。

(二) 风险管理委员会

具备条件的企业，董事会可下设风险管理委员会。该委员会的召集人应由不兼任总经理的董事长担任；董事长兼任总经理的，召集人应由外部董事或独立董事担任。该委员会成员中需有熟悉企业重要管理及业务流程的董事，以及具备风险管理监管知识或经验、具有一定法律知识的董事。

风险管理委员会对董事会负责，主要履行以下职责：

(1) 提交全面风险管理年度报告。

(2) 审议风险管理策略和重大风险管理解决方案。

(3) 审议重大决策、重大风险、重大事件和重要业务流程的判断标准或判断机制，以及重大决策的风险评估报告。

(4) 审议内部审计部门提交的风险管理监督评价审计综合报告。

(5) 审议风险管理组织机构设置及其职责方案。

(6) 办理董事会授权的有关全面风险管理的其他事项。

(三) 专职部门或确定相关职能部门

企业总经理对全面风险管理工作的有效性向董事会负责。总经理或总经理委托的高级管理人员，负责主持全面风险管理的日常工作，负责组织拟订企业风险管理组织机构设置及其职责方案。

企业应设立专职部门或确定相关职能部门履行全面风险管理的职责。该部门对总经理或其委托的高级管理人员负责，主要履行以下职责：

(1) 研究提出全面风险管理工作报告。

(2) 研究提出跨职能部门的重大决策、重大风险、重大事件和重要业务流程的判断标准或判断机制。

(3) 研究提出跨职能部门的重大决策风险评估报告。

(4) 研究提出风险管理策略和跨职能部门的重大风险管理解决方案，并负责该方案的组织实施和对该风险的日常监控。

(5) 负责对全面风险管理有效性评估，研究提出全面风险管理的改进方案。

(6) 负责组织建立风险管理信息系统。

(7) 负责组织协调全面风险管理日常工作。

(8) 负责指导、监督有关职能部门、各业务单位以及全资、控股子企业开展全面风险管理工作。

(9) 办理风险管理其他有关工作。

（四）审计委员会

企业应在董事会下设立审计委员会，企业内部审计部门对审计委员会负责。审计委员会和内部审计部门的职责应符合《中央企业内部审计管理暂行办法》的有关规定。内部审计部门在风险管理方面，主要负责研究提出全面风险管理监督评价体系，制定监督评价相关制度，开展监督与评价，出具监督评价审计报告。

企业其他职能部门及各业务单位在全面风险管理工作中，应接受风险管理职能部门和内部审计部门的组织、协调、指导和监督，主要履行以下职责：

（1）执行风险管理基本流程。

（2）研究提出本职能部门或业务单位重大决策、重大风险、重大事件和重要业务流程的判断标准或判断机制。

（3）研究提出本职能部门或业务单位的重大决策风险评估报告。

（4）做好本职能部门或业务单位建立风险管理信息系统的工作。

（5）做好培育风险管理文化的有关工作。

（6）建立健全本职能部门或业务单位的风险管理内部控制子系统。

（7）办理风险管理其他有关工作。

企业应通过法定程序，指导和监督其全资、控股子企业建立与企业相适应或符合全资、控股子企业自身特点、能有效发挥作用的风险管理组织体系。

（五）全资、控股子企业

企业应监督、指导其下属全资或控股子公司建立符合集团要求的风险管理组织体系。

【例26】（单选·2021）雅莱公司主营化妆品的研发、生产与销售。该公司董事会下设风险管理委员会。下列各项中，属于雅莱公司风险管理委员会职责范围的是（ ）。

A.审议公司及各个部门的风险管理策略和重大风险管理解决方案

B.组织协调公司全面风险管理日常工作

C.研究提出公司全面风险管理工作报告

D.研究提出化妆品研发、生产、销售等业务部门和各个职能部门的重大决策风险评估报告

【答案】A

【解析】选项A属于风险管理委员会的职责，选项B、C、D属于风险管理职能部门的职责。选项A当选。

四、风险管理信息系统

企业应将信息技术应用于风险管理的各项工作，建立涵盖风险管理基本流程和内部控制系统各环节的风险管理信息系统，且应采取措施确保向风险管理信息系统输入的业务数据和风险量化值的一致性、准确性、及时性、可用性和完整性。对输入信息系统的数据，未经批准，不得更改。

企业应确保风险管理信息系统的稳定运行和安全，并根据实际需要不断进行改进、完善或更新。

五、内部控制系统

（一）内部控制系统的定义

内部控制系统，是指内部控制构成要素相互联系、相互制约而形成的有机整体。从内部控制理论近一个世纪的发展历程来看，内部控制的实施由内部牵制、内部会计控制和内部管理控制所构成；由于内部牵制融于内部会计控制和内部管理控制之中，内部控制系统演变为由内部会计控制和内部管理控制所构成，在内部控制中，内部会计控制与内部管理控制是一种并列关系。

（二）内部控制的定义

内部控制，是指一个单位为了实现其经营目标，保护资产的安全完整，保证会计信息资料的正确可靠，确保经营方针的贯彻执行，保证经营活动的经济性、效率性和效果性而在单位内部采取的自我调整、约束、规划、评价和控制的一系列方法、手段与措施的总称。COSO委员会对内部控制的定义还可理解为以下几点：

（1）内部控制是一个实现目标的程序及方法，而其本身并非目标。

（2）内部控制只提供合理保证，而非绝对保证。

（3）内部控制要由企业中各级人员实施与配合。

（三）内部控制的“三目标”和“五要素”

内部控制的“三目标”包括：（1）取得经营的效率和有效性；（2）确保财务报告的可靠性；（3）遵循适用的法律法规。

内部控制的“五要素”包括：（1）控制环境；（2）风险评估；（3）控制活动；（4）信息与沟通；（5）内部监督。

1.控制环境

所谓控制环境，是指对建立、加强或削弱特定政策、程序及其效率产生影响的各种因素，主要是指重大影响因素。控制环境的好坏直接影响到企业内部控制的贯彻和执行，以及企业经营目标及整体战略目标的实现。

1）COSO框架关于控制环境的要求

COSO框架关于控制环境的要求为：控制环境决定了企业的基调，影响企业员工的控制意识。它是其他要素的基础，提供了基本规则和构架。控制环境因素包括：员工的诚信度、道德观和能力；管理哲学和经营风格；管理层授权和职责分工、人员组织和发展方式；董事会的重视程度和提供的指导。

2）COSO框架认为控制环境应当坚持的原则

（1）企业承诺会遵守诚信和道德价值观。

（2）董事会监控内部控制设计和执行的有效性。

（3）管理层建立实现目标的内部控制流程、相应的组织结构和适当的权责分离。

（4）建立完善的人力资源制度，吸引、发展和留住人才。

（5）全员参与内部控制，各自承担相应责任。

3）我国《企业内部控制基本规范》关于内部环境要素的要求

（1）企业应当建立规范的公司治理结构和规则。

（2）各组织机构职责分离，董事会负责内部控制的建立和实施，接受监事会监督，经理层负责内部控制日常运行。

（3）企业应当在董事会下设立审计委员会。

（4）企业应当加强内部审计工作、加强企业文化建设、加强法制教育。

（5）企业应当注重员工的职业道德修养和专业胜任能力，并作为选聘员工的标准。

（6）企业应当制定可持续发展的人力资源政策。

2.风险评估

1）COSO框架关于风险评估的要求

COSO框架关于风险评估的要求是企业需要建立一套风险识别机制来应对由于经济、产业、法规和经营环境变化带来的各种各样的风险。

2）COSO认为风险评估应当坚持的原则

（1）企业建立足够清晰的目标，从各个角度来识别分析实现目标可能涉及的风险，据此决定如何应对这些风险。

（2）企业需要考虑潜在舞弊行为。

（3）企业应当识别、评估有重大影响的变更。

3）我国《企业内部控制基本规范》关于内部环境要素的要求

（1）企业应及时对设定的控制目标进行风险评估，识别相关的内外部风险。企业在识别与控制目标相关的内部风险时应考虑的因素包括：①人力资源。董事、监事、高管和员工的职业道德、专业胜任能力等。②财务。财务状况、经营成果等。③管理。资产管理、经营方式、组织结构等。④安全环保。员工健康等。⑤自主创新。研究开发、信息技术等。⑥其他因素。

企业在识别外部风险应考虑的因素包括经济、政治、社会文化、技术等方面。

（2）企业根据定性和定量的标准将风险按大小或重要程度进行排序，确定应该优先控制的风险。

（3）根据风险分析的结果，结合相关处理原则，运用风险转换、风险转移等工具，将风险控制在可接受范围内。相关原则一般是权衡风险与收益，风险承受度。

（4）风险应对策略制定后，不是一成不变的，需要根据持续风险评估结果进行调整。

3.控制活动

1）COSO框架关于控制活动要素的要求

COSO框架认为控制活动能降低风险，实现经营目标，包括授权、审批、核对、复核等活动。

2）COSO框架关于控制活动要素的原则

COSO框架认为控制活动应当坚持以下原则：

（1）企业选择并制定恰当的控制活动可以降低风险。

（2）企业通过选择、制定控制政策和程序支持实现控制目标的技术及控制活动。

3）我国《企业内部控制基本规范》关于内部环境要素的要求

（1）企业应当根据内部控制目标，运用控制措施，将风险控制在可接受的范围内。

（2）企业应当建立重大风险预警机制和突发事件应急处理机制。

控制措施包括不相容职务分离控制、授权审批控制、会计系统控制、财产保护控制、预算控制、运营分析控制和绩效考评控制等。

4.信息与沟通

1）COSO框架关于信息与沟通要素的要求

COSO框架关于信息与沟通要素的要求是：

（1）公允的信息需要及时传递。

（2）信息系统报告应涵盖经营、财务和遵循性。

（3）信息系统不仅处理内部信息，也需要处理外部信息。

（4）有效的沟通方式应当是自上而下，自下而上或横向的传递方式。

（5）信息必须是清晰的，并且被所有员工得知。

（6）员工应从整体的角度理解自身行为与其他人工作的相关性。

（7）员工应当具有传递重要信息的途径。

2）COSO框架关于信息与沟通要素的原则

（1）企业选择、制定并实行持续及/或单独的评估，以判定内部控制各要素是否存在且发挥效用。

（2）企业及时评估内部控制缺陷，并将有关缺陷及时通报给负责整改措施的相关方，包括高级管理层和董事会（如适当）。企业选择并制定有助于将目标实现风险降低至可接受水平的控制活动。

3）我国《企业内部控制基本规范》关于信息与沟通要素的要求

（1）企业应当建立信息与沟通制度，促进内部控制有效运行。

（2）企业应当对收集的各种内部信息和外部信息进行合理筛选、核对、整合，提高信息的有用性。

（3）企业应当将内部控制相关信息在企业内部各管理级次、责任单位、业务环节，以及企业各利益相关者之间进行沟通和反馈。

（4）企业应当利用信息技术促进信息的集成与共享。

（5）企业应当建立反舞弊机制。

（6）企业应当建立举报投诉制度和举报人保护制度。

5.监控

1）COSO框架关于监控要素的要求

内部控制系统需要被监控，通过监控企业日常经营活动，评估内部控制系统的有效性。

2）COSO框架关于监控要素应当坚持的原则

（1）企业选择、制定并实行持续及/或单独的评估，以判定内部控制各要素是否存在且发挥效用。

（2）企业及时评估内部控制缺陷，并将有关缺陷及时通报给负责整改措施的相关方，包括高级管理层和董事会（如适当）。企业选择并制定有助于将目标实现风险降低至可接受水平的控制活动。

3）我国《企业内部控制基本规范》关于内部监督要素的要求

（1）制定内部控制监督制度和内部控制缺陷认定标准。

（2）结合内部控制监督情况，定期评价内部控制有效性。

（3）保存有关内部控制建立和实施的记录和资料。

【例27】（单选）甲公司为加强风险管理制定并实施了下列内部控制制度，其中不符合我国《企业内部控制基本规范》关于内部环境要素要求的是（　）。

A.董事会负责内部控制的建立健全和有效实施

B.在董事会下设立审计委员会

C.制定和实施有利于企业可持续发展的人力资源政策

D.编制内部管理手册，使高级管理人员掌握内部机构设置、岗位职责、业务流程等情况

【答案】D

【解析】根据内部环境要素的要求可知，企业应当通过编制内部管理手册，使全体员工而不仅局限于高级管理人员掌握内部机构设置、岗位职责、业务流程等情况，选项D当选。

【例28】（多选·2020）甲公司在加强风险管理过程中采取了下列做法，其中符合我国《企业内部控制基本规范》关于信息与沟通要素要求的有（　）。

A.加强法制教育，建立健全法律顾问制度和重大法律纠纷案件备案制度

B.建立举报投诉制度和举报人保护制度

C.建立重大风险预警机制和突发事件应急处理机制

D.建立反舞弊机制，坚持惩防并举、重在预防的原则

【答案】BD

【解析】选项A属于内部环境要素的要求；选项B和选项D属于信息与沟通要素的要求；选项C属于控制活动要素的要求。选项B、D当选。

【例29】（单选·2019）甲公司在实施全面风险管理过程中，注重加强法制教育，增强董事、监事、经理及其他高级管理人员和员工的法制观念，严格依法决策、依法办事、依法监督。甲公司的上述做法所涉及的内部控制要素是（　）。

A.控制环境　　B.风险评估　　C.监控　　D.控制活动

【答案】A

【解析】“注重加强法制教育，增强董事、监事、经理及其他高级管理人员和员工的法制观念，严格依法决策、依法办事、依法监督”体现的是内部控制中的控制环境要素；选项A当选。

【例30】（单选·2018）众城银行是一家股份制商业银行。自成立以来，该银行坚持将职业道德修养和专业胜任能力作为选拔和聘用员工的重要标准，切实加强员工培训和继续教育，不断提升员工素质，保证了该银行规范高效运营。根据我国《企业内部控制基本规范》，众城银行的上述做法涉及的内部控制要素是（　）。

A.控制环境　　B.控制活动　　C.风险评估　　D.信息与沟通

【答案】A

【解析】“该银行坚持将职业道德修养和专业胜任能力作为选拔和聘用员工的重要标准，切实加强员工培训和继续教育，不断提升员工素质”，这是我国《企业内部控制基本规范》关于内部环境的要求，选项A当选。

【例31】（单选·2017）凌云公司近年来不断加强企业内部控制体系建设，在董事会下设立了审计委员会。审计委员会负责审查企业内部控制，监督内部控制的有效实施和内部控制自我评价情况，协调内部控制审计及其他相关事宜。根据COSO《内部控制框架》，凌云公司的上述做法属于内部控制要素中的（　）。

A.控制环境　　B.监控　　C.风险评估　　D.控制活动

【答案】A

【解析】我国《企业内部控制基本规范》关于内部环境要素的要求之一：企业应当在董事会下设立审计委员会。审计委员会负责审查企业内部控制，监督内部控制的有效实施和内部控制自我评价情况，协调内部控制审计及其他相关事宜等。审计委员会负责人应当具备相应的独立性、良好的职业操守和专业胜任能力，凌云公司的做法属于控制环境的范畴，选项A当选。

【例32】（多选·2016）下列各项中，属于《企业内部控制基本规范》对内部环境要素要求的有（　）。

A.企业应当建立举报投诉制度和举报人保护制度

B.企业应当建立重大风险预警机制和突发事件应急处理机制

C.企业应当制定和实施有利于企业可持续发展的人力资源政策

D.企业应当加强内部审计工作

【答案】CD

【解析】选项A属于信息与沟通要素的内容；选项B属于控制活动要素的内容，选项C、D当选。

第五节　风险管理技术与方法

风险管理办法主要包括头脑风暴法、德尔菲法（Delphi Method）、失效模式影响和危害度分析法（FMECA）、流程图分析法（Flow Charts Analysis）、马尔科夫分析法（Markov Analysis）、风险评估系图法、情景分析法、敏感性分析法、事件树分析法（ETA）、决策树法、统计推论法。

一、头脑风暴法

（一）定义

头脑风暴法，是指一群专家在正常融洽和不受任何限制的气氛中积极思考、畅所欲言，以会议形式进行集体讨论的方法。适用于风险识别阶段发挥专家意见而对风险进行定性分析。

（二）优缺点

头脑风暴法的优缺点如表6–1所示。

表6–1 头脑风暴法的优缺点

名称	优点	缺点
头脑风暴法（定性分析）	(1) 速度较快并易于开展； (2) 主要的利益相关者参与其中，有助于进行全面沟通； (3) 激发了专家想象力，有助于发现新的风险和全新的解决方案	(1) 头脑风暴法的实施过程和参与者提出的意见容易分散，较难保证全面性； (2) 参与者可能缺乏必要的技术或知识，无法提出有效的建议； (3) 实施成本和对参与者的素质要求较高； (4) 集体讨论时可能出现导致某些有重要观点的人保持沉默而其他人成为讨论的主角的情况

二、德尔菲法

（一）定义

德尔菲法，也称专家调查法，其本质上是一种反馈匿名函询征法，其大致流程是对所要预测的问题通过多轮调查专家的意见，反复修改、归纳、统计，直至得到专家基本一致的意见，适用于风险识别阶段基于专家一致意见基础上对风险进行定性分析。

（二）优缺点

德尔菲法的优缺点如表6–2所示。

表6–2 德尔菲法的优缺点

名称	优点	缺点
德尔菲法（定性分析）	(1) 专家不必聚集在某个地方，实施比较方便； (2) 专家最终形成的意见具有广泛的代表性； (3) 由于观点是匿名的，因而专家更有可能表达出那些不受欢迎的观点； (4) 所有观点都有相同的权重，避免重要人物的观点占主导地位	(1) 有的专家可能出于自尊心而不愿意修改自己原来的意见； (2) 有些专家可能碍于情面，不愿意发表与其他人不同的意见； (3) 权威人士的意见难免影响他人的意见； (4) 过程比较复杂，花费时间较长，这是德尔菲法的主要缺点

三、失效模式影响和危害度分析法

（一）定义

失效模式影响和危害度分析法是分析系统整体问题与其构成因素问题之间因果关系的方法。按制定的规则记录各种可能的影响因素，通过定性与定量的方法分析它们对系统的影响，发现系统中潜在的风险，提出应对措施降低风险，提高系统的可靠性。失效模式影响和危害度分析法适用于对失效模式、影响及危害进行定性或定量分析。

（二）优缺点

失效模式影响和危害度分析法的优缺点如表6–3所示。

表6-3 失效模式影响和危害度分析法的优缺点

名称	优点	缺点
失效模式影响和危害度分析法（定性或定量分析）	(1) 识别组件失效模式及其原因和对系统的影响，同时用可读性较强的形式表达出来； (2) 广泛适用于人力、设备和系统以及硬件、软件和程序失效模式的分析； (3) 识别单个失效模式以适合系统安全的需要； (4) 能够在设计初期发现问题，因而避免了开支较大的设备改造	(1) 只能识别单个失效模式，无法同时识别多个失效模式； (2) 除非得到充分控制并集中精力，否则耗时较长且开支较大

四、流程图分析法

(一) 定义

流程图分析法是对流程的每一环节进行分析，从中发现潜在风险，分析风险产生的原因和分析可能导致的损失及不利影响，适用于对企业生产或经营中的风险及成因进行定性分析。流程图分析法通常将一个特定的经营活动分成若干个模块，然后将风险因素和风险事件标示在各个模块中。运用流程图分析法可以清晰地描述出某项活动的风险因素和风险事件。

(二) 优缺点

流程图分析法的优缺点如表6–4所示。

表6–4 流程图分析法的优缺点

名称	优点	缺点
流程图分析法（定性分析）	(1) 清晰明了，易于操作； (2) 越复杂的流程，流程图分析法越适用	该方法的使用效果依赖于专业人员的水平

五、马尔科夫分析法

(一) 定义

马尔科夫分析法又称为马尔科夫转移矩阵法，是指在马尔科夫过程的假设前提下，通过分析随机变量的现时变化情况来预测这些变量未来变化情况的一种预测方法，适用于对复杂系统中的不确定事件及其状态改变进行定量分析。

在马尔科夫分析中，引入状态转移这个概念。所谓状态，是指客观事物可能出现或存在的状态；状态转移，是指客观事物由一种状态转移到另一种状态的概率。

马尔科夫分析法的一般步骤为：

(1) 调查市场占有率情况。

(2) 调查消费者购买产品时的变动情况。

(3) 建立数学模型。

(4) 预测未来市场的占有率。

(二) 优缺点

马尔科夫分析法的优缺点如表6–5所示。

表6–5 马尔科夫分析法的优缺点

名称	优点	缺点
马尔科夫分析法（定量分析）	能够计算出具有维修能力和多重降级状态的系统的概率	(1) 无论是故障还是维修，都假设状态变化的概率是固定的； (2) 所有事项在统计上都具有独立性，因此未来的状态独立于一切过去的状态，除非两个状态紧密相接； (3) 需要了解状态变化的各种概率； (4) 有关矩阵运算的知识比较复杂

六、风险评估系图法

（一）定义

风险评估系图法，是一种用以评估风险影响的常见的定性方法，适用于对风险进行初步的定性分析。风险评估系图通过识别某一风险是否会对企业产生重大影响，并将此结论与风险发生的可能性联系起来，为确定企业风险的优先次序提供框架。风险评估系图法通常使用二维坐标描述风险发生的可能性和风险影响程度，横坐标反映风险发生的可能性，纵坐标反映风险发生后产生的影响程度。

（二）优缺点

风险评估系图法的优缺点如表6–6所示。

表6–6 风险评估系图法的优缺点

名称	优点	缺点
风险评估系图法（定性分析）	作为一种简单的定性方法，直观明了	(1) 因需要对风险重要性、风险发生可能性等做出主观判断，可能会影响使用的准确性； (2) 风险重要性等级是通过相互比较确定的，因此无法将列示的个别风险重要性等级通过数学运算得到总体风险的重要性等级； (3) 采用该方法过于简单，缺乏经验证明和数据支持，无法进一步了解风险产生的原因

七、情景分析法

（一）定义

情景分析法，是企业从自身角度出发，通过综合分析整个行业环境甚至社会环境，评估和分析自身以及竞争对手的核心竞争力，进而制订相应决策。由于每一组对环境的描述都最终会产生一个相应的决策，因此情景分析主要应用于分析环境和形成决策两个方面。

（二）优缺点

情景分析法的优缺点如表6–7所示。

表6–7 情景分析法的优缺点

名称	优点	缺点
情景分析法（定性和定量分析）	对于未来变化不大的情况能够给出比较精确的模拟结果	(1) 模拟情景在可能性有较大不确定的情况下，可能不够现实； (2) 对数据的有效性以及分析师和决策者开发现实情境的能力有很高的要求； (3) 将情景分析法作为一种决策工具，所用情景可能缺乏充分的基础，数据可能具有随机性

八、敏感性分析法

(一) 定义

敏感性分析法，是指从众多不确定因素中找出对投资项目经济效益指标有重要影响的敏感性因素，并分析、测算其对项目经济效益指标的影响程度和敏感性程度，进而判断项目承受风险能力的一种不确定性分析方法，适用于不确定因素对项目经济效益的指标产生的影响进行定量分析。

(二) 优缺点

敏感性分析法的优缺点如表6-8所示。

表6-8 敏感性分析法的优缺点

名称	优点	缺点
敏感性分析法(定量分析)	(1) 为决策提供有价值的参考信息； (2) 清晰地为风险分析指明方向； (3) 帮助企业制定紧急预案	(1) 所需要的数据经常缺乏，无法提供可靠的参数变化； (2) 分析时借助公式计算，没有考虑各种不确定因素在未来发生变动的概率，因此其分析结果可能和实际相反

九、事件树分析法

(一) 定义

事件树分析法是一种实证研究方法，最早运用于金融领域，借助金融市场数据分析某一特定事件对该公司价值的影响，适用于具有多种环节的故障发生以后，对各种可能后果进行定性和定量分析。由于事件分析法具有研究理论严谨、逻辑清晰、计算过程简单等优点，已被学者运用到越来越多的领域来研究特定事件对组织行为的影响。

(二) 优缺点

事件树分析法的优缺点如表6-9所示。

表6-9 事件树分析法的优缺点

名称	优点	缺点
事件树分析法(定性和定量)	(1) 以清晰的图形显示了经过分析的初始事件之后的潜在情景，以及缓解系统或功能成败产生的影响； (2) 它能说明时机、依赖性以及很烦琐的多米诺效应； (3) 它生动地体现事件的顺序	(1) 一切潜在的初始事件都要进行识别，这可能需要使用其他分析方法，但总有可能错过一些重要的初始事件； (2) 事件树只分析了某个系统的成功及故障状况，很难将延迟成功或恢复事项纳入其中； (3) 任何路径都取决于路径上以前分支点处发生的事项。因此，要分析各可能路径上的众多从属因素。但是，人们可能会忽视某些从属因素从而导致风险评估过于乐观

十、决策树法

（一）定义

决策树法，是运用树状图表示各决策的期望值，通过计算，最终优选出效益最大、成本最小的决策方法，适用于对不确定性投资方案期望收益的定量分析。

（二）优缺点

决策树法的优缺点如表6-10所示。

表6-10 决策树法的优缺点

名称	优点	缺点
决策树法（定量分析）	(1) 对于决策问题的细节提供了一种清楚的图解说明； (2) 能够计算到达一种情形的最优路径	(1) 大的决策树可能过于复杂，不容易与其他人交流； (2) 为了能够用树形图表示，可能有过于简化环境的倾向

十一、统计推论法

（一）定义

统计推论法，是指在抽样调查中，从样本的统计值来推论总体的参数值，以及根据抽样的结果对调查前所作的假设作出拒绝或接受的判断的方法，它可以分为前推、后推和旁推三种类型，适用于各种风险的定性和定量分析。

（二）优缺点

统计推论法的优缺点如表6-11所示。

表6-11 统计推论法的优缺点

名称	优点	缺点
统计推论法（定性和定量分析）	(1) 在数据充足可靠的情况下简单易行； (2) 应用领域广泛	(1) 由于历史事件的前提和环境已发生了变化，不一定适用于今天或未来； (2) 没有考虑事件的因果关系，使外推结果可能产生较大偏差。为了修正这些偏差，有时必须在历史数据的处理中加入专家或集体的经验修正

【例33】（单选·2019）甲公司在实施风险管理过程中，对由人为操作和自然因素引起的各种风险对企业影响的大小和发生的可能性进行分析，为确定企业风险的优先次序提供分析框架，该公司采取的上述风险管理方法属于（　）。

A.决策树法　　B.马尔科夫分析法

C.流程图分析法　　D.风险评估系图法

【答案】D

【解析】“对由人为操作和自然因素引起的各种风险对企业影响的大小和发生的可能性进行分析，为确定企业风险的优先次序提供分析框架”属于风险评估系图法，选项D当选。

【例34】（单选·2018）甲公司是一家白酒生产企业，为了进一步提高产品质量，甲公司通过图表形式将白酒生产按顺序划分为多个模块，并对各个模块逐一进行详细调查，识别出每个模块各种潜在的风险因素或风险事件，从而使公司决策者获得清晰直观的印象。

根据上述信息，下列各项中，对甲公司采取的风险管理办法的描述错误的是（　）。

A.该方法的使用效果依赖于专业人员的水平

B.该方法的优点是简单明了易于操作

C.该方法可以对企业生产或经营中的风险及其成因进行定性分析

D.该方法适用于组织规模较小、流程较简单的业务风险分析

【答案】D

【解析】“甲公司通过图表形式将白酒生产按顺序划分为多个模块……从而使公司决策者获得清晰直观的印象”，说明甲公司采取的风险管理技术方法是流程图分析法，其主要优点是清晰明了，易于操作，且组织规模越大，流程越复杂，流程图分析法就越能体现出优越性，选项D错误。

【例35】（单选·2017）通达路桥公司拟在某省兴建一座大桥。这项工程将面临诸多不确定因素，如工程总投资、银行贷款、过桥费收入等。公司为了预算这项工程所产生的效益并防范可能发生的风险，组织相关人员分析了上述每一个因素的变化对该项目内部收益率的影响。通达路桥公司所采用的风险管理方法是（　）。

A.敏感性分析法　　　　B.马尔科夫分析法

C.风险评估分析法　　　　D.情景分析法

【答案】A

【解析】敏感性分析法是针对潜在的风险性，研究项目的各种不确定因素变化至一定幅度时，计算其主要经济指标变化率及敏感程度的一种方法。“这项工程将面临诸多不确定因素……组织相关人员分析了上述每一个因素的变化对该项目内部收益率的影响”，表明通达路桥公司所采用的风险管理方法是敏感性分析法，选项A当选。

案例分析

案例一：企业面对的风险种类

益强公司

主营单晶硅、多晶硅太阳能电池产品研发和生产的益强公司于2003年成立。这是一家由董事长兼总经理李自一手创办并控制的家族式企业。

2010年11月益强公司挂牌上市。在资本市场获得大额融资的同时，益强公司开始了激进的扩张之路。从横向看，为了扩大市场份额，益强公司在欧美多个国家投资或设立子公司；从纵向看，益强公司布局光伏全产业链，实施纵向一体化发展战略，由产业中游的组件生产，延伸至上游的硅料和下游的电站领域。益强公司还大举投资房地产、炼油、水处理和LED显示屏等项目。

为了支持其扩张战略，益强公司多方融资。公司上市仅几个月便启动第二轮融资计划——发行债券，凭借建设海外电站的愿景，通过了管理部门的审批，发行10亿元的“益强债”，票面利率为8.98%，在当年新发债券中利率最高。自2011年2月起，李自及其女儿李丽陆续以所持股份作抵押，通过信托融资约9.7亿元，同时益强公司大举向银行借债。李自还发起利率高达15%的民间集资。这样，益强公司在上市后三年内，通过各种手段融资近70亿元。

受2008年美国次贷危机和2011年欧债危机影响，欧美国家和地区纷纷大幅削减甚至取消光伏补贴，光伏产品国际市场需求急剧萎缩。随后欧盟对中国光伏产品发起“反倾销、反补贴”调查，光伏企业出口遭受重创。而全行业的非理性发展已经导致产能严重过剩，市场供大于求，企业间开始以价格战展开恶性竞争，利润急速下降，甚至亏损。

在这种情况下，益强公司仍执着于多方融资扩大产能，致使产品滞销库存积压。同时，在海外大量投资电站致使公司的应收账款急速增加。欧盟经济低迷，海外客户还款能力下降，欧元汇率下跌。存货跌价损失、汇兑损失坏账准备的计提使严重依赖海外市场的益强公司出现大额亏损。公司把融资筹措的大量短期资金投放于回款周期很长的电站项目，投资回报期和债务偿付期的错配使公司的短期还款压力巨大，偿债能力逐年恶化。2010年公司的流动比率为3.165，到了2013年只有0.546。公司资金只投不收的模式使现金流很快枯竭。2012年和2013年多家银行因贷款逾期、供应商因货款清偿事项向益强公司提起诉讼，公司部分银行账户被冻结，深陷债务危机。益强公司由于资金链断裂，无法在原定付息日支付公司债券利息8980万元，成为国内债券市场上第一家违约公司，在资本市场上掀起轩然大波，打破了公募债券刚性兑付的神话。

2014年5月益强公司因上市后连续三年亏损被ST处理，暂停上市。仅仅三年多的时间，益强公司就从一家市值百亿元的上市公司深陷债务违约危机导致破产重组。

要求：

（1）简要分析益强公司上市后面对的市场风险。

（2）简要分析益强公司上市后存在的战略风险。

（3）依据《企业内部控制应用指引第6号——资金活动》简要分析益强公司资金活动中存在的主要风险。

【分析】

（1）益强公司上市后面对的市场风险：

①产品或服务的价格及供需变化带来的风险。“受2008年美国次贷危机和2011年欧债危机影响，欧美国家和地区纷纷大幅削减甚至取消光伏补贴，光伏产品国际市场需求急剧萎缩”“而全行业的非理性发展已经导致产能严重过剩，市场供大于求，企业间开始以价格战展开恶性竞争，利润急速下降，甚至亏损”。

②主要客户、主要供应商的信用风险。“同时，在海外大量投资电站致使公司的应收账款急速增加。欧盟经济低迷，海外客户还款能力下降，欧元汇率下跌”。

③税收政策和利率、汇率、股票价格指数的变化带来的风险。“存货跌价损失、汇兑损失坏账准备的计提使严重依赖海外市场的益强公司出现大额亏损”。

（2）益强公司上市后存在的战略风险：

发展战略过于激进，脱离企业实际能力或偏离主业，可能导致企业过度扩张，甚至经营失败。“2010年11月益强公司挂牌上市。在资本市场获得大商副融资的同时，益强公司开始了激进的扩张之路，从横向看，为了扩大市场份额，益强公司在欧美多个国家投资或设立子公司；从纵向看，益强公司布局光伏全产业链，实施纵向一体化发展战略，由产业中游的组件生产，延伸至上游的硅料和下游的电站领域。益强公司还大举投资房地产、炼油、水处理和LED显示屏等项目”。

（3）益强公司资金活动中存在的主要风险：

①筹资决策不当，引发资本结构不合理或无效融资，可能导致企业筹资成本过高或债

务危机。“益强公司在上市后三年内，通过各种手段融资近70亿元”“在这种情况下，益强公司仍执着于多方融资扩大产能，致使产品滞销库存积压”。

②投资决策失误，引发盲目扩张或丧失发展机遇，可能导致资金链断裂或资金使用效益低下。“公司把融资筹措的大量短期资金投放于回款周期很长的电站项目，投资回报期和债务偿付期的错配使公司的短期还款压力巨大，偿债能力逐年恶化”。

③资金调度不合理、营运不畅，可能导致企业陷入财务困境或资金冗余。“2010年公司的流动比率为3.165，到了2013年只有0.546。公司资金只投不收的模式使现金流很快枯竭”。

案例二：合规风险与法律风险

达达出行

“达达出行”创建于2012年。经过几年的发展，“达达出行”从一个出租车打车软件平台，成长为涵盖出租车、专车、快车、顺风车、代驾及大巴等多项业务的“一站式”出行平台。

“达达出行”的顺风车业务定位于“共享出行”，旨在进一步释放闲置车辆的利用效率。为了调动广大车主和乘客参与的积极性，“达达出行”有意突出了其社交属性，“就像咖啡馆、酒吧一样，私家车也能成为一个半公开、半私密的社交空间”。然而，这一思路给达达顺风车业务带来灾难性的后果。

2018年5月和8月，达达顺风车连续两次发生了女乘客被车主杀害事件，引发社会舆论轩然大波。有关政府部门在第一时间约谈“达达出行”，责令全面整改。在“达达出行”承诺给予被害者巨额赔偿后，国内一家主流媒体发文评论，“生命安全是人类最基本的需求，网络平台不能把资本思维凌驾于公共利益之上”。随后“达达出行”发布公告，自8月27日起下线全国顺风车业务，进行内部整改。之后，达达顺风车开展了多项整改措施。

(1) 调整产品定位和属性。坚决摒弃社交化思路，回归顺风车“顺路”属性。达达顺风车永久下线用户真实头像、性别等个人信息展示，限制车主接单次数，确保无法挑单；去掉非行程相关的评价标签，防止隐私泄露等。

(2) 完善安全管理控制体系。达达顺风车安全管理优化了226项功能，聚焦真正顺路、真实身份核实以及全程的安全防护。

(3) 改善激励机制与约束机制，打造友善出行环境。达达顺风车将原有的“信任值”升级为“行为分”，更有效地引导车主和乘客双方在平台上的“好行为”。同时，达达顺风车为用户每次行程免费提供最高120万元/人保额的驾乘人员意外险。

下线整改一年多后，2019年11月20日上午9:00起，达达顺风车终于开启试运营。

要求：简要分析“达达出行”在2018年所面临的法律与合规风险。

【分析】

(1) 合规风险。“达达出行”在2018年所面临的合规风险为“达达顺风车连续两次发生了女乘客被车主杀害事件，引发社会舆论轩然大波。有关政府部门在第一时间约谈‘达达出行’，责令全面整改”“国内一家主流报刊发文评论，‘生命安全是人类最基本的需求，网络平台不能把资本思维凌驾于公共利益之上’”。

(2) 法律风险。“有关政府部在第一时间约谈‘达达出行’，责令全面整改”“‘达达出行’承诺给予被害者巨额赔偿”。

案例三：风险分析

天志公司

资料一

2005年，王浩在大学就读时将自己毕业论文的题目定为“直升机自主悬停技术”，终于在2006年1月成功做出了第一台样品，并在航拍爱好者中广受好评。

王浩开始了自主创业，他同两位一起做实验课题的伙伴，共同创立了天志公司，主营业务围绕航模飞控，致力于为航模飞行器提供精确的姿态感知和控制系统。经过不懈的努力，2008年，第一个较为成熟的直升机飞行系统XP3.1在天志公司问世，中国的直升机自主悬停技术在天志公司取得突破性的进展。

由于直升机自主悬停技术在民用市场十分稀缺，天志公司的技术很快就获得了业界认可，一个单品在当时卖到了20万元的售价。但是潜在的危机也随之而来。航拍爱好者购买了天志直升机后，相机还要另外购买，使用比较麻烦，而且产品价格过高，天志公司的新技术很难迅速推广。

天志公司开始了相机飞机一体化的研发设计，终于在2012年，天志精灵PH1横空出世，高度的集成一体化很快就获得了第一批消费者的认可，引爆了整个无人机领域的使用需求。随着生产技术的不断成熟，产品价格日趋下降，天志公司从此走上无人机领域的巅峰。截至2018年年底，天志公司在全球无人机领域占据了74%的份额，牢牢锁定无人机市场的霸主地位。

资料二

天志公司的无人机产品和技术使得更多的人获得了认识世界的全新视角，让人们从地面的二维平面上升到三维空间去观察思考，其产品和技术也因此点燃了更多领域的创新。影视航拍、农业、能源、电力、测绘、安防等产业与无人机产业深度融合，天志公司的无人机技术成为这些产业创新所依赖的“基础设施”。在这一过程中，天志公司与各产业中的专业人员密切合作，优势互补，开辟了一个又一个新的发展空间。例如，天志公司推出第一代精灵无人机时，电网的工程师、第三方开发者和天志公司的研发人员一起，解决了许多技术问题，在2017年推出了能够执行电力巡逻任务的经纬M200系列无人机平台。又如，在农业植保领域，天志公司研发制造出用来进行农业植保作业的无人机。结合软件、地面站、RTK差分定位和人工智能，来实现自动化的精准喷洒。再如，天志公司与U国一家航空公司合作，使用便携式无人机进行民航客机的检修。

在全球范围内，已有越来越多的用户使用天志公司的产品和解决方案。全球有约10万名无人机技术开发者通过天志公司的平台完成各种各样的开发项目，有些项目远远超出了人们想象，伴随而至的是对天志公司技术深化及制造管理提出新的任务和要求。由于天志公司技术和管理的不断深化和创新，竞争对手不易模仿，更难以超越。

资料三

然而，天志公司这只迅猛成长的无人机独角兽，近年来却不得不面对内部暴露出的诸多问题。

天志公司2019年1月18日的内部反腐公告称，在2018年由于公司供应链贪腐造成平均采购价格超过合理水平20%以上，保守估计造成超过10亿元人民币损失。在公司运作的各个领域（采购、财务、研发设计、工厂制造、行政管理以及销售）均出现了舞弊行为，可见这次串通勾结行为范围极广，危害程度极大。该公告披露涉贪采购人员和研发人员采用的主要手法有：

(1) 让供应商报底价，然后伙同供应商往上加价，加价部分双方按比例分成。

(2) 利用手中权力，以技术规格要求为由指定供应商或故意以技术不达标把正常供应商踢出局，让可以给回扣的供应商进短名单，长期拿回扣；

(3) 以降价为借口，淘汰正常供应商，让可以给回扣的供应商进短名单并做成独家垄断，然后涨价，双方分成；

(4) 利用内部信息和手中权力与供应商串通收买验货人员，对品质不合格的物料不进行验证，导致质次价高的物料长期独家供应；

(5) 内外勾结，搞皮包公司，利用手中权力以皮包公司接单，转手把单分给工厂，中间差价分成。

不仅如此，2017年，一名安全研究员在天志公司的网络安全方面发现了一个非常严重的漏洞。这个漏洞会导致天志公司的所有旧密钥毫无用处，从而可能造成天志公司服务器上的用户信息、飞行日志等私密信息能够被下载。尽管天志公司之后采取了合理的保密措施，但该次事件依然给天志公司造成116.4万元的经济损失。

业内人士分析，天志公司内部接连出现如此严重的问题，是由于以下几个原因：

(1) 公司治理结构相对混乱。天志公司领导层面对业务的迅速扩张，将注意力集中在极力扩大经营规模、追求足够的市场份额和企业利润，而忽略组织内部治理，致使腐败、泄密等问题频繁产生。

(2) 缺乏内部信息的披露。作为一家非上市的民营企业，天志公司没有对外披露重大事项的要求和压力，导致公司内部治理缺乏良性运行和监督机制，在信息不对称的情况下，舞弊、泄密等问题极易产生。

(3) “重结果，轻人才”的管理模式。公司创始人兼CEO王浩搞技术出身，对产品至上有着独特情怀，赛马机制一直是团队竞争发展的管理模式。产品在开发时由两个团队分头去做，谁的产品好就用谁的，产品未被选用的团队会被公司淘汰。这一管理模式带来诸多问题，如研发过程中两个团队恶性竞争、人才流失严重、被选用的团队为防以后被淘汰而滋生腐败动机等。“重结果，轻人才”的文化氛围大大地降低了员工的归属感，难以形成凝聚力、向心力，离职员工对天志公司负面评价很多。

天志公司管理层已经认识解决公司内部问题的重要性和紧迫性，强化公司内部治理、打击职务腐败正在天志公司全面展开。

要求：

(1) 简要分析天志公司存在的运营风险。

(2) 依据《企业内部控制应用指引第1号——组织架构》，简要分析天志公司需关注的组织架构的主要风险。

(3) 依据《企业内部控制应用指引第3号——人力资源》，简要分析天志公司需关注的人力资源的主要风险。

(4) 依据《企业内部控制应用指引第7号——采购业务》，简要分析天志公司需关注的采购业务的主要风险。

【分析】

(1) ①质量、安全、环保、信息安全等管理发生失误导致的风险："一名安全研究员在天志公司的网络安全方面发现了一个非常严重的漏洞。这个漏洞会导致天志公司的所有旧密钥毫无用处，从而可能造成天志公司服务器上的用户信息、飞行日志等私密信息能够被下载。"

②因企业内、外部人员的道德风险或业务控制系统失灵导致的风险："在2018年由于公司供应链贪腐造成平均采购价格超过合理水平20%以上，保守估计造成超过10亿元人民币损失。在公司运作的各个领域（采购、财务、研发设计、工厂制造、行政管理以及销售）均出现了舞弊行为。"

(2) 组织架构的主要风险包括：

①治理结构形同虚设，缺乏科学决策、良性运行机制和执行力，可能导致企业经营失败，难以实现发展战略。"公司治理结构相对混乱。天志公司领导层面对业务的迅速扩张，将注意力集中在极力扩大经营规模、追求足够的市场份额和企业利润，而忽略组织内部治理，致使腐败、泄密等问题频繁产生。"

②内部机构设计不科学，权责分配不合理，可能导致机构重叠、职能交叉或缺失、推诿扯皮，运行效率低下。本案例体现为："缺乏内部信息的披露。作为一家非上市的民营企业，天志公司没有对外披露重大事项的要求和压力，导致公司内部治理缺乏良性运行和监督机制，在信息不对称的情况下，舞弊、泄密等问题极易产生。"

(3) 人力资源管理需关注的主要风险：

①人力资源缺乏或过剩、结构不合理、开发机制不健全，可能导致企业发展战略难以实现。本题体现为："这一管理模式带来诸多问题，如研发过程中两个团队恶性竞争、人才流失严重、被选用的团队为防以后被淘汰而滋生腐败动机等。"

②人力资源激励约束制度不合理、关键岗位人员管理不完善，可能导致人才流失、经营效率低下或关键技术、商业秘密和国家机密泄露。本题体现为："'重结果，轻人才'的文化氛围大大地降低了员工的归属感，难以形成凝聚力、向心力，离职员工对天志公司负面评价很多。"

③人力资源退出机制不当，可能导致法律诉讼或企业声誉受损。本题体现为："产品在开发时由两个团队分头去做，谁的产品好就用谁的，产品未被选用的团队会被公司淘汰。"

(4) 采购业务需关注的主要风险包括：

①供应商选择不当，采购方式不合理，招投标或定价机制不科学，授权审批不规范，可能导致采购物资质次价高，出现舞弊或遭受欺诈。"让供应商报底价，然后伙同供应商往上加价，加价部分双方按比例分成""以降价为借口，淘汰正常供应商，让可以给回扣的供应商进短名单并做成独家垄断，然后涨价，双方分成""利用内部信息和手中权力与供应商串通收买验货人员，对品质不合格的物料不进行验证，导致质次价高的物料长期独家供应""内外勾结，搞皮包公司，利用手中权力以皮包公司接单，转手把单分给工厂，中间差价分成。"

②采购验收不规范，付款审核不严，可能导致采购物资、资金损失或信用受损。"利用内部信息和手中权力与供应商串通收买验货人员，对品质不合格的物料不进行验证，导致质次价高的物料长期独家供应。"

知识梳理

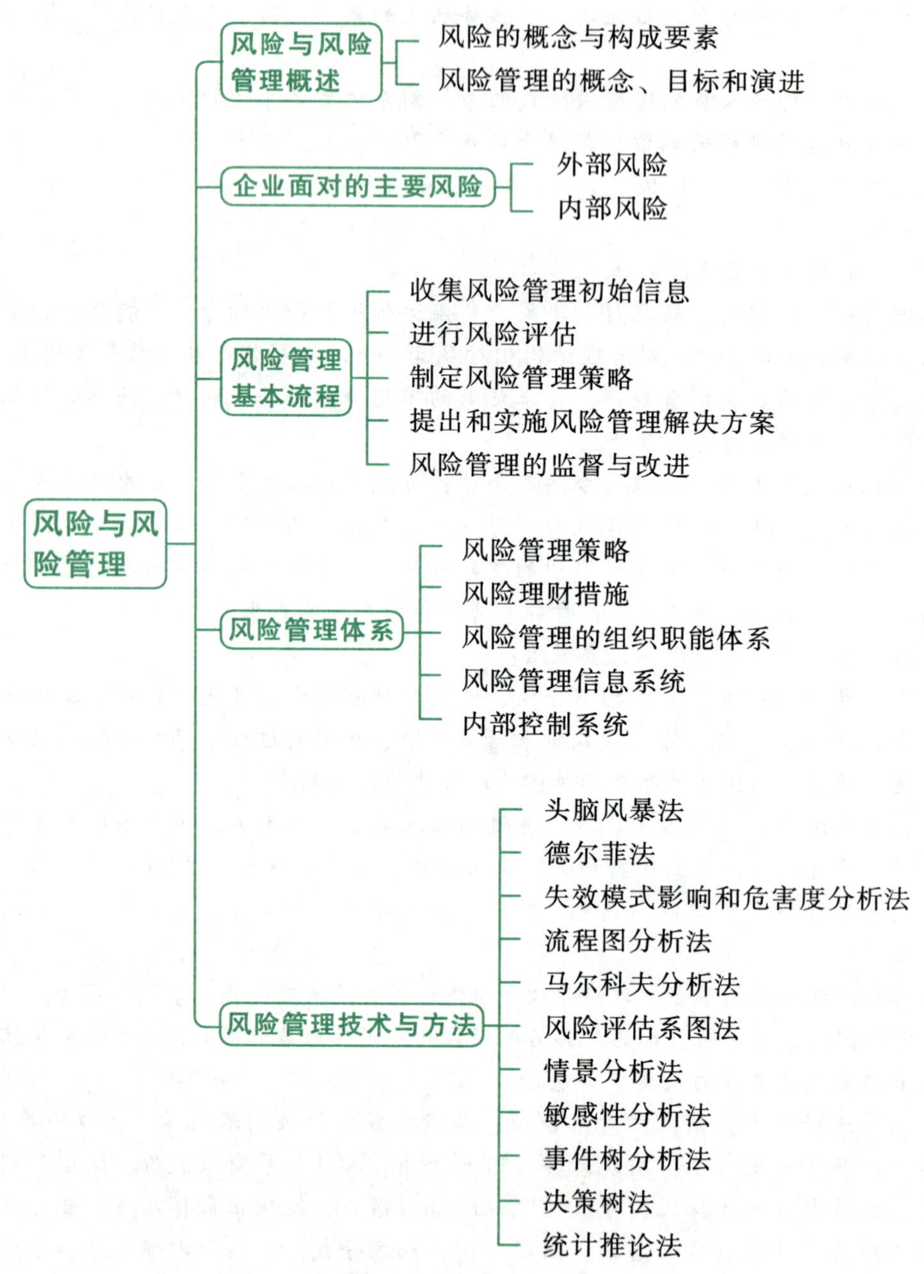
风险与风险管理
风险与风险管理概述
风险的概念与构成要素
风险管理的概念、目标和演进
企业面对的主要风险
外部风险
内部风险
风险管理基本流程
收集风险管理初始信息
进行风险评估
制定风险管理策略
提出和实施风险管理解决方案
风险管理的监督与改进
风险管理体系
风险管理策略
风险理财措施
风险管理的组织职能体系
风险管理信息系统
内部控制系统
风险管理技术与方法
头脑风暴法
德尔菲法
失效模式影响和危害度分析法
流程图分析法
马尔科夫分析法
风险评估系图法
情景分析法
敏感性分析法
事件树分析法
决策树法
统计推论法